국어학 논고 - 유고집 - 【제2권】

국어학 논고 – 유고집 –

강기진 지음

제2권 어휘연구의 이론과 방법

도서출판 역락

故 선산(善山) 강기진(康琪鎭) 박사

▌서문을 대신하여

우리의 벗 선산(善山) 강기진(康琪鎭) 교수가 이승을 떠난 지 벌써 10년의 세월이 흘렀다. 강 교수는 1936년 경북 선산에서 태어나 선산고등학교를 마치고 동국대학교 학부를 거쳐 같은 대학원에서 국어학을 전공하였다. 대학 졸업후 정화여자상업학교와 홍익대학교 사범대학 부속고등학교에서 중등교육에 종사한 바 있으며 홍익공업전문대학과 경기대학교 국어국문학과에 발을 디뎌 놓으면서부터 본격적인 연구에 착수하여 작고하기까지 50편이 넘는 국어학 논문을 발표하였다.

강 교수의 주전공은 어휘의미론이다. 그의 박사학위논문『國語同音語硏究』는 바로 강 교수의 전공영역을 대표하는 업적이며 박사논문을 완성하기까지 강 교수는 어휘연구의 이론과 방법에 관련되는 크고 작은 논문을 적지 않게 발표하였다. 그러는 한편 강 교수는 석사논문으로 중세국어의 활용어미를 형태론적으로 규명하였으며 현대국어의 접속어미에 대하여는 구석구석 그 문법적 특징을 세밀하게 밝혀 내었다. 그밖에도 국어의 격조사와 보조사, 보조동사, 피동구문, 부정법, 문장부사어의 특성을 밀도 있게 구명하였으며 변형생성문법을 국어연구에 접목시키는 문제에 대하여도 소홀히 하지 않았다. 1980년대 후반부터는 국어문법연구에 큰 발자취를 남긴 주시경과 최현배의 음성이론과 문법이론의 특수성을 구명하는 문제에도 남다른 관심을 기울였다.

우리들 편자는 강 교수가 남긴 53편의 논문을 3책으로 묶어『국어학 논고 – 유고집 – 』이라는 이름을 붙이기로 하였다. 1권에는 접속어미를 비롯한 조사, 어미, 보조동사, 피동법, 부정법, 부사어 등 주로 국어문법론에 관련된 논문을 모았다. 2권에는 어휘연구의 이론과 방법에 관련된 논고만을 담아 이 한 권만으로도 강 교수의 어휘이론의 특수성을 규지(窺知)할 수 있게 하였다. 3권에는 박사학위논문과 석사논문을 비롯하여 국어사와 어학사에 관련되는 글들을 묶었다. 강 교수는 생전에 국한문혼용론을 주창(主唱)해 왔다. 강 교수의 논문이 모두 국한문혼용을 지향하고 있는 것이 결코 우연이 아님을 알 수 있다. 발표 당시의 모습을 그대로 재현한 것은 바로 강 교수의 생전의 어문관(語文觀)을 존중한다는 의미와 관련이 있다.

3권의 끝에는 강 교수의 연보(年譜)와 논저목록을 실었으며 선배, 동료, 후배들의 추모문도 함께 넣어 고인(故人)의 학덕(學德)을 되새기는 계기로 삼았다. 이 책은 강 교수의 유일한 혈육(血肉)으로 연세대학교 대학원에서 국어학을 전공하고 있는 강해수(康海洙) 군의 정성으로 이루어졌다. 돌아가신 어버이를 잊지 못하여 흩어진 글을 모아 유고집을 박겠다는 그 효심(孝心)에 감동을 받은 우리들은 편집의 방향을 제시하고 강 교수를 대신하여 서문을 초(草)하게 되니 감개를 헤아릴 수 없다. 올해는 고인의 10주기(週忌)이자 고희(古稀)를 맞는 해이기도 하다. 아무쪼록 이 유고집(遺稿集)이 널리 읽히어 강 교수의 국어학이 올바로 평가되기를 바라는 바이다.

선산 강기진 박사 10주기를 맞아
2005년 6월 5일

동국대학교 명예교수 金英培
서울대학교 명예교수 高永根
삼가 적음

차 례

국어학 논고 - 유고집 -

| 제2권 어휘연구의 이론과 방법 |

서문을 대신하여 _ 김영배 · 고영근 | 5
강기진 박사 연보 | 535
논저목록 | 536
아버님께 유고집을 올리며 _ 강해수 | 539

| 특별기고(추모의 글) _ 제3권 수록|
발문 _ 임기중 | 481
고 강기진(康琪鎭)박사논문집에 부쳐 _ 김영배 | 483
생전에 전집 누가 내나 _ 이종찬 | 486
강기진 교수 10주기를 추모하며 _ 김태준 | 489
강기진 선생님을 회고하며 _ 김무봉 | 492

| 동음이의어에 대하여 · 15 |

국어 동음어의 연구 · 63

1. 序 論 ··· 63
2. 同音語의 定義 ·· 65
3. 資料의 檢討 ·· 72
4. 結 論 ··· 104

국어 동음어의 생성요인 고구 · 109

1. 序 論 ··· 109
2. 同音語의 生成要因 ··· 111
3. 結 論 ··· 146

국어 동음충돌 현상에 대한 연구 · 151

1. 序 論 ··· 151
2. 同音衝突에 대한 再檢討 ·· 153
3. 同音衝突의 構造와 類型 ·· 162
4. 同音衝突과 그 解決方案 ·· 173
5. 結 論 ··· 188

은어의 화용상 기능 · 195

1. 序 論 ··· 195
2. 隱語層 ·· 197
3. 隱語層의 構造 ·· 200
4. 隱語의 變形 ··· 211
5. 結 論 ··· 213

국어 동음어의 문체론적 연구 · 217

1. 序 論 ··· 217
2. 同音語와 文體論 ·· 219
3. 同音語의 文體論的 機能 ·· 233

4. 同音語 文體의 構造 …………………………………………… 240

5. 同音語 文體의 樣相 …………………………………………… 247

6. 同音語 文體의 形式化 ………………………………………… 250

7. 結 論 …………………………………………………………… 254

국어 동음어의 기능범주 · 261

1. 서 론 …………………………………………………………… 261

2. 본 론 …………………………………………………………… 264

3. 결 론 …………………………………………………………… 288

명제와 함의로서의 동음어 · 293

1. 序 論 …………………………………………………………… 293

2. 命題와 同音語 ………………………………………………… 296

3. 含義와 同音語 ………………………………………………… 299

4. 基底構造와 同音語 …………………………………………… 302

5. 結 論 …………………………………………………………… 321

국어 동음어의 화용론 · 325

1. 서 론 …………………………………………………………… 325

2. 문제의 제기 …………………………………………………… 328

3. 동음어의 화용론 ……………………………………………… 331

4. 결 론 …………………………………………………………… 347

국어 준동음어의 연구 · 349

1. 序 論 ··· 349
2. 準同音語의 處理 ·· 354
3. 準同音語의 分析 ·· 366
4. 結 論 ··· 374

국어 동음어의 유형별 분포 · 379

1. 序 論 ··· 379
2. 同音語의 音節別 分布 ···································· 382
3. 同音語의 成分別 分布 ···································· 387
4. 同音語의 系統別 分布 ···································· 389
5. 結 論 ··· 399

국어 다의어의 의미구조 · 403

1. 序 論 ··· 403
2. 多義語의 意味構造 ·· 405
3. 多義語와 基本意味 ·· 412
4. 結 論 ··· 424

국어 반의어의 기준점 · 427

1. 序 論 ··· 427
2. 反義語의 基準點 ·· 431
3. 反義語 基準點의 形式化 ································ 449
4. 結 論 ··· 451

국어 다의어의 의미자질 · 455

1. 序 論 ·· 455
2. 多義語의 意味資質 ·· 458
3. 多義語의 相關性 ·· 461
4. 結 論 ·· 479

국어 어휘론의 한 방법 · 483

1. 序 論 ·· 483
2. 意味資質과 語彙論 ·· 484
3. 語彙資質과 同義語 ·· 493
4. 同義語 設定 基準 ·· 497
5. 結 論 ·· 503

국어 다의어 연구의 방법론 · 507

1. 問題의 提起 ··· 507
2. 基本意味의 摸索 ·· 509
3. 派生意味의 形式化方法 ···································· 517
4. 結 論 ·· 519

동음어규칙의 전이과정에 대하여 · 521

1. 序 論 ·· 521
2. 同音語規則의 轉移樣相 ·································· 522
3. 轉移過程의 形式化 ·· 528
4. 結 論 ·· 531

제1권 _ 문법론

국어 접속어미의 의미기능 ··············· 17
국어 접속어미 '-니'와 '-니까'의 연구 ··············· 39
국어 접속어미 '-거니, -거니와, -거늘'의 연구 ··············· 63
국어 접속어미 '-(으)나'의 분석 ··············· 85
비상태성 접속어미의 연구 ··············· 107
'-며' 구문의 통사적 특성 ··············· 133
국어 접속어미 '-(았)다가'의 연구 ··············· 147
전제성 접속어미에 대하여 ··············· 169
상태 변화의 접속어미에 대하여 ··············· 183
직접목적성 접속어미의 연구 ··············· 197
상태유지성 접속어미에 대하여 ··············· 211
사실의 접속어미 연구 ··············· 225
접속어미 '-므로'의 의미기능 ··············· 243
접속어미 '-다고', '-다만'의 분석 ··············· 267
국어의 몇몇 접속어미에 대하여 ··············· 293
국어 조사 '-에'의 의미기능 ··············· 315
국어 특수조사 '-나'의 의미기능 ··············· 343
진행형 '-고 있다'의 의미 ··············· 357
국어 보조동사의 통사적 특성 ··············· 383
국어 보조동사의 의미기능 ··············· 411
국어 피동구문의 연구 ··············· 439
국어 부정법의 연구 ··············· 463
국어 문장부사어의 수식양상과 범주 ··············· 489
변형생성이론과 국어학 ··············· 521

제3권 _ 어휘론, 형태론, 어학사

국어 동음어의 연구(박사학위논문) ··············· 15
국어 동음어의 연구(요약본) ··············· 147
15세기 국어의 형태론적 연구 ··············· 157
접미사 '개'의 고구 ··············· 203
용비어천가의 종합적 고찰 ··············· 227
주시경의 품사 이론 연구 ··············· 263
주시경의 통사이론(Ⅰ) ··············· 295
주시경의 통사이론(Ⅱ) ··············· 321
주시경의 언어관 연구 ··············· 349
주시경의 형태이론(Ⅰ) ··············· 371
주시경의 형태이론(Ⅱ) ··············· 401
주시경의 음운이론(Ⅰ) ··············· 425
주시경의 음운이론(Ⅱ) ··············· 449

국어학 논고

선산(善山)
강기진(康琪鎭)
박사
유고집

제2권 어휘연구의 이론과 방법····

동음이의어에 대하여

1.

意味論的 입장에서 國語의 語彙研究는 不振狀態에 놓여 있음은 周知의 사실이다. 이제까지 形態論的 입장과 音韻論的 입장에서만 置重하여 研究되어 오던 우리 國語가, 方向感覺의 刷新으로 最近에 와서는 意味論的 方向으로도 開拓되고 있음은 다행한 일이라 아니할 수 없다.

그런 뜻에서, 本稿는 우리 國語에서 莫重한 比重을 차지하고 있는 同音異義語(homonymy)에 대한 關心을 갖는 데에서부터라고 하겠다.

특히, 오늘날 漢字의 存廢問題로 異見이 紛紜한 이때, 同音異義語가 가장 많은 中國語를 母胎로 한 우리 國語(漢字語)에서, 言語生活에 미치는 障碍와 混亂을 엿보는 것도 흥미로운 연구거리라 생각된다.

同音異義語는 우리 國語에서뿐만이 아니요 다른 言語에서도 다 있는 現象이지만, 單音節語(monosyllablic language)로 그 優先을 차지하고 있는 中國語와 混淆(blending)되어 있는 國語에도 많은 分布를 보이고 있어, 語意把握에 支障은 물론이거니와 國語生活에 誤謬와 넌센스까지 빚고 있는 實情이다.

이런 점을 감안하여, 本論攷는 15世紀 國語의 意味論的 研究의 一環

으로서, 文獻語(written language)에 나타난 同音異義語에 대한 共時的(synchronic)인 考察이 되겠다.

2.

먼저 同音異義語에 대한 槪念부터 밝혀 두는 것이 順序가 아닐까 한다. 同音異義語에 대한 槪念 規定은 매우 複雜性을 內包하고 있기 때문에, 諸家들의 見解를 들어 봄이 마땅할 줄 안다.

語彙論的인 입장에서 單語(world)의 種類를 複義(multiple meaning)의 뜻을 지니고 있는 多義語(polysemy)와 類義語(synonym) 그리고 同音異義語로 分類하는 바, 이들 各 語彙들은 言語學上으로 흥미있는 硏究의 對象이 되기도 했다.

同音異義語의 定義를 내리기에 앞서 이들 三者의 獨立性과 示差性(distinctive feature)을 照應(reference)키 위하여, 多義語와 類義語에 대한 定義부터 알아보는 것도 徒勞가 아니라고 생각한다.

그러면, 類義語를 "One sense with several names"의 뜻을 지니고 있는 語彙를 일컫는다면,[1] 多義語는 類義語와는 正反對로 "One name with several senses"를 말하나[2] 同音語 즉 同音異義語에는 그리 單純한 見解가 나오지 않는다.

그러나, 同音異義語는 多義語와 같이 "One name with several senses"이면서도 이들 sense間에 하등의 意味的인 聯關性이 없이 name만 같은 語彙를 同音異義語라고 하나,[3] 窮極的인 問題에 이르러

---

1) S. Ullmann, *The principle of Semantics*, 1957, p. 108.
2) *Ibid.*, p. 114.
3) *Ibid.*, p. 136.

서는 多義語와 同音異義語와의 구별은 매우 曖昧하다는 難色을 表하고 있다.4) 또한 許雄 博士는 같은 꼴의 시니피앙에 둘 더되는 시니피에가 대응되어 있어, 이들 시니피앙에 사이에 아무런 관련성이 認定되지 않을 때는 비록 그 시니피앙이 같다 할지라도, 이것들은 여러 개의 單語로 보게 되는데, 이러한 시니피에가 전혀 다르면서 같은 시니피앙을 가진 말들을 '同音異義語'(homonym, homophone)라 하고, 그러한 현상을 '同音異義(homonmy)'라 한다5)라고 S. Ullmann의 說에 同調하고 있다.

同音異義語가 많은 複雜性을 內包하고 있다함은 言語에 있어서, 그 發音現象이 文字로 表記된 書寫式 發音(spelling pronunciation)이 아니고, 綴字는 다르면서도 發音이 같을 경우가 있다. 例를 들어 現代國語에서 낫(鎌), 낟(粒), 낮(晝), 낯(顔), 낱(個) 등은 5個의 同音異義語 索引(homonymy attraction)을 이루고 있으나, 形態論的(morphological)인 問題에서는 엄연히 區別되며, 末音(終聲) ㅅ, ㄷ, ㅈ, ㅊ, ㅌ 등의 字素(graphame)에 대한 音價(sound value)는 뚜렷한 것이지만, 代表音으로 發音되기 때문에 發音上同一性(pronunciation identique)을 이루어 同音異義語가 된다. 形態的 差異가 있으니까 여기에 대한 意味的 差異가 있는 것은 두 말할 것도 없다.6)

英語에 있어서도 國語와 마찬가지로 been과 bean, beet와 beat, flea와 flee, heel와 heal, leek와 leak, meat와 meet, reed와 read, sea와 see, seam과 seem, steel과 steal7)은 綴字(spelling)는 다르지만 發音은 같다. 이와 같이 綴字는 다르지만 發音이 같을 경우, 이와 같은 單語들을 異綴字 同音異義語(homonymy)라 하나, 一般言語學 理論上

---

4) *Ibid.*, p. 127.
5) 許 雄: '言語學槪論', 1963, p. 35.
6) André Martinet: *Élement de Linguistique génerale*, 1961.
   金芳漢譯: '言語學原論', 1963, p. 35.
7) Otto Jespersen: *Language*, 1954, p. 285.

동일한 文字로 表記되는 것이 아니기 때문이다.8)

그리고 이와 같이 發音의 差異로써 意味를 辨別하지 못하고, 綴字의 差異로써 意味把握이 되는 것은, 表音文字(logogram)의 약점이기도 하며, 言語의 變遷史上으로 볼 때, 表音文字의 表意文字(ideograph)化라고 하겠다.

現代國語에서 異綴字 同音異義語와는 달리, 말(言), 말(馬), 말(藻), 말(斗)이라든지 배(腹), 배(梨), 배(舟) 등은 同音異義語 索引를 이루고 있는데, 이와 같은 語彙들은 同綴字 同音異義語(homonym)라 命名하고 있으나 어디까지나 同音異義語는 發音上의 問題이지 綴字上의 問題는 아니다.

위에서도 말한 바와 마찬가지로, 同音異義語는 世界 여러 나라의 個別言語에 共通牲性(trait commons)을 이루고 있으며 多音節語(polysyllablic language)보다 單音節語(monosyllablic language)에서 莫重한 分布(distribution)를 보이고 있는데, 이는 지나치게 짧은 語辭는 個性이 缺如되고 그 言語에 困難을 일으키는 수많은 同音異義語를 創造한다9)고 한다.

또한 同音語는 人智의 發達로 새로운 文化에 副應키 위하여 派生語(derived world)와 新語가 發生하는 데 比해 努力의 經濟性에 의함이 아닌가도 싶다.

아마 同音異義語가 제일 많은 言語는 中國語가 아닌가 싶은데, 中國語는 同音異義語로 그들의 言語生活에 있어서 莫重한 混亂을 惹起할 듯싶으나, 四聲 등으로 言語的 混亂을 未然에 防止하기도 한다. 만일 中國語가 表意文字이기 때문에, 文字 言語上으로서는 하등의 不便을 느끼지 않는 것도 사실이나, 表音文字이었더라면 必然的으로 同音異義語 衝突

---

8) C.F. Hockett, *A coures in modern Linguistics*, 1958, p. 542.
9) Albert Dauzat, *La philosophie du Language*, 1929.
　李基文 譯, "言語學原論", 1955, p. 1.

(homonymy clash)을 招來하였을 것이다.

그렇다면 中國語와 不可分의 關係에 놓여 있는 우리말에는 많은 漢字語가 混淆되어 있는데 그 統計를 잡아보면,10)

	순수우리말	한 자 말	외 래 어	計
語 彙 數 百粉比(%)	56,115 40	81,362 58	2,987 2	140,464 100

와 같이 漢字語가 더 勝勢를 보이고 있다. 또한 여기에 分布되어 있는 同音異義語의 수는 얼마나 되는지 알아보기로 하자. 한글학회 지은 '중사전' 總語彙數 91,825 중 同音異義語 총어휘수 30,180 인데,

순 우리말　同音異義語　3,120
漢字語　　　同音異義語　22,983
國漢 섞인　同音異義語　4,077

의 槪算, 7:1의 比率로 된 셈이다.11)

參考삼아 우리나라 250 內外가 되는 姓氏 가운데 同音異姓을 列擧하면,

姜 康 剛 強 疆·景 慶·桂 偮·高 顧·賈 價·公 孔·丘 具 國 鞠·奇 箕·路 魯 盧·單 段 端·道 都 陶·馬 瘁·手 牟· 方 邦 房 旁·凡 范·卞 邊·奉 鳳·彬 賓·氷 馮·史 舍 謝·

---

10) 한글학회: '우리말 큰 사전' 6권, 1962, 맨끝.
11) 南廣祐, '國語國字의 諸問題, 1970, p. 11에서 重引.

西 徐・石 昔・先 宣・邵 淳・辛 申 愼・廉 濂・邕 雍・芸 雲・
虞 于・楊 梁 陽・呂 黎・元 袁・魏 衛 韋・兪 柳 庾 劉・恩
殷・伊 李 異・任 林 章 張 莊 蔣・田 全 錢・丁 程 鄭・曺
晁 趙・宗 鍾・朱 周・池 智・秦 晋 陳 眞 甄・昌 倉・采 菜
蔡 千 天・旮 楚・秋 鄒・片 扁・包 鮑・河 夏・漢 韓・胡 扈

등등12) 過半數를 훨씬 넘는다.

그리고 英國의 桂冠詩人 Robert Bridges(1844~1930)의 調査에 의
하면 英語에도 1,600~2,000個의 同音異義語가 있다고 하니,13) 刮目
할 사실이라 아니할 수 없다.

특히 Robert Bridges는 言語硏究에 있어서 다른 分野의 開拓과 마
찬가지로 同音學(homonymics)을 最初로 定立시키기에까지 이르렀으
나,14) 그가 言語學者가 아니요 詩人이었다는 점에서, 그의 方法論에 대
하여 異議가 없는 것도 아니며,15) 가까운 日本에 있어서도 同音異義語
의 硏究는 本格的인 軌道에까지 오르고 있다.16) 우리나라에서는 同音
異義語에 대한 硏究로 生成要因, 安全度 測定 및 文體機能面에서의 該博
한 考察을 한 李勝明氏17), 語彙史的 面에서의 劉昌惇氏18), 聲調機能面
에서의 金炯範氏19), 衝突現像의 類型面에서의 金宗範氏20), 一般論으

---

12) 李載喆, '동양인의 표목으로서의 형식론'(人文科學 十八), 1967, p. 81.

13) 千時權・金宗澤 共著, '國語意味論', 1971, p. 169에서 重引.

14) Robert Bridges, *On English Homephones, Society for pure English*, 1919.

15) Otto Jespersen, *ibid.*, p. 286.

16) 國立國語硏究所, '同音語の 硏究', 1961.

17) 李勝明, 同音語 硏究(A)(語文學 20), 1969.
　　同音衝突과 Safety-measures에 對하여(국어국문학 48), 1970.
　　同音語의 諸相과 文體論的 機能에 對하여(어문논총 6), 1971.

18) 劉昌惇, 同音語와 同義語(靑波文學6), 1966.

19) 金炯範, 15世紀 國語의 Homonym에 對하여(駱山語文 1), 1966.

로서의 許雄博士[21], 李庸周·李乙煥씨[22] 등이 있는 것으로 안다.

3.

　다음에 提示하는 資料는 可能한 한 15世紀 文獻語에 나타난 純粹 國語 間에 이루어진 同綴字 同音異義語 索引이다.

　同音異義語가 文章上에서 衝突(clash)하지 않고 얼마만한 安全瓣을 이루고 있는가를 보이기 위하여, 聲調(tone)을 그대로 露出시켰고, 文體 機能面에서 Prosodic feature(stress assent, pitch accent, length)로 文意(contextual meaning)를 把握할 수 있게끔 긴 文章을 例示했다.

　그리고 提示된 用例는 方鍾鉉씨[23], 南廣祐씨[24], 劉昌惇씨[25]의 業績에 힘입었음을 밝혀 둔다.

*ᄀᆞᄅᆞ(粉)	몡 록두 ᄀᆞᄅᆞ(綠豆粉)	〈救簡 六·19〉
ᄀᆞᄅᆞ(橫)	묑 關은 門의 ᄀᆞᄅᆞ 디르는 남기오	〈法華 四·130〉
ᄀᆞ·ᄅᆞ(岐)	몡 열네 ᄀᆞᄅᆞ리니	〈月印 八·13〉

　現代語에서는 ᄀᆞᄅᆞ(粉)→가루, ᄀᆞᄅᆞ(橫)→가로, ᄀᆞᄅᆞ(岐)→갈래'로 音韻이 변하여 同音語를 이루지 않고 있다.

---

20) 金宗澤, 同音衝突의 類型에 對한 硏究(語文學 23), 1970.
　　同音語의 意味 評定(大邱敎大論文集 6), 1971.
21) 許　熊, 前揭書, pp. 141~154.
22) 李乙煥·李庸周 共著, '國語意味論', 1964, pp. 138~141.
23) 方鍾鉉, 古語材料辭典, 1946.
24) 南廣祐, 古語辭典, 1960.
25) 劉昌惇, 李朝語辭典, 1964.

*ᄀᆞ·롬(代)   명 ᄀᆞ롬 받디 아니 ᄒᆞᄂᆞ니라(不容替)   〈南明 下 33〉

ᄀᆞ롬(江)   명 ᄀᆞ른매 비 업거늘(河無舟矣)   〈龍歌 20〉

ᄀᆞ람(代)→대신, ᄀᆞ롬(江)→강'으로 변하여 現代語에서 同音語를 이루지 않았다.

*가·지(種)   명 八分은 여듧 가지니   〈釋節 九 18〉

·가지(枝)   명 즐겟 가재 연ᄌᆞ니   〈龍歌 二 7〉

오늘날도 두 語彙가 모두 古形 그대로 音韻을 維持하고 있어 同音語를 이룬다.

*ᄀᆞ·장(極)   명 그 나랏 ᄀᆞ자온 볽ᄂᆞ니라   〈月印 一·26〉

ᄀᆞ·장(매우)   부 ᄀᆞ장 話頭룰 슬펴   〈蒙法 3〉

ᄀᆞ장(極)→끝, ᄀᆞ장(매우)→가장 혹은 매우로 바뀌었지마는, 이는 同音異義語라기보다 多義語的인 性格을 다분히 간직한 語彙가 아닌가 싶다. 文脈的 意味(contextual meaning)만 다를 뿐인 듯싶다.

*갈(刀)   명 두 갈히 것그니   〈龍歌 36〉

ᄀᆞᆯ(蘆)   명 ᄀᆞᆯ爲蘆   〈訓正 用字例〉

갈(刀)→칼, ᄀᆞᆯ(蘆)→갈대'로 변하여 同音語가 아니다.

*·ᄀᆞᆷ다(浴)   동 므레 글혀 모욕 ᄀᆞᄆᆞ라   〈救方 一·104〉

·ᄀᆞᆷ다(閉)   동 눈 ᄀᆞ모몰 (閉眼)   〈楞諺 一·59〉

ᄀᆞᆷ다(浴)→감다, ᄀᆞᆷ다(閉)→감다'로 現代語에서도 同音語를 이루고 있다.

*갓(革)	몡 갓과 술쾌	〈月印 二·40〉
갓(妻)	몡 妻는 가시라	〈月印 一·12〉
갓(物)	몡 가시 虛空애 둘여	〈月印 八·15〉

갓(革)→가죽, 갓(妻)→死語化, 갓(物)→死語化(?)가 되어 同音語가 되지 않고 있다.

*:ᄀᆞᆺ(邊)	몡 恒河水 ᄀᆞ새 가	〈月印 卄三·90〉
ᄀᆞᆺ(겨우)	뭐 ᄆᆞ리 ᄀᆞᆺ 챗 그리메 보고	〈圓覺 序 58〉

ᄀᆞᆺ(邊)→가, ᄀᆞᆺ(겨우)→겨우'로 전혀 다르게 변하였다. '갓갓'이란 말은 'ᄀᆞᆺ'이 複合된 듯싶다. 따라서 同音語가 아니다.

*가·시(棘)	몡 ᄀᆞ시 남기어나	〈釋節 十一·35〉
가·시(眯)	몡 누네 수이 가시 드ᄂᆞ니라	〈杜諺 八·18〉

가시(棘)→가시, 가시(眯)→가시'로 同音語를 이루나 根源的 意味(original meaning)는 같지만, 文脈的 意味로 語意가 分化(differentiation of meaning)된 듯 싶다.

*:갈다(耕)	돔 매와 가롬과 ᄀᆞᆯ미 잇ᄂᆞ니	〈楞諺 八·62〉
갈·다(分)	돔 兩分이 갈아 안ᄌᆞ시니	〈月千 4〉

갈다(耕)→갈다, 갈다(分)→가르다'로 同音語를 이루지 않고 있으나, 內在的 意味(intentional meaning)는 같은 말에서 派生한 語彙인 듯싶다.

*거·리·다(拯)	돔 拯은 거려낼 씨오	〈月印 序 9〉
거·리·다(濟)	돔 ᄲᅡ혀 거리샤	〈金三 四·37〉
거·리·다(又)	돔 거린더 업게	〈救簡 六·81〉

거리다(拯)→걸리다, 거리다(濟)→건지다, 거리다(又)→갈리다`로 同
音語를 이루지 않았다.

| *:걷·다(步) | 동 象이 몬 걷고 | 〈月千 130〉 |
| 걷·다(卷) | 동 다 거더 브려니 | 〈蒙法 58〉 |

걷다(步)→걷다, 걷다(卷)→걷다`로 옛 音韻 그대로 同音語를 이루고
있다.

*:걸·다(掛)	동 그므레 거러	〈楞諺 九·93〉
:걸·다(滯)	동 둘헤 거디 아니호몰	〈圓覺 二之一·57〉
:걸·다(濃)	형 거로미 환 짓게 드외어든	〈救簡 一 95〉
걸·다(漉)	동 술 거르던 頭巾이로다.	〈杜諺 十六·22〉
걸·다(隙)	동 흐르 걸어 비븨라	〈救方 下 37〉

걸다(掛)→걸다, 걸다(滯)→死語化, 걸다(濃)→걸다, 걸다(漉)→거르다,
걸다(隙)→거르다`로 同音語를 이룬 것도 있고 音韻이 바뀐 것도 있다.

*·고(杵)	명 杵는 방핫괴니	〈釋節 六·30〉
·고(琴)	명 고 비화롤 노디 아니호며	〈內訓 一·52〉
·고(鼻)	명 香온 고흐로 맏논 거슬	〈釋節 十三·39〉
고(罟)	명 罔尺온 고수싀 머디 아니호시니	〈杜諺 廿·17〉
·고(結目)	명 フ외예 고히 업도다.	〈金三 五·6〉

고(琴), 고(罟)는 漢字語다. 고(鼻)→코, 고(結目)→코 同音語를 이루
고 있다. 고(杵)→고로.

| *고·개(峴) | 명 흙고개(泥峴) | 〈龍歌 一·44〉 |
| 고·개(項) | 명 고갤 안아 우르시니 | 〈月天 57〉 |

고개(峴)→고개, 고개(목)→고개′로 음운변천 없이 同音語를 이루고 있다.

  *고르·다(絮) 동 羹을 고르거늘   〈內訓 三·33〉
  고르·다(調) 형 고르고 正히 ᄒᆞ며   〈內訓 一·26〉

고르다(絮)→死語化, 고르다(調)→고르다′로 변하여 衝突되지 않는다.

  *고·마(妾) 명 고마 ᄃᆞ외아지라   〈法華 二·28〉
  :고·마(敬) 명 서르 고마ᄒᆞ야 ᄃᆞ르샤 〈釋節 六·12〉

두 語彙 다 지금 사용되지 않는다.

  *·곧(所) 명 이곧 뎌고대   〈龍歌 26〉
  ·곧(物) 명 조ᅀᆞᆯᄫᆞᆫ 고ᄃᆞ로 니르건댄 〈釋節 十九·15〉
  ·곧(卽) 부 곧 여리ᄂᆞ니   〈龍歌 120〉

곧(所)→곳, 곧(物)→것, 곧(卽)→곧′으로 곧(所)과 곧(卽)만이 同音語를 이루고 있는 셈이다.

  *:골(洞) 명 蛇洞 ᄇᆡ얌골   〈龍歌 六·43〉
  :골(棺) 명 바ᄅᆞ 늘근 쥐골 너흐로몰 〈蒙法 16〉
  골(狀) 명 세 受의 고리 덛더니 〈永藻 下 74〉
  골(膏) 명 골 밍ᄀᆞ라   〈救方 上 62〉

골(洞)→골(고을), 골(狀)→꼴, 골(棺)과 골(膏)은 死語化되어 同音語를 이루지 않는다.

  *곯·다(膿) 명 곯디 아니ᄒᆞ며   〈救方 下 35〉
  곯·다(未滿) 명 시혹 골커나   〈救方 上 31〉

두 語彙가 다 古形 그대로 維持되어 同音語를 이루고 있다.

*곱·다(曲)	명	曲은 고불씨라	〈釋節 十一·6〉
곱·다(倍)	동	倍는 고불씨라	〈月印 一48〉
:곱다(艶)	형	고본 쫄 언니노라 ᄒᆞ야	〈釋節 六·14〉

곱다(曲)→굽다, 곱다(倍)→곱(갑), 곱다(艶)→곱다'로 音韻이 변하였다. 따라서 現代國語에서는 同音語가 아니다.

*곳(花)	명	다᠊ᄉᆞᆺ 곳 두 고지	〈月天 7〉
곳(串)	동	暗林串 암림곳	〈龍歌 一·36〉

곳(花)→꽃, 곳(串)→곳이'로 音韻이 添加(adding)되어 同音語를 이루지 않고 있다.

*굽·다(曲)	형	믈러 굽게 ᄒᆞᄂᆞ니	〈圓覺 三之二·87〉
:굽·다(燒)	동	밤 구봃제	〈蒙法 44〉

윗 項에서 例示한 곱다(曲)는 굽다(曲)→굽다 혹은 곱다'로도 表記했으며, 굽다→굽다(燒)로 現代語에서도 同音語를 이루고 있다.

*그르·다(乖)	형	그르디 아니 ᄒᆞ니라	〈金三 四·16〉
그르·다(解)	동	미쑈몰 그르게 ᄒᆞᄂᆞ니라	〈月印 十八·52〉

그르다(乖)→그르다, 그르다(解)→끄르다'로 音韻이 바뀌어 同音語를 이루지 않고 있다.

*그·리·다(畵)	동	그려 뵈시니이다	〈龍歌 43〉
·그·리·다(思)	동	아바님 그리샤	〈月千 113〉

그리다(畵)→그리다, 그리다(思)→그리워하다'로 변하였다.

*금(金)	명 금쯰 붉고(金帶赤)	〈杜諺 卄一·8〉
·금(理致)	명 그믈 닐오디	〈楞諺 二·5〉
금(紋)	명 엄지가락 아랫 ㄱ튼 금을	〈敎簡 一·31〉

금(金)은 漢字語이니까 말할 것도 없고, 금(理致)→死語化, 금(紋)→금은 그대로 남아 있다.

| *긋(必) | 뷘 性覺이 긋 볼가 | 〈楞諺 四·12〉 |
| 긋(畵) | 명 획字人 그슬 모로매 고르고 正히 ㅎ며 | 〈內訓 一·26〉 |

둘 다 요즈음 쓰이지 않는다.

| *기·리(長) | 명 기리와 너븨왜 | 〈金三 二·19〉 |
| 기·리(永) | 뷘 魔 그므를 기리 그츠며 | 〈月印 九·34〉 |

길다(長)라는 形容詞에서 派生된 낱말로서 內在的 意味는 두 낱말이 같다고 하겠다. 따라서 同音語로 보기 어려우나 參考삼아 例示했다.

| *기·리·다(叉) | 동 가지 기리고 닙 업스니라 | 〈月印 八·10〉 |
| 기·리·다(讚) | 동 常性을 기려 | 〈楞諺 六·69〉 |

기리다(叉)→死語化, 기리다(讚)→기리다(칭찬하다)'는 오늘날도 쓰이고 있다.

| *기장(重量) | 명 혼 기잢 너븨 分이요 | 〈永嘉 上 28〉 |
| 기장(黍) | 동 기장 뿔 ㄱ트니 | 〈敎方 上 18〉 |

기장(重量)→매우 작은 重量, 다시 말해서 기장(黍)만한 무게란 뜻이다.
기장(黍)→기장'으로 쓰인다. 두 낱말의 內在的 意味는 같다.

* · 깃(褓)	명 옷깃 녀미오	〈杜諺 八 · 20〉
· 깃(巢)	명 깃 爲巢	〈訓正 用字例〉

두 낱말이 다 깃'으로 現代語에서도 同音語를 이루고 있다.

*깃 · 다(棲)	동 깃 기섯거니와	〈南明 下 16〉
깃 · 다(盛)	동 鬱密은 기순 양지오	〈南明 下 36〉

깃다(棲)→깃들다, 깃다(茂盛)→짙다'로 각각 둘 다 音韻이 변하였다.

*놀(刃)	명 놀히 連花ㅣ 드외니	〈月千 71〉
놀(經)	명 涇은 놀히라	〈楞諺 七 · 59〉
놀(生)	명 놀 오도옷 업거든	〈救簡 六 · 8〉
날(日)	명 나리 저믈오	〈法華 二 · 7〉

놀(刃)→날, 놀(經)→날, 놀(生)→날, 날(日)→날'로 모두 現代語에서
도 同音語다.

* · 놀애(苦)	명 두푼 놀애 어즈러니	〈法華 二 · 104〉
· 놀애(羽)	명 매 놀애 티드시	〈月印 十 · 78〉

놀애(苦)→이영, 놀애(羽)→날개'로 변하였다. 놀애(羽)는 놀(飛) + 개
(接尾辭) = 놀개'이나, ㄹ音下에서 ㄱ→ㅇ化한 現像이라 하겠다.26) [K]音

---

26) 拙　稿, 接尾辭 '개'의 考究(東岳語文論集 第4輯), 1966.
　　 15世紀 國語의 形態論的 研究(東岳語文論集 第1輯), 1965.

의 脫落으로 同音語가 되었을 뿐이다.

*낛(稅)	명 그제사 낛 바도몰 ᄒ니	〈月印 一·45〉
·낛(釣)	명 낛爲釣	〈訓正 用字例〉

낛(稅)→現代語에서는 쓰이지 않음. 낛(釣)→낚'으로 쓰임.

*:낟(穀)	명 낟爲穀	〈訓正 用字例〉
·낟(鎌)	명 낟爲鎌	〈訓正 用字例〉
낫(箇)	명 ᄒ 낫ᄀ티	〈楞諺 二·33〉
낫(晝)	명 새 벼리 나지 도ᄃ니	〈龍歌 101〉
낮(粒)	명 玉ᄀᄐ호 ᄣᆞᆯ 나ᄎᆞᆫ	〈杜諺 七·38〉
ᄂᆞᆾ(顔)	명 거우루엣 骨肉人 ᄂᆞᆾᄀᆞᆮ고	〈圓覺 上 一之一·47〉

모두 異綴字 同音異義語다. 낟(穀)→ 낟, 낟(鎌)→낫, 낫(箇)→낱, 낮(晝)→낮, 낮(粒)→낟, ᄂᆞᆾ(顔)→낯'으로 音韻이 모두 同音語를 이루고 있다.

*:남·다(餘)	명 그 나ᄆᆞᆫ닐 믈이ᄂᆞ니	〈楞諺 八·124〉
남·다(越)	통 宮城 나ᄆᆞ샤	〈月印 廿一·196〉

남다(餘)→남다 그대로, 남다(餘)→넘다'로 現代語에서는 바뀌었다. 두 낱말은 窮極的인 問題에 있어서는 根源的 意味가 같지 않았는지(?)

*녀·름(夏)	명 녀르미 ᄃᆞ외며	〈月印 序 23〉
녀름(農)	명 時節에 마초ᄒᆞ야 녀르미 ᄃᆞ외야	〈月印 序 25〉

녀름(夏)→여름, 녀름(農)→死語化하였다. 아울러 現代語에서는 同音語일 수 없다.

*넘·다(越)	동 도즈기 담 너머 드러	〈月印 十·25〉
:넘·다(過)	동 어루 녀느 三昧예 너므르니	〈楞諺 六·79〉

語源上으로 볼 때, 두 낱말은 基本的 意味(fundamental meaning)는 같다고 생각된다. 現代語에서도 同音語를 이루고 있다.

*노(羅)	명 綺는 기비오 穀은 뇌라	〈內訓 二·14〉
노(繩)	명 노콰 机왜	〈圓覺 上 一之一·61〉

노(羅)→쓰이지 않고, 노(繩)→'노끈'으로 音韻이 添加되었다.

*:놀·다(遊)	동 寂滅海예 놀에 ᄒᆞ쇼셔	〈圓覺 下 二之一·6〉
:놀·다(奏)	동 七寶琴을 노더니	〈月印 卄一·207〉
:놀·다(稀)	동 처엄 ᄆᆞᆺ몰 알리 노니	〈釋節 序 2〉

놀다(遊)는 그대로 現用되고, 놀다(奏)와 놀다(稀)'는 쓰이지 않고 있다.

*놓·다(置)	동 圓器를 노하든	〈楞諺 二·42〉
놓·다(放)	동 다 노ᄒᆞ샤	〈龍歌 41〉
놓·다(架)	동 세 줄 드리를 노ᄒᆞ니	〈釋節 十二·12〉

文脈的 意味로 보아 세 낱말은 엄연히 다르지만, 根源的 意味로 보아 內在的 意味가 비슷하기 때문에 多義語에 가깝다고 하겠다.

*누·르·다(黃)	형 비치 누르고	〈月印 一·43〉
누·르·다(壓)	동 누르며 뎌 누르며	〈楞諺 八·92〉

現代語에서도 두 낱말이 모두 古形대로 同音語를 이루고 있다.

*누·리·다(亨) 图 즉재 누리라 〈救簡 三·63〉

누·리·다(羶) 阌 누리디 아니ᄒᆞ고 〈杜諺 卄二·36〉

現代語에서도 두 낱말이 모두 古形 그대로 同音語를 이루고 있다.

*:눈(雪) 图 눈ᄀᆞᆮ디니이다 〈龍歌 50〉

·눈(眼) 图 올ᄒᆞᆫ 녁 누는 體오 〈金三 二·13〉

·눈(罟目) 图 紐는 그뭀 눈 ᄆᆡ존 ᄯᅡ히라 〈楞諺 十·43〉

세 낱말 모두 現代語에서 同音語를 이루고 있다.

*·니(虱) 图 머리옛 니를 〈救簡 六·23〉

·니(齒) 图 니 마ᅀᆞ니 ᄀᆞ족고 〈月印 二·41〉

·니(稻) 图 니ᄡᆞᆯ롤 봇가 〈救簡 一·36〉

니(虱)→이, 니(齒)→이'로 同音語를 이루고, 니(稻)는 쓰이지 않으나 입쌀의 '이'다.

*니·기·다(習) 图 브즈러니 닷가 니겨눌 〈法華 二·248〉

니기·다(이기다) 图 ᄒᆞᆰ기 섯거 니겨 〈觀音 7〉

니기다(習)→익히다, 니기다→이기다(흙)'로 변하여 同音語를 이루지 않고 있다.

*·니·다(行) 图 日運이 니거늘 〈月千 131〉

니·다(覆) 图 지블 뛰로 니시고 〈內訓 二 下 72〉

니다(行)→가다로 代替, 니다(覆)→이다'로 바뀌어 同音語를 이루지 않았다.

*ᄃᆞ·리(橋)	명 ᄃᆞ리예 ᄠᅥ딜 ᄆᆞᆯ	〈龍歌 87〉
ᄃᆞ리(梯)	명 ᄃᆞ리와 사오리와	〈圓覺 下 三之一·118〉
ᄃᆞ리(階)	명 ᄃᆞ리 드르며	〈楞諺 六·89〉
다리(脚)	명 모미 ᄀᆞ장 크고 다리 굵고	〈釋節 六·32〉
다리(歎)	감 아으 動動다리	〈樂軌 動動〉

다리(歎)→死語化되고 /ㆍ/→/ㅏ/로 音韻이 變化되어 전부 다리로 同音語가 되었다.

*ᄃᆞᆯ·다(甘)	형 ᄃᆞ녀 ᄡᅥ녀	〈楞諺 三·49〉
ᄃᆞᆯ·다(斤)	동 어루 ᄃᆞ라 혜디 몯ᄒᆞ리니	〈法華 三·62〉
·ᄃᆞᆯ·다(懸)	동 거우루를 ᄃᆞ랫ᄂᆞᆫ 듯ᄒᆞ니	〈杜諺 廿·34〉
ᄃᆞᆯ·다(凍)	동 바리 ᄃᆞ라 혜여	〈救方 上 7〉

ᄃᆞᆯ다(凍)를 除外하고 /ㆍ/→/ㅏ/로 音韻이 變化되어 달다로 同音語를 이루고 있다.

*·ᄯᆞᆯ(女)	명 ᄯᆞ를 나케 ᄒᆞ며	〈楞諺 六·33〉
·ᄯᆞᆯ(根源)	명 ᄯᆞ히 다ᄃᆞᄅᆞ리로다	〈法華 一·16〉

ᄯᆞᆯ(女)→딸, ᄯᆞᆯ(根源)→死語化, 따라서 現代語에서는 同音語가 아니다.

*ᄃᆞᆺ·다(愛)	동 네 내 ᄆᆞᅀᆞᄆᆞᆯ ᄃᆞᅀᆞ며	〈楞諺 四·31〉
ᄃᆞᆺ·다(溫)	형 그 ᄆᆞᅀᆞᆷ ᄃᆞᆺ게 아니코	〈救方 上 8〉

ᄃᆞᆺ다(愛)→死語化, ᄃᆞᆺ다(溫)→따뜻하다로 代替되어 同音語를 이루지 않고 있다.

*ᄃᆞᆺᄒᆞ·다(暖)	형 가ᄉᆞ미 ᄃᆞᆺᄒᆞ얏ᄂᆞ닌	〈救簡 一·41〉
·ᄃᆞᆺᄒᆞ·다(若)	형 ᄒᆞ다가 말홀ᄠᅥᆫ 아는 ᄃᆞᆺ하고	〈蒙法 7〉

돗호다(暖)→따뜻하다로, 돗호·다(若)→돗하다'로 변하여 同音語가 아니다.

    *다·리·다(煎) 통 차 다릴 스싀만커든 　　　　　〈救方 上 51〉
    다·리·다(熨) 통 가힌 딕롤 다려 　　　　　　〈杜諺 廿五·50〉

다리다(煎)→달이다, 다리다(熨)→다리다'로 되어 同音語를 이루고 있다.

    *다·히·다(燒) 통 블 다히게 ᄒ며 　　　　　　〈救方 上 15〉
    다히·다(屠) 　　통 고기 다히며 　　　　　　〈杜諺 十·11〉
    다·히·다(觸) 통 더운 소내 다히면 　　　　　〈楞諺 三·11〉

다히다(燒)→때다, 다히다→死語化, 다히다(觸)→대다'로 변하여 同音語가 아니다.

    *닷(尤) 　　명 宮이 다시언마론 　　　　　　〈龍歌 17〉
    닷(五) 　　관 닷흡곰 머기면 　　　　　　　〈救簡 一·14〉

닷(尤)→탓, 닷(五)→닷'으로 同音語를 이루지 않았다.

    *:돗(席) 　명 ᄒᆞᆫ 돗 마리 아니시니 　　　〈法華 三·142〉
    ·돗(帆) 　명 빗돗 ᄀᆞ술히로다 　　　　　〈杜諺 七·20〉

돗(席)→돗'이나 單獨으로 쓰이지 않고 자리'와 複合된다. 돗(帆)→돛'이다.

    *:되(胡) 　명 귀 돌온 되즁이 　　　　　　〈南明 下 11〉
    ·되(升) 　명 ᄒᆞᆫ 되 닷흡을 　　　　　　〈救簡 六·7〉

되(胡)→되놈'으로 複合되었고 되(升)→되 혹은 되빡'으로 音韻이 添加되었다.

*·되·다(量)	동 精舍 터흘 되더니	〈月千 168〉
되·다(强)	형 王人病이 되샤	〈月印 十·5〉

되다(量)→되다, 되다(强)→되다'로 古形을 維持하여 同音語를 이루고 있다.

*:돌(石)	명 돌 爲石	〈訓正 合字解〉
:돌(梁)	명 큰 ᄀᄆ래 쇠돌히 흐르며	〈法華 二·28〉

돌(돌)→돌, 돌(梁)→돌앙→도랑'으로 音韻이 變遷되어 同音語가 아니다.

*둘·다(圍)	동 行宮에 도ᄌᆞ기 둘어	〈龍歌 33〉
둘·다(揮)	동 자ᄒᆞᆯ 둘어	〈金三 五·30〉

둘다(圍)→두르다, 둘다(揮)→휘두르다'로 音韻이 添加되어 同音語가 아니다.

*:뒤(後)	명 아바닚 뒤헤 셔샤	〈龍歌 28〉
:뒤(北)	명 뒷심골	〈龍歌 二·32〉

뒤(後)→뒤, 뒤(北)→死語化하였다. 方言에서 北쪽을 뒤쪽'이라는 곳도 있기는 하지만⋯⋯.

*·ᄯᅳ·다(攤)	동 술로 ᄠᅥ	〈救簡 一·22〉

쓰·다(灸)　⑤ 일 빅 붓글 쩌도　　　　　〈救簡 一·42〉
·쓰·다(慢)　⑱ 쁜 브레　　　　　　　　〈救簡 六·89〉

세 낱말 다 쓰다'로 現代語에서 同音語를 이루고 있다.

*·쁘·다(浮)　⑤ 眼根은 밧긔 쩌　　　　〈楞諺 一·47〉
·쁘·다(開)　⑤ 盲龍이 눈 쁘고　　　　　〈月千 72〉
·쁘·다(腐)　⑤ 곰 쁜 고기　　　　　　　〈救方 下 61〉

　윗 項에 있는 쓰다(攤), 쓰다(灸), 쓰다(慢)'와 같이 綴字만 다르지 發音이 같기 때문에, 同一 索引(attraction)을 이루고 있으며 現代語로도 全部 쓰다'이다.

*드·리·다(垂)　⑤ 일후미 萬古애 드려간돌　〈杜諺 十五·47〉
드·리·다(納)　⑤ 아래 서르 드료물 불기시니라　〈楞諺 四·40〉
드·리·다(獻)　⑤ 紂의게 드려놀　　　　　〈內訓 序 3〉
·드·리·다(染)　⑤ 믈 드료물　頓修곧ᄒᆞ니　〈圓覺 上 一之一·113〉
·드·리·다(熟練)　⑤ ᄆᆞᄉᆞ물 자바 질 드려　〈圓覺 上 二之二·118〉

　다섯 낱말 모두 古形 그대로 現代語에서 同音語를 이루고 있다.

*:들·다(落)　⑤ 눛 므리 듣거놀　　　　　〈杜諺 十五·48〉
듣·다(聞)　⑤ 波旬의 말 드러　　　　　　〈月千 72〉
듣·다(臭)　⑤ 香올 드르도　　　　　　　〈月印 十七·65〉

듣다(落)와 듣다(聞)는 듣다'로 同音語이며, 듣다(臭)→死語化.

*:들·다(快劍)　⑱ 드눈 갈콰 긴 戈戟이　　〈杜諺 十六·16〉
·들·다(擧)　⑤ 가비야이 드ᄂᆞ니　　　　〈法華 四·19〉

·들·다(入)　동 王 알픠 드라　　　　　　　　　〈月千 157〉

세 낱말 모두 들다로 現代語에서도 同音語를 이루고 있다.

*디·다(落)　동 南녁 벼리 故園으로 뎌 가놋다　　〈杜諺 廿一·23〉
디·다(死)　동 여슷 놀이 디며 가마긔 디고　　　〈龍歌 86〉
:디·다(鑄)　동 사르미 시혹 像호딕 시혹 쇠로 디며　〈金三 二·31〉

디다(落)→뜰어지다, 디다(死)→죽다'로 代替, 디다(鑄)→짓다. 아울러 同音語가 아니다.

*디르·다(簪)　동 關은 門의 ᄀᆞᄅ디르는 남기오　　〈法華 四·130〉
디르·다(打)　동 네 몸 디르둧 ᄒᆞ니　　　　　　〈楞諺 一·64〉

디르다(簪)→지르다, 디르다(打)→치다'로 同音語를 이루지 않고 있다.

*디르·다(刺)　동 갈ᄒᆞ로 디르는 둧ᄒᆞ야　　　　〈救方 上 18〉
디르·다(焚)　동 乾坤애 블 디르고　　　　　　　〈杜諺 廿四·16〉
디르·다(臨)　동 財寶ᄅᆞᆯ 디러셔　　　　　　　〈內訓 一·8〉
디르·다(打)　동 사ᄅᆞᄆᆞᆯ 주머귀로 디르고 닐오딕　〈月印 七·8〉

디르다(刺)→찌르다, 디르다(焚)→지르다, 디르다(臨)→다다르다'로 代替, 디르다(打)→지르다(치다)'로 變하여 同音語가 되지 않는다.

*딯·다(施)　동 아비 門안해 寶帳 디코　　　　　〈法華 二·244〉
딯·다(春)　동 디호ᄆᆞᆫ 셴거슬 것거　　　　　　〈月印 十七·19〉
딯·다(撤)　동 얼믠 거므를 디허도　　　　　　　〈月印 十三·59〉
딯·다(歎)　동 嗚呼는 한숨 디톳ᄒᆞᆫ 겨치라　　　〈月印 序 23〉

딯다(施)→死語化, 딯다(舂)→찧다, 딯다(撥)→치다, 딯다(한숨)→짓
다'로 각각 변하였다.

| *ᄆᆞᄅᆞ(宗) | 명 極果이 ᄆᆞᄅᆞ 사모몰 가줄비시니 | 〈法華 一·6〉 |
| ᄆᆞᄅᆞ(棟) | 명 ᄆᆞᄅᆞ와 보히 | 〈杜諺 九·28〉 |

ᄆᆞᄅᆞ(宗)→마루, ᄆᆞᄅᆞ(棟)→마룻대'로 변하였다. 두 낱말이 지니고 있
는 內在的 意味는 같다고 하겠다.

*ᄆᆞᆯ(馬)	명 전 마리 현 버늘 딘돌	〈龍歌 31〉
·ᄆᆞᆯ(藻)	명 말조(藻)	〈字會 上 9〉
·말(斗)	명 斗는 마리라	〈月印 九·7〉
:말(言)	명 한 마론 낫나치 쓰디	〈楞諺 一·17〉

ᄆᆞᆯ(馬)과 ᄆᆞᆯ(藻)은 모두 말로, 만(斗)과 말(言)은 그대로 말'이다. 現代
語에서 네 낱말은 모두 同音語를 이루고 있다. ᄆᆞᆯ(藻)은 16世紀의 것으
로 援用하였다.

*ᄆᆞᆯ·다(調)	동 기르메 ᄆᆞ라	〈救簡 六·21〉
ᄆᆞᆯ·다(卷)	동 卷은 글월 ᄆᆞ로니라	〈月印 序 19〉
·말·다(勿)	동 도디 마ᄂᆞ다	〈南明 下 30〉

세 낱말 모두 말다'로 바뀌어 同音語를 이루고 있다.

| *ᄆᆡ·다(結) | 동 몸애 ᄆᆡᅀᄫᆞ니 | 〈月千 49〉 |
| ·ᄆᆡ·다(耘) | 동 거두며 줏는 ᄉᆞᅀᅵ예 ᄆᆡ욣디 아니하며 | 〈楞諺 一·19〉 |

두 낱말이 모두 現代語에서 매다'로 同音語를 이루고 있다.

*맞·다(杖)	동 쇠막다히롤 마즈라	〈蒙法 51〉
맞·다(的)	동 두 도티 혼 사래 마츠니	〈龍歌 43〉
맞·다(迎)	동 부톄 마조 나다 마즈샤	〈釋節 六·12〉

세 낱말이 모두 現代語에서 맞다'로 同音語를 이루고 있다.

*·매(磑)	명 매와 가룸과 ᄀ로미	〈楞諺 八·92〉
·매(鞭)	명 매 마자 獄애 가도아	〈釋節 九·8〉
:매(鷹)	명 매 눌애 티드시	〈月印 十·77〉
:매(甚)	명 발올 바사 매 아니 알ᄑ시리	〈月千 119〉

매(鞭)와 매(鷹)는 現代語에서 매'로 同音語를 이루고, 매(磑)는 맷돌'
로 複合語가 됨.

*먹·다(食)	동 밥 비러 먹노이다	〈月千 112〉
먹·다(懷)	동 疑心 머구믈 免티 몯ᄒ며	〈圓覺 下 二之一·49〉
먹·다(聾)	동 귀 머그니와	〈楞諺 七·43〉

먹다(食)와 먹다(聾)는 먹다'로 同音을 이루고, 먹다(懷)'는 머금다'로
변하였다.

| *멀다(遠) | 형 甚히 키오라 머니 | 〈法華 三·85〉 |
| :멀·다(盲) | 동 비록 머러도 | 〈救方 下 42〉 |

두 낱말 모두 現代語에서 멀다'로 同音語를 이루고 있다.

| *:메다(擔) | 동 술위 메는 쇼롤 | 〈內訓 三·49〉 |
| :메·다(塡) | 동 비치 메디 아니ᄒ얫도다. | 〈杜諺 十六·28〉 |

두 낱말이 다 現代語에서도 메다'이다.

| *목(項) | 몡 모골 구디 미니 | 〈月千 76〉 |
| 목(値) | 몡 짜호 그륏 모기 두고 | 〈釋節 六 · 26〉 |

목(項)→목, 목(値)→몫'으로 변하였다.

*몯·다(聚)	동 方國이 해 모드니	〈龍歌 11〉
몯·다(醜)	형 모든더 이셔도	〈內訓 一·46〉
:몯·다(不)	믄 한더 몯다 쯔랫거늘	〈釋節 六·25〉

몯다(聚)→모이다, 몯다(醜)→死語化, 몯다(不)→못다'로 변하여 同音
語가 될 수 없다.

*:묻·다(問)	동 舍利弗그에 무라	〈月千 153〉
묻·다(訪)	동 님금 묻즈왯는 짜히 아스라 ᄒ니	〈杜諺 八·62〉
묻·다(染)	동 쩌 무더 검디 아니ᄒ며	〈月印 十七·52〉
묻·다(埋)	동 움 무더 스ᄅ시니이다	〈龍歌 111〉

묻다(訪)를 除外한 모든 낱말이 전부 묻다'로 同音語를 이루고 있다.

| *뫼(飯) | 몡 산 것 주겨 뫼홀씨 | 〈月釋 卄一·125〉 |
| :뫼(山) | 몡 뫼爲山 | 〈訓正 用字例〉 |

뫼(飯)→메, 뫼(山)→산(山)'으로 代替되었다.

| 몯(不可) | 믄 三年이 몯 차이셔 | 〈釋節 六·4〉 |
| 몯(釘) | 몡 몯爲釘 | 〈訓正 合字解〉 |

두 낱말이 모두 못'으로 同音語를 이루고 있다.

| *:믈·다(堆) | 동 靑을 믈며 綠을 슷고 | 〈金三 四·54〉 |

물다(償)　　圖 쥬의 오시 일허도 어루 물려니　　〈月印 七·9〉

물다(堆)→死語化, 물다(償)→물다(값을 물다)'로 古形 그대로 維持헀으나, 同音語를 이루지 않았다.

*므르(充分)　　甲 므르시버　　　　　　　　〈救簡 六·7〉
므르(退)　　　甲 또 모디 므르 거러　　　　〈蒙法 45〉

므르(充分)→死語化, 므르(退)→물러'로 音韻이 變化되었다.

*므르·다(爛熟)　　圈 骨髓롤 데워 므르게 훌씨라　　〈楞諺 八·103〉
므르·다(退)　　　圖 도로 므르고져 흐거뇨　　　　〈月印 十四·77〉

므르다(爛熟)→무르다, 무르다(退)→물러나다'로 音韻이 變化되었다.

믈·다(摧)　　圈 믈어 것거 뻐러디며　　　　〈法華 二·124〉
믈·다(咬)　　圖 스룸 므는 느는 벌에라　　　〈圓覺 下 三之二·79〉

믈다(摧)→死語化, 믈다(咬)→물다'로 圓脣母音化되었다.

믜·다(憎)　　圖 恨은 믤씨라　　　　　　　〈楞諺 八·30〉
믜·다(裂)　　圖 玄圃山이 믜여뎌 왓느니아　　〈杜諺 十六·29〉

믜다(憎)→밉다, 믜다(裂)→미어지다'로 音韻이 변천되었다.

*:밀(蠟)　　명 미롤 노겨　　　　　　　　〈救簡 六·43〉
밀(麥)　　　명 훈 렬과 훈 밀홀　　　　　〈楞諺 九·106〉

밀(蜜)은 두 말할 나위 없이 漢字語다. 밀(麥)→밀'이다. 現代語에서도 同音語이다.

```
*ᄇᄅ·다(塗)   동  ᄀᆞᆯᄋ로 ᄇᄅ고           〈釋節 六·38〉
 ᄲᄅ·다(急)   형  ᄲᆞᆯ라 움즈기다 몯고        〈救方 上 56〉
```

ᄇᄅ다(塗)→바르다, ᄲᄅ다(急)→빠르다'로 音韻이 變遷되어, 同音語는 아니다.

```
*ᄇᆞ롬(壁)   명  壁은 ᄇᆞ릭미라             〈楞諺 七·28〉
 ᄇᆞ룸(風)   명  춘 ᄇᆞ룸 불어늘            〈月千 102〉
```

ᄇᆞ롬(壁)→벽 혹은 바람벽'으로 複合, ᄇᆞ룸(風)→바람'으로 同音語는 되지 않는다.

```
*·ᄇᆞ리·다(割)   동  제 고길 ᄇᆞ려          〈楞諺 九·74〉
 ᄇᆞ·리·다(捨)   동  ᄇᆞ룷 것 업슨 짜히      〈月印 七·54〉
 ᄇᆞ·리·다(排)   동  排ᄂᆞᆫ ᄇᆞ릴씨라       〈永嘉 下 73〉
```

ᄇᆞ리다(割)→ 베다, ᄇᆞ리다(捨)→ 버리다, ᄇᆞ리다(排)→ 벌리다'로 變하여 同音語가 아니다.

```
*ᄫᅳᆯ(臂)   명  ᄫᅳᆯ爲臂                 〈訓正 用字例〉
 :발(簾)   명  宮엣 바론 翡翠ㅣ 뷔옛도다   〈杜諺 廿·32〉
 ·발(足)   명  발올 바사매 아니 아프시니   〈月千 119〉
 ·발(幅)   명  오히려 旗ㅅ발 ᄃᆞ롯ᄃᆞᆺ ᄒᆞ도다 〈杜諺 廿二·33〉
```

ᄫᅳᆯ(臂)→팔만 除外하고 모두 발'로 同音語를 이루고 있다.

```
*·ᄲᅣᆯ·다(尖)   형  묽골 아우라히 섈디 아니ᄒᆞ샤  〈月印 二·41〉
 ·ᄲᅣᆯ·다(洗)   동  오술 섈오져 ᄒᆞ시니        〈月千 105〉
```

| ·샐다(吸) | 동 긔운을 샐에 ᄒᆞ라 | 〈救簡 六·59〉 |

세 낱말 모두 빨다'로 現代語에서 同音語를 이루고 있다.

*·비(腹)	명 비예 드러 겨싫 제	〈月印 二·24〉
·비(舟)	명 ᄀᆞᄅᆞ매 비 업거늘	〈龍歌 20〉
·비(梨)	명 빗곶爲梨花	〈訓正 用字例〉

세 낱말 모두 배'로 現代語에서 同音語를 이루고 있다.

| *비·다(潤) | 동 ᄯᆞᆷ 비니 됴코 | 〈救方 上 16〉 |
| 비다(孕) | 동 아기 빈 사ᄅᆞ미 | 〈法華 六·47〉 |

두 낱말이 모두 배다'로 現代語에서 同音語를 이루고 있다.

| *비·ᄒᆞ·다(設) | 동 天地位를 비ᄒᆞ야 | 〈月印 十四·50〉 |
| 비ᄒᆞ·다(習) | 동 獲은 비하 업시울씨라 | 〈法華 五·15〉 |

비ᄒᆞ다(設)→베풀다'로 交替, 비ᄒᆞ다(習)→배우다(익히다)'로 變함.

| *바·당(掌) | 명 솞바당 마출 씨라 | 〈月印 二·29〉 |
| 바당(基) | 명 是非ㅅ 바당과 | 〈法華 一·22〉 |

바당(掌)→바닥(손바닥), 바당(基)→바탕'으로 변하여 同音語가 되지 않는다.

*ᄶᅡ·디·다(弱)	동 오히려 ᄶᅡ뎟도다	〈杜諺 十八·1〉
·ᄶᅡ디·다(拔)	동 니 ᄶᅡ디고져 ᄒᆞ니	〈杜諺 廿五·52〉
·ᄶᅡ:디·다(落)	동 아기를 ᄶᅡ디오	〈月印 十·24〉

세 낱말이 모두 現代語로서는 빠지다'인데, 그 뜻의 類似性으로 보아 內在的 意味가 같다고 하겠다.

*바ㄹ(海)	명 바ᄅ 우희 들구를 즛놋다	〈杜諺 十五·52〉
바ᄅ(直)	부 바ᄅ 自性을 ᄉ뭇 아ᄅ샤	〈月印 序 18〉

바ᄅ(海)→바다, 바ᄅ(直)→바로'로 音韻이 변하여 同音語가 아니다.

*바·회(巖)	명 巖房 바횟방	〈龍歌 一·46〉
바회(輪)	명 輪은 바회라	〈月印 二·38〉

바회(巖)→바위, 바회(輪)→바퀴'로 現代語에서는 同音語가 아니다.

*받·다(奉)	동 奉은 바들씨라	〈月印 序 13〉
받·다(受)	동 慈者를 받줍더라	〈楞諺 一·50〉
받·다(衝)	동 ᄒ오사 象을 나ᄆ티며 바드시고	〈杜諺 廿·32〉

받다(奉)→받들다'로 複合되고 받다(受)와 받다(衝)'는 그대로 同音語를 이루고 있다.

*:밤(栗)	명 밤 구봃 제	〈蒙法 44〉
밤(夜)	명 赤祲이 바미 비취니	〈龍歌 101〉

두 낱말 모두 밤'으로 現代語에서 同音語를 이룬다.

*밭·다(唾)	동 춤을 바트면	〈救簡 一·82〉
밭·다(沴)	동 즙 밭다(淋汁)	〈救簡 六·88〉

밭다(唾)→뱉다, 밭다(沴)→밭다'로 發音되나 語源(etymology)이 같은

것 같다.

    *:버리·다(設) ⑧ 차반 밍ㄱ라 버려   〈月印 二·73〉
     :버리·다(開) ⑧ 밥 오나돈 입 벌리고   〈金三 五·25〉

두 낱말이 모두 現代語에서 同音語를 이룬 벌이다, 벌리다'이다. 內在的 意味는 같다.

    *버·믈·다(權) ⑧ 시름 버므로몰   〈內訓 一·2〉
     버·믈·다(繞) ⑧ 繞는 버믈씨오   〈月印 二·32〉

두 낱말이 모두 死語化하였다.

    *버·히·다(斬) ⑧ 肝괘 버혀 갈아날씨라   〈楞諺 八·105〉
     버·히·다(奪) ⑧ 쳔만 버히며   〈月印 十·28〉

버히다(斬)→베다, 버히다(奪)→死語化되다.

    *보·다(見) ⑧ 迦葉龍이 보ᅀᆞ바   〈月千 65〉
     보·다(用使) ⑧ 즉채 만히 보리라   〈救簡 三·70〉

두 낱말 모두 現代語에서도 古形 그대로 同音語를 이루고 있다.

    *:봄(見) ⑧ 禮ᄒᅀᅳ오몰 봄도   〈圓覺 下 三之二·21〉
     ·봄(春) ⑨ 보믄 버드를 뵈아   〈杜諺 七·11〉

물론 봄(見)은 名詞形이다. 어쨌든 봄(春)과 現代語에서도 同音語를 이루고 있다.

*부르·다(演)	통 演은 부를씨라	〈月印 序 7〉
부르·다(潤)	통 生울 부르며	〈楞諺 四·92〉
부·르다(飽)	통 빈 부러서	〈圓覺 上 二之二·114〉

부르다(演)는 死語化, 부르다(潤)→붇다'의 活用形이다. 부르다(飽)→
부르다'로 現用된다.

| *:부·리(嘴) | 명 불구미 그 부리 굴홀씨니리 | 〈月印 十八·73〉 |
| ·부리(山) | 명 노폰 묏부리 서르 枕帶ᄒ얫ᄂ니 | 〈杜諺 七·23〉 |

두 낱말이 古形 그대로를 維持하여 同音語를 이루고 있다.

| *부·체(扇) | 명 平生애 힌 짓부체 기텟고 | 〈杜諺 廿四·17〉 |
| 부·체(間) | 명 부체롤 다ᄃ니 | 〈月印 七·9〉 |

부체(扇)→부채, 부체(間)→死語化(古語에서도 用例가 많이 보이지 않음)

| *·뷔·다(刈) | 통 벼 뷔는 功夫ㅣ | 〈杜諺 七·18〉 |
| :뷔·다(空) | 형 뷘 房울 딕ᄒ라 | 〈月千 177〉 |

뷔다(刈)→베다의 뜻, 쪼개다(剃)의 뜻으로도 쓰임. 뷔다(空)→비다'
다. 따라서 同音語가 아니다.

*브르·다(飽)	통 飮食을 브르게 ᄒ며	〈法華 二·242〉
브르·다(謳)	통 제 놀애 브르고	〈楞諺 九·75〉
브르다(呼)	통 소리로 브르슨바도	〈月印 八·16〉

세 낱말은 모두 現代語에서 부르다'로 同音語를 이룬다.

| *브르·트·다(粘) | 동 柳絮에 브르텟고 | 〈杜諺 十五·56〉 |
| 브르트다(腫) | 동 모기 브르텟거든 | 〈簡救 六·13〉 |

브르트다(粘)→붙다로 交替, 브르트다(腫)→부르트다'로 現用됨. 따라서 同音語가 아님.

| *브·리·다(使) | 동 사룸 브려도 몯 미츠리니 | 〈月印 十五·5〉 |
| 브·리·다(荷役) | 동 제 탯는 모물 브려 | 〈杜諺 八·57〉 |

두 낱말 모두 現代語에서 부리다'로 同音語를 이루고 있다.

*브·티·다(粘)	동 百千燈에 브텨	〈楞諺 一·5〉
브·티·다(貼)	동 아니 브텨 니르니라	〈月印 一·39〉
브·티·다(送付)	동 글워롤 브튜믈 愛호얘로다	〈杜諺 八·48〉

브티다(粘)→부치다, 브티다(送付)→부치다'로 同音語. 브티다→붙이다'로 音韻 變遷.

| *·블(火) | 명 브롤 몯보아도 | 〈圓覺 序 64〉 |
| 블(膠) | 명 膠는 갓브리라 | 〈月印 廿一·85〉 |

블(火)→불, 블(膠)→풀'로 現用되고 있어 同音語를 이룰 수 없다.

| *블·다(付) | 동 훔 무적 브투므로 | 〈楞諺 八·127〉 |
| 블·다(粘) | 동 블 브투미 | 〈法華 六·146〉 |

두 낱말 다 붙다'로 現代語에서도 同音語를 이룬다.

| *붓·다(腫) | 동 모기 브어 | 〈救方 上 43〉 |

붓·다(注)   图 브스려 ᄒ시니   〈龍歌 109〉

두 낱말 모두 붓다'로 現代語에서도 同音語를 이룬다.

*빋(債)   图 내 네 비들 가파   〈杜諺 四·31〉
 빋(價)   图 노폰 비든   〈杜諺 十六·3〉

빋(債)→빚, 빋(價)→값'이다. 同音語가 아니다.

*빌·다(乞)   图 비론 바롤 엇뎨 죄시ᄂᆞᆫ가   〈月千 122〉
:빌·다(祈)   图 天神ㅅ긔 비더니이다   〈月千 86〉
:빌·다(借)   图 그 ᄯᆞ롤 비로ᄃᆡ   〈釋節 十一 · 30〉

빌다(乞)와 빌다(祈)는 빌다'로 古形을 維持하여 同音語를 이루고, 빌다(借)→빌리다'로.

*빗(橫)   图 져비 빗 ᄂᆞᆺ다   〈杜諺 七·7〉
 빗(梳)   图 비세 비취옛더라   〈杜諺 卄·45〉

두 낱말이 빗'으로 同音語가 되어 現用되고 있다.

*ᄉᆞ·다(有價) 휑 이바디ᄂᆞᆫ 호 金이 ᄉᆞ도다   〈杜諺 十五·53〉
·ᄊᆞ다(築)   图 여러 種類ㅣ 노피 城 사   〈杜諺 卄四·6〉

ᄉᆞ다(有價)→값이 있다'의 뜻이나 死語化, ᄊᆞ다(築)→쌓다'로 音韻變化.

*ᄉᆞ랑(慕)   명 이ᄀᆞ티 ᄉᆞ랑컨대   〈楞諺 四·28〉
 ᄉᆞ랑(愛)   명 ᄉᆞ랑올 미잣던딘   〈杜諺 卄·29〉

사랑(慕)→생각'으로 변한 것은 語義變化의 모델 케이스다. ᄉᆞ랑(愛)

→사랑.

*시·다(酸)	톙	밧 바다애 시요미 니ᄂᆞ니	〈楞諺 十·79〉
시·다(漏)	동	시ᄂᆞᆫ 자내 믈 브ᅀᅳ며	〈楞諺 六·106〉

시다(酸)→시다, ᄉᆞ다(漏)→새다'로 音韻이 각각 변하였다.

*사·기다(刻)	동	ᄲ혀에 사겨 슬푸믈 아낫노라	〈杜諺 卄·40〉
사·기·다(釋)	동	넑거나 외오거나 사겨 니르거나	〈釋節 十九·9〉

두 낱말 모두 새기다'로 現用되어 同音語를 이루고 있다.

*·살(矢)	몡	세 사롤 마치시니	〈龍歌 32〉
·살(輻)	몡	술위삐 一千 사리니	〈月印 一·26〉

現用語로 두 낱말이 모두 살'로 同音語를 이루고 있다. 內在的 意味
로는 뜻이 모두 같아 同音語로 看做하기가 困難하다.

*:새(草)	몡	새 니욘 菴子ㅣ	〈南明 上 72〉
·새(新)	관	헌 옷도 새 ᄀᆞᆮᄒᆞ리니	〈月印 八·100〉
:새(鳥)	몡	블근 새 그를 드러	〈龍歌 7〉

세 낱말이 모두 새로 同音語를 이루어 現用된다. 새(草)→속새'로 音
韻 添加.

*서·리(霜)	몡	서리爲霜	〈訓正 用字例〉
·서리(間)	몡	草木 서리예 겨샤	〈月千 124〉

서리(霜)→서리, 서리(間)→사이'로 代用됨. 따라서 同音語가 아니다.

| *설·다(撤) | 동 | 가ㅅ롤 몯다 서러 잇ᄂᆞᆮ시 ᄒᆞ앳더니 | 〈月印 卄三·73〉 |
| :설·다(未熟) | 형 | 果實의 서룹과 니곰쾌 | 〈圓覺 上 一之二·180〉 |

설다(撤) → 설겄다, 설다(未熟)→설다'로 古形 維持, 그러나 同音語를
이루지 않았다.

| *섭(薪) | 명 | 섭爲薪 | 〈訓正 用字例〉 |
| 섭(眉) | 명 | 눈섭 相이 조ᄒᆞ샤 | 〈法華 二·13〉 |

섭(薪)→섶, 섭(眉)→눈썹'으로 複合되었으나 同音語를 이루지 않았다.

| *섟(轡) | 명 | 물 셕슬 ᄀᆞᄌᆞ기 ᄒᆞ며 | 〈杜諺 卄·17〉 |
| 섟(職) | 명 | 庶人의 셕시라 | 〈內訓 一·80〉 |

두 낱말 모두 死語化되었다.

| *셤(石) | 명 | 여듧 셤 너말이 | 〈南明 上 31〉 |
| :셤(島) | 명 | 셤爲島 | 〈訓正 用字例〉 |

두 낱말 모두 섬'으로 音韻이 變遷되어 同音語를 이루어 現行된다.

| *·소(沼) | 명 | 기픈 소히 다ᄃᆞ라 | 〈觀音 12〉 |
| ·소(範) | 명 | 쇠그릇 디기예 소히라 | 〈圓覺 上 一之二·181〉 |

소(沼)는 漢字語이고 우리말은 늪'이다. 소(範)→死語化.

| *·손(手) | 명 | 손爲手 | 〈訓正 用字例〉 |
| 손(客) | 명 | 赴京ᄒᆞᆯ 소너 마리 | 〈龍歌 28〉 |

두 낱말이 모두 손'으로 通用되나 손(客)→손님'으로 複合된다.

*:솔(刷)	명	솔로 빗기면	〈月印 一·27〉
:솔(松)	명	東門밧긔 독소리 것그니	〈龍歌 89〉·

솔로 두 낱말이 現用되나 솔(松)→솔나무→소나무'로 複合되어 쓰인다.

*·쇠(鍵)	명	쇠 줌고미 업거늘	〈南明 下 1〉
·쇠(鐵)	명	鐵輪은 쇠 술위니	〈月印 一·26〉

쇠'로 두 낱말이 同音語를 이루어 現用되기는 하나, 쇠(鍵)→열쇠'로 複合된다.

*·수(藪)	명	지벅으로 대 수 톤소리에	〈蒙法 10〉
수(雄)	명	수히 왼 놀개 드리옛ᄂ니	〈杜諺 十六·70〉

수(藪)의 15世紀語는 수플'이다. 그러나 수'로 쓰인 用例도 많아 수(雄)와 同音語.

*술(酒)	명	비록 술 마숌과	〈楞諺 七·53〉
·술(匙)	명	능히 술 자브며	〈金三 四·55〉

現代語에서도 술'로 古形 그대로 同音語이다.

*:숨(喘)	명	수미 나며 드로매	〈釋節 十九·10〉
:숨(命)	명	숨튼 중싱 마ᄂ	〈釋節 九·32〉

숨(喘)→숨, 숨(命)→숨, 혹은 목숨 어쨌든 숨'으로 同音語를 이룬다.

| *:쉬다(喘) | 명 나민 숨 쉬요믈 민츠니라 | 〈杜諺 廿四·35〉 |
| :쉬다(休) | 명 잇비 브리여 쉬디 몯고 | 〈楞諺 八·128〉 |

두 낱말 모두 쉬다'로 同音語를 이루어 現用된다.

*·쓰·다(用)	동 무스믈 뻐 제 性 삼는	〈楞諺 一·81〉
·쓰·다(苦)	형 차바는 뻐 몯 좌시며	〈月印 二·25〉
쓰다(書)	동 罪며 福을 다 써	〈釋節 九·30〉
·쓰·다(冠)	동 天冠 쓰고 ㅂ야미 몸 가지니	〈月印 十·95〉

네 낱말이 모두 쓰다'로 同音語를 이루어 現用된다.

*스숭(巫)	명 녯 님그미 스숭 스로믈	〈杜諺 十·25〉
스숭(和尙)	명 和尙온 스스을 니르니라	〈釋節 六·10〉
스숭(師)	명 스스을 초자	〈楞諺 跋 6〉

스숭(巫)→무당, 스숭(和尙)→스님(?), 스숭(師)→스숭'으로 古形 維持. 그러나 同音語는 아니다.

| *슳·다(悲) | 명 쏜두미 가장 슬ᄒ니라 | 〈月印 序 23〉 |
| 슳·다(壓) | 형 슬호미 업서 | 〈法華 一·83〉 |

슳다(悲)→슬프다, 슳다(壓)→싫다'로 變化되어 同音語가 아니다.

| *·슬·다(消) | 동 여러 홋이 스러 업스면 | 〈金三 二·68〉 |
| ·슬·다(銷) | 동 鏖을 스르미 | 〈楞諺 六·78〉 |

슬다(消)→슬다, 슬다(銷)→쓸다'로 音韻 變遷.

| *:실(絲) | 명 고팃 시롤 다 쌔혀 내ᄂ니라 | 〈楞諺 一·5〉 |

실(甀)　　　　图 드트른 실의 ᄀ둑ᄒ고　　　　〈杜諺 廿一·35〉

실(絲)→실, 실(甀)→시루'로 音韻 添加, 同音語가 아니다.

*아·래(前日)　图 千載 아래 盛德을 ᄉ벌니　　　〈龍歌 76〉
　아·래(下)　　图 나모 아래 안ᄌ샤　　　　　　〈月千 7〉

아래(下)는 아리'이다. 어쨌든 두 낱말이 現代語에서도 아래'로 同音語를 이룬다.

*어·느　　　　閉 國人 ᄠ들 어느 다 ᄉ벌리　　〈龍歌 118〉
　어·느　　　　冠 어느 뉘 請ᄒ니　　　　　　〈龍歌 18〉

어느 閉→찌, 어느 冠→어느'로 現代語에서는 同音語가 아니다.

*:엄(芽)　　　 图 萌은 픐 어미니　　　　　　〈法華 三·125〉
　:엄(牙)　　　 图 톱 길며 엄이 길오　　　　　〈月千 164〉

엄(芽)→움, 엄(牙)→어금니'로 變하여 現代語에서는 同音語가 아니다.

*·열(十)　　　 图 열 銀鏡을 노ᄒ시니이다　　〈龍歌 46〉
　열(麻)　　　 图 ᄒ르 ᄒ 열콰　　　　　　　〈楞諺 九·106〉

열(十)→열, 열(麻)→삼(삼씨)'로 變함. 現代語에서는 同音語가 아니다.

*:열·다(開)　 图 門을 열라 ᄒ엣더니　　　　〈月印 十·25〉
　:열·다(結實)图 여름 연 남기　　　　　　　〈內訓 二上 53〉

두 낱말 모두 열다'로 現代語에서도 同音語이다.

*옷(衣)　　　　图 옷爲衣　　　　　　　　　　〈訓正 終聲解〉

옷(漆)　　　　图 漆은 오시라　　　　　　　　〈法華 一·219〉

옷(衣)→옷, 옷(漆)→옻'으로 同音語이다.

*엿(狐)　　　　图 엿이 獅子ㅣ 아니며　　　　　〈月印 二·76〉
·엿(飴)　　　　图 엿爲飴餹　　　　　　　　　　〈訓正 用字例〉

엿(狐)→여우, 엿(餹)→엿'으로 古形 그대로이다. 現代語에서는 同音
語는 아니다.

*온(百)　　　　图 온 사람 드리샤　　　　　　　〈龍歌 58〉
온(全)　　　　편 本性이 온 眞이니　　　　　　　〈永嘉 上 91〉

온'(百)→死語化, 온(全)→온'으로 現用.

*:일·다(淘)　 图 쓰롤 이로디 므를 겨기 기르다　　〈杜諺 八·32〉
일·다(成)　 图 다 塔 일어 供養ᄒ야ᅀ 흐리니　　〈釋節 十九·43〉

일다(淘)→일다, 일다(成)→이루어지다'로 現用된다.

잇(此)　　　　편 잇ᄀ장 ᄒ시고　　　　　　　　〈楞諺 四·75〉
잇(苔)　　　　图 잇무든 대는　　　　　　　　　〈杜諺 十五·15〉

잇(此)→이, 잇(苔)→이끼'다. 古形(15世紀語)에서도 同音語라 할 수
없으나 參考 삼는다.

*·ᄧ·다(搾)　 图 기름 ᄧ는 ᄢ과　　　　　　　　〈法華 七·119〉
ᄧ다(作)　　 图 車檻은 술위 우희 檻 ᄲᆯ씨라　　〈楞諺 八·88〉

두 낱말 모두 짜다'로 現用되는 同音語다. 특히 쓰다(作)'는 職, 爵의 뜻도 있다.

*·ᄌᆞ라·다(成長)	동 나히 ᄌᆞ라	〈月印 廿一·161〉
·ᄌᆞ라·다(洽足)	형 尺度ㅣ ᄌᆞ라도다	〈杜諺 十六·56〉

두 낱말 모두 자라다'로 現用되는 同音語다.

*ᄌᆞᆷ·다(浸)	동 오시 ᄌᆞᆷ기 우르시고	〈月印 八·101〉
ᄌᆞᆷ·다(鎖)	동 門을 다 ᄌᆞᆷ고	〈釋節 六·12〉

ᄌᆞᆷ다(浸)→잠기다, ᄌᆞᆷ다(鎖)→잠그다'로 音韻이 變化됨.

*·자·다(寢)	동 잠 잘 자거시늘	〈南明 上 25〉
·자·다(息)	동 ᄇᆞ롬과 드틀 오니 자아	〈金三 三·34〉

자다(寢)→자다, 자다(息)→자다'로 現代語에서도 同音語를 이루고 있으나, 두 낱말 사이에 개입된 內在的 意味는 같다. 多義語라 할 수 있겠으나, 參考로 例示하였다.

*:잣(栢)	명 자시 이숍 ᄀᆞᆮᄒᆞ니	〈南明 下 72〉
:잣(城)	명 城山 잣뫼	〈龍歌 一·52〉

잣(栢)→잣, 잣(城)→재'로 現用되어 同音語가 아니다.

*:재·다(能)	형 말이 재야 숫두버리더니	〈月千 157〉
:재·다(넘기다)	동 ᄒᆞᄅᆞᆺ밤 재야 두버늬 머그라	〈救簡 六·19〉

재다(能)→재다, 재다(넘기다)→재다(재우다의 준말)'로 同音語이다.

*·제(自)   ⊞ 즈재 제 노가 브리리라   〈救簡 六·20〉
·제(時)   명 지브로 도라 온싨 제   〈龍歌 13〉

제(自)→제(스스로, 저절로의 뜻), 제(時)→때, 따라서 現用은 同音語가 아니다. 그러나 제(時)는 古形대로 現用되는 수도 있다.

*족(片)   명 무슾 조기 뒤여   〈蒙法 7〉
족(藍)   명 파리호미 족 フ도다   〈南明 下 10〉

족(片)→쪽, 족(藍)→쪽'으로 변하여 現用語에서도 同音語이다.

*·좃·다(稽)   동 현맛 衆生이 머리 좃ᄉ바뇨   〈月千 28〉
좃·다(啄)   동 뿔로 조사낸 後에   〈救方 下 32〉

좃다(稽)→쫓다, 좃다(啄)→쪼다'로 現用되어 同音語가 아니다.

*줄(형식명사)   명 몯 홀 줄로 허르시니라   〈楞諺 一·72〉
줄(線)   명 주를 ᄎᄌ며   〈南明 上 23〉

줄→줄(형식명사), 줄(線)→줄'로 同音語를 이루나 줄(線)은 脉의 뜻도 있다. 줄(鑪), 줄(蔣)이 있으나, 15世紀語에서는 用例를 찾을 수 없다.

*쥭(桌)   명 쥭爲飯桌   〈訓正 用字例〉
쥭(粥)   명 쥭므레   〈救簡 六·36〉

쥭(桌)→주걱, 쥭(粥)→죽'으로 변하여 同音語가 되지 않는다.

*즘·게(樹)   명 즘겟 가재 연ᄌ니   〈龍歌 7〉
즘·게(里程)   명 두 즘겟 길마다   〈月千 153〉

두 낱말 모두 死語化하였다.

*지다(肥)	명 잔 기름 긴 거슬	〈救方 上 80〉
지다(負)	동 더러 지거나 오로 지거나	〈月印 廿一・102〉
지다(倚)	동 윈흐더 지옛도다	〈南明 上 12〉

'지다(肥)→지다, 지다(負)→지다, 지다(倚)→지다(의지하다, 기대다)'로
전부 同音語이다.

*지・즐・다(仍)	동 엇뎨 샐리 오몰 서르 지즈ᄂᆞ뇨	〈杜諺 十・28〉
지・즐다(壓)	동 나모 돌해 지즐어	〈救簡 一・78〉

두 낱말 모두 現用되지 않는다.

*지・지・다(噪)	동 새 지지며	〈法華 十・149〉
지・지・다(烹)	동 비술흘 지지더라	〈月印 廿三・87〉

'지지다(噪)→지저귀다, 지지다(烹)→지지다'이다. 現代語에서는 同音
語가 아니다.

*짖・다(作)	동 옮겨 일훔 지코	〈楞諺 四 ・104〉
짖・다(負)	동 기르마 지흔 ᄆᆞ리 긋고	〈杜諺 廿四・47〉

'짖다(作)→짓다, 짖다(負)→지다'로 現用語에서는 同音語가 아니다.

*・ᄎᆞ・다(蹴)	동 밦가락올 ᄎᆞ고	〈南明 上 50〉
・ᄎᆞ다(寒)	형 녀르멘 차고	〈月印 一・26〉
・ᄎᆞ다(佩)	동 弓劍 ᄎᆞ습고	〈龍歌 55〉
・ᄎᆞ・다(滿)	형 날둘이 ᄎᆞ거늘	〈月千 17〉

네 낱말이 現代語에서 차다'로 同音語를 이루고 있다.

*:채(皆)	부	黃金을 채 ᄭᆞ로려 ᄒᆞ니	〈月千 153〉
·채(鞭)	명	채爲鞭	〈訓正 用字例〉

두 낱말이 모두 채'로 現用되어 同音語를 이룬다.

*·쳔(千)	수	일쳔 번을 저ᅀᅥ	〈救簡 一·14〉
쳔(財)	명	술위 우희 쳔 시러	〈月千 61〉

쳔(千)은 漢字語다. 쳔(財)→천(밑천)'으로 現用된다. 역시 同音語를 이루고 있다.

*·춤(舞)	명	놀애 춤 마롬과	〈釋節 六·10〉
춤(涎)	명	춤을 ᄉᆞᆷᄭᅵ라	〈救簡 六·5〉

춤(舞)→춤(轉成名詞), 춤(涎)→침'으로 同音語가 아니다.

*츠·다(篩)	동	ᄀᆞᄂᆞ리 쳐 粉ᄆᆡᆼᄀᆞ라	〈楞諺 七·9〉
츠·다(除)	동	상녜 ᄯᅩᆼ 츠게 ᄒᆞ더니	〈法華 二·214〉
·츠·다(舞)	동	춤올 츠며	〈月印 廿一·190〉

츠다(篩)→치다, 츠다(舞)→추다, 츠다(除)→치다'로 변하여 두 낱말만 同音語이다.

*·키(大)	부	大集ᄋᆞᆫ 키 모돌씨니	〈釋節 六·46〉
·키(箕)	명	키爲箕	〈訓正 用字例〉

키(大)→크게(크다에서 派生된 副詞), 키(箕)→키'로 同音語를 이루지 않

았다.

* · 틱 · 다(受)	통	이에 性을 틱ᄂ니라	〈楞諺 一 · 89〉
· 틱 · 다(染)	통	能히 서르 틱디 아니 ᄒᄂ들	〈內訓 三 · 48〉
· 틱다(乘)	통	子貢이 술위 틱고	〈南明 上 30〉
· 틱다(燒)	통	焦는 블 틸시라	〈圓覺 上 一之二 · 181〉

네 낱말이 모두 타다로 現代語에서도 同音語를 이루고 있다.

· 톱(爪)	명	톱과 엄쾌 놀캅고	〈釋節 六 · 33〉
· 톱(鉅)	명	톱爲鉅	〈訓正 用字例〉

톱(爪)→톱(손톱, 발톱으로 複合), 톱(鉅)→古形 維持로 同音語로 現用된다.

*통(軸)	명	술윗사리 통애 몯ᄃ 호ᄆ	〈永嘉 序 13〉
· 통(腸)	명	통 안해 ᄀ독ᄒᄋ야	〈救方 上 17〉

통(軸)→수레살통(死語化), 통(腸)→창자'의 뜻이나 用例가 전혀 없다.

* · 플(草)	명	프롤 듯디 아니ᄒ며	〈金三 三 · 8〉
· 플(糊)	명	膠는 프리오	〈法華 一 · 219〉

위에서 例示된 블(草), 블(糊)과 同形이다. 풀'로 現行되는 것은 圓脣母音化 現像이다.

* · 피(稷)	명	피爲稷	〈訓正 用字例〉
· 피(血)	명	피 무든 홀골 파 가져	〈月印 一 · 7〉

두 낱말이 모두 古形 그대로 '피'로 現用되어 同音語를 이룬다.

  *·하(多) 图 하 갓가빙면 乞食ᄒᆞ디 어렵고   〈釋節 六·23〉
  ·하(呼格) 图 美男子돌하 내 샹녜 닐오대   〈楞諺 二·15〉

하(多)만 남고 하(呼)'는 쓰이지 않는다.

  *·힘(力) 명 제 히메 홀야ᄋᆞ로   〈釋節 九·31〉
  *·힘(筋) 명 힘爲筋   〈訓正 用字例〉

힘(力)→힘, 힘(筋)→힘줄'로 변하여 現代語에서는 同音語가 아니다.

 以上에서 例示된 바와 같이, 15世紀 文獻에서 450餘個의 낱말이 同音語인 바, 品詞別로 分類하여 보면, 名詞가 200餘個, 動詞가 200餘個, 그 다음 順으로 形容詞가 30餘個, 副詞가 20個 정도, 그리고 冠形詞가 5個, 助詞와 感歎詞가 각각 한두 개 정도인 分佈를 보이고 있다. 물론 여기 提示한 資料가 15世紀 文獻語上에서 이루어진 同音語의 全部도 아니며, 前提한 바와 마찬가지로 여러 古語辭典에서만 뽑은 資料임은 두말할 것도 없거니와, 잘못하여 漏落된 것, 또는 그릇 提示된 用例가 있을 줄 아나, 純粹國語의 同音語는 輪郭이 잡힌 것 같다. 그러나, 漢字語와 漢字語, 漢字語와 純粹國語 사이에 이루어진 同音語는 엄청난 숫자에 達할 것이며, 특히 '감수'는 14개, '사기'는 24개 '상사'는 19개의 同音異義語 索引을 이루고 있는 漢字語를 現代語 辭典에서 찾아 보더라도 짐작할 만하다.
 그리고, 위에서 提示한 資料上의 統計를 音節別로 分類하면 2音節語가 210餘個, 1音節語가 160餘個, 3音節語가 70餘個의 順位로 되어 있으며, 4音節語부터는 全無한 狀態다.

根源的 意味로 보아서는 多義語의 性格을 띠었으나, 語意의 分化로 同音異義語가 된 것도 더러는 있으나, S. Ullmann의 말처럼 多義語와 同音異義語와의 限界性이 模糊한 점에 緣由하리라 생각된다.27)

위에서 말한 漢字語 중 23개의 索引을 이루고 있는 '사기'와 같은 語彙는, prosodic feature나 contextual meaning으로서는 到底히 示差性을 일일이 辨別할 수 없어, 語意 把握에 支障을 招來하는 것은 물론이지마는, 純粹國語의 경우에는 漢字語에서와는 달리 2~3개의 索引을 이루는 것이 거의 大多數이기 때문에 別個의 問題이다.

15世紀 純粹國語에서 同音語 索引을 이루고 있던 語彙들의 半數 가량이 現代國語에 와서도 同音語 索引을 이루고 있다.

動詞나 形容詞에 있어서, 基本形(radical)으로서는 同音異義語가 아니지만, 活用으로 말미암아 同音異義語를 이루는 수가 매우 많다.

또한, '사기'란 낱말이 23개의 同音語 索引을 이루는 것과 같이, 類義語에 있어서도 英文學의 古典인 Beowulf에는 '王子'와 '英雄'에 관한 類義語가 36개나 된다고 하니28), 言語의 複雜性을 代辯하고도 남음이 있다 하겠다.

특히 15世紀 國語에서는 聲調의 比重이 同音異義語에 莫重한 作用을 하고 있다는 것을 付記하여 둔다.

4.

윗 項에서 考察한 바를 結論 삼아 略述해 보면 다음과 같다.

---

27) S. Ullmann, *ibid.*, p. 127.
28) Otto Jespersen, *Structure of the English Language*, 1930, p. 48.

① 同音異義語는 綴字上의 問題가 아니고 發音上의 問題다.

② 同音異義語로 말미암아 우리의 言語生活에 支障을 주는 것은 사실이나, 杞憂와는 다른 示差性이 있어 매우 樂觀的이다.

③ 同音異義語는 漢字語에 가장 많으며 純粹國語에도 적잖은 分布가 있다.

④ 同音異義語는 2音節語가 가장 많고 1音節語, 그 다음이 3音節語의 順位로 되어 있으나, 4音節語 以上에서는 全無한 狀態다.

⑤ 同音異義語는 서로 衝突하여 다른 말로 交替하였거나, 音韻만이 변한 것이 있는 反面, 15世紀 語形을 그대로 維持하여 同音語를 이루거나, 같은 索引을 이루는 同音語가 같은 꼴로 音韻 變遷을 일으켜, 現代語에서도 同音異義語 索引을 이루고 있는 것이 半數에 달한다.

⑥ 同音異義語는 品詞上으로 分類해 보면 名詞와 動詞의 數가 거의 같고, 形容詞, 副詞의 順位로 되어 있다.

⑦ 動詞나 形容詞에 있어서, 基本形은 同音異義語가 아니지만, 活用 (conjugation)으로 말미암아 同音語를 이루는 수가 매우 많다.

S. Ullmann은 同音異義語의 生成要因을 音韻的 내지 意味的 原因과 外來語의 影響 등으로 보았지만, 本稿에서는 15世紀 文獻語에 나타난 同音異義語의 資料 提示에만 局限하고 말았다.

국어 동음어의 연구

A Study on Homonyms in Korean

1. 序 論

今世紀에 접어들면서부터 彗星처럼 새로운 言語學의 一分科인 同音
學(Homonymics)이 Jespersen의 後光을 입어 Geneva 學派와 Prague
學派는 매우 큰 業績을 남기게 되었다. 그 중에서 뭐니뭐니 해도
Gilléron 一派에 依하여 學的인 體系를 定立하는데[1] 一大 功獻을 했다
하더라도 過言이 아닐 것이다. 어쨌든 Gilléron 一派의 先驅的 業績에
힘입어 '同音學'의 基盤은 鞏固히 다져지고 있다.

西歐의 一角에서는 意味論의 一分野에서 分化되어 同音學(Homonymics)
이라는 새로운 學問이 이미 脚光을 받은 바 있다. 英國의 桂冠詩人
Robert Bridges(1844~1930)의 調査에 依하면,[2] 英語에 있어서도
1,600~2,000個의 同音語가 있다고 하니 括目할 事實이라 아니할 수
없으나, 그가 言語學者가 아니고 詩人이었다는 點에서 그의 方法論에 異
議가 없는 것은 아니나, 새롭게 注目할 事實이라고 하겠다. 가까운 日本

---

1) S. Ullmann, The Principles of Semantics, 1957, pp. 125~126.
2) R. Bridges, On English Homophones, 1919.

에서도 言語學의 一分科로서 西歐의 方法論에 援用되어 '同音語の 研究'3)라는 獨立된 科學의 한 領域을 開拓하기에 이르렀다.

이로 미루어 어떤 言語를 不問하고 그들의 個別 言語 속에는 莫重한 同音語들이 存在하고 있는 바 우리 國語에 있어서도 例外는 아니어서 매우 많은 同音語現象을 나타내고 있음은 周知의 事實이라고 하겠다. 特히 同音語는 多音節語보다 單音節語에서 多量의 同音語的 素地를 엿볼 수 있는데 國語는 그 語彙上 特質의 하나인 多音節語보다 單音節語가 많은 것으로 보아 마땅히 同音語的 餘裕를 豊富히 간직하고 있다고 할 만하다. 뿐만이 아니라 國語의 語彙體系는 漢字語와 固有語의 二重構造로 되어 있는데, 이는 말할 것도 없이 漢字는 어느 것이나 一音節로 되어 있어서 單音節語를 이루고 있기 때문에 同音語가 많을 수밖에 없다. 以上과 같은 論理로 볼때 우리 國語에는 約60%의 漢字語가 섞여 있으므로4) 同音語의 分布는 짐작하고도 남음이 있겠다. 南廣祐 敎授의 調査에 依하면5) 한글학회지은 '중사전'에,

總語彙數 91,825 중 同音語의 總數는 30,180인데,

固有語 同音語 3,120
漢字語 同音語 22,983
國漢섞인 同音語 4,077

의 槪算 7:1의 比率로 그 分布를 이루고 있다. 이로 미루어 同音語는 充分한 硏究의 對象이 될 수 있다고 判斷되어 本 硏究에 臨하게 된 것이다. 또한, 同音語 硏究에 있어서 注意를 要하는 事實로서는, 同音語는 어디

---

3) 國立國語研究, 同音語の 研究, 1961.
4) 한글학회, '우리말 큰사전', 1962, 6권 맨 끝장.
5) 南廣祐, 國語國字의 諸問題, 1970, p. 11에서 重引.

까지나 같은 時代 言衆의 言語生活에서 呼吸될 수 있는 共時的
(synchronic)인 言語의 硏究이어야 하기 때문에 15C語와 20C語와의 同
音語 索引(Homonymy attraction)을 作成하여 이것을 對象으로 云謂한다
는 것은 極히 危險한 作業이 아닐 수 없다. 恒例로 우리 나라의 同音語
硏究의 論文들 中에서는 15C語와 16C語 내지는 17~18C語까지 深한
경우에는 20C語까지 同一하게 對應을 시켜 索引을 作成하고 마치 이들
語彙 사이에 同音現象을 이루고 있는 것처럼 硏究하여 많은 誤謬와 넌센
스까지 빚고 있다. 이와 같은 點을 勘案하여 本稿에서는 15C 國語에서
도 固有語에만 局限하여 考察의 對象으로 삼았다.

2. 同音語의 定義

어떤 學問을 莫論하고 그 學問에 對한 定義를 한마디로 쉽게 내릴 수
없는 것과 마찬가지로 同音語에 對한 定義도 그리 簡單하지 아니할 뿐만
아니라 學說마저 區區하여 종잡을 수 없는 경지에까지 이르게 된 것이 同
音語가 아닌가 한다. 그러면, 同音語에 對한 見解를 간추려 보기로 한다.

同音語는 原來 同音異義語라고 하는 것이 더 正確한 表現이겠으나
觀念上 同音語라고 하는 것이 通例로 되어 있다.

먼저 Webster 辭典에 依하면,6)

同音語란 라틴語 Homonymun에서 나온 말로서 E. Homonym,
Fr. Homonimie, G. Homonym이라 하며, 한 單語로써 서로 다른 事
物을 나타내는데 使用되어온 것을 말한다, 라고 하여 同音語에 對한 複

---

6) Merriam Webster, *Webster's Third New International Dictionary*, 1966,
   p. 1085.

雜多端한 槪念은 外面한 채 極히 皮相的인 言及을 하고 있다.

國語國文學事典에 依하면,7)

Homonym 정확하게는 동음이의어(同音異義語). 한 言語 내에서 음은 동일하나 의미가 다른 둘 이상의 말, 이라고 하여 Webster 辭典과 大同한 定義를 내리고 있다.

國語學辭典에 依하면,8)

同一言語에 있어서 音은 같지만 意味가 다른 두 개 以上의 單語를 일컫는다고 하여 辭典式인 낱말 풀이의 範疇를 벗어나지 못한 느낌이다.

英語學辭典에 依하면,9)

音은 同一한 語義가 다른 語를 가지고 Homophone이라 하고 綴字가 同一한 同音異義語를 Homonym이라 하며, 綴字가 다른 同音異義語를 Homophone 이라 한다고 하여 위의 여러 辭典式풀이와 大同小異한 見解를 披瀝하고 있으나 同音語의 定義를 定立하는데 있어서는 아무런 도움을 주고 있지 않을 뿐 아니라 오히려 同音語의 實像과는 疏遠한 感이 없지 않다.

다음으로는 辭典을 벗어나서 理論書에서 同音語의 定義를 살펴보기로 하겠다.

먼저 Saussure는,10)

한 Siginfiant에 여러 個의 signifié가 對應될 수 있는 바 이것을 일컬어 多義語(Polysemy)乃至 同音語(Homonym)가 된다고 하여 多義語와 同音語와의 明確한 區別을 하지 않고 있다.

또한, 近代言語學에 있어서 意味論의 開拓者라고 불리워지는 Ull-

---

7) 東亞文化硏究所, 國語國文學事典, 1973, p. 201.

8) 國語學會(日本), 國語學辭典, 1968, p. 677.

9) 市河三喜, 英語學辭典, 1968, p. 458.

10) F. de Saussure, Cours de Linguisticque Générale, 1961, pp. 65~70.

mann의 說11)을 빌면,

하나의 能記(Name)에 둘 더되는 所記(Sense)가 結合한 것으로, 이들 Sense 間에 아무런 연관성이 認定되지 않을 때 비록 name는 같으나 이것을 全혀 別個의 單語로 看做하게 된다. 以上과 같이 Sense가 다르면서 같은 name를 가진 單語를 同音語로 보고 있다. Saussure의 術語로서는 Siginfiant이 곧 name이고 Signifié가 sense에 該當된다고 하겠다.

Wrenn에 依하면,12)

同音語에 對하여 두 가지로 나누어 說明하고 있는데 Homophone과 Homonyms가 곧 그것이다. 그는 Homophone을 異綴字同音語로 Homonyms를 同綴字異音語로 다루고 있다.

Bloomfield에 依하면,13)

音은 同一하나 意味가 一致하지 않은 말을 同音語라 하고 있다.

Jespersen에 依하면,14)

그는 同音語에 對한 槪念은 規定은 하지 않고 音의 類似性만을 가지고 同音語로 看做한 實例만을 例擧하고 있는 點으로 미루어 綴字와는 關係없이 音만 같고 意味가 다르면 同音語로 본다고 하겠다.

以上의 諸學說로 미루어 볼 때 同音語란 同綴字同音語와 異綴字同音語가 있으며 하나의 能記에 두개 以上의 所記가 結合된 것으로서 이들 所記 사이에 아무런 聯關性이 없는 單語를 同音語라고 하는데 具體的인 定義를 얻기 위하여 同音語에 對하여 여러 學說들을 다시 整理해 보면 諸家의 見解가 얼마나 相偉한가를 짐작할 수 있다. 이는 同音語의 定義

---

11) S. Ullmann, The Principles of Semantics, 1957, pp. 117~125.
12) C.L. Wrenn, The English Language, 1949, pp. 111~122.
13) L. Bloomfield, Language, 1933, p. 145, p. 161.
14) O. Jespersen, Language, 1954, pp. 281~282.

規定이 曖昧하기 때문에 複雜性을 內包하고 있음은 再言을 要치 않으나 多義語(Polysemy)와 類義語(Synonym) 그리고, 同音語(Homonym)와의 相互 聯關性부터 살펴보기로 하겠다.

語彙論的 立場에서 單語의 種類를 複義(multiple meaning)의 뜻을 지니고 있는 多義語(Polysemy)와 類義語(Synonym), 그리고, 同音語(Homo-nymy)로 分類하는데, 이들 各 語彙들은 오랜 동안 言語學上에 있어서 興味있게 硏究의 對象이 되어 왔었다.

위에서 말한 이들 세 가지 類型들의 言語는 意味論的 立場에서 相互 不可分의 關係에 놓여 있느니만큼 이들 三者의 獨立性과 時差性(distinctive feature)을 照應(reference)키 위하여 먼저 多義語와 類義語에 對한 定義부터 알아보는 것도 徒勞가 아니라고 생각한다.

그러면, 類義語를 "One sense with several name"의 뜻을 지니고 있는 語彙를 일컫는다면,15) 多義語는 類義語와는 對立되는 "One name with several senses"를 말하고16) 있으나 同音語는 한마디로 聚略할 수 있는 單純한 見解가 나오지 않는 것도 事實이지만 이는 同音語를 複雜多端하다는 뜻으로 雄辯해 주는 성싶다.

그러나 同音語는 多義語와 같이 "One name with several sense"이면서도 이들 sense 間에 하등의 意味的인 聯關性이 없이 name만 同一한 語彙를 同音語(Homonymy)라고 하지마는17), 窮極的인 問題에 이르러서는 多義語와 同音語와의 區別은 매우 曖昧模糊하다는 難色을 表하고 있는 이도 있다.18) 또한, Ullmann은 同音語(Homonymy)를 二重構造로 說明하면서 이 Homonymy는 多義語에서 由來한 同音語를 가지

---

15) S. Ullmann, The Principle of Semantics, 1957, p. 108.
16) *Ibid.*, p. 114.
17) *Ibid.*, p. 136.
18) *Ibid.*, p. 127.

고 Homonym로, 音韻變化로 이루어진 同音語를 Homophone이라고 하여 위에서 例擧한 Wrenn의 說[19]을 잘 受用하고 있다.

우리 나라의 學者로서도 同音語에 對한 見解가 엇갈리고 있는데 대체로는 Ullmann의 說에 同調하고 있다.[20]

特히 許雄敎授의 見解를 빌면,[21]

같은 꼴의 시니피앙에 둘 더되는 시니피에가 대응되어 있어, 이들 시니피에 사이에 아무런 관련성이 認定되지 않을 때는 비록 그 시니피앙이 같다 할지라도, 이것들은 여러 개의 單語로 보게 되는데, 이러한 시니피에가 전혀 다르면서 같은 시니피앙을 가진 말들을 同音異義語(Homonym, Homophone)이라 하고, 그러한 현상을 同音異義(Homonymy)라 한다라고 하여 Saussure의 signifié와 signifiant의 術語를 가지고 Ullmann의 name와 sense로 바꾸어 說明했을 뿐이다.

이처럼 同音語가 많은 複雜性을 內包하고 있는 것은 言語에 있어서 그 發音現象이 文字로 表記된 書寫式 發音(spelling pronunciation)이 아니고, 綴字는 다르면서도 發音이 같은 경우가 있고, 그 反對로 綴字는 같으면서도 그 發音이 다른 例가 非一非再하기 때문일 것이다. 例를 들

---

19) C.L. Wrenn, The English Language, 1949, pp. 111~122.
   Homophone; Word spelt differently but pronounced alike are termed homophone.
   Homonyms; Those pronounced differently but spelt ldentically are called homonyms.
20) 許 雄, 言語學槪論, 1963, pp. 146~147.
   李勝明, 同音語硏究(A)(語文學 20號), 1969, pp. 46~48.
   千時權·金宗澤, 國語意味論, 1975, p. 169.
   李乙煥, 國語意味論, 1964, p. 138.
   崔泰榮, 國語 同音語生成考(書林 3號,), 1973. p. 7.
   康琪鎭, 同音異義語에 對하여(梁柱東博士古稀紀念論文集, 1973. pp. 220~221.
   李庸周, 意味論槪說, 1972, pp. 250~253.
21) 許 雄, *Ibid.*, 1963, p. 146.

어 說明한다면 現代國語에서와 마찬가지로 "낯(顏), 낫(鎌), 낱(箇), 낮(晝), 낟(粒)" 等은 5個의 同音語 索引을(Homonymy attraction) 形態論的인 立場에서는 엄연히 區別되어 表音文字처럼 意味에 있어서는 示差性이 末音의 差異로 말미암아 뚜렷한 것이지마는, 위 單語들의 末音(終聲) "ㄷ, ㅌ, ㅅ, ㅈ, ㅊ" 等의 字素(graphame)에 對한 音價(sound value)는 初聲(語頭)으로 使用될 적에는 各其 特有의 音價를 지니고 있어 同音語를 識別하는 경우에는 別問題가 없다. 다시 말해서 위에 例示한 "낫(鎌), 낱(箇), 낮(晝), 낯(顏), 낟(粒)" 等의 單語들은 音韻論上에 있어서는 最小對立語(minimal paire)에 不過한 것이나 國語에 있어서는 "ㅅ, ㄷ, ㅌ, ㅈ, ㅊ" 等의 音이 末音으로 發音될 때에는 그 代表音으로 發音되기 때문에 發音上의 同一性(pronunciation dentique)를 이루어 同音語가 된다. 이런 경우 物理的인 音價와 肉感的인 音價에는 相當한 乖離가 있는 것이지만 이것을 區別하지 않고 任意的인 解析으로 同音語로 看做하여 왔던 것도 這間 事實이다. 그리고 中世國語를 聲調의 言語(Tone Language)로 보고 있는 것도 國語學界에 있어서는 오늘의 通說로 常識化되고 있는데 그렇다면, 同音語로 例示했던 資料들 中에서 傍點이 相異한 單語들은 當時의 現實音이 相衝하였음은 明若觀火한 事實이거늘 오늘의 觀點에서 例하면, "걷다(步)와 걷다(卷)"를 同音語로 보느냐 볼 수 없느냐의 問題뿐만 아니라 "갈(刀)과 굴(蘆)" 等의 /ㅏ/와 /ㆍ/는 相異한 音價를 지니고 있는데 이것을 同音語로 看做할 수 있느냐 하는 難點들이 隨伴되고 있어 果然 中世國語를 同音語의 對象으로 硏究될 수 있는 範疇가 얼마나 될 것인지의 疑問의 餘地를 많이 안고 있음도 쉽게 알 수 있다.

　以上에서 말한 여러 가지 條件들을 勘案하여 同音語를 中世國語에서 云謂한다는 것은 거의 不可能에 지나지 않겠으나 物理的인 혹은 理想的인 音價만 가지고 論할 것이 아니라 現實的인 音價에 비추어 論할 때에는 充分한 價値가 있는 것으로 看做되어 여기에서도 同音語의 定義 定立

에 曖昧性이 立證된다고 하겠다. 잠시 英語의 경우 國語에서와 마찬가지로 been과 Been, beet와 beat, flea와 flee, heel와 heal, leek와 leak, meat와 meet, Reed와 read, Sea와 See, Seam과 Seem, Steel과 Steal[22]은 綴字는 다르지만 發音은 같다. 그리고 形態的 差異가 있으면 勿論 意味의 差異가 있다는 것[23]은 言語學에 있어서는 常識에 屬하는 이야기이다. 以上과 같이 綴字는 다르지마는 發音이 같은 單語들을 異綴字同音語(Homonymy)라 하나 이는 言語가 반드시 同一한 音韻이 同一한 文字로 表現되는 것은 아니기 때문이다.[24] 그리고, 이와 같이 發音의 差異로써 意味를 辨別하지 못하고 綴字의 差異로써 意味把握이 되는 것은, 表音文字(logogram)의 弱點이기도 하며, 言語의 變遷史上으로 볼 때, 表音文字의 表意文字(ldeograph)化라 하겠다. 現代國語에서 異綴字同音異義語와는 달리 "말(言), 말(馬), 말(藻), 말(斗)"이라든지 "배(腹), 배(梨), 배(舟)" 等等의 單語들은 同音語 索引을 이루고 있는데 이들은 形態上으로는 何等의 差異가 없을 뿐이다. 만일 中世語이었더라면 聲調(tone)라도 달랐을 터인데 現代語이기 때문에 音節의 깊고 짧음에 따라 意味를 分化하는 韻素만을 지니고 있어 이것을 흔히들 音長(Chroneme)이라고 한다.

위에서 例示한 "말, 배" 以上에는 "눈(眼)·눈(雪), 발(足)·발(簾), 줄(繩)·줄(鑢)" 等이 곧 그것이다. 이와 같은 單語들을 同綴字同音語(Homonym)라 일컫고 있으나 同音語는 어디까지나 發音上의 問題이지 綴字上의 問題가 아니라는 結論을 우리는 얻게 된다.

同音語는 世界 여러 나라의 個別 言語에 共通特質(trait commons)을

---

22) O. Jespersen, *Language*, 1954, p. 285.
23) André Martinet, Élement de Linguistique Génerale, 1961.
    金芳漢 譯, 言語學原論, 1963, p. 35.
24) C. F. Hockott, A Course in Modren Linguistics, 1958, p. 542.

이루고 있으며 多音節語(polysyllablic Language)가 많은 나라의 말보다
는 單音節語(monosyllablic Language)가 많은 나라의 말에서 莫重한 分
布(distribution)를 보이고 있는데, 그 理由는 지나치게 짧은 語辭는 個性
이 缺如되고 그 言語에 困難을 일으키는 수 많은 同音語를 創造한다25)
고 한다.

또한, 同音語는 人智의 發達로 말미암아 새로운 文化에 副應하려면
派生語와 新語가 生成되어야 하는데 이에 미칠만한 새로운 낱말을 채 만
들 수 없어 努力의 經濟性에 依하여 同音語를 이루는 것이 아닌가 싶다.

이 世界에 存在하는 言語 가운데 가장 많은 同音語 現象을 이루고 있
는 言語는 두 말 할 것도 없이 中國語가 아닌가 싶은데 이는 約 5萬字에
達하는 漢字가 各其 한 字 한 字에 獨立된 單語로서의 意味를 賦與하고
있기 때문이며 또한, 이들 同音現象으로 말미암아 그들의 言語生活에 莫
重한 混亂을 惹起할 듯 싶으나, 四聲 等으로 言語的 混亂을 未然에 防止
하기도 한다. 만일 中國語가 表意文字이기 때문에, 文字言語上으로는 視
覺的인 示差性이 있기 때문에 何等의 不便을 느끼지 않고 있으나 表音文
字였더라면 宿命的인 言語 混亂을 招來하였을 것이다.

3. 資料의 檢討

여기에 提示하는 資料는 主로 15C 國語 中에서도 固有語에 限하여
同音語 索引(Homonymy attraction)을 作成한 것이다. 本 索引을 作成함
에 앞서 同綴字 同音語이든 異綴字 同音이거나를 莫論하고 그 資料를 뽑

---

25) A. Dauzat, La Philosophie du Langage, 1929.
　　李基文 譯 言語學原論, 1955, p. 18.

았으며 同音語의 區分上으로 보아 所謂 韻素的 辨別資質(prosodic feature)까지 같은 完全同音語(Perfect Homonym)와 韻素的 辨別資質이 서로 다른 類似 同音語까지도 包含해서 廣義의 範疇로 보아 處理하였으며 各 同音語 間에 있어서 意味의 衝突(clash)이 어떤 모습으로 나타나며 어떤 安全瓣을 이루고 있는가를 보이기 위하여 긴 文章으로 資料를 提示한 것이다. 特히 中世國語에서 그 特性의 하나인 聲調(tone)까지 露出시켜 文脈的 意味(Contextual meaning)로서 意味 把握에 어떤 支障이 있는가를 보이기 위함이다.

그리고, 同音語의 諸相으로서는 여러 가지 類型이 있겠으나 漢字語까지를 包含하면 本稿에서는 그 分量上 莫重한 分量을 處理할 수 없어 固有語에 局限하고 말았다. 여기에 提示하는 資料는 拙稿(1973)의 誤謬를 修正 增補 添削한 것임을 밝히며,26) 또한 目下 進行中인 韓國語 同音語의 全盤에 關한 硏究의 一環임도 아울러 밝혀 둔다. 더욱이 例示한 用例는 方鍾鉉,27) 南廣祐,28) 劉昌惇29) 等等 諸敎授의 業績에 힘입었다.

1) * ᄀᆞᄅ(粉)　　图 록두 ᄀᆞᄅ(綠豆粉)　　　〈救簡 六・19〉

　　ᄀᆞᄅ(橫)　　凰 關은 門의 ᄀᆞᄅ 디르는 남기오　〈法華 四・130〉

　　ᄀᆞ・ᄅ(岐)　图 열네 ᄀᆞᄅ리니　　　　　　〈月印 八・13〉

2) * ᄀᆞ・ᄅᆞᆷ(代)　图 ᄀᆞᄅᆞᆷ 받디 아니 ᄒᆞᄂᆞ니라(不容替)　〈南明 下 33〉

　　ᄀᆞᄅᆞᆷ(江)　　图 ᄀᆞᄅᆞᆷ매 비 업거늘(河無舟矣)　　〈龍歌 20〉

---

26) 康琪鎭, 同音異議語에 對하여(梁桂東博士古稀紀念論文集), 1973.

27) 方鍾鉉, 古語材料辭典(油印), 1946.

28) 南廣祐, 古語辭典, 1960.

29) 劉昌惇, 李朝語辭典, 1964.

3) * 가·지(種)   명 八分은 여듧 가지니   〈釋範 九·18〉
   ·가지(枝)   명 즐겟 가재 연즈니   〈龍歌 7〉

4) * ᄀᆞ·장(極)   명 그 나랏 ᄀᆞ자온 븕ᄂᆞ니라   〈月印 一·26〉
   ᄀᆞ·장(매우)   부 ᄀᆞ장 話頭ᄅᆞᆯ 술펴   〈蒙法 3〉

5) * 갈(刀)   명 두 갈히 것그니   〈龍歌 36〉
   ᄀᆞᆯ(蘆)   명 ᄀᆞᆯ爲蘆   〈訓正 用字例〉

6) * :감(柿)   명 감爲柿   〈訓正 用字例〉
   :감(行)   동 子孫이 니어가몰 위ᄒᆞ시니   〈釋節 六·7〉

7) * ·곰다(浴)   동 ᄆᆞ례 글혀 모욕 ᄀᆞᄆᆞ라   〈救方 一·104〉
   ·곰다(閉)   동 눈 ᄀᆞᄆᆞᆯ(閉眼)   〈楞諺 一·59〉

8) * 갓(革)   명 갓과 술쾌   〈月印 二·40〉
   갓(妻)   명 妻는 가시라   〈月印 一·12〉
   갓(物)   명 가시 虛空에 둘여   〈月印 八·15〉
   ᄀᆞᆺ(邊)   명 恒河水 ᄀᆞ새 가   〈月印 廿三·90〉
   ᄀᆞᆺ(겨우)   부 ᄆᆞ리 ᄀᆞᆺ 챗 그리메 보고   〈圓覺 序 58〉

9) * ᄀᆞᆺ·다(切)   동 香木올 ᄀᆞᅀᅡ 오라   〈月印 十·13〉
   ᄀᆞᆺ·다(持)   형 迦葉이 三十二相이 ᄀᆞᆺ고   〈釋節 六·12〉
   ᄀᆞᆺ·다(苦)   동 그 ᄆᆞ리 ᄀᆞᆺ디 아니ᄒᆞ며   〈月印 一·28〉

10) * 가·서(棘)   명 ᄀᆞ서 남기어나   〈釋節 十一·35〉
    가·서(眯)   명 누네 수이 가시 드ᄂᆞ니라   〈杜諺 八·18〉

11) * :갈·다(耕)   동 매와 가롬과 ᄀᆞᄅᆞ미 잇ᄂᆞ니   〈楞諺 八·62〉
    갈·다(分)   동 兩分이 갈아 안ᄌᆞ시니   〈月千 4〉

12) * 거·리·다(拯) 동 拯은 거려낼 씨오 〈月印 序 9〉
　　　거·리·다(濟) 동 빠혀 거리샤 〈金三 四·37〉
　　　거·리·다(叉) 동 거린더 업게 〈救簡 六·81〉

13) * 것(物) 명 고호로 받는 거슬 〈釋範 十三·39〉
　　　것(皮) 명 것 바순 조빤롤 〈杜諺 十五·5〉

14) * :걷·다(步) 동 象이 몯 걷고 〈月千 130〉
　　　걷·다(捲) 동 다 거더 브려니 〈蒙法 58〉

15) * :걸·다(掛) 동 그므레 거러 〈楞諺 九·93〉
　　　:걸·다(滯) 동 둘헤 거디 아니호몰 〈圓覺 下 二之一·57〉

16) * :걸·다(濃) 형 거로미 환 짓게 ᄃ외어든 〈救簡 一·95〉
　　　걸·다(漉) 동 술 거르던 頭巾이로다. 〈杜諺 十六·22〉
　　　걸·다(隙) 동 흐ᄅ 걸어 비븨라 〈救方 下·37〉

17) * ·고(杵) 명 杵는 방핫괴니 〈釋節 六·30〉
　　　·고(鼻) 명 香온 고호로 맏는 거슬 〈釋節 十三·39〉
　　　고(罟) 명 ᄭᆞᆫ尺은 고ᄉᆡ 머디 아니홀시니 〈杜諺 廿·17〉
　　　·고(結目) 명 ᄀᆞ외예 고히 업도다. 〈金三 五·6〉

18) * 고·개(峴) 명 흙고개(泥峴) 〈龍歌 一·44〉
　　　고·개(項) 명 고걜 안아 우르시니 〈月千 57〉

19) * 고ᄅ·다(絮) 동 羹을 고ᄅ거늘 〈內訓 三·33〉
　　　고ᄅ·다(調) 형 고ᄅ고 正히 ᄒᆞ며 〈內訓 一·26〉

20) * 고·마(妾) 명 고마 ᄃ외아지라 〈法華 二·28〉
　　　:고·마(敬) 명 서르 고마ᄒᆞ야 드르샤 〈釋節 六·12〉

21) * ·곧(所)　　　명 이곧 뎌고대　　　　　　　　　〈龍歌 26〉

　　 ·곧(物)　　　명 조슨ᄅ빈 고ᄃ로 니르건댄　　〈釋節 十九·15〉

　　 ·곧(卽)　　　부 곧 여리ᄂ니　　　　　　　　　〈龍歌 120〉

22) * :골(洞)　　　명 蛇洞 비얌골　　　　　　　　〈龍歌 六·43〉

　　 :골(棺)　　　명 바ᄅ 늘근 쥐골 너흐로ᄆᆯ　　〈蒙法 16〉

　　 골(狀)　　　　명 세 受의 고리 덛더니　　　　　〈永嘉 下 74〉

　　 골(膏)　　　　명 골 ᄆᆡᆼᄀ라　　　　　　　　　〈救方 上 62〉

23) * 곯·다(膿)　　　명 곯디 아니ᄒ며　　　　　　〈救方 下 35〉

　　 곯·다(未滿)　　명 시혹 골커나　　　　　　　〈救方 上 31〉

24) * :곰(態)　　　명 일히와 곰과 모딘 비얌과　　〈釋節 九·24〉

　　 :곰(菌)　　　명 곰ᄠᅳᆫ 고기와　　　　　　　　〈救方 上 61〉

25) * 곱·다(曲)　　　형 曲은 고ᄇᆞᆯ씨라　　　　〈釋節 十一·6〉

　　 곱·다(倍)　　　동 倍ᄂᆫ 고ᄇᆞᆯ씨라　　　　〈月印 一·48〉

　　 :곱다(艶)　　　형 고ᄫᆞᆫ ᄡᆞᆯ 언니노라 ᄒ야　〈釋節 六·14〉

26) * 곶(花)　　　명 다ᄉᆞᆺ 곶 두 고지　　　　　　〈月千 7〉

　　 곶(串)　　　　명 暗林串 암림곶　　　　　　　　〈龍歌 一·36〉

27) * 굽·다(曲)　　　형 믈러 굽게 ᄒᄂ니　　　〈圖覺 下 三之二·44〉

　　 :굽·다(·燒)　　동 밤 구ᄫᆞᆯ제　　　　　　　〈蒙法 44〉

28) * 그르ㅎ(柿)　　형 이운 그르히 잇거늘　　　　〈月印 一·45〉

　　 그르(誤)　　　부 비록 그르ᄒ야 지순이리　　　〈釋節 九·6〉

29) * 그르·다(乖)　　형 그리디 아니 ᄒ니라　　　　〈金三 四·16〉

　　 그르·다(解)　　동 미요ᄆᆯ 그르게 ᄒᄂ리라　〈月印 十八·52〉

30) * 그·리·다(畵) 동 그려 뵈시니이다. 〈龍歌 43〉
    그·리·다(思) 동 아바님 그리샤 〈月千 113〉

31) * 금(金) 명 금씩 붉고(金帶赤) 〈杜諺 廿一·8〉
    ·금(理致) 명 그를 닐오디 〈楞諺 二·5〉
    금(紋) 명 엄지가락 아랫 ᄀ튼 금을 〈救簡 一·31〉

32) * 긋(斷) 동 話頭에 疑心이 긋디 아니ᄒ면 〈蒙法 1〉
    긋(必) 부 性覺이 긋 볼가 〈楞諺 四·12〉
    긋(畫) 명 획字ㅅ 그슬 모로매 고르고 正히 ᄒ여 〈內訓 一·26〉
    긑(末) 명 末온 그티라 〈釋節 六·2〉

33) * 기·리·다(叉) 동 가지 기리고 닙 업스니라 〈月印 八·10〉
    기·리·다(讚) 형 常性을 기려 〈楞諺 六·69〉

34) * 기·리(長) 명 기리와 너븨왜 〈金三 二·19〉
    기·리(永) 부 魔 그므를 기리 그츠며 〈月印 九·34〉

35) * 길ㅎ(路) 명 玄黃筐篚로 길헤 ᄇ라ᄉ녛니 〈龍歌 10〉
    :길(長) 명 닙마다 너비와 길왜 〈龍歌 48〉
    길(身) 명 ᄡᆞ길 노핀들 넌기 디나리잇가 〈月印 八·12〉

36) * 기장(重量) 명 흔 기잢 너븨 分이오 〈永嘉 上 28〉
    기장(黍) 명 기장 뿔 ᄀ티니 〈救方 上 18〉

37) * ·깃(襦) 명 옷깃 녀미오 〈杜諺 八·20〉
    ·깃(巢) 명 깃爲巢 〈訓正 用字例〉
    ·깃(領) 명 領은 옷기지라 〈圓覺 上 一之二·76〉

38) * 깃·다(盛)　　형 鬱密오 기순 양지오　　　　　　〈南明 下 36〉

　　　깃·다(棲)　　동 깃 기섯거니와　　　　　　　　〈南明 下 16〉

39) * ·눌ㅎ(刀)　　명 눌히 蓮花ㅣ 드외니　　　　　　〈月千 71〉

　　　·눌ㅎ(經)　　명 經은 눌히라　　　　　　　　　〈楞諺 七·59〉

　　　눌(生)　　　명 눌 오도옷 업거든　　　　　　　〈救簡 六·8〉

　　　날(日)　　　명 나리 저믈오　　　　　　　　　〈法華 二·7〉

40) * ·눌애(苫)　　명 두푼 눌애 어즈러니　　　　　　〈法華 二·104〉

　　　·눌애(羽)　　명 때 눌애 티드시　　　　　　　　〈月印 十·78〉

41) * 낛(稅)　　　명 그제사 낛 바도몰 ㅎ니　　　　　〈月印 一·45〉

　　　·낛(釣)　　　명 낛爲釣　　　　　　　　　　　〈訓正 用字例〉

42) * ː낟(穀)　　　명 낟爲穀　　　　　　　　　　　〈訓正 用字例〉

　　　·낟(鎌)　　　명 낟爲鎌　　　　　　　　　　　〈訓正 用字例〉

　　　낫(箇)　　　명 ᄒᆞᆫ 낫ᄀᆞ티　　　　　　　　　〈楞諺 二·33〉

　　　낮(晝)　　　명 새 벼리 나지 도드니　　　　　　〈龍歌 101〉

　　　낯(粒)　　　명 玉ᄀᆞᆫ호 ᄡᆞᆯ 나촌　　　　　　〈杜諺 七·38〉

　　　ᄂᆞᆾ(顔)　　　명 거우루엣 骨肉人 ᄂᆞᆾᄀᆞᆮ고　　　〈圓覺 上 一之一·47〉

43) * ·나ㅎ(華)　　　명 내 나호 늙고　　　　　　　　〈法華 二·213〉

　　　·나(我)　　　대 나ᄂᆞᆫ 어버ᅀᅵ 여희오　　　　　〈釋節 六·5〉

44) * ː남·다(餘)　　명 그 나ᄆᆞᆯ 믈이ᄂᆞ니　　　　　〈楞諺 八·124〉

　　　남·다(越)　　동 宮城 나ᄆᆞ샤　　　　　　　　〈月印 廿一·196〉

45) * ː낫·다(進)　　동 ᄒᆞᄫᅡ 니ᅀᅡ가샤　　　　　　〈龍歌 35〉

　　　낫·다(釣)　　동 고기 낫ᄂᆞᆫ 주례　　　　　　　〈杜諺 十五·12〉

　　　낫·다(愈)　　동 火化호미 나ᄉᆞ미 ᄀᆞᆮ디몯ᄒᆞ며　〈法華 六·155〉

46) * ·내(臭)　　　명 香내 머리 나ᄂ니　　　　　　〈釋節 六·44〉
　　 ·내(我)　　　때 내 太子ᄅ 셤기ᅀᆞᄫᆞ디　　　　〈釋節 六·4〉
　　 :내ᄒ(川)　　 명 내히 이러 바ᄅ래 가ᄂ니　　　　〈龍歌 2〉

47) * :네(汝)　　　때 네 迦毗羅國에 가아　　　　　　〈釋節 六·1〉
　　 :네(四)　　　수 노ᄑᆞᆫ 뫼ᄒ 네 面이　　　　　　〈杜諺 七·16〉

48) * 넘·다(越)　　동 도ᄌ기 담 너머 드러　　　　　〈月印 十·25〉
　　 :넘·다(過)　　동 어루 녀느 三昧예 너므리니　　 〈楞諺 六·79〉

49) * 녀·름(夏)　　명 녀르미 ᄃᆞ외며　　　　　　　〈月印 序 23〉
　　 녀름(農)　　　명 時節에 마초ᄒᆞ야 녀르미 ᄃᆞ외야　〈月印 序 25〉

50) * 노(羅)　　　명 綺ᄂᆞᆫ 기비오 縠ᄋᆞᆫ 뇌라　〈內訓 二 14〉
　　 노(繩)　　　명 노콰 机왜　　　　　　　〈圓覺 上 一之一·61〉

51) * :놀·다(遊)　　동 寂滅海에 놀에 ᄒᆞ쇼셔　　〈圓覺 下 二之一·6〉
　　 :놀·다(奏)　　동 七寶琴을 노더니　　　　　　〈月印 廿一·25〉
　　 :놀·다(稀)　　형 처엄 ᄆᆞᄎᆞ믈 알리 노니　　〈釋節 序 2〉

52) * 놓·다(置)　　동 圓器를 노하돈　　　　　　　〈楞諺 二·42〉
　　 놓·다(放)　　　동 다 노ᄒᆞ샤　　　　　　　〈龍歌 41〉
　　 놓·다(架)　　　동 세 줄ᄂ 드리를 노ᄒᆞ니　　〈釋節 十一·12〉

53) * 누·르·다(黃)　형 비치 누르고　　　　　　　〈月印 一·43〉
　　 누·르·다(壓)　동 누리며 텨 누르며　　　　　〈楞諺 八·92〉

54) * 누·리·다(亨)　동 즉재 누리라　　　　　　　〈救簡 三·63〉
　　 누·리·다(羶)　형 누리디 아니ᄒᆞ고　　　　　〈杜諺 廿二·36〉

55) * :눈(雪)　　　명 눈곧디니이다　　　　　　　〈龍歌 50〉
　　 ·눈(眼)　　　명 올ᄒᆞᆫ 녁 누는 體오　　　　〈金三 二·13〉
　　 ·눈(罟目)　　 명 紐ᄂᆞᆫ 그믌 눈 ᄆᆡᄌᆞᆫ 짜히라　〈楞諺 十·43〉

56) * ·니(虱)   명 머리옛 니롤   〈救簡 六·23〉
    ·니(齒)   명 니 마슨니 フ죽고   〈月印 二·41〉
    ·니(稻)   명 니뽈롤 봇가   〈救簡 一·36〉

57) * 니·기·다(習)   동 브즈러니 닷가 니겨놀   〈法華 二·248〉
    니기·다(이기다)   동 홀기 섯거 니겨   〈觀音 7〉

58) * ·니·다(行)   동 目連이 니거늘   〈月千 131〉
    니·다(覆)   동 지블 뛰로 니시고   〈內訓 二下·72〉

59) * 닐·다(謂)   동 各各 세 양즈로 닐어 두루 뫼화   〈月印 二·14〉
    :닐다(起)   동 御座애 니르시니   〈龍歌 82〉

60) * 드·리(橋)   명 드리예 뼈딜 무롤   〈龍歌 87〉
    드리(梯)   명 드리와 사오리와   〈圓覺 下 三之一·118〉
    드리(階)   명 드리 디르며   〈楞諺 六·89〉
    다리(脚)   명 모미 フ장 크고 다리 굵고   〈釋節 六·32〉

61) * ·둘(月)   명 흔둘 두둘 흐희예   〈釋節 十九·24〉
    둘(것은)   명 數 업슨 둘 아롬디니라   〈釋節 十九·10〉

62) * 둘·다(甘)   형 드녀 쓰녀   〈楞諺 三·49〉
    둘·다(斤)   동 어루 드라 혜디 몯ᄒ리니   〈法華 三·62〉
    ·둘·다(縣)   동 거우루롤 드랫는 둧ᄒ니   〈杜諺 廿·34〉
    둘·다(凍)   동 바리 드라 혜여   〈救方 上 7〉

63) * ·뚤(女)   명 뚜롤 나케 ᄒ며   〈楞諺 六·33〉
    ·뿔(根源)   명 뿔히 다ᄃ리리로다   〈法華 一·16〉

64) * 둣·다(愛)   동 네 내 ᄆᅀᆞ몰 ᄃᆞᅀᆞ며   〈楞諺 四·31〉

　　 둧·다(溫)   형 그 ᄆᅀᆞ몰 둧게 아니코   〈救方 上 8〉

65) * 둧ᄒᆞ·다(暖)   형 가ᄉᆞ미 둧ᄒᆞ얏ᄂᆞ닌   〈救簡 一·41〉

　　 ·둧ᄒᆞ·다(若)   형 ᄒᆞ다가 말홀삔 아ᄂᆞᆫ 둧하고   〈蒙法 47〉

66) * 다·리·다(煎)   동 차 다릴 스릐 만커든   〈救方 上 51〉

　　 다·리·다(熨)   동 가ᄒᆡᆫ 딕롤 다려   〈杜諺 廿五·50〉

67) * 다·히·다(燒)   동 블 다히게 ᄒᆞ며   〈救方 上 15〉

　　 다히·다(屠)   동 고기 다히며   〈杜諺 十·11〉

　　 다·히·다(觸)   동 던운 소내 다히면   〈楞諺 三·11〉

68) * 닷(尤)   명 宮監이 다시언마른   〈龍歌 17〉

　　 닷(五)   관 닷홉곰 머기면   〈救簡 一·14〉

69) * 도ᄅᆞ·혀(廻)   동 머리 도ᄅᆞ혀   〈楞諺一·110〉

　　 도ᄅᆞ혀(反)   부 어제 도ᄅᆞ혀 ᄂᆞ믜 어싀아ᄃᆞᆯ   〈釋節 六·5〉

70) *:둣(席)   명 혼 둣 마리 아니시니   〈法華 三·142〉

　　 ·돛(帆)   명 빗돛 ᄀᆞ슬히로다   〈杜諺 七·20〉

71) *:되(胡)   명 귀 둘온 되즁이   〈南明 下 11〉

　　 :되(升)   명 혼 되 닷홉을   〈救簡 六·7〉

72) * 되·다(量)   동 精舍 터흘 되더니   〈月千 168〉

　　 되·다(强)   형 王人病이 되샤   〈月印 十·5〉

73) * ：돌(石)　　　명 돌 爲石　　　　　　　　　　〈訓正 合字解〉

　　　：돌(梁)　　　명 큰 ᄀᆞ래 쇠돌히 흐르며　　　〈法華 二·28〉

74) * 둘·다(圍)　　　동 行宮에 도ᄌᆞ기 둘어　　　　〈龍歌 33〉

　　　둘·다(揮)　　　동 자홀 둘어　　　　　　　　　〈金三 五·30〉

75) * ：뒤(後)　　　명 아바닚 뒤헤 셔샤　　　　　　〈龍歌 28〉

　　　：뒤(北)　　　명 뒷싑골　　　　　　　　　　　〈龍歌 二·32〉

76) * ·ᄣᅳ·다(攤)　　동 술로 ᄣᅥ　　　　　　　　〈救簡 一·22〉

　　　ᄣᅳ다(灸)　　　동 일 빅 붓글 ᄣᅥ도　　　　　〈救簡 一·42〉

　　　·ᄣᅳ·다(慢)　　형 ᄣᅳᆫ 브레　　　　　　　　〈救簡 六·89〉

77) * ·ᄠᅳ·다(浮)　　동 眼根ᄋᆞᆫ 밧긔 ᄠᅥ　　　　〈楞諺 一·47〉

　　　·ᄠᅳ·다(開)　　동 盲龍이 눈 ᄠᅳ고　　　　　〈月千 65〉

　　　·ᄠᅳ·다(腐)　　동 곰 ᄠᅳᆫ 고기　　　　　　〈救方 下 61〉

78) * 드·리·다(垂)　동 일후미 萬古에 드려간ᄃᆞᆯ　〈杜諺 十五·37〉

　　　·드·리·다(納)　동 아래 서로 드료ᄆᆞᆯ 불기시니라　〈楞諺 四·40〉

　　　·드·리·다(獻)　동 紂의게 드려ᄂᆞᆯ　　　　　〈內訓 序 3〉

　　　·드·리·다(染)　동 믈 드료ᄆᆞᆯ 頓修ᄀᆞᆮᄒᆞ니　〈圓覺 上 一之一·113〉

　　　·드·리·다(熟練)동 ᄆᆞᅀᆞᆷ믈 자바 질 드려　〈圓覺 上 二之二·118〉

79) * ：들·다(落)　　동 닚 므리 듣거늘　　　　　　〈杜諺 十五·48〉

　　　들·다(聞)　　　동 波旬의 말 드러　　　　　　〈月千 72〉

　　　들·다(臭)　　　동 首ᄋᆞᆯ 드러도　　　　　　〈月印 十七·65〉

80) * ·들·다(快劍)　　형 드는 갈롸 긴 戈戟이　　　〈杜諺 十六·16〉

　　　·들·다(擧)　　　동 가비야이 드ᄂᆞ니　　　　　〈法華 四 19〉

·들·다(入)　동 王 알픠 드라　　　　　　　　〈月千 157〉

81) *　디·다(落)　동 南녁 벼리 故園으로 뎌 가놋다　〈杜諺 廿一·23〉

　　디·다(死)　동 여슷 놀이 디며 가마괴 디고　　　〈龍歌 86〉

　　:디·다(鑄)　동 사르미 시혹 像호디 시혹 쇠로 디며　〈金三 二·31〉

82) *　디르·다(簪)　동 關은 門의 マ르디르는 남기오　〈法華 四·130〉

　　디르·다(打)　동 네몸 디르듯 ᄒ니　　　　　　　〈楞諺 一·64〉

83) *　디르·다(刺)　동 갈ᄒ로 다르는 둧하야　　　　〈救方 上 18〉

　　디르·다(焚)　동 乾坤애 블 디르고　　　　　　　〈杜諺 廿四·16〉

　　디르·다(臨)　동 財寶를 디려셔　　　　　　　　〈內訓 一·8〉

　　디르·다(打)　동 사ᄅ믈 주머귀로 디르고 닐오디　〈月印 七·8〉

84) *　딯·다(施)　동 아비 門안해 寶帳 디코　　　　〈法華 二·244〉

　　딯·다(春)　동 디호몬 셴거슬 것거　　　　　　　〈月印 十七·19〉

　　딯·다(擻)　동 얼핀 거므를 디허드　　　　　　　〈月印 十三·59〉

　　딯·다(歎)　동 嗚呼는 한숨 디틋훈 겨치라　　　　〈月印 序 23〉

85) *　ᄆᆞᄅ(宗)　명 極果의 ᄆᆞᄅ 사모믈 가줄비시니　〈法華 一·6〉

　　ᄆᆞᄅ(棟)　명 ᄆᆞᄅ와 보히　　　　　　　　　　〈杜諺 九·28〉

86) *　몰(尿糞)　명 自然히 스러 몰 보기를 아니ᄒ며　〈月印 一·26〉

　　몰(馬)　명 전 마리 현 버늘 딘들　　　　　　　〈龍歌 31〉

　　·말(斗)　명 斗는 마리라　　　　　　　　　　　〈月印 九·7〉

　　:말(言)　명 한 마른 낫나치 쓰디　　　　　　　〈楞諺 一·17〉

　　·말ㅎ(橛)　명 橛은 말히라　　　　　　　　　　〈楞諺 八·85〉

87) * 몰·다(調) 동 기르메 모라 〈救簡 六·21〉

　　 몰·다(卷) 동 卷은 글월 모로니라 〈月印 序 19〉

　　 ·말·다(勿) 동 도디 마ᄂ다 〈南明 下 30〉

88) * 미·다(結) 동 몸애 미슨붕니 〈月千 49〉

　　 ·미·다(耘) 동 거두며 줏는 싀예 미욿디 아니하며 〈楞諺 一·19〉

89) * 맞·다(杖) 동 쇠막다히룰 마즈라 〈蒙法 51〉

　　 맞·다(的) 동 두 도티 ᄒ 사래 마츠니 〈龍歌 43〉

　　 맞·다(迎) 동 부톄 마조 나아 마즈샤 〈釋節 六·12〉

90) * ·매(碪) 명 매와 가룸과 ᄀ로미 〈楞諺 八·92〉

　　 ·매(鞭) 명 매 마자 獄에 가도아 〈釋節 九·8〉

　　 :매(鷹) 명 매 놀애 티ᄃ시 〈月印 十·77〉

　　 :매(甚) 명 발올 바사 매 아니 알프시리 〈月千 119〉

　　 :매(寧) 분 賢弟를 매 니즈시 〈龍歌 74〉

91) * 머리(頭) 명 龍올 지스니 머리 열히러니 〈釋節 六·32〉

　　 머리(遠) 분 恩惠룰 머리 여희여 〈釋節 六·32〉

92) * 먹·다(食) 동 밥 비러 먹노이다 〈月千 112〉

　　 먹·다(懷) 동 疑心 머구믈 免티 몯ᄒ며 〈圓覺 下 二之一·49〉

　　 먹·다(聾) 동 귀 머그니와 〈楞諺 七·43〉

93) * 멀·다 (遠) 형 甚히 키오라 머니 〈法華 三·85〉

　　 :멀·다(盲) 동 비록 머러도 〈救方 下 42〉

94) * :메다(擔) 동 술위 메는 쇼룰 〈內訓 三·49〉

　　 :메·다(塡) 동 비치 메디 아니ᄒ얫도다 〈杜諺 十六·28〉

95) * ·모(秧)   똉 揷秧은 모심기라   〈杜諺 七·36〉

   ·모(隅)   똉 隅는 모히라   〈法華 三·162〉

96) * 목(項)   똉 모글 구디 미니   〈月千 76〉

   목(値)   똉 싸혼 그릿 목기 두고   〈釋節 六·26〉

97) * 몯·다(聚)   똉 方國이 해 모드니   〈龍歌 11〉

   몯·다(醜)   똉 모둔디 이셔도   〈內訓 一·46〉

   :몯·다(不)   똉 한디 몯다 쓰랫거늘   〈釋節 六·25〉

98) * :뭇(束)   똉 딥동세 무슬 어더   〈月印 八·99〉

   뭍(陸)   똉 무틔 나거시놀   〈月千 64〉

99) * :묻·다(問)   똉 舍利弗그에 무라   〈月千 153〉

   묻·다(訪)   똉 님금 묻즈왯는 싸히 아스라 ᄒ니   〈杜諺 八·62〉

   묻·다(染)   똉 삐 무더 검디 아니ᄒ며   〈月印 十七·52〉

   묻·다(埋)   똉 움 무더 스르시니이다   〈龍歌 111〉

100) * 뫼(飯)   똉 산 것 주겨 뫼홀씨   〈月印 廿一·125〉

   :뫼(山)   똉 뫼爲山   〈訓正 用字例〉

101) *몯(否)   똉 三年이 몯 차이셔   〈釋節 六·4〉

   몯(釘)   똉 몯爲釘   〈訓正 合宗解〉

   못(池)   똉 알픠는 기픈 모새   〈龍歌 30〉

102) *:믈·다(堆)   똉 靑을 믈며 綠을 슷고   〈金三 四·54〉

   믈다(償)   똉 쥬의 오시 일허도 어루 믈려니   〈月印 七·9〉

103) *므르(充分)   똉 므르시버   〈救簡 六·7〉

   므르(退)   똉 또 모더 므로 거러   〈蒙法 45〉

104) * ᄆᄅ·다(爛熟) 형 骨髓를 데워 ᄆ르게 홀씨라 〈楞諺 八·103〉
      ᄆᄅ·다(退) 동 도로 ᄆ르고져 ᄒ시뇨 〈月印 十四·77〉

105) * 믈·다(摧) 형 믈어 것거 ᄲᅥ러디며 〈法華 二·124〉
      믈·다(咬) 동 ᄉᆞᆷ 므는 ᄂᆞᆫ 벌에라 〈圓覺 下 三之二·79〉

106) * 믜·다(憎) 동 恨은 믤씨라 〈楞諺 八·30〉
      믜·다(裂) 동 玄圃山이 믜여뎌 왓ᄂᆞ니아 〈杜諺 十六·29〉

107) * :밀(蠟) 명 미를 노겨 〈救簡 六·43〉
      밀(麥) 명 ᄒᆞᆫ 렬과 ᄒᆞᆫ 밀홀 〈楞諺 八·106〉

108) * 밑(下) 명 山미틔 軍馬두시고 〈龍歌 58〉
      밋(及) 부 道國王과 밋 舒國王은 〈杜諺 八·5〉
      밋(미끼) 명 고기 밋글 貪ᄒᆞ면 〈月印 七·18〉

109) *· ᄇᆞᆰ다(明) 형 天性은 ᄇᆞᆰᄀᆞ시니 〈龍歌 71〉
      븕다(紅) 형 ᄇᆞᆰᄀᆞ ᄆᆞᅀᆞ미 허니 〈杜諺 七·15〉

110) * ᄇᆞᄅ·다(塗) 동 ᄀᆞᆯᄋᆞ로 ᄇᆞᄅ고 〈釋節 六·38〉
      ᄇᆞᄅ·다(急) 형 ᄇᆞ라 움즈기디 몯고 〈救方 上 56〉

111) * ᄇᆞᄅᆞᆷ(壁) 명 壁은 ᄇᆞᄅᆞ미라 〈楞諺 七·28〉
      ᄇᆞᄅᆞᆷ(風) 명 ᄎᆞᆫ ᄇᆞᄅᆞᆷ 불어늘 〈月千 102〉

112) *· ᄇᆞ리·다(割) 동 제 고길 ᄇᆞ려 〈楞諺 九·74〉
      ᄇᆞ·리·다(捨) 동 ᄇᆞ률 것 업슨 ᄣᅡ히 〈月印 七·54〉
      ᄇᆞ·리·다(排) 동 排ᄂᆞᆫ ᄇᆞ릴씨라 〈永嘉 下 73〉

113)	*·ᄇᆞᆯ(골)	[명] 오직 이 ᄇᆞ래 子賢長者 지비 잇다	〈月印 八·94〉
	ᄇᆞᆯ(番)	[명] 세 ᄇᆞᆯ 값도ᄉᆞᆸ고	〈釋節 六·21〉
	·ᄇᆞᆯ(襲)	[명] 四百ᄇᆞ롤 바ᄀᆞ라 ᄒᆞ시고	〈楞諺 跋·4〉
	ᄇᆞᆯ(臂)	[명] ᄇᆞᆯ爲臂	〈訓正 用字例〉
	:발(簾)	[명] 宮엣 바ᄅᆞᆫ 翡翠ㅣ 뷔엿도다	〈杜諺 廿·32〉
	·발(足)	[명] 발올 바사매 아니 아ᄑᆞ시니	〈月千 119〉
	·발(輻)	[명] 오히려 旗ㅅ발 ᄃᆞ론ᄃᆺ ᄒᆞ도다	〈杜諺 廿二·33〉
114)	·ᄲᆞᆯ·다(尖)	[형] 몺골 아우라히 ᄲᆞ디 아니ᄒᆞ샤	〈月印 二·41〉
	·ᄲᆞᆯ·다(洗)	[동] 오ᄉᆞᆯ ᄲᆞᆯ오져 ᄒᆞ시니	〈月千 105〉
	·ᄲᆞᆯ다(吸)	[동] 긔운을 ᄲᆞᆯ에 ᄒᆞ라	〈救簡 六·59〉
115)	* ·ᄇᆡ(腹)	[명] ᄇᆡ예 드러 겨싫 제	〈月印 二·41〉
	·ᄇᆡ(舟)	[명] ᄀᆞᄅᆞ매 ᄇᆡ 업거늘	〈龍歌 20〉
	·ᄇᆡ(梨)	[명] ᄇᆡᆺ곶爲梨花	〈訓正 用字例〉
116)	* ᄇᆡ·다(潤)	[동] ᄯᆞᆷ ᄇᆡ니 됴코	〈救方 上 16〉
	ᄇᆡ다(孕)	[동] 아기 ᄇᆡᆫ 사ᄅᆞ미	〈法華 六·47〉
117)	* ᄇᆡ·ᄒᆞ·다(設)	[동] 天地位ᄅᆞᆯ ᄇᆡᄒᆞ야	〈月印 十四·50〉
	ᄇᆡᄒᆞ·다(習)	[동] 獛은 ᄇᆡ하 업시울씨라	〈法華 五·15〉
118)	* 바·당(排)	[명] 솏바당 마촐 씨라	〈月印 二·29〉
	바당(基)	[명] 是非ㅅ 바당과	〈法華 一·22〉
119)	*·ᄲᅡ·디·다(溺)	[동] 오히려 ᄲᅡ뎟도다	〈杜諺 十八·1〉
	·ᄲᅡ디·다(拔)	[동] 니 ᄲᅡ디고져 ᄒᆞ니	〈杜諺 廿五·52〉
	·ᄲᅡ:디·다(落)	[동] 아기ᄅᆞᆯ ᄲᅡ디오	〈月印 十·24〉

120) * 바ᄅ(海)　　명 바ᄅ 우희 들구를 좃놋다　　〈杜諺 十五·52〉

　　　바ᄅ(直)　　　투 바ᄅ 自性을 ᄉ못 아ᄅ샤　　〈月印 序 18〉

121) * 바·회(巖)　　명 巖房 바횟방　　　　　　〈龍歌 一·46〉

　　　바회(輪)　　명 輪은 바회라　　　　　　〈月印 二·38〉

122) * 밧ㄱ(外)　　명 城밧긔 브리 비취여　　　〈龍歌 69〉

　　　밭(田)　　　명 나디 바틔셔 남과 ᄀ툴ᄊ　　〈釋節 六·19〉

123) * 받·다(奉)　　동 奉은 바들씨라　　　　　〈月印 序 13〉

　　　받·다(受)　　동 慈者를 받줍더라　　　　〈楞諺 一·50〉

　　　받·다(衝)　　동 ᄒ오ᅀᅡ 象올 나ᄆ티며 바ᄃ시고　〈杜諺 廿·32〉

124) * :밤(栗)　　　명 밤 구봃 제　　　　　　〈蒙法 44〉

　　　밤(夜)　　　명 赤祲이 바미 비취니　　〈龍歌 101〉

125) * 밭·다(唾)　　동 춤을 바트면　　　　　〈教簡 一·82〉

　　　밭·다(沛)　　동 즙 받다(淋汁)　　　　　〈教簡 六·88〉

126) * :버리·다(設)　 동 차반 밍ᄀ라 버려　　　〈月印 二·38〉

　　　:버리·다(開)　 동 밥 오나ᄃᆫ 입 버리고　　〈金三 五·25〉

127) * 버·믈·다(罹)　 동 시름 버므로몰　　　　〈內訓 一·2 〉

　　　버·믈·다(繞)　 동 繞ᄂᆫ 버믈씨오　　　　〈月印 二·32〉

128)　 버·히·다(斬)　 동 肝괘 버혀 갈아날씨라　〈楞諺 八·105〉

　　　버·히·다(奪)　 동 천만 버히며　　　　　〈月印 十·28〉

129) * 볏(冠)　　　명 수돌기 벼셋 피룰　　　〈教簡 六·60〉

　　　볕(景)　　　명 더본 벼티 우희 ᄢᅬ니　　〈月印 二·51〉

130) * 보·다(見) 동 迦茶龍이 보ᅀᆞ바 〈月千 65〉
　　　보·다(用便) 동 즉채 만히 보리라 〈救簡 三·70〉

131) * :봄(見) 동 禮ᄒ ᅀᆞ오몰 봄도 〈圓覺 下 三之二·21〉
　　　·봄(春) 명 보ᄆᆞᆫ 버드를 뵈아 〈杜諺 七·11〉

132) * 부르·다(演) 동 演은 부를씨라 〈月印 序 7〉
　　　부르·다(潤) 동 生ᄋᆞᆯ 부르며 〈楞諺 四·92〉
　　　부·르다(飽) 동 비 부러서 〈圓覺 上 二之二·114〉

133) * :부·리(嘴) 명 불구미 그 부리 걸홀씨니리 〈月印 十八·73〉
　　　·부리(口) 명 부리어윈 병의 녀코 〈救簡 六·24〉
　　　·부리(山) 명 노ᄑᆞᆫ 묏부리 서르 枕帶ᄒᄒᆞ옛ᄂᆞ니 〈杜諺 七·23〉

134) * 부·체(扇) 명 平生에 ᄒᆡᆫ 짓부체 기텟고 〈杜諺 卄四·17〉
　　　부·체(門) 명 부체를 다ᄃᆞ니 〈月印 七·9〉

135) * :분(人) 명 ᄒᆞᆫ 부니 天命이실써 〈龍歌 37〉
　　　:분(뿐) 명 비록 等ᄒᆞ샤도 잘 드르싫 부니오 〈月印 二·62〉

136) * ·뷔·다(刈) 동 벼 뷔는 功夫ㅣ 〈杜諺 七·18〉
　　　:뷔·다(空) 형 뷘 房ᄋᆞᆯ 딕ᄒᆞ라 〈月千 177〉

137) *브르·다(飽) 동 飮食을 브르게 ᄒᆞ며 〈法華 二·242〉
　　　브르·다(謳) 동 제 놀애 브르고 〈楞諺 九·75〉
　　　브르다(呼) 동 소리로 브르ᅀᆞᄫᅡ도 〈月印 八·16〉

138) *브르·트·다(粘) 동 柳絮에 브르텟고 〈杜諺 十五·56〉
　　　브르트다(腫) 동 모기 브르텟거든 〈救簡 六·13〉

139) * 브・티・다(㸃)　동 百千燈에 브텨　　　　　　　　〈楞諺 一・5〉
　　　브・티・다(貼)　동 아니 브텨 니르니라　　　　　　〈月印 一・39〉
　　　브・티・다(送)　동 글워롤 브튜믈 爲ᄒ얘로다　　　〈杜諺 八・48〉

140) * ・블(火)　　명 브롤 몬보아도　　　　　　　　　　〈圓覺 序・64〉
　　　블(膠)　　　명 膠ᄂ 갓브리라　　　　　　　　　　〈月印 廿一・85〉

141) * 블・다(美)　　형 鶴올 브노니　　　　　　　　　　〈杜諺 九・7〉
　　　블・다(飽)　　동 ᄒ 적 블우메 비블어　　　　　　〈南明 上 64〉

142) * 븥・다(附)　　동 흙 무적 브투ᄆ로　　　　　　　〈楞諺 八・127〉
　　　븥・다(㸃)　　동 블 브투미　　　　　　　　　　　〈法華 六・146〉

143) * 븟・다(腫)　　동 모기 브ᅀᅥ　　　　　　　　　　〈救方 上 43〉
　　　븟・다(注)　　동 브ᅀᅳ려 ᄒ시니　　　　　　　　〈龍歌 109〉

144) * 빋(債)　　　명 내 네 비들 가파　　　　　　　　〈杜諺 四・31〉
　　　빋(價)　　　명 노 폰 비든　　　　　　　　　　　〈杜諺 十六・3〉

145) * 빌・다(乞)　　동 비론 바롤 엇뎨 좌시ᄂ가　　　　〈月千 122〉
　　　:빌・다(祈)　　동 天神ㅅ긔 비더니이다　　　　　〈月千 86〉
　　　:빌・다(借)　　동 그 ᄯᆞ롤 비로더　　　　　　　〈釋節 十一・30〉

146) * 빗(橫)　　　부 져비 빗 ᄂ놋다　　　　　　　　　〈杜諺 七・7〉
　　　빗(梳)　　　명 비세 비취옛더라　　　　　　　　〈杜諺 廿・45〉

147) * ᄉ・다(有價)　형 이바디ᄂ ᄒ 金이 ᄉ도다　　　〈杜諺 十五・53〉
　　　ᄉ다(築)　　　동 여러 種類ㅣ 노피 城 사　　　〈杜諺 廿四・6〉

148) * ᄉᆞ랑(慕)   명 이ᄀᆞ티 ᄉᆞ랑컨대   〈楞諺 四·28〉
      ᄉᆞ랑(愛)   명 ᄉᆞ랑올 미잣던딘   〈杜諺 廿·29〉

149) * 시·다(酸)   형 밧 바다애 시요미 니ᄂᆞ니   〈楞諺 十·79〉
      시·다(漏)   동 시ᄂᆞ 자내 믈 브스며   〈楞諺 六·106〉

150) * 사·기다(刻)   동 ᄲᅧ에 사겨 슬푸믈 아낫노라   〈杜諺 廿·40〉
      사·기·다(釋)   동 낡거나 외오거나 사겨 니르거나 〈釋節 十九·9〉

151) *·살(矢)   명 세 사ᄅᆞᆯ 마치시니   〈龍歌 32〉
      ·살(輻)   명 술의ᄣᅵ 一千 사리니   〈月印 一·26〉

152) * :새(草)   명 새 니욘 菴子   〈南明 上 72〉
      ·새(新)   관 헌 옷도 새 ᄀᆞᆮᄒᆞ리니   〈月印 八·100〉
      :새(鳥)   명 블근 새 그를 므러   〈龍歌 7〉

153) * 서·리(霜)   명 서리爲霜   〈訓正 用字例〉
      ·서리(間)   명 草木 서리예 겨샤   〈月千 124〉

154) * 설·다(撒)   동 갸스ᄅᆞᆯ 몯다 서러 잇ᄂᆞᆮ시 ᄒᆞ얫더니 〈月印 廿三·73〉
      :설·다(未熟)   형 果實의 서룸과 니곰괘   〈圓覺 上 一之二·180〉

155) * 섭(薪)   명 섭爲薪   〈訓正 用字例〉
      섭(眉)   명 눈섭 相이 조ᄒᆞ샤   〈法華 二·13〉

156) * 섯(轡)   명 ᄆᆞᆯ 셕슬 ᄀᆞᄌᆞ기 ᄒᆞ며   〈杜諺 廿·17〉
      섯(職)   명 庶人의 셕시라   〈內訓 一·80〉

157) * 셤(石)   명 여듧 셤 너말이   〈南明 上 31〉
      :셤(島)   명 셤爲島   〈訓正 用字例〉

158) * :셰·다(焚)　형 셴 하나비롤 하놀히 브리시니　　〈龍歌 19〉

　　　　:셰·다(立)　동 中興主를 셰시니　　　　　　　〈龍歌 11〉

159) * ·소(沼)　명 기픈 소히 다드라　　　　　　　　〈觀音 12〉

　　　　·소(範)　명 쇠그릇 디기예 소히라　　　　〈圓覺 上 一之二·181〉

160) * 쇼(牛)　명 싸호논 한 쇼롤　　　　　　　　　〈龍歌 87〉

　　　　쇼ᅘ(俗人)　명 혼 즁과 혼 쇼쾌　　　　　　　〈月印 八·94〉

161) * 손(手)　명 손爲手　　　　　　　　　　　　〈訓正 用字例〉

　　　　손(客)　명 赴京호 소니 마리　　　　　　　　〈龍歌 28〉

162) * :솔(刷)　명 솔로 빗기면　　　　　　　　　〈月印 一·27〉

　　　　·솔(松)　명 東門밧긔 독소리 졋그니　　　　　〈龍歌 89〉

163) * ·쇠(鍵)　명 쇠 줌고미 업거늘　　　　　　　〈南明 下 1〉

　　　　·쇠(鐵)　명 鐵輪은 쇠 술위니　　　　　　　〈月印 一·26〉

164) * ·수(藪)　명 지벽으로 대 수 톤소리에　　　　〈蒙法 10〉

　　　　수(雄)　명 수히 왼 놀개 드리옛ᄂ니　　　〈杜諺 十六·70〉

165) * ·술(酒)　명 비록 술 마숌과　　　　　　　　〈楞諺 七·53〉

　　　　·술(匙)　명 능히 술 자브며　　　　　　　　〈金三 四·55〉

166) * :숨(喘)　명 수미 나며 드로매　　　　　　　〈釋節 十九·10〉

　　　　:숨(命)　명 숨튼 즁싱 마논　　　　　　　　〈釋節 九·32〉

167) * :쉬다(喘)　명 나몬 숨 쉬요몰 ᄆᄎ니라　　　〈杜諺 廿四·35〉

　　　　쉬다(休)　명 잇비 브리여 쉬디 몯고　　　〈楞諺 八·128〉

168) * ·쁘·다(用)   동 ᄆᆞᅀᆞᆷ 뼈 제 性 삼논   〈楞諺 一·81〉
     ·쁘·다(苦)   형 차바ᄂᆞᆫ 뼈 몯 좌시며   〈月印 二·25〉
     쓰다(書)   동 罪며 福을 다 써   〈釋節 九·30〉
     ·쓰·다(冠)   동 天冠 쓰고 ᄇᆞ야미 몸 가지니   〈月印 十·95〉

169) * 스숭(巫)   명 녯 님그미 스숭 ᄉᆞ로몰   〈杜諺 十·25〉
     스숭(和尙)   명 和尙ᄋᆞᆫ 스스을 니르니라   〈釋節 六·10〉
     스숭(師)   명 스스을 츠자   〈楞諺 跋 6〉

170) * 슳·다(悲) 명 쑫두미 가장 슬ᄒᆞ니라   〈月印 序 23〉
     슳·다(壓)   형 슬호미 업서   〈法華 一·83〉

171) * ·슬·다(消) 동 여러 妄이 스러 업스면   〈金三 二·68〉
     ·슬·다(銷)   동 塵을 스르미   〈楞諺 六·10〉

172) * :실(絲)   명 고팃 시를 다 ᄲᅡ혀 내ᄂᆞ니라   〈楞諺 一·5〉
     실(甀)   명 드트른 실의 ᄀᆞ득ᄒᆞ고   〈杜諺 廿一·35〉

173) * 아·래(前日) 명 千載아래 盛德을 ᄉᆞᆯᄫᆞ니   〈龍歌 76〉
     아·래(下)   명 나모 아래 안ᄌᆞ샤   〈月千 7〉

174)   어느   대 어늬 구더 兵不碎ᄒᆞ리잇고   〈龍歌 47〉
     * 어·느   부 國人 ᄠᅳ들 어느 다 ᄉᆞᆯᄫᆞ리   〈龍歌 118〉
       어·느   관 어느 뉘 請ᄒᆞ니   〈龍歌 18〉

175) * :얼·다(冬) 동 身肉 어러 ᄢᅵ야딜씨오   〈楞諺 八·103〉
     얼·다(交配) 동 ᄯᅩ 喪亂ᄋᆞᆯ 맛니러샤ᄋᆞᆼ어루믈 〈杜諺 廿五·45〉

176) * :엄(芽)   명 萌은 픐 어머니   〈法華 三·125〉
     :엄(牙)   명 톱 길며 엄이 길오   〈月千 164〉

177) * ·열(十)   명 열 銀鏡을 노ᄒ시니이다   〈龍歌 46〉
     열(麻)   명 ᄒᄅ ᄒ 열과   〈楞諺 九·106〉

178) * :열·다(開)   동 門을 열라 ᄒ엣더니   〈月印 十·25〉
     :열·다(結)   동 여름 연 남기   〈內訓 二上 53〉

179) * 옷(衣)   명 옷爲衣   〈訓正 終聲解〉
     옷(漆)   명 漆은 오시라   〈法華 一·219〉

180) * 엿(狐)   명 엿이 獅子ㅣ 아니며   〈月印 二·76〉
     ·엿(飴)   명 엿爲飴餹   〈訓正 用字例〉

181) * 외·오·다(圍)   동 날므를 외오시니   〈龍歌 68〉
     외·오·다(暗記) 동 닑거나 외오거나   〈月印 十七·55〉
     외·오·다(脫)   동 한 비롤 아니 그쳐 날므를 외오시니 〈龍歌 68〉

182) * 온(百)   관 온 사람 드리샤   〈龍歌 58〉
     온(全)   관 本性이 온 眞이니.   〈永嘉 上 91〉

183) * 이(是)   대 이ᄂᆞᆫ 權으로 世間앳   〈釋節 十九·10〉
     이(人)   명 말ᄊᆞᆷ 술ᄫᅳ리 하더   〈龍歌 13〉

184) * 이ᄅ·다(旱)   형 봆 빗나미 이르고   〈杜諺 卄三·33〉
     이ᄅ·다(成)   동 舍衛國에 도라가 精舍 이ᄅᅀᆞᄫᆞ리니 〈釋節 六·22〉

185) * :일·다(淘)   동 샌룰 이로더 므를 져기 기르다   〈杜諺 八·32〉
     일·다(成)   동 다 塔 일어 供養ᄒ야ᅀ ᄒ리니   〈釋節 十九·43〉

186) * ·입(口)   명 도즈기 입과 눈과   〈龍歌 88〉

·입(戶)	몡 講堂이 입과 窓괘	〈楞諺 一·49〉
187) 잇(此)	끰 잇ㄱ장 ㅎ시고	〈楞諺 四·75〉
잇(苔)	몡 잇무든 대는	〈杜諺 十五·15〉
188) * 啐·다(搾)	통 기름 啐는 殃과	〈法華 七·119〉
啐다(作)	통 車檻온 술위 우희 檻 啐씨라	〈楞諺 八·88〉
189) * ·즈라·다(成長)	통 나히 즈라	〈月印 廿一·161〉
·즈라·다(洽足)	혱 尺度ㅣ 즈라도다	〈杜諺 十六·56〉
190) * 즈므·다(浸)	통 오시 즈므기 우르시고	〈月印 八·101〉
즈므·다(鎖)	통 門을 다 즈므고	〈釋節 六·12〉
191) * ·자·다(寢)	통 잠 잘 자거시눌	〈南明 上 25〉
·자·다(息)	통 브룜과 드틀 오니 자아	〈金三 三·34〉
192) * :잣(栢)	몡 자시 이슘 곧ㅎ니	〈南明 下 72〉
:잣(城)	몡 城山 잣뫼	〈龍歌 一·52〉
193) * :재·다(能)	혱 말이 재야 숫두버리더니	〈月千 157〉
:재·다(過)	통 ㅎ룻밤 재야 두버니 머그라	〈救簡 六·19〉
194) * ·제(自)	뿜 즉재 제 노가 브리리라	〈救簡 六·20〉
·제(時)	몡 지ㅂ로 도라 온싫 제	〈龍歌 13〉
195) * 조각(機)	몡 지두릿 조가기며	〈內訓·1〉
조각(片)	몡 닐굽 조가기 밍ㄱ라	〈法華 七·119〉
조각(皂角)	몡 조각 훈 편을	〈救簡 六·11〉

196) * 족(片)　　　　　圈 ᄆ숤 조기 뒤여　　　　　　　　　〈蒙法 7〉
　　　족(藍)　　　　　圈 파리호미 족 곧도다　　　　　　　〈南明 下 10〉

197) * :좃·다(稽)　　　圄 현맛 衆生이 머리 좃ᄉ바뇨　　　　〈月千 28〉
　　　좃·다(啄)　　　圄 ᄲᆞᆯ로 조ᅀᅡ낸 後에　　　　　　　〈救方 下·32〉

198) * 줄(形名)　　　圈 몬 훓 줄로 허르시니라　　　　　　〈楞諺 一·72〉
　　　줄(線)　　　　圈 주를 ᄎᆞᄌᆞ며　　　　　　　　　　〈南明 上 23〉

199) * 죽(桌)　　　　圈 죽爲飯桌　　　　　　　　　　　　〈訓正 用字例〉
　　　죽(粥)　　　　圈 죽므레　　　　　　　　　　　　　〈救簡 六·36〉

200) * 즘·게(樹)　　　圈 즘켓 가재 연ᄌᆞ니　　　　　　　〈龍歌 7〉
　　　즘·게(里程)　　圈 두 즘켓 길마다　　　　　　　　　〈月千 153〉

201) * 지다(肥)　　　圄 진 기름 긴 거슬　　　　　　　　〈救方 上 80〉
　　　지다(負)　　　圄 더러 지거나 오로 지거나　　　　　〈月印 廿一·102〉
　　　지다(倚)　　　圄 원흔더 지옛도다　　　　　　　　　〈南明 上 12〉

202) * 지·즐·다(仍)　圄 엇뎨 ᄲᆞᆯ리 오몰 서르 지즈ᄂᆞ니　〈杜諺 十·28〉
　　　지·즐다(壓)　圄 나모 돌해 지즐어　　　　　　　　　〈救簡 一·78〉

203) * 지·지·다(噪)　圄 새 지지며　　　　　　　　　　　〈法華 六·149〉
　　　지·지·다(烹)　圄 비술홀 지지더라　　　　　　　　　〈月印 廿三·87〉

204) * 짛·다(作)　　圄 옮겨 일훔 지코　　　　　　　　　〈楞諺 四·104〉
　　　짛·다(負)　　圄 기르마 지흔 ᄆᆞ리 궂고　　　　　　〈杜諺 廿四·47〉

205) * ·ᄎᆞ·다(蹴)　圄 밠가락올 ᄎᆞ고　　　　　　　　　〈南明 上 50〉

·츳다(寒)	혱 녀르멘 츳고		〈月印 一·26〉
·츳다(佩)	동 弓劍 츳숩고		〈龍歌 55〉
·츠·다(滿)	혱 낤둘이 츠거늘		〈月千 17〉

206) * :채(皆) 　뷔 黃金을 채 쓰로려 ᄒᆞ니 　〈月千 153〉
　　:채(鞭) 　몡 채爲鞭 　〈訓正 用字例〉

207) *·쳔(千) 　㊅ 일쳔 번을 저ᅀᅥ 　〈救簡 一·14〉
　　쳔(財) 　몡 술위 우희 쳔 시러 　〈月千 61〉

208) *·춤(舞) 　몡 놀애 춤 마롬과 　〈釋節 六·10〉
　　춤(涎) 　몡 추믈 솜ᄡᅵ라 　〈救簡 六·5〉

209) * 츠·다(篩) 　동 ᄀᆞᄂᆞ리 쳐 紛빙ᄀᆞ라 　〈楞諺 七·9〉
　　츠·다(除) 　동 샹녜 ᄯᅩᇰ 츠게 ᄒᆞ더니 　〈法華 二·214〉
　　·츠·다(舞) 　동 춤올 츠며 　〈月印 廿一·190〉

210) *·키(大) 　뷔 大集온 키 모돌씨니 　〈釋節 六·46〉
　　·키(箕) 　몡 키爲箕 　〈訓正 用字例〉

211) *·ᄐᆞ·다(受) 　동 이에 性을 ᄐᆞᄂᆞ니라 　〈楞諺 一·89〉
　　·ᄐᆞ·다(染) 　동 能히 서로 ᄐᆞ니 아니 ᄒᆞᄂᆞᆫ둘 　〈內訓 三·48〉
　　·ᄐᆞ다(乘) 　동 子貢이 술위 ᄐᆞ고 　〈南明 上 30〉
　　·ᄐᆞ다(燒) 　동 焦ᄂᆞᆫ 블 톨시라 　〈圓覺 上 一之二·181〉
　　·ᄠᆞ·다(破) 　동 비야미 ᄯᅩ리롤 ᄠᆞ고 　〈救方 下·78〉
　　·ᄠᆞ·다(彈) 　동 거믄고 ᄠᆞ고 　〈杜諺 廿四·38〉

212) *·톱(爪) 　몡 톱과 엄괘 눌캅고 　〈釋節 六·33〉
　　·톱(鉅) 　몡 톱爲鉅 　〈訓正 用字例〉

213) * ·통(軸)　　　　명 술윗사리 통에 몯둧 ᄒᆞ몬　　　　　〈永嘉 序 13〉

　　　 ·통(腸)　　　　명 통 안해 ᄀᆞ독ᄒᆞ야　　　　　　　〈救方 下 17〉

214) * · 프 · 다(掘)　　동 굳 프고 블 퓌우니　　　　　　　　〈月千 60〉

　　　 프다(重)　　　 동 히 디나며 돌 파　　　　　　　　　〈觀音 7〉

215) * · 풀(蠅)　　　　명 풀爲蠅　　　　　　　　　　　　　〈訓正 用字例〉

　　　 풀(臂)　　　　 명 손과 풀왜　　　　　　　　　　　　〈救簡 一 · 29〉

216) * · 플(草)　　　　명 프롤 둧디 아니ᄒᆞ며　　　　　　　〈金三 三 · 8〉

　　　 ·플(糊)　　　　명 膠ᄂᆞᆫ 프리오　　　　　　　　　　〈法華 一 · 219〉

217) * · 피(稷)　　　　명 피爲稷　　　　　　　　　　　　　〈訓正 用字例〉

　　　 ·피(血)　　　　명 피 무든 홀굴파 가져　　　　　　　〈月印 一 · 7〉

218) * · 하(多)　　　　부 하 갓가ᄫᅳ면 乞食ᄒᆞ디 어렵고　　〈釋節 六 · 23〉

　　　 ·하(呼格)　　　조 美男子들하 내 샹녜 닐오대　　　　〈楞諺 二 · 15〉

219) * 혀 · 다(引)　　 동 므를 혀다가 灌漑호ᄆᆞᆯ　　　　　〈杜諺 七 · 36〉

　　　 :혀다(量)　　　 동 數혓ᄂᆞ니 몬니르 혈씨라　　　　　〈釋節 十三 · 8〉

　　　 혀 · 다(火)　　 동 然은 블 혈씨라　　　　　　　　　〈月印 一 · 8〉

220) * · 현마(설마)　　부 현마 七寶로 ᄭᅮ며도　　　　　　〈月千 125〉

　　　 ·현마(차마)　　부 현마 모딘 罪業을 짓디 아니ᄒᆞ리니　〈釋節 九 · 31〉

　　　 ·현마(아무리)　부 현마 일움과 얼굴왜 둘히 업스며　　〈金三 二 · 38〉

　　　 ·현마(얼마)　　부 正法 像法 末法이 현매라　　　　　〈楞諺 一 · 17〉

221) * · 힘(力)　　　　명 제 히메 ᄒᆞᆯ야ᄋᆞ로　　　　　　〈釋節 九 · 31〉

　　　 ·힘(筋)　　　　명 힘爲筋　　　　　　　　　　　　　〈訓正 用字例〉

以上에서 提示한 資料를 中心으로 하여 15C 國語의 同音現象을 簡略하게 檢討해 보면, 總 同音語의 數는 約 540餘個의 單語가 同音語現象으로 나타나 있다. 이를 더 具體的으로 統計를 잡아보면, 먼저 品詞上으로 보아 名詞가 240餘個, 動詞가 230餘個, 그 다음 順으로 形容詞가 40餘個, 副詞 30餘個 정도이며 冠形詞 5個, 代名詞가 3個, 助詞와 感嘆詞가 각각 한두 個 程度의 分布를 보이고 있으며, 또한 音節別로 分類해 보면 1音節語가 240餘個, 2音節語가 210餘個, 3音節語가 80餘個의 順位로 되어 있으며, 四音節語부터가 全無한 狀態를 보여 同音語는 多音節語보다 單音節語에서 그 두드러진 現象을 엿볼 수 있다는 證據이다. 위의 統計는 어디까지나 槪算이다. 그리고 同音語의 索引으로서는 約 220個이며 두 개의 낱말이 하나의 索引을 이룬 것이 160餘個나 되어 壓倒的 多數를 차지하고 있으며, 세 개의 낱말이 하나의 索引을 이룬 것이 40餘個, 네 個의 낱말이 하나의 索引을 이룬 것이 10餘個, 다섯個의 낱말이 하나의 索引을 이룬 것이 4個. 여섯 個의 낱말이 하나의 索引을 이룬 것이 3個, 일곱 個의 낱말이 하나의 索引을 이룬 것이 한 個로서 그 序位를 보여주고 있음을 볼 때, 現代漢字語에서 '감수'라는 單語는 14個, '사기'는 24個, '상사'는 19個의 同音語索引을 이룬 데 비하면 同音衝突現象은 固有語에 있어서는 그리 憂慮할 問題가 아니라고 생각된다.

同音語의 種類로서 同綴字同音語로서는,

用例 37), 깃(襟・巢)
　　 8), 갓(皁・妻・物)
　　15), 걸다(掛・滯)
　　26), 곶(花・串)

따위 等等이며,

異綴字同音語로서는,

用例 42), 낟(穀), 낫(箇), 낮(晝), 낟(粒), 낯(顏)

　　100), 몯(不可·釘), 못(池)

　　129), 볏(冠), 볕(景)

　　211), 트다(受·染·乘·燒), 쁘다(破), 쁘다(彈)

따위 等等이며,

　또한, 同音性의 限界로 區分하여,

　完全同音語로서는,

用例 115), ·배(腹·舟·梨)

　　56), ·니(虱·齒·稻)

　　24), ：곰(熊·菌)

　　111), ㅂ룸(壁·風)

와 같이 韻律的 辨別資質까지 똑같은 單語들이다.

　類似同音語로서는,

用例 55), ：눈(雪), ·눈(眼)

　　124), ：밤(栗), 밤(夜)

　　131), ：봄(見), ·봄(春)

　　136), ·뷔·다(刈), ：뷔·다(空)

와 같이 韻律的 辨別資質이 다른 同音語를 일컫는다. 原來 中國語는 聲

調言語(tone Language)로서 文字로서는 字形으로 音聲으로서는 四聲으로 그 意味를 辨別하지마는 우리 國語에서는 分節附加音韻(Surprasegmental phoneme)으로서 長短뿐인데 多幸히도 15C 國語에서는 聲調(tone)가 있어 意味를 辨別할 수 있는 示差性(distinctive feature)이 있어 同音衝突(Homonoymy clash)이 일어나지 않을 뿐 아니라 完全同音語라 하더라도 聲調(tone)까지 같은 單語는 不過 얼마되지 않으며 설사 같다 하더라도 文脈的(contextual)으로 意味가 辨別되어 言語病理는 일어나지 않는다. 그러나 우리말에 60%를 占領하고 있는 漢字語에 있어서는 同音衝突現像은 深刻하다 아니할 수 없다.

그리고 또한, 根源的 意味(original meaning)는 같지만 文脈的 意味로 語意가 分化(diffierentation of meaning)된,

用例 10), 가·시(棘, 眯)
48), 넘·다(越), : 넘·다(過)
125), 밭다(唾·沛)

等이 있으며 多義語的인 性格을 띤 同音語가 있는데,

用例 222), ·현마

가 그러하다.

이는 S.Ullmann의 말처럼 多義語와 同音語와의 界限性이 模糊한 點에 緣由되리라 생각된다.[30]

15C 國語에서 同音語이던 것이 現代에까지 音韻變化를 일으키지 않고 語形을 그대로 維持하여 同音語現象을 이룬 것으로서는,

---

30) S. Ullmann, *Ibid.*, 1957, p. 127.

用例 3), 가지(種類·枝)
　　14), 걷다(步·捲)
　　18), 고개(峴·項)
　　55), 눈(目·雪·罟)

等等이 있다.

15C 同音語 中에서는 이미 死語化한 것으로,

用例 2), ᄀᆞᄅᆞᆷ(代·江)
　　20), 고마(妾·敬)
　　150), 셟(轡·職)
　　200), 즘·게(樹·程)

等等이 있다.

動詞나 形容詞 中에서 基本形은 同音語가 아니지마는 品詞 轉成이나 活用으로 말미암아 同音語現象이 일어나는 수가 있다.

用例 6), :감(柿)(名詞), :감(行)(動詞)
　　133), ·봄(春)(名詞), :봄(見)(動詞)

이는 動詞 "가다(行), 보다(見)"에 轉成語尾 'ㅁ'이 붙어서 이루어진 例들이다.

15C 國語에서 同音衝突은 O, Jespersen의 말처럼[31] 品詞나 時制

---

31) O, Jespersen, Language, 1954, p. 286.

가 다른 同音語는 衝突을 일으키지 않는다고 했듯이 品詞가 各其 다른
同音語들이 거의 大部分이다. 때문에 衝突을 일으키지 않는다.

用例 174), 어느(代名詞, 副詞, 冠形詞)
    34), 기리(名詞, 副詞)
    152), 새(名詞, 副詞, 冠形詞)
    21), 골(名詞, 副詞)

等等이며,
ㅎ曲用으로 因한 衝突防止로서는,

用例 35), 길ㅎ(路), 길(身)
    39), 눌ㅎ(經, 刃), 눌(生, 日)
    43), 나ㅎ(年), 나(我)
    46), 내ㅎ(川), 내(臭)

等等이며,
ㄱ曲用으로 因한 衝突防止로서는,

用例 108) 밋(舵, 及), 밋ㄱ(미끼)

等等이며,
綴字로 因한 衝突防止로서는,

用例 42), 낫(箇), · 낟(鎌), 낮(晝), 낯(粒)
    32), 긋(斷), 끝(末)

37), 깃(襦, 災), 깆(領)

122), 밧ㄱ(外), 밭(田)

等等이며,

또한, 聲調의 差異로 因한 衝突防止로서는,

用例 165), 술(酒), :술(匙)

17), ·고(杵·鼻), 고(罟)

20), 고 ·마(妾), :고 ·마(敬)

55), :눈(雪), ·눈(眼·罟)

等等이다.

위에서도 밝힌 바와 마찬가지로 提示한 資料는 15C 固有語의 全部
도 아니며 아울러 誤見으로 말미암아 잘못 引出한 것도 많을 것이다. 辭
典이라는 局限된 限界를 벗어나지 못하였으나 어느 程度 同音語의 輪廓
은 잡혔으리라 믿으며 回甲하는 말로서 이 複雜多端한 同音語의 防止策
은 文脈(Context)에 있다는 Palmer의 說32)을 뒷받침하면서 瞥見에 값
한다.

4. 結 論

윗 項에서 論述한 바를 結論삼아 간추려 보면,

---

32) L. R. Palmer, *An Introduction to Modern Linguistics*, p. 113, 1936.

(1) 쉽게 이야기 해서 同音語란 "one name"에 "Several Senses" 이면서도 이들 Sense 間에 何等의 意味的인 聯關性이 없이 name만 같은 語彙를 同音語라고 하나 窮極的인 問題에 이르러서는 多義語와 同音語의 區別은 매우 曖昧模糊하다.

(2) 同音語의 種類로서는 同綴字同音語와 異綴字同音語와 同綴字異音語가 있는 바 同音語란 發音上의 問題이지 綴字上의 問題가 아니다.

(3) 同音語의 性格으로 보아 韻素的 辨別資質까지 같은 完全同音語 (Perfect Homonym)와 韻素的 辨別資質이 各其 다른 類似同音語 (Pseudo Homonym) 等으로 區分할 수 있다.

(4) 同音語는 言語學上으로 보아 中國語에 가장 많고, 이를 母胎로 한 國語에도 적잖은 分布를 보이고 있다.

(5) 國語에서의 同音語의 諸相으로서는 漢字語와 漢字語, 漢字語와 固有語, 固有語와 固有語 그리고 固有語와 外來語 等等 그 實相은 多樣하다.

(6) 同音語로 말미암아 우리의 言語生活에 支障을 超來하여 言語病理 現象이 생길 듯하나 聲調(tone)나 文脈(context) 等으로 示差性 (distinctive feature)이 있어 杞憂와는 달라 樂觀的이다.

(7) 15C 固有語에서의 同音語는 2音節語가 가장 많고, 1音節語 그 다음이 3音節의 順位로 되어 있으며 多音節語에 있어서는 全無한 言語共通의 現象을 보이고 있다.

(8) 15C 固有語에서의 同音語를 그 品詞의 種類上으로 分類해 보면 名詞와 動詞의 數가 거의 같고 形容詞, 副詞의 順位로 그 分布를 이루고 있다.

(9) 同音語의 生成要因을 意味의 分化, 音韻變化, 言語記號의 恣意性 等 여러 原因을 列擧할 수 있으나 特히 固有語의 경우 動詞,

形容詞에 있어서 그 基本形은 同音語 現象을 나타내고 있지 않지만, 活用(Conjugation)으로 말미암아 同音現象을 이루는 수가 매우 많다.

(10) 15C 固有語에서 同音語이었던 것이 서로 衝突하여 다른 말로 交替되거나 어느 한 편이 代替되는 것이 있고, 反面에 15C 語形 그대로를 維持하거나, 같은 音韻變化를 일으켜 現代語에서도 同音語를 이룬 것이 全體 同音語의 그의 半數에 達한다.

(11) 同音語의 價値로서는, 主로 文體論的 機能으로서 諧謔的(機智, 諷刺)인 機能을 가지고 있다.

와 같다.

▌參考文獻

許 雄, 言語學槪論, 1957.

南廣祐, 國語國字의 諸問題, 1970.

金宗澤外, 國語意味論, 1971.

李乙煥·李庸周, 國語意味論, 1964.

李庸周, 意味論槪說, 1972.

國立國語硏究所, 同音語の硏究, 1961.

東亞文化硏究所, 國語國文學事典, 1973.

國語學會, 國語學辭典, 1968.

市河三喜, 英語學辭典, 1958.

劉昌惇, 同音語와 同義語(靑坡文學 6), 1966.

金炯範, 15世紀 國語의 Homonym에 對하여(洛山語文 1), 1966.

李勝明, 同音語硏究(A)(語文學 20), 1969.

＿＿＿, 同音語衝突과 Safety-measures에 對하여(국어국문학 48), 1970.

＿＿＿, 同音語의 諸相과 文體論的 機能에 對하여(어문논총 6), 1971.

崔泰榮, 同音語 衝突回避에 關한 硏究(一)(全北大 論文集 11), 1972.

＿＿＿ 同音語 衝突原理考(국어국문학 58~60), 1972.

＿＿＿ 國語 同音語 生成考(書林3), 1973.

金宗澤, 同音語 衝突의 類型에 對한 硏究(語文學 23), 1970.

허 웅, 현대국어 동형어에 대한 연구(한글 145), 1970.

徐炳國, 同音語 衝突의 治癒에 對하여(국어교육 9), 1977.

成甲煥, 同音異義語攷(국어국문학62~63), 1973.

南星祐, 後期中世國語의 同音異義(국어국문학65~66), 1974.

朴聖喜, 中期國語의 同音異義語硏究(高大 大學院 碩論 油印), 1970.

박영환, 同音語 硏究(崇田大 大學院 碩論 油印), 1968.

＿＿＿, 同音語 對立과 價値(崇田語文 6), 1978.

金寅榮, 同音衝突 廻避現象에 對하여(先淸語文 5), 1974.

李乙煥, 同音語 現象(語文硏究 15·16), 1977.

康琪鎭, 同音異議語에 對하여(梁柱東博士古稀紀念論文集), 1973.

S. Ullmann, *The Principle of Semantics*, 1957.

_____, *Semantics*, 1967.

O. Jespersen, *Language*, 1954.

_____, *Structure of the English Language*, 1930.

_____, *The Philosophy of Grammar*, 1963.

L. BLoomfield, *Language*, 1958.

A. Martinet, *Élement de Linguistique Générale*, 1961.

A. Dauzat, *La Philosophie de Language*, 1929.

C.F. Hockett, *A Course in Modern Language*, 1958.

R. Bridges, *On English Homophones*, 1919.

F. De Saussure, *Course in General Linguistics*, 1959.

J. Gilliéron, *Génélogie des mots qui designent lábeille*, 1918.

_____, *Etudes de géographi Linguistique*, 1912.

C.L. Wrenn, *The Engilsh Language*, 1949.

M. Webster, *Webster's Third New International Dictionary*, 1966.

L.R. Palmer, *An Introduction to Modern Linguistics*, 1836.

국어 동음어의 생성요인 고구

1. 序 論

本稿는 筆者의 國語 同音語에 관한 硏究의 一環으로써, 旣往의 國語 同音語硏究[1]에 계속된 것이다.

術語 '同音語'의 槪念이나 定義는 이미 앞서의 論文에서 밝힌 바 있으므로 여기서의 論議는 그것에 根據를 두고 展開될 것이다. 同音語란 簡略하게 말해서 同綴字同音語Homophone와 異綴字同音語Homonym가 있으며 하나의 能記Name에 두 個 以上의 所記Sence가 結合된 것으로서 이들 所記 사이에 아무런 關聯性이 없는 單語를 말한다.[2] 그리고 이들 單語 사이의 相互關係와 相互衝突은 줄곧 論議의 對象이 되어 왔으며 이에 대한 硏究가 今世紀에 접어들면서부터 華麗한 脚光을 받아왔다. 同音現象이 일어나는 것은 言語表現에 있어서 音韻現象 또는 言語心理 및 母音體系 등 여러 가지 複雜한 현상으로 일어나는 바, 能記 A는 여러 개의 所記를 나타낼 수 있는데, 여기서 A를 基本能記[3]라고 할 수 있다. 가령

---

1) 康琪鎭, "同音異義語에 대하여", 梁柱東博士古稀紀念論文集, 1973.
_____, "國語 同音語의 硏究", 論文集 12, 弘益工大, 1981.
2) 康琪鎭, "國語 同音語의 硏究", 1981, p. 9.
3) 基本能記라는 術語는 얼핏 曖昧하게 보인다. 그러나 그러한 曖昧性의 危險에도 不

A의 能記를 가진 또다른 所記의 單語를 A′라고 할 때 A와 A′는 同音關係가 成立하며 A는 A′에 대한 基本能記라고 말할 수 있을 것이다. 例컨대,

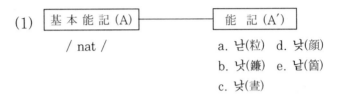

(1) 基本能記 (A) ——————— 能記 (A′)

　　　　/ nat /　　　　　　　a. 낟(粒) d. 낯(顔)
　　　　　　　　　　　　　　b. 낫(鎌) e. 낱(箇)
　　　　　　　　　　　　　　c. 낮(晝)

에서 基本能記는 /nat/이며, 能記(A′)는 (A)와 對應한다.

　　이것을 圖式化하면,

(2)

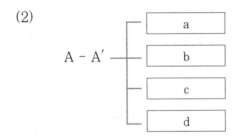

로 나타난다.

　　즉 圖式 (2)는 基本能記 A와 그 基本能記 A와 同一한 能記를 가진 무리 A′로 構成되어 있음을 보여주고 있으며, A와 A′는 이 때 同音語

拘하고, 이 術語를 쓰게 된 것은 同音語現象의 總體的 把握을 위해서였다. 물론 所記만 다를뿐 同一한 能記를 가진 것이 同音語인데, 어느 것이 基本能記이냐는 質問이 있을 수 있다. 그러나 여기서의 基本能記는 同音語의 總體的 把握을 위해 設定한 抽象的 槪念임을 밝힌다. 基本能記라는 抽象的인 槪念의 設定은 Chomsky & Halle(1968)에서 얻었다. Chomsky & Halle, *The sound Pattern of English*(Harper and Row, New York, 1968.)

關係에 있다고 할 수 있다.

(3)

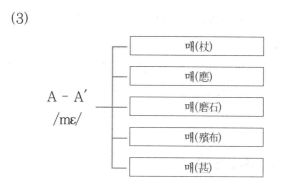

圖式 (3)에서 基本能記는 /mɛ/이며, 나머지의 A′는 A와 同音關係
를 이루고 있다. 따라서 A′는 또 서로서로 同音關係에 서게 된다.

本稿는 이러한 同音關係가 派生 또는 生成되는 여러 原因과 그러한
同音關係의 여러 樣相에 대해서 論議하게된다.

本稿에서 사용되는 同音語 資料는 康琪鎭(1981)에서 구했다.4) 설명
은 일단 共時的이지만, 경우에 따라서는 通時的인 지식도 論證에 사용하
였다.

2. 同音語의 生成要因

同音關係의 成立에는 여러 가지 複雜한 要因을 들 수 있다.

일정한 槪念이나 現象을 하나의 能記로 표현하지 않고, 그것을 重複
시키고자 하는 言語心理라든지, 國語에서만 볼 수 있는 母音體系의 對應

---

4) 康琪鎭, "國語同音語의 硏究", 1981, pp. 12~27.

關係로 인해 音相의 차이가 빚는 同音關係 등, 그 要因은 매우 多樣하다.

그러나 이것들은 言語內的 要因과 言語外的 要因의 두 가지로 살펴 볼 수 있다. 言語內的 要因은 自生的 要因이라고도 부를 수 있으며, 경우에 따라서는 一次的 要因*Primary factor*이라고 부를 수도 있다.

言語外的 要因은 社會的 要因이라고 부를 수 있으며 이것도 경우에 따라서는 二次的 要因*Secondary factor*이라고 부를 수도 있다.

本稿는 먼저 言語外的인 要因부터 살펴 보기로 한다.

2.1. 言語外的 要因

言語外的 要因이라 함은 言衆들의 欲求에서 派生되는 여러 가지 要因을 말하는데, 대개 다음과 같은 것들을 들 수 있다.

2.2. 言語經濟性

하나의 能記에 하나의 所記가 對應하는 것은 言語使用上 매우 理想的인 현상이다. 그러나 여러 能記를 자꾸 創出해 내는 것은 어쩌면 非經濟的이라 생각하여, 하나의 能記에 여러 所記를 多元的으로 붙이고자 하는 言衆의 欲求가 同音 成立의 根幹的 要因이 된다.

이런 현상은 言語記號의 重複性을 초래하여 다시 말해 能記의 重複性 · 多元性을 超來하여 言語經濟性에 違背되며, 正確 · 迅速한 言語使用 · 意思疏通을 방해하는 障碍物처럼 보이나, 이러한 同音現象은 날로 擴大되어가고만 있다.

한 能記에 여러 所記가 結合되어 있다면, 確實히 意思疏通은 圓滑하지 않을 것이다. 그러나 이러한 意思疏通의 非圓滑性에도 불구하고, 同音現象이 늘어가고만 있는 것은, 좀 圓滑하지는 않더라고, 윗트있고 리드미

칼한 言語使用을 하고 싶다는 欲求에서 나온 것이라고도 말할 수 있다.

實相, 旣往의 同音語에 關한 많은 論議들은 同音語에 담긴 諧謔的 機能을 指摘하고 있다.

> 동음어의 가치로서는, 주로 문체론적인 기능으로서 해학적(기지, 풍자)인 기능을 가지고 있다.[5]

現代 社會로 옮아 옴에 따라 人間의 삶은 單一化되고, 規格化되며 機械化되기 마련이다. 이러한 것은 古代社會나 中世社會에서도 마찬가지이다.

이러한 單一化, 規格化, 機械化를 克服하기 爲한 여러 裝置의 하나가, 言語的으로 實現되었는데, 그것이 바로 同音現象이라 할 수 있다.

이 同音現象은 따라서 言語의 遠心性과 求心性의 關係로도 把握될 수 있다.[6]

言語의 遠心性은 旣往에 있는 語彙나 單語를 쓰지 않고 그와 類似한 새 語彙나 單語를 만들어 내려는 것을 말한다.

이것은 同一한 事物이나 現象을 表現하기 위해 이미 있던 能記 α를 그대로 두고, 다른 能記 α' 能記 α'', 能記 α'''…을 만들어 내는 것을 이른다. 이 現象을 우리는 국어 類義語에서도 볼 수 있다.

다음의 圖式 (4)를 보자.

5) 康琪鎭, "國語同音語의 研究", 1981, p. 31.
6) 言語의 遠心性과 求心性에 對해서는 다음 책을 參照할 것.
   Lyons, J., *Semantic II*, Cambridge Univeristy Press, Cambridge, 1977, p. 45~67.

(4)

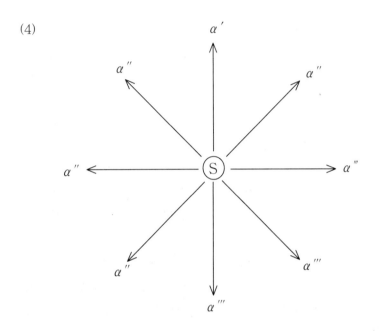

S = 하나의 現象, 事物　α = 類義語

　하나의 現象 또는 事物 S를 表現하기 위해 여러개의 能記가 動員된 것을 圖式 (4)는 보여 주고 있다. 전형적인 言語遠心性의 一例이다.

　다음의 (5)는 國語의 그러한 例를 보여주고 있다.

(5)　a. 문득/언뜻
　　　b. 덮어놓고/무턱대고
　　　c. 문법/말본
　　　d. 방언/사투리
　　　e. 처녀/규수
　　　f. 일반적/보통적
　　　g. 단순/간단
　　　h. 소감/느낌
　　　i. 도령/총각

言語의 遠心性과 相反되는 關係에 있는 것이 言語의 求心性이다.

言語의 求心性은 旣往에 있는 音相에다가 또 다른 所記를 統合시키는 것이다. 이것은 새로운 어떤 現象이나 事物의 表現을 위해, 다른 能記를 設定하지 않고 旣往에 있던 어떤 能記를 使用하여 새로운 所記를 表現하는 方法이다. 人間의 言語記號를 經濟化시키는 方法이라 할 수 있다.

言語求心性의 例를 우리는 國語 同音語에서 볼 수 있다.

(6)

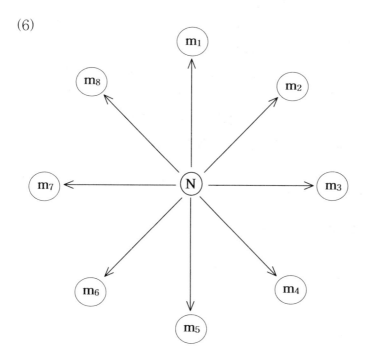

N = Name, Signifiant

M = meanimg, Signifié

圖式 (6)은 바로 그것이다.

여러 개의 所記를 表現하기 위해 여러 개의 能記가 動員되지 않고,

단 하나만의 能記가 使用된 것을 圖式 (6)은 보여주고 있다.

바로 同音語는 그러한 言語求心性에 依하여 派生되고, 生成된 것이다.

2.3. 同心體系와 異心體系

그런데 이러한 同音語는 同心體系Identical part of speech와 異心體系Nonidentical part of speech로 나누어 볼 수 있다.

同心體系란 同一한 品詞끼리의 同音語를 말하고, 異心體系란 다른 品詞끼리의 同音語를 말한다.

同音現象이 同心體系 안에서만 이루어졌느냐, 아니면 同心體系를 넘어서서 다른 異心體系에까지 걸쳐 이루어졌느냐 하는 것은 國語 同音語 現象의 總體的 說明에 커다란 실마리를 던져 줄 것으로 豫想된다.7) 15C 國語 同音語의 同心體系로서는 다음과 같은 것들이 있다.

2.3.1. 同心體系

(1) 名詞 同心體系

1) * ᄀᆞ·롭(代)　　몡 ᄀᆞ롭 받디 아니ᄒᆞᄂᆞ니라(不容替)　〈南明 下 33〉
　　ᄀᆞ롬(江)　　몡 ᄀᆞᄅᆞ매 비 업거늘(河無舟矣)　〈龍歌 20〉

2) * ·가지(種)　　몡 八分은 여듧 가지니　〈釋節 九·18〉
　　·가지(枝)　　몡 즘겟 가재 연ᄌᆞ니　〈龍歌 7〉

3) * 갓(革)　　몡 갓과 술쾌　〈月印 二·40〉
　　갓(妻)　　몡 妻는 가시라　〈月印 一·12〉
　　갓(物)　　몡 가시 虛空에 둘여　〈月印 八·15〉

---

7) 同心體系 同音語와 異心體系 同音語에 關해서는 稿를 달리해서 論議해볼까 한다.

ᄀᆞᆺ(邊)	몡 恒河水 ᄀᆞ새 가	〈月印 廿三·90〉

4) * 갈(刀) 　몡 두 갈히 것그니 〈龍歌 36〉

　　 ᄀᆞᆯ(蘆) 　몡 ᄀᆞᆯ為蘆 〈訓正 用字例〉

5) * 가·시(棘) 　몡 ᄀᆞ시 남기어나 〈釋節 十一·35〉

　　 가·시(眼) 　몡 누네 수이 가시 ᄃᆞᄂᆞ니라 〈杜諺 八·18〉

6) * 겇(物) 　몡 고ᄒᆞ로 받ᄂᆞᆫ 거슬 〈釋節 十三·39〉

　　 겇(皮) 　몡 것 바손 조ᄲᆞ롤 〈杜諺 十五·5〉

7) *·고(杵) 　몡 杵ᄂᆞᆫ 방핫괴니 〈釋節 六·30〉

　　·고(鼻) 　몡 香ᄋᆞᆫ 고ᄒᆞ로 맏ᄂᆞᆫ 거슬 〈釋節 十三·39〉

　　 고(罟) 　몡 ᄭᅵᆺ온 고ᄉᆞ싀 머디 아니ᄒᆞ시니 〈杜諺 廿·17〉

　　·고(結目) 　몡 ᄀᆞ외예 고히 업도다. 〈金三 五·6〉

8) * 고·개(峴) 　몡 홁고개(泥峴) 〈龍歌 一·14〉

　　 고·개(項) 　몡 고갤 안아 우르시니 〈月千 57〉

9) * 고·마(妾) 　몡 고마 ᄃᆞ외아지라 〈法華 二·28〉

　　:고·마(敬) 　몡 서르 고마ᄒᆞ야 ᄃᆞ르샤 〈釋節 六·12〉

10) *·곧(所) 　몡 이 곧 뎌 고대 〈龍歌 26〉

　　·곧(物) 　몡 조슨ᄅᆞ빈 고ᄃᆞ로 니르건댄 〈釋節 十九·15〉

11) * :골(河) 　몡 蛇河 비얌골 〈龍歌 六·43〉

　　 :골(棺) 　몡 바ᄅᆞᆯ 늘근 쥐골 너흐로모 〈蒙法 16〉

　　 골(狀) 　몡 세 受의 고리 덛더니 〈永嘉 下 74〉

　　 골(膏) 　몡 골 딩ᄀᆞ라 〈救方 上 62〉

12) * 곪·다(膿) 　몡 곪디 아니ᄒᆞ며 〈救方 下 35〉

곯·다(未滿)	명 시혹 곯거나	〈救方 上 31〉
13) * :곰(熊)	명 일히와 곰과 모딘 보얌과	〈釋節 九·24〉
:곰(菌)	명 곰든 고기와	〈救方 上 61〉
14) * 곶(花)	명 다솟 곶 두 고지	〈月千 7〉
곶(串)	명 暗林串 암림곶	〈龍歌 一·36〉
15) * 금(金)	명 금씌 븕고(金帶赤)	〈杜諺 卄一·8〉
·금(理致)	명 그믈 닐오더	〈楞諺 二·5〉
금(紋)	명 엄지가락 아랫 ᄀ톤 금을	〈救簡 一·31〉
16) * 긋(畫)	명 획字ㅅ 그슬 모로매 고르고 正히 ᄒ여	〈內訓 一·26〉
긑(末)	명 末은 긑이라	〈釋節 六·2〉
17) * 길ㅎ(路)	명 玄黃筐篚로 길혜 ᄇ라ᅀᆞᆸ니	〈龍歌 10〉
:길(長)	명 닙마다 너비와 길왜	〈龍歌 48〉
길(身)	명 ᄶ길 노핀돌 년기 디나리잇가	〈月印 八·12〉
18) * 기장(重量)	명 ᄒᆞᆫ 기잢 너븨 分이오	〈永嘉 上 28〉
기장(麥)	명 기장 ᄡᆞᆫ ᄀᆞ티니	〈救方 上 28〉
19) *·깃(襟)	명 옷깃 녀미오	〈杜諺 八·20〉
·깃(巢)	명 깃爲巢	〈訓正 用字例〉
·깃(領)	명 領은 옷기시라	〈圓覺上 一之二·76〉
20) *·놀ㅎ(刀)	명 놀히 蓮花ㅣ ᄃᆞ외니	〈月千 71〉
·놀ㅎ(經)	명 經은 놀히라	〈楞諺 七·59〉
놀(生)	명 놀 오도옷 업거든	〈救簡 六·8〉
날(日)	명 나리 져믈오	〈法華 二·7〉

21)　* ·눌애(苦)　명 두푼 눌애 어즈러니　〈法華 二·104〉
　　 ·눌애(羽)　명 때 눌애 티드시　〈月印 十·78〉

22)　* ·났(稅)　명 그제사 났 바도몰 ㅎ니　〈月印 一·45〉
　　 ·났(釣)　명 났爲釣　〈訓正 用字例〉

23)　* :낟(穀)　명 낟爲穀　〈訓正 用字例〉
　　 ·낟(鎌)　명 낟爲鎌　〈訓正 用字例〉
　　 낫(箇)　명 흔 낫フ티　〈楞諺 二·33〉
　　 낫(晝)　명 새 벼리 나지 도ᄃ니　〈龍歌 101〉
　　 낟(粒)　명 玉근흔 뿔 나촌　〈杜諺 七·38〉
　　 ᄂᆞᆾ(顔)　명 거우루엣 骨肉人 ᄂᆞᆾᄀᆞᆮ고　〈圓覺 上 一之一·47〉

24)　* ·내(臭)　명 香내 머리 나ᄂ니　〈釋節 六·44〉
　　 :내ㅎ(川)　명 내히 이러 바ᄅ래 가ᄂ니　〈龍歌 2〉

25)　* 녀·름(夏)　명 녀르미 드외며　〈月印 序 23〉
　　 녀름(農)　명 時節에 마초ㅎ야 녀르미 드외야　〈月印 序 25〉

26)　* 노(羅)　명 綺는 기비오 穀온 뇌라　〈內訓 二·14〉
　　 노(繩)　명 노와 机왜　〈圓覺 上 一之一·61〉

27)　* :눈(雪)　명 눈걷 디니이다　〈龍歌 50〉
　　 ·눈(眼)　명 올흔 녁 누는 體오　〈金三 二·13〉
　　 ·눈(罟目)　명 紐는 그뭀 눈 민존 따히라　〈楞諺 十·43〉

28)　* ·니(虱)　명 머리옛 니롤　〈救簡 六·23〉
　　 ·니(齒)　명 니 ᄆᆞᅀᆞ니 ᄀᆞ족고　〈月印 二·41〉
　　 ·니(稻)　명 니뿔올 봇가　〈救簡 一·36〉

29)　* 드·리(橋)　명 드리예 ᄠᅥ딜 ᄆᆞᆯ　〈龍歌 87〉

〈 리(梯)	몡 〈 리와 사오리와	〈圓覺 下 三之一・118〉
〈 리(階)	몡 〈 리 디르며	〈楞諺 六・89〉
다리(脚)	몡 모미 ᄀ장 크고 다리 굵고	〈釋節 六・32〉

30) * ・ᄃᆞᆯ(月) 　몡 ᄒᆞᆫᄃᆞᆯ 두ᄃᆞᆯ ᄒᆞᆫ 희예 　〈釋節 十九・24〉
　 ・ᄃᆞᆯ(것은) 　몡 數 업슨 ᄃᆞᆯ 아ᄅᆞᆲ디니라 　〈釋節 十九・10〉

31) * ・ᄲᅩᆯ(女) 　몡 ᄯᆞ롤 나케 ᄒᆞ며 　〈楞諺 六・33〉
　 ・ᄲᅩᆯ(根源) 　몡 ᄲᅩ리 다ᄃᆞ르리로다 　〈法華 一・16〉

32) * :돗(席) 　몡 ᄒᆞᆫ 돗 마리 아니시니 　〈法華 三・142〉
　 ・돗(帆) 　몡 빗돗 ᄀᆞ술히로다 　〈杜諺 七・20〉

33) * :되(胡) 　몡 귀 ᄃᆞᆯ은 되줌이 　〈南明 下 11〉
　 :되(升) 　몡 ᄒᆞᆫ 되 닷홉을 　〈救簡 六・7〉

34) * ・돌(石) 　몡 돌 爲石 　〈訓正 合字解〉
　 :돌(梁) 　몡 크 ᄀᆞᄆᆞ래 쇠돌히 흐르며 　〈法華 二・28〉

35) * :뒤(後) 　몡 아바ᇇ 뒤헤 셔샤 　〈龍歌 28〉
　 :뒤(北) 　몡 뒷심골 　〈龍歌 二・32〉

36) * ᄆᆞᄅᆞ(宗) 　몡 極果의 ᄆᆞᄅᆞ 사모ᄆᆞᆯ 가줄비시니 　〈法華 一・6〉
　 ᄆᆞᄅᆞ(棟) 　몡 ᄆᆞᄅᆞ와 보히 　〈杜諺 九・28〉

37) * 몰(尿糞) 　몡 自然히 스러 몰 보기ᄅᆞᆯ 아니ᄒᆞ며 　〈月印 一・26〉
　 ᄆᆞᆯ(馬) 　몡 젼 마리 현 버늘 딘ᄃᆞᆯ 　〈龍歌 31〉
　 ・말(斗) 　몡 斗ᄂᆞᆫ 마리라 　〈月印 九・7〉
　 :말(言) 　몡 한 마ᄅᆞᆫ 낫나치 쓰디 　〈楞諺 一・17〉
　 ・말ᄒᆞ(欄) 　몡 欄은 말히라 　〈楞諺 八・85〉

38) * ·매(磑)   명 매와 가롬과 ᄀᆞ로미   〈楞諺 八·92〉
    ·매(鞭)   명 매 마자 獄애 가도아   〈釋節 九·8〉
    :매(鷹)   명 매 누ᄅᆞ애 ᄐᆞ듯시   〈月印 十·77〉
    :매(甚)   명 바ᄅᆞᆯ 바사 매 아니 알ᄑᆞ시리   〈月千 119〉

39) * ·모(秧)   명 揷秧ᄋᆞᆫ 모심기라   〈杜諺 七·36〉
    ·모(隅)   명 隅ᄂᆞᆫ 모히라   〈法華 三·162〉

40) * 목(項)   명 모ᄀᆞᆯ 구디 미니   〈月千 76〉
    목(値)   명 ᄶᅡ혼 그릣 모기 두고   〈釋節 六·26〉

41) * 뭇(束)   명 딥동세 무슬 어더   〈月印 八·99〉
    뭍(陸)   명 무틔 나거시ᄂᆞᆯ   〈月千 64〉

42) * 뫼(飯)   명 산 것 주겨 뫼 홀ᄊᆡ   〈月印 卄一·125〉
    :뫼(山)   명 뫼爲山   〈訓正 用字例〉

43) * 몯(釘)   명 몯爲釘   〈訓正 合字解〉
    못(池)   명 알ᄑᆡᄂᆞᆫ 기픈 모새   〈龍歌 30〉

44) *: 밀(蠟)   명 미ᄅᆞᆯ 노겨   〈救簡 六·43〉
    밀(麥)   명 ᄒᆞᆫ 열콰 ᄒᆞᆫ 밀ᄒᆞᆫ   〈楞諺 九·106〉

45) * 밑(下)   명 山 미틔 軍馬 두시고   〈龍歌 58〉
    밋(미끼)   명 고기 밋글 貪ᄒᆞ면   〈月印 七·18〉

46) * ᄇᆞ롬(壁)   명 壁은 ᄇᆞᄅᆞ미라   〈楞諺 七·28〉
    ᄇᆞ롬(風)   명 츤 ᄇᆞᄅᆞᆷ 불어늘   〈月千 102〉

47) * ·ᄇᆞᆯ(골)   명 오직 이 ᄇᆞ래 子賢長者 지비 잇다 〈月印 八·94〉
    ᄇᆞᆯ(倍)   명 세 ᄇᆞᆯ 값도습고   〈釋節 六·21〉

	·볼(襲)	몡 四百ㅂ롤 바ᄀ라 ᄒ시고	〈楞諺 跋 4〉
	불ㅎ(臂)	몡 불爲臂	〈訓正 用字例〉
	:발(簾)	몡 宮엣 바론 翡翠ㅣ 뷔옛도다	〈杜諺 廿·32〉
	·발(足)	몡 발올 바사매 아니 아ᄑ시니	〈月千 119〉
	·발(輻)	몡 오히려 旗ㅅ발 드론 듯ᄒ도다	〈杜諺 廿二·33〉
48) *	·비(腹)	몡 비예 드러 겨싫 제	〈月印 二·24〉
	·비(舟)	몡 ᄀᄅ매 비 업거늘	〈龍歌 20〉
	·비(梨)	몡 빗곶爲梨花	〈訓正 用字例〉
49) *	바·당(排)	몡 솑바당 마줄씨라	〈月印 二·29〉
	바당(基)	몡 是非ㅅ 바당과	〈法華 一·22〉
50) *	바·회(巖)	몡 巖房 바횟방	〈龍歌 一·46〉
	바회(輪)	몡 輪은 바회라	〈月印 二·38〉
51) *	밧ㄱ(外)	몡 城밧긔 브리 비취여	〈龍歌 69〉
	밭(田)	몡 나디 바틔셔 남과 ᄀ톨씬	〈釋節 六·19〉
52) *	:밤(栗)	몡 밤 구븛 제	〈蒙法 44〉
	밤(夜)	몡 赤祲이 바미 비취니	〈龍歌 101〉
53) *	볏(冠)	몡 수돌기 벼셋 피롤	〈救簡 六·60〉
	볕(景)	몡 더본 벼틔 우희 ᄢ이니	〈月印 二·51〉
54) *	:부·리(嘴)	몡 블구미 그 부리 곧홀씨니라	〈月印 十八·73〉
	·부리(口)	몡 부리어윈 병의 녀코	〈救簡 六·24〉
	·부리(山)	몡 노폰 묏부리 서르 枕帶ᄒ옛ᄂᄂ	〈杜諺 七·23〉
55) *	부·체(扇)	몡 平生에 힌 짓부체 기뎃고	〈杜諺 廿四·17〉
	부·체(門)	몡 부체롤 다ᄃ니	〈月印 七·9〉

56) *　:분(人)　　명 훈 부니 天命이실씨　　　〈龍歌 37〉
　　　:분(뿐)　　명 비록 等호샤도 잘 드르싫 부니오　〈月印 二·62〉

57) *　·블(火)　　명 브를 몯보아도　　　　　〈圓覺 序 64〉
　　　블(膠)　　명 膠는 갓브리라　　　　　〈月印 卄一·85〉

58) *　빋(債)　　명 내 네 비들 가파　　　　〈杜諺 四·31〉
　　　빋(價)　　명 노푼 비든　　　　　　　〈杜諺 十六·3〉

59) *　ᄉᆞ랑(慕)　명 이ᄀᆞ티 ᄉᆞ랑컨대　　　〈楞諺 四·28〉
　　　ᄉᆞ랑(愛)　명 ᄉᆞ랑ᄋᆞᆯ 미잣던 딘　　〈杜諺 卄·29〉

60) *　·살(矢)　　명 세 사ᄅᆞᆯ 마치시니　　〈龍歌 32〉
　　　·살(輻)　　명 술위ᄢᅵ 一千 사리니　　〈月印 一·26〉

61) *　:새(草)　　명 새 니욘 菴子　　　　　〈南明 上 72〉
　　　:새(鳥)　　명 블근 새 그를 므러　　　〈龍歌 7〉

62) *　서·리(霜)　명 서리爲霜　　　　　　　〈訓正 用字例〉
　　　·서리(間)　명 草木 서리예 겨샤　　　　〈月千 124〉

63) *　섭(薪)　　명 섭爲薪　　　　　　　　〈訓正 用字例〉
　　　섭(眉)　　명 눈섭 相이 조호샤　　　　〈法華 二·13〉

64) *　셗(轡)　　명 물 셕슬 ᄀᆞ즈기 ᄒᆞ며　〈杜諺 卄·17〉
　　　셗(職)　　명 庶人의 셕시라　　　　　〈內訓 一·80〉

65) *　셤(石)　　명 여듧 셤 너 말이　　　　〈南明 上 31〉
　　　:셤(島)　　명 셤爲島　　　　　　　　〈訓正 用字例〉

66) *　·소(沼)　　명 기픈 소희 다ᄃᆞ라　　　〈觀音 12〉

· 소(範)　　　　명 쇠그릇 디기예 소히라　　　〈圓覺 上 一之二 · 181〉

67) *　쇼(牛)　　　명 싸호는 한 쇼룰　　　　　〈龍歌 87〉

　　　쇼ㅎ(俗人)　명 흔 즁과 흔 쇼패　　　　〈月印 八 · 94〉

68) *　손(手)　　　명 손爲手　　　　　　　　〈訓正 用字例〉

　　　손(客)　　　명 赴京ᄒᆞᆯ 소니 마리　　　〈龍歌 28〉

69) * :솔(刷)　　　명 솔로 빗기면　　　　　　〈月印 一 · 27〉

　　　· 솔(松)　　　명 東門 밧긔 독소리 겻그니　〈龍歌 89〉

70) * · 쇠(鍵)　　　명 쇠 줌고미 업거늘　　　　〈南明 下 1〉

　　　· 쇠(鐵)　　　명 鐵輪은 쇠 술위니　　　　〈月印 一 · 26〉

71) * · 수ㅎ(藪)　　명 지벽으로 대 수 튼 소리예　〈蒙法 10〉

　　　수ㅎ(雄)　　명 수히 윈 놀개 드리옛ᄂᆞ니　〈杜諺 十六 · 70〉

72) * · 술(酒)　　　명 비록 술 마숌과　　　　　〈楞諺 七 · 53〉

　　　· 술(匙)　　　명 능히 술 자ᄇᆞ며　　　　〈金三 四 · 55〉

73) * :숨(喘)　　　명 수미 나며 드로매　　　　〈釋節 十九 · 10〉

　　　:숨(命)　　　명 숨튼 즁싱 마ᄂᆞ　　　　〈釋節 九 · 32〉

74) * · 쉬다(喘)　　명 나믄 숨 쉬요믈 ᄆᆞᄎᆞ니라　〈杜諺 廿四 · 35〉

　　　:쉬다(休)　　명 잇비 브리어 쉬디 몯고　　〈楞諺 八 · 128〉

75) *　스승(巫)　　명 녯 님그미 스승 스로믈　　〈杜諺 十 · 25〉

　　　스승(和尙)　명 和尙은 스스을 니르니라　〈釋節 六 · 10〉

　　　스승(師)　　명 스스을 ᄎᆞ자　　　　　　〈楞諺 跋 6〉

76) * :실(絲)　　　명 고틧 시룰 다 ᄲᅢᅘᅧ 내ᄂᆞ니라　〈楞諺 一 · 5〉

실(甁)	명 드트른 실의 ᄀ독ᄒ고	〈杜諺 卄一·35〉

77) * 아·래(前日)　명 千載 아래 盛德을 술봊니　〈龍歌 76〉
　　아·래(下)　　명 나모 아래 안ᄌ샤　〈月千 7〉

78) * :엄(芽)　　명 萌은 픐 어미니　〈法華 三·125〉
　　:엄(牙)　　명 톱 길며 엄이 길오　〈月千 164〉

79) * ·열(十)　　명 열 銀鏡을 노ᄒ시니이다　〈龍歌 46〉
　　열(瓶)　　　명 ᄒᆞᄅᆞ ᄒᆞᆫ 열콰　〈楞諺 九·106〉

80) * 옷(衣)　　　명 옷爲衣　〈訓正 終聲解〉
　　옻(漆)　　　명 漆은 오시라　〈法華 一·219〉

81) * 엿(狐)　　　명 엿이 獅子ㅣ 아니며　〈月印 二·76〉
　　·엿(飴)　　　명 엿爲飴餹　〈訓正 用字例〉

82) * ·입(口)　　　명 도ᄌᆞᄀᆡ 입과 눈과　〈龍歌 88〉
　　·입(戶)　　　명 講堂이 입과 窓쾌　〈楞諺 一·49〉

83) * :잣(栢)　　　명 자시 이슘 ᄀᆞᆮᄒ니　〈南明 下 72〉
　　:잣(城)　　　명 城山 잣뫼　〈龍歌 一·52〉

84) * 조각(幾)　　명 지두릿 조가기며　〈內訓·1〉
　　조각(片)　　명 닐굽 조가기 밍ᄀ라　〈法華 七·119〉
　　조각(皂角)　명 조각 ᄒᆞᆫ 편을　〈救簡 六·11〉

85) * 족(片)　　　명 몸ᄉᆞᆷ 조기 뒤여　〈蒙法 7〉
　　족(藍)　　　명 파라ᄒᆞ미 족 ᄀᆞᆮ도다　〈南明 下 10〉

86) * 줄(形名)　　명 몬 ᄒᆞᆱ 줄로 허르시니라　〈楞諺 一·72〉

줄(線)	몡 주를 츠즈며	〈南明 上 23〉
87) * 쥭(桌)	몡 쥭爲飯桌	〈訓正 用字例〉
쥭(粥)	몡 쥭므레	〈救簡 六·36〉
88) * 즘·게(樹)	몡 즘겟 가재 연즈니	〈龍歌 7〉
즘·게(里程)	몡 두 즘겟 길마다	〈月千 153〉
89) *·춤(舞)	몡 놀애 춤 마룜과	〈釋節 六·10〉
춤(涎)	몡 추믈 숨끼라	〈救簡 六·5〉
90) *·톱(爪)	몡 톱과 엄괘 놀캅고	〈釋節 六·33〉
·톱(鉅)	몡 톱爲鉅	〈訓正 用字例〉
91) * 통(軸)	몡 술윗사리 통에 몯둧 호딘	〈永嘉 序 13〉
통(腸)	몡 통 안해 고득호야	〈救方 上 17〉
92) *·풀(蠅)	몡 풀 爲蠅	〈訓正 用字例〉
풀(臂)	몡 손과 풀왜	〈救簡 一·29〉
93) *·플(草)	몡 프를 듯디 아니ᄒ며	〈金三 三·8〉
·플(糊)	몡 膠ᄂᆫ 프리오	〈法華 一·219〉
94) *·피(稷)	몡 피爲稷	〈訓正 用字例〉
·피(血)	몡 피 무든 홀굴 파 가져	〈月印 一·7〉
95) *·힘(力)	몡 제 히매 홀야ᅌᅩ로	〈釋節 九·31〉
*·힘(筋)	몡 힘爲筋	〈訓正 用字例〉

(2) 助詞 同心體系

1) * ·곰다(浴)　　　통 므례 글혀 모욕 ᄀᄆ라　　　〈救方 一·104〉
　 ·곰다(閉)　　　통 눈 ᄀ모몰(閉眼)　　　　　〈楞諺 一·59〉

2) * :갈·다(耕)　　　통 매와 가롬과 ᄀ로미 잇ᄂ니　〈楞諺 八·62〉
　 갈·다(分)　　　통 兩分이 갈아 안ᄌ시니　　　〈月千 4〉

3) * 거·리·다(抍)　　통 抍은 거려낼씨오　　　　〈月印 序 9〉
　 거·리·다(濟)　　통 ᄲ혀 거리샤　　　　　　〈金三 四·37〉
　 거·리·다(叉)　　통 거린더 업게　　　　　　〈救簡 六·1〉

4) * ᄀᆽ·다(切)　　통 香木을 ᄀᅀᅡ ᄋ라　　　〈月印 十·13〉
　 ᄀᆽ·다(苦)　　통 그 므리 ᄀᆽ디 아니ᄒ며　　〈月印 一·28〉

5) * ·걷·다(步)　　통 象이 몯 걷고　　　　　　〈月千 130〉
　 걷·다(捲)　　통 다 거더 ᄇ려니　　　　　〈蒙法 58〉

6) * :걸·다(掛)　　통 그므례 거러　　　　　　〈楞諺 九·93〉
　 :걸·다(帶)　　통 둘헤 거디 아니ᄒ몰　　　〈圓覺 下 二之一·57〉

7) * :걸·다(掛)　　통 술 거르던 頭巾이로다.　　〈杜諺 十六·22〉
　 걸·다(隙)　　통 ᄒ로 걸어 비븨라　　　　〈救方 下 37〉

8) * :낫·다(進)　　통 하ᄫᅡ 나ᅀᅡ가샤　　　　〈龍歌 35〉
　 낫·다(釣)　　통 고기 낫ᄂ 주례　　　　　〈杜諺 十五·12〉
　 낫·다(愈)　　통 火化호미 나ᅀᅩ미 ᄀᆮ디 몯ᄒ며　〈法華 六·155〉

9) * 넘·다(越)　　통 도ᄌᄀ기 담 너머 드러　　〈月印 十·25〉
　 :넘·다(過)　　통 어루 녀느 三昧에 너므리니　〈楞諺 六·79〉

10) * ·놀·다(遊)　　통 寂滅海에 놀에 ᄒ소셔　　〈圓覺 下 二之一·6〉

:놀·다(奏)　　　동 七寶琴을 노더니　　　　　　　〈月印 廿一· 207〉

11) ＊ 놓·다(置)　　　동 圓器를 노하돈　　　　　　　〈楞諺 二·42〉

　　　놓·다(放)　　　동 다 노ᄒᆞ샤　　　　　　　　〈龍歌 41〉

　　　놓·다(架)　　　동 세 즈ᇰ 드리를 노ᄒᆞ니　　　　〈釋節 十一·12〉

12) ＊ 니·기·다(習)　　동 브즈러니 닷가 니겨늘　　　　〈法華二·248〉

　　　니기·다(이기다)　동 홀ᄀᆡ 섯거 니겨　　　　　　〈觀音7〉

13) ＊·니·다(行)　　　동 月蓮이 니거늘　　　　　　　〈月千 131〉

　　　니·다(覇)　　　동 지블 뷔로 니시고　　　　　　〈內訓 二下·72〉

14) ＊ 닐·다(謂)　　　동 各各 세 양ᄌᆞ로 닐어 두루 뫼화　〈月印 二·14〉

　　　:닐다(起)　　　동 御座애 니르시니　　　　　　〈龍歌 82〉

15) ＊ 둘·다(斤)　　　동 어루 ᄃᆞ라 혜디 몯ᄒᆞ리니　　〈法華 三·62〉

　　　·둘·다(縣)　　　동 거우루룰 ᄃᆞ랫ᄂᆞᆫ 둧ᄒᆞ니　　〈杜諺 廿·34〉

　　　:달·다(凍)　　　동 바리 ᄃᆞ라 혜여　　　　　　〈救方 上 7〉

16) ＊ 다·리·다(煎)　　동 차 다릴 스싀 만커든　　　　〈救方 上 51〉

　　　다·리·다(熨)　　동 가ᄒᆡᆫ 더를 다려　　　　　　〈杜諺 廿五·50〉

17) ＊ 다·히·다(燎)　　동 블 다히게 ᄒᆞ며　　　　　　〈救方 上 15〉

　　　다히·다(屠)　　　동 고기 다히며　　　　　　　〈杜諺 十·11〉

　　　다·히·다(觸)　　동 더운 소내 다히면　　　　　　〈楞諺 三·11〉

18) ＊·둘·다(圍)　　　동 行宮에 도즈기 둘어　　　　　〈龍歌 33〉

　　　둘·다(揮)　　　동 자ᄒᆞᆯ 둘어　　　　　　　　〈金三 五·30〉

19) ＊·ᄡᅳ·다(攤)　　　동 술로 ᄡᅥ　　　　　　　　　〈救簡 一·22〉

　　　ᄡᅳ다(炙)　　　동 일 빅 붓글 ᄡᅥ도　　　　　　〈救簡 一·42〉

　·쓰·다(慢)　　　圄 쓴 브레　　　　　　　　　〈救簡 六·89〉

20) *·쁘·다(浮)　圄 眼根온 밧긔 뼈　　　　　　〈楞諺 一·47〉
　·쁘·다(開)　圄 盲龍이 눈 쁘고　　　　　　〈月千 65〉
　·쁘·다(腐)　圄 곰 쁜 고기　　　　　　　〈救方 下 61〉

21) * 드·리·다(垂)　圄 일후미 萬古에 드려간둘　〈杜諺 十五 · 37〉
　·드·리·다(納)　圄 아래 서로 드료믈 볼기시니라　〈楞諺 四·40〉
　·드·리·다(獻)　圄 紂의게 드려놀　　　　　〈內訓 序 3〉
　·드·리·다(染)　圄 믈 드료믈 頓修곧ᄒ니　〈圓覺 上 一之一·113〉
　·드·리·다(熟練)圄 므슷믈 자바 질 드려　〈圓覺 上 二之二·118〉

22) *:듣·다(落)　圄 눈 므리 듣거놀　　　　　〈杜諺 十五·48〉
　듣·다(聞)　圄 波旬의 말 드러　　　　　〈月千 72〉
　듣·다(臭)　圄 香올 드러도　　　　　　〈月印 十七·65〉

23) *·들·다(擧)　圄 가비야이 드ᄂ니　　　　〈法華 四·19〉
　·들·다(入)　圄 王 알픠 드라　　　　　〈月千 157〉

24) * 디·다(落)　圄 南녁 벼리 故園으로 뎌 가놋다　〈杜諺 十一·23〉
　디·다(死)　圄 여슷 놀이 디며 가마괴 디고　〈龍歌 86〉
　:디·다(鑄)　·　圄 사ᄅ미 시혹 像ᄒ오더 시혹 쇠로 디며 〈金三 二·31〉

25) * 디ᄅ·다(簪)　圄 關은 門의 ᄀᄅ디ᄅ는 남기오　〈法華 四·130〉
　디ᄅ·다(打)　圄 네몸 디ᄅ둧 ᄒ니　　　　〈楞諺 一·64〉

26) * 디르·다(刺)　圄 갈ᄒ로 디르는 듯ᄒ야　〈救方 上18〉
　디르·다(焚)　圄 乾坤애 블 디르고　　　〈杜諺 廿四·16〉
　디르·다(臨)　圄 財寶를 디러셔　　　　　〈內訓 一·8〉
　디르·다(打)　圄 사ᄅ믈 주머귀로 디르고 닐오더　〈月印 七·8〉

27) 딯·다(施) 동 아비 門 안해 寶帳 디코 〈法華 二·244〉

 딯·다(舂) 동 디호ᄆᆞᆯ 세ᇙ거슬 것거 〈月印 十七·19〉

 딯·다(撤) 동 얼믠 그므를 디허도 〈月印 十三·59〉

 딯·다(數) 동 嗚呼ᄂᆞᆫ 한숨 디틋ᄒᆞᆫ 겨치라 〈月印 序 23〉

28) * ᄆᆞᆯ·다(調) 동 기르메 ᄆᆞ라 〈救簡 六·21〉

 ᄆᆞᆯ·다(卷) 동 卷은 글월 ᄆᆞ로니라 〈月印 序 19〉

 ·말·다(勿) 동 도디 마ᄂᆞ다 〈南明 下 30〉

29) * 미·다(結) 동 몸애 미ᅀᆞᄫᅴ니 〈月千 49〉

 ·미·다(秅) 동 거두며 줏ᄂᆞᆫ ᄉᆞᅀᅵ예 미윯디 아니하며 〈楞諺 一·19〉

30) * 맞·다(杖) 동 쇠막다히롤 마ᄌᆞ라 〈蒙法 51〉

 맞·다(的) 동 두 도티 ᄒᆞᆫ 사래 마ᄎᆞ니 〈龍歌 43〉

 맞·다(迎) 동 부톄 마조 나아 마ᄌᆞ샤 〈釋節 六·12〉

31) 먹·다(食) 동 밥 비러 먹노이다 〈月千 112〉

 먹·다(懷) 동 疑心 머구믈 免티 몯ᄒᆞ며 〈圓覺 下 二之一·49〉

 먹·다(聾) 동 귀 머그니와 〈楞諺 七·43〉

32) * :메다(擔) 동 술위 메ᄂᆞᆫ 쇼롤 〈內訓 三·49〉

 :메·다(塡) 동 비치 메디 아니ᄒᆞ얫도다 〈杜諺 十六·28〉

33) * :묻·다(問) 동 舍利弗ᄭᅴ에 무라 〈月千 153〉

 묻·다(訪) 동 님금 묻ᄌᆞᄫᅪᄂᆞᆫ 짜히 아ᅀᆞ라 ᄒᆞ니 〈杜諺 八·62〉

 묻·다(染) 동 ᄠᅳ 무더 검디 아니ᄒᆞ며 〈月印 十七·52〉

 묻·다(埋) 동 움 무더 사ᄅᆞ시니이다 〈龍歌 111〉

34) * :물·다(堆) 동 靑을 물며 綠을 슷고 〈金三 四·54〉

 물·다(償) 동 쥬의 오시 일허도 어루 물려니 〈月印 七·9〉

35) * 믜·다(憎)   동 恨은 믤씨라   〈楞諺 八·30〉
    믜·다(裂)   동 玄圃山이 믜여뎌 왓ᄂ니아   〈杜諺 十六·29〉

36) *·ᄇ리·다(割)   동 제 고길 ᄇ려   〈楞諺 九·74〉
    ᄇ·리·다(捨)   동 ᄇ룔 것 업슨 짜히   〈月印 七·54〉
    ᄇ·리·다(排)   동 排ᄂ ᄇ릴씨라   〈永嘉 下 73〉

37) ·셜·다(洗)   동 오술 셜오뎌 ᄒ시니   〈月千 105〉
     ·셜다(吸)   동 긔운을 셜에 ᄒ다   〈救簡 六·59〉

38) * 비·다(潤)   동 ᄡᆞᆷ 비니 됴코   〈救方 上 16〉
    비다(孕)   동 아기 빈 사ᄅ미   〈法華 六·47〉

39) * 비·ᄒ·다(設) 동 天地位롤 비ᄒ야   〈月印 十四·50〉
    비ᄒ·다(智)   동 㨡은 비하 업시울씨라   〈法華 五·15〉

40) *·ᄲ라·디·다(溺) 동 오히려 ᄲ라넷도다   〈杜諺 十八·1〉
    ·ᄲ라디·다(拔) 동 니 ᄲ라디고뎌 ᄒ니   〈杜諺 廿五·52〉
    ·ᄲ라:디·다(落) 동 아기롤 ᄲ라디오   〈月印 十·24〉

41) * 받·다(奉)   동 奉온 바돌씨라   〈月印 序 13〉
    받·다(受)   동 慈者롤 받즙더라   〈楞諺 一·50〉
    받·다(衝)   동 ᄒ오사 象올 나ᄆ티며 바ᄃ시고   〈杜諺 廿·32〉

42) * 밭·다(睡)   동 춤을 바튼면   〈救簡 一·82〉
    밭·다(沛)   동 즙 바타(淋汁)   〈救簡 六·88〉

43) *:버리·다(設) 동 차반 밍ᄀ라 버려   〈月印 二·73〉
    :버리·다(開) 동 밥 오나돈 입 버리고   〈金三 五·25〉

44) * 버·믈·다(羅) 동 시름 버므로몰   〈內訓 一·2〉

버·믈·다(繞) 图 繞는 버믈씨오 〈月印 二·32〉

45) * 버·히·다(斬) 图 肝괘 버혀 갈아날씨라 〈楞諺 八·105〉
버·히·다(奪) 图 천만 버히며 〈月印 十·28〉

46) * 보·다(見) 图 迦茶龍이 보ᅀᅡ바 〈月千 65〉
보·다(用便) 图 즉채 만히 보리라 〈救簡 三·70〉

47) * 부르·다(演) 图 演은 부를씨라 〈月印 序 7〉
부르·다(潤) 图 生올 부르며 〈楞諺 四·92〉
부·르다(飽) 图 빅 부러서 〈圓覺 上 二之二·114〉

48) * 브르·다(飽) 图 飮食을 브르게 ᄒ며 〈法華 二·242〉
브르·다(謳) 图 제 놀애 브르고 〈楞諺 九·75〉
브르다(呼) 图 소리로 브르ᅀᆞ바도 〈月印 八·16〉

49) * 브르·트·다(粘) 图 柳絮에 브르텟고 〈杜諺 十五·56〉
브르트다(腫) 图 모기 브르텟거든 〈救簡 六·13〉

50) * 브·티·다(炶) 图 百千燈에 브텨 〈楞諺 一·5〉
브·티·다(貼) 图 아니 브텨 니르니라 〈月印 一·39〉
브·티·다(送) 图 글워를 브튜믈 爲ᄒ얘로다 〈杜諺 八·48〉

51) * 븥·다(附) 图 훍 무적 브투ᄆ로 〈楞諺 八·127〉
븥·다(炶) 图 블 브투미 〈法華 六·146〉

52) * 붓·다(腫) 图 모기 브어 〈救方 上 3〉
붓·다(注) 图 브ᅀᅳ려 ᄒ시니 〈龍歌 109〉

53) * 빌·다(乞) 图 비론 바룰 엇뎨 좌시ᄂ가 〈月千 122〉
:빌·다(祈) 图 天神ㅅ긔 비더니이다 〈月千 6〉

:빌·다(借)　　동 그 ᄯᆞ롤 비로디　　　　　　　　〈釋節 十一·30〉

54) *　사·기다(刻)　동 뼈에 사겨 슬푸믈 아낫노라　　〈杜諺 廿·40〉
　　　사·기·다(釋)　동 닑거나 외오거나 사겨 니르거나　〈釋節 十九·9〉

55) *·쓰·다(用)　동 므슴몰 뻐 제 性 삼논　　　　　〈楞諺 一·81〉
　　　쓰다(書)　　동 罪며 福을 다 써　　　　　　　〈釋節 九·30〉
　　　·쓰·다(冠)　동 人冠 쓰고 ᄇᆞ야미 몸 가지니　〈月印 十·95〉

56) *·슬·다(消)　동 여러 妄이 스러 업스면　　　　〈金三 二·68〉
　　　·슬·다(鎖)　동 塵을 스르미　　　　　　　　　〈楞諺 六·78〉

57) *　:얼·다(冬)　동 身肉이 여러 뻐야elf씨오　　　〈楞諺 八·103〉
　　　얼·다(交)　　동 쏘 喪亂올 맛니러 샤옹 어루믈　〈杜諺 廿五·45〉

58) *　:열·다(開)　동 門을 열라 ᄒᆞ옛더니　　　　　〈月印 十·25〉
　　　:열·다(結)　동 여름 연 남기　　　　　　　　　〈內訓 二上 53〉

59) *　외·오·다(圍)　동 날므를 외오시니　　　　　　〈龍歌 68〉
　　　외·오·다(暗記)동 닑거나 외오거나　　　　　　〈月印 十七·55〉
　　　외·오·다(脱)　동 한 비롤 아니 그치샤 날므를 외오시니〈龍歌 68〉

60) *　:일·다(淘)　동 ᄡᆞᆯ 롤 이로디 므를 져기 기르라　〈杜諺 八·32〉
　　　일·다(成)　　동 다 搭 일어 供養ᄒᆞ야ᅀᅳ ᄒᆞ리니　〈釋節 十九·43〉

61) *　ᄡᅳ·다(捧)　동 기름 ᄡᅳᄂᆞᆫ 娚과　　　　　　〈法華 七·119〉
　　　ᄡᅳ다(作)　　동 車檻온 술위 우희 檻 ᄲᅩᆯ씨라　〈楞諺 八·88〉

62) *　ᄌᆞᄆᆞ·다(浸)　동 오시 ᄌᆞᄆᆞ기 우르시고　　〈月印 八·101〉
　　　ᄌᆞᄆᆞ·다(鎖)　동 門을 다 ᄌᆞᄆᆞ고　　　　　〈釋節 六·12〉

63) * · 자 · 다(寢)　　동 잠 잘 자거시눌　　　　　　　　〈南明 上 25〉
　　 · 자 · 다(息)　　동 ᄇ롬과 드틀 오니 자아　　　　　〈金三 三 · 34〉

64) * · 좃 · 다(稽)　　동 현맛 衆生이 머리 좃ᄉ바뇨　　〈月千 28〉
　　 좃 · 다(啄)　　　동 ᄲᅳᆯ로 조아낸 後에　　　　　　〈救方 下 32〉

65) * 지다(肥)　　　　동 진 기름 긴 거슬　　　　　　　〈救方 上 80〉
　　 지다(負)　　　　동 더러 지거나 오로 지거나　　　〈月印 卄一 · 102〉
　　 지다(倚)　　　　동 원훈더 지옛도다　　　　　　　〈南明 上 12〉

66) * 지 · 즐 · 다(仍)　동 엇뎻 ᄲᆯ리 오몰 서르 지즈ᄂ니　〈杜諺 十 · 28〉
　　 지 · 즐다(壓)　　　동 나모 돌해 지즐어　　　　　　　〈救簡 一 · 78〉

67) * 지 · 지 · 다(噪)　동 새 지지며　　　　　　　　　　〈法華 六 · 149〉
　　 지 · 지 · 다(烹)　동 비술홀 지지더라　　　　　　　〈月印 卄三 · 87〉

68) * 짛 · 다(作)　　　동 옮겨 일훔 지코　　　　　　　〈楞諺 四 · 104〉
　　 짛 · 다(負)　　　동 기르마 지흔 ᄆ리 긋고　　　　〈杜諺 卄四 · 47〉

69) * · ᄎ · 다(蹴)　　동 밠가락올 ᄎ고　　　　　　　〈南明 上 50〉
　　 · ᄎ다(佩)　　　동 弓劍 ᄎ습고　　　　　　　　　〈龍歌 55〉

70) * 츠 · 다(篩)　　　동 ᄀᄂ리 쳐 粉 밍ᄀ라　　　　〈楞諺 七 · 9〉
　　 츠 · 다(除)　　　동 샹녜 ᄯᅩᆼ 츠게 ᄒ더니　　　〈法華 二 · 214〉
　　 츠 · 다(舞)　　　동 춤올 츠며　　　　　　　　　　〈月印 卄一 · 190〉

71) * · ᄐ · 다(受)　　동 이에 性을 ᄐᄂ니라　　　　　〈楞諺 一 · 89〉
　　 · ᄐ · 다(染)　　동 能히 서로 ᄐ디 아니 ᄒᄂ돌　　〈內訓 三 · 48〉
　　 · ᄐ다(乘)　　　동 子貢이 술위 ᄐ고　　　　　　〈南明 上 30〉
　　 · ᄐ다(燒)　　　동 焦ᄂᆫ 블 툴ᄉ라　　　　　　　〈圓覺 上 一之二 · 181〉
　　 · ᄠᅳ · 다(破)　　동 비야미 꼬리롤 ᄠᅳ고　　　　〈救方 下 78〉

·쁘·다(彈)	동 거믄고 쁘고	〈杜諺 卄四·38〉
72) *·푸다(抁)	동 굴 푸고 블 퓌우니	〈月千 60〉
푸다(重)	동 히 디나며 둘 파	〈觀音 7〉
73) * 혀·다(引)	동 므를 혀다가 灌漑호몰	〈杜諺 七·36〉
:혀다(量)	동 數셩니 몯니르 혈씨라	〈釋節 十三·8〉
혀·다(點火)	동 然은 블 혈씨라	〈月印 一·8〉

(3) 形容詞 同心體系

1) 곱·다(曲)	형 曲온 고볼씨라	〈釋節 十一·6〉
:곱다(艶)	형 고본 쫄 얻니노라 ᄒ야	〈釋節 六·14〉
2) * 둧ᄒ·다(暖)	형 가스미 둧ᄒ얏ᄂ닌	〈救簡 一·41〉
·둧ᄒ·다(若)	형 ᄒ다가 말홀 뜬 아ᄂ 둧하고	〈蒙法 47〉
3) *·붉다(明)	형 天性은 불ᄀ시니	〈龍歌 71〉
붉다(紅)	형 불근 ᄆᆞ스미 허니	〈杜諺 七·15〉

(4) 副詞 同心體系

1) *·현마(설마)	부 현마 七寶로 쑤며도	〈月千 125〉
·현마(차마)	부 현마 모딘 罪業을 짓디 아니ᄒ리니	〈釋節 九·31〉
·현마(아무리)	부 현마 일움과 얼굴왜 둘히 업스며	〈○三 二·38〉
·현마(얼마)	부 正法 像法 末法이 현매라	〈楞諺 一·17〉
2) * 므르(充分)	부 므르시버	〈救簡 六·7〉
므르(退)	부 쏘 모디 므로 거러	〈蒙法 45〉

(5) 冠形詞 同心體系

| 1) | * 온(百) | 관 온 사람 드리샤 | 〈龍歌 58〉 |
| | 온(全) | 관 本性이 온 眞이니 | 〈永嘉 上 91〉 |

同心體系를 이루는 同音語는 앞서 본 것처럼 5가지 種類 뿐이다. 즉 名詞 同心體系, 動詞 同心體系, 形容詞 同心體系, 副詞 同心體系, 冠形詞 同心體系가 바로 그것이다.8) 圖式化하면 (7)과 같다.

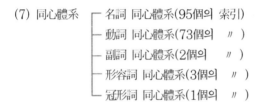

(7) 同心體系 ┌ 名詞 同心體系(95個의 索引)
├ 動詞 同心體系(73個의 〃)
├ 副詞 同心體系(2個의 〃)
├ 形容詞 同心體系(3個의 〃)
└ 冠形詞 同心體系(1個의 〃)

名詞 同心體系가 第一 많은 數를 차지하고 있다. 同音語의 同心體系에서 名詞가 第一 많은 數를 차지하고 있다는 것은 어쩌면 同音語現象의 總體的 把握에 重要한 열쇠가 될지도 모른다.

國語 同音語의 異心體系에는 다음과 같은 것들이 있다.9)

2.3.2. 異心體系

(1) 形容詞 - 動詞 異心體系

| 1) | * ᄀ·다(切) | 동 香木을 ᄀᄊ 오라 | 〈月印 十·13〉 |
| | * ᄀ·다(具備) | 형 迦葉이 三十二相이 ᄀ고 | 〈釋節 六·12〉 |

---

8) Leech, G.(1974)에서도 비슷한 分類가 있었다.
Leech, G., *Semantics*, 1974, pp. 291~329, 參照.
9) 異心體系보다는 同心體系의 同音語들이 더 關心의 對象이 된다.

2) * :걸다 　　　　ㅎ 거로미 환 짓게 ᄃ외어든 　　〈楞諺 八 · 93〉

　　　걸 · 다 　　　ㅎ 술 거르던 頭巾이로다 　　〈救方 上 13〉

3) * 고ᄅ · 다(絮) 　ㅎ 羹을 고ᄅ거늘 　　　　〈內訓 三 · 33〉

　　　고ᄅ · 다(調) 　ㅎ 고ᄅ고 正히 ᄒ며 　　　〈內訓 一 · 26〉

4) * 곱 · 다(倍) 　　ㅎ 倍ᄂ 고ᄇ씨라 　　　　〈月印 一 · 46〉

　　　:곱다(艶) 　　ㅎ 고ᄇ쏠 얻니노라 ᄒ야 　〈釋節 六 · 16〉

5) * 굽 · 다(曲) 　　ㅎ 믈러 굽게 ᄒ느니 　　　〈圓覺 下 三之二 · 87〉

　　　:굽 · 다(燒) 　　ㅎ 밤 구ᄫ제 　　　　　〈蒙法 44〉

6) * 그르 · 다(乘) 　ㅎ 글디 아니 ᄒ니라 　　　〈金三 四 · 16〉

　　　그르 · 다(解) 　ㅎ 미ᄯ몰 그게로 ᄒ느니라 　〈月印 十八 · 52〉

7) * 그 · 리 · 다(畵) 　ㅎ 그르디 뵈시니이다 　　〈龍歌 43〉

　　　그 · 리 · 다(思) 　ㅎ 아바님 그리샤 　　　〈月千 113〉

8) * 기 · 리 · 다(叉) 　ㅎ 가지 기리고 닙 업스니라 〈月印 八 · 10〉

　　　기 · 리 · 다(讚) 　ㅎ 常性을 기려 　　　〈楞諺 · 69〉

9) * 깃 · 다(盛) 　　ㅎ 鬱密ᄒ 기ᄉ 양지오 　　〈南明 下 36〉

　　　깃 · 다(棲) 　　ㅎ 깃 기섯거와 　　　　〈南明 下 16〉

10) *:놀 · 다(奏) 　ㅎ 七寶琴을 노더니 　　　〈月印 廿一 · 207〉

　　　:놀 · 다(稀) 　ㅎ 처섬 ᄆᆾ몰 알리노리 　〈釋節 序 2〉

11) * 누 · 르 · 다(黃) 　ㅎ 비치 누르고 　　　〈月印 一 · 43〉

　　　누 · 르 · 다(壓) 　ㅎ 누르며 텨 누르며 　〈楞諺 八 · 92〉

12) * 누 · 리 · 다(亨) 　ㅎ 즉재 누리라 　　　〈救簡 三 · 63〉

　　　　누·리·다(羶)　휑 누리디 아니ᄒ고　　　　　　　　〈杜諺 廿二·36〉

13) * 둧·다(愛)　동 네 내 ᄆᅀᆞᄆᆞᆯ ᄃᆞᅀᆞ며　　　　〈楞諺 四·31〉
　　　둧·다(溫)　휑 그 ᄆᅀᆞᄆᆞᆯ 둧게 아니코　　　　　〈救方上 8〉

14) *·되·다(量)　동 精舍 터흘 되더니　　　　　　　〈月千·168〉
　　　되·다(强)　휑 主人病이 되샤　　　　　　　　〈月印十·5〉

15) * 쓰다(炙)　동 일빅 붓글 쩌도　　　　　　　〈救簡 一·42〉
　　　·쓰·다(慢)　휑 뜬 브레　　　　　　　　　　〈救簡 六·89〉

16) *·들·다(快劍)　휑 드ᄂ 갈콰 긴 戈裁이　　　〈杜諺 十六·16〉
　　　·들·다(擧)　동 가비야이 드ᄂ니　　　　　　〈法華 四·19〉

17) * 멀·다(遠)　휑 甚히 키오라 머니　　　　　〈法華 三·85〉
　　　:멀·다(盲)　동 비록 머러도　　　　　　　　〈救方 下 42〉

18) * 몯다(聚)　동 方國이 해 모ᄃ니　　　　　〈龍歌 11〉
　　　몯다(醜)　휑 모ᄃᆫ ᄃᆡ 이셔도　　　　　　〈內訓 一·46〉

19) * 믈·다(摧)　휑 믈어 젓거 ᄲᅥ러디며　　　　〈法華 二·124〉
　　　믈·다(咬)　동 사ᄅᆞᆷ 므ᄂᆞᆫ ᄂᆞᆫ 벌에라　〈圓覺 下 三之二·79〉

20) * ᄇᆞᄅᆞ·다(塗)　동 ᄀᆞᆯᄋᆞ로 ᄇᆞᄅᆞ고　　　〈釋節 六·38〉
　　　ᄇᆞᄅᆞ·다(急)　휑 ᄲᆞᆯ라 옴즈기디 몯고　　　〈救方 上 56〉

21) * 블·다(羨)　동 鶴ᄋᆞᆯ 브노니　　　　　　〈杜諺 九·7〉
　　　블·다(飽)　동 ᄒᆞᆫ 적 블우메 비블어　　　〈南明 上 64〉

22) * ᄆᆞ로·다(煏熟)　휑 骨髓ᄅᆞᆯ 데워 ᄆᆞ로게 홀씨라　〈楞諺 八·103〉
　　　ᄆᆞ로·다(退)　동 도로 ᄆᆞ르고져 ᄒᆞ시뇨　　〈月印 十四·77〉

23)　·샐·다(尖)　형 묏골 아우라히 샌디 아니ᄒᆞᄉᆞ　〈月印二·41〉
　　샐다(洗)　동 오ᄉᆞᆯ 샐오져 ᄒᆞ시니　〈月印 105〉

24) *　ᄉᆞ·다(有價)　형 이바디는 ᄒᆞᆫ 金이 ᄉᆞ도다　〈杜諺 十五·53〉
　　·ᄉᆞ다(築)　동 여러 種類ㅣ 노피 城 사　〈杜諺 廿四·6〉

25) *　시·다(酸)　형 밧 바다애 시요미 ᄂᆞᆫ니　〈楞諺 十·79〉
　　시·다(漏)　동 시는 자내 믈 브ᅀᅳ며　〈楞諺 六·106〉

26) *·셰·다(焚)　형 셴 하나비ᄅᆞᆯ 하ᄂᆞᆯ히 브리시니　〈龍歌 19〉
　　:셰·다(立)　동 中興主를 셰시니　〈龍歌 11〉

27) *　설·다(撤)　동 갸ᄉᆞᄅᆞᆯ 몯다 서러 잇ᄂᆞᆫᄃᆞ시　〈月印 廿三·73〉
　　:설·다(未熟)　형 果實의 서룸과 니곰패　〈圓覺 上 一之一·180〉

28)　·쓰·다(用)　동 므ᅀᅳ물 ᄡᅥ 제 性 삼ᄂᆞᆫ　〈楞諺 一·81〉
　　·쓰·다(苦)　형 차바ᄂᆞᆫ ᄡᅥ 몯 좌시며　〈月印 二·25〉

29) *　슳·다(悲)　동 ᄂᆞᆾ 슳주믈 슬ᄡᅡ니　〈楞諺 二·9〉
　　슳·다(壓)　형 슬호미 업서　〈法華 一·83〉

30) *　이르·다(早)　형 봄 빗나미 이르고　〈杜諺 廿三·33〉
　　이르·다(成)　동 舍衛國에 도라가 精舍 이르ᅀᆞᄫᆞ리니　〈釋節六·22〉

31) *·ᄌᆞ라·다(成長)　동 나히 ᄌᆞ라　〈月印 廿一·161〉
　　·ᄌᆞ라·다(洽足)　형 尺度ㅣ ᄌᆞ라도다　〈杜諺十六·56〉

32) *:재·다(能)　형 말이 재야 슷두버리더니　〈月千 157〉
　　:재·다(過)　동 ᄒᆞ룻밤 재야 두버니 머그라　〈救簡 六·19〉

33) *·ᄎᆞ·다(蹴)　동 밠가락올 ᄎᆞ고　〈南明 上·50〉

·ᄎ다(佩)	동 弓劍 ᄎ숩고	〈龍歌 55〉
·ᄎ다(寒)	형 녀르멘 ᄎ고	〈月印 一·26〉
·ᄎ다(滿)	형 날둘이 ᄎ거늘	〈月千 17〉

(2) 名詞 - 副詞 異心體系

1) * ᄀ·장(極) 명 그 나랏 ᄀ자ᄋ 붉ᄂ니라 〈月印 一·26〉
　　 ᄀ·장(매우) 부 ᄀ장 話頭룰 술려 〈蒙法·3〉

2) * ᄀ(邊) 명 恒河水 ᄀ새 가 〈月印 卄三·90〉
　　 ᄀ(겨우) 부 무리 ᄀ 챗 그리메 보고 〈圓覺 序 58〉

3) * ·곧(物) 명 조ᅀᆞᆮ빈 고ᄃ로 니르건댄 〈釋節 十九·15〉
　　 ·곧(卽) 부 곧 여리ᄂ니 〈龍歌 120〉

4) * 기·리(長) 명 기리와 너븨왜 〈金三 二·19〉
　　 기·리(永) 부 魔 그므를 기리 그츠며 〈月印 九·34〉

5) * :매(甚) 명 바올 바사 매 아니 알ᄑ시니 〈月千 119〉
　　 :매(寧) 부 賢弟를 매 니ᄌ니 〈龍歌 74〉

6) * 머리(頭) 명 龍올 지스니 머리 열히러니 〈釋節 六·32〉
　　 머리(遠) 부 思惠룰 머리 여희여 〈釋節 六·3〉

7) * 몯(否) 부 三年이 몯차 이셔 〈釋節·4〉
　　 몯(釘) 명 몯 爲釘 〈訓正 合字解〉

8) * 빗(橫) 부 져비 빗 ᄂ놋다 〈杜諺 七·7〉
　　 빗(梳) 명 비세 비취엣더라 〈杜諺 卄·45〉

9) * ·제(白) 부 즉재 제 노가 ᄇ리리라 〈救簡 六·20〉

·제(時)	명 지브로 도라 오싫 제	〈龍歌 13〉
10) * :채(背)	부 黃金을 채 쏘로려 ᄒᆞ니	〈月千 153〉
·채(鞭)	명 채爲鞭	〈訓正 用字例〉
11) * ·키(大)	부 大集ᄋᆞᆫ 키 모돌씨니	〈釋節 六·46〉
·키(箕)	명 키爲箕	〈訓正 用字例〉

(3) 名詞 - 代名詞 異心體系

1) * ·나ㅎ(年)	명 내 나흔 늙고	〈法華 二·213〉
·나(我)	대 나는 어버싀 여희오	〈釋節 六·5〉
2) ·내(臭)	명 香내 머리 ᄂᆞ니	〈釋節 六·44〉
내(我)	대 내 太子를 셤기ᅀᆞᄫᆞ더	〈釋節 六·4〉
3) * 이(是)	대 이ᄂᆞᆫ 權으로 世間앳	〈釋節 十九·10〉
이(人)	명 말ᄊᆞ믈 술ᄫᆞ리 하더	〈龍歌 13〉

(4) 名詞 - 冠形詞 異心體系

1) * 닷(尤)	명 宮監이 다시언마론	〈龍歌 17〉
닷(五)	관 닷홉곰 머기면	〈救簡 一·14〉
2) ·새(新)	관 헌옷도 새 ᄃᆞᆨᄒᆞ리니	〈月印 八·100〉
·새(草)	명 새니욘 菴子	〈南明 上 72〉

(5) 名詞 - 數詞 異心體系

1) * 쳔(天)	수 일쳔 번을 저ᅀᅥ	〈救簡 一·14〉
쳔(財)	명 술위 우회 쳔 시러	〈月千 61〉

(6) 名詞 - 動詞 異心體系

1) * :남·다(餘)   　몡 그 나ㅁ닐 믈이ᄂᆞ니　　〈楞諺 八·124〉
　　남·다(越)　　동 宮城 나ᄆᆞ샤　　　　　〈月印 廿一·196〉

(7) 代名詞 - 數詞 異心體系

1) * :네(汝)　　　대 네 迦毗羅國에 가아　　〈釋節 六·1〉
　　:네(四)　　　수 노푼 뫼흔 네 面이　　　〈杜諺 七·16〉

(8) 副詞 - 助詞 異心體系

1) * ·하(多)　　　 뮈 하 갑가ᄫᆞ면 乞食ᄒᆞ디 어렵고　〈釋節 六·23〉
　　·하(呼格)　　 조 美男子ᄃᆞᆯ하 내 샹녜 닐오디　〈楞諺 二·15〉

(9) 形容詞 - 副詞 異心體系

1) * 그르ᄒᆞ(抩)　 형 이운 그르히 잇거늘　　〈月印 一·45〉
　　그르(誤)　　　뮈 비록 그르ᄒᆞ야 지순 이리　〈釋節 九·6〉

(10) 名詞 - 感嘆詞 異心體系

1) * 잇(比)　　　 감 잇ᄀᆞ장 ᄒᆞ시고　　　　〈楞諺 四·75〉
　　잇(苫)　　　 몡 잇무든 대ᄂᆞᆫ　　　　　〈杜諺 十五·15〉

(11) 動詞 - 形容詞 - 副詞 異心體系

1) * 몯·다(聚)　　동 方國이 해 모ᄃᆞ니　　　〈龍歌 11〉
　　몯·다(醜)　　형 모든디 이셔도　　　　　〈內訓 一·46〉
　　:몯·다(不)　　뮈 ᄒᆞᆫ디 몯다 ᄯ랫거늘　　〈釋節 六·25〉

(12) 代名詞 - 副詞 - 冠形詞 異心體系

1) * 어느　　　　 대 어뉘 구더 兵不碎ᄒᆞ리잇고　〈龍歌 47〉
　　어·느　　　　뮈 國人 ᄠᅳ들 어느 다 술ᄫᆞ리　〈龍歌 118〉
　　어·느　　　　관 어느 뉘 請ᄒᆞ니　　　　〈龍歌 18〉

(13) 動詞 - 副詞 異心體系

1) * 긋(斷)　　　　⑧ 話頭에 疑心이 긋디 아니ᄒᆞ면　　〈蒙法 1〉
　　긋(必)　　　　⑨ 性覺이 긋 볼가　　　　　　　〈楞諺 四·12〉

2) * 도ᄅᆞ·혀(廻)　⑧ 머리 도ᄅᆞ혀　　　　　　　〈楞諺 一·110〉
　　도ᄅᆞ혀(反)　⑨ 어제 도ᄅᆞ혀 ᄂᆞ믹 어ᄉᆡ아ᄃᆞ롤　〈釋節 六·5〉

　　國語 同音語의 異心體系로서의 同音語 索引은 同心體系보다는 그 統計上으로 훨씬 적은 數를 차지하고 있다. 15C 國語에서 나타난 資料를 보면 40餘個의 同音語 索引 中에서 ①動詞 - 形容詞 33個 ②名詞 - 副詞 11個 ③名詞 - 代名詞 3個 ④名詞 - 冠形詞 2個 動詞 - 副詞 2個 程度로 나타나며 그 밖의 品詞들은 各各 一個씩 同音語 索引을 이루고 있다. 이로 미루어 보아 同音語의 品詞別 分布의 槪況을 엿볼 수 있다. 그리고 同音語의 品詞上 異心體系를 圖式化하면,

　　(8) 異心體系

```
┌ 動 詞 - 形容詞 異心體系        (33個의 索引)
├ 名 詞 - 副 詞 異心體系        (11個의 索引)
├ 名 詞 - 代名詞 異心體系        (3個의 索引)
├ 名 詞 - 冠形詞 異心體系        (2個의 索引)
├ 名 詞 - 數 詞 異心體系        (1個의 索引)
├ 名 詞 - 動 詞 異心體系        (1個의 索引)
├ 代名詞 - 數 詞 異心體系        (1個의 索引)
├ 副 詞 - 助 詞 異心體系        (1個의 索引)
├ 形容詞 - 副 詞 異心體系        (1個의 索引)
├ 名 詞 - 感嘆詞 異心體系        (1個의 索引)
├ 動 詞 - 形容詞 - 副詞 異心體系  (1個의 索引)
├ 代名詞 - 副 詞 - 冠形詞 異心體系 (1個의 索引)
└ 動 詞 - 副 詞 異心體系        (2個의 索引)
```

와 같다.

2.4. 類推(analogy)

國語 同音語의 生成 要因으로 빼놓을 수 없는 것의 하나가 類推이다.10)
(10)은 類推의 代表的인 例를 보여 준다.

(10) ┌ ᄃ리(橋)   〈龍歌 87〉
      ├ ᄃ리(梯)   〈圓覺 下 三之一·118〉
      ├ ᄃ리(階)   〈楞諺 六·89〉
      └ 다리(脚)   〈釋節 六·32〉

(11)

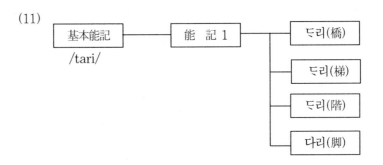

이것은 앞서 든 基本能記의 槪念으로 다음의 圖式 (11)처럼 標識될
수 있다.

基本能記 /dari/와 能記 'ᄃ리'는 同音關係를 이루고 있는데, 이
/dari/가 다른 所記와 類推 關係를 形成하면서 同音語가 된 것이다.

圖式化하면 (12)처럼 된다.

---

10) Katz, J.J. & Postal, P., *An Integrated Theory of Linguistic Descrip-*
   tions, Cambridge, Mass, MIT Press, 1964. pp. 11~27, 參照.

(12)

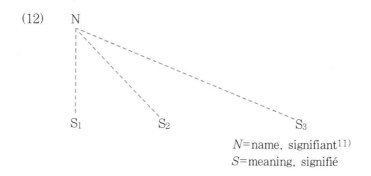

N=name, signifiant[11]
S=meaning, signifié

2.5. 言語內的 要因

言語內的 要因이란 言語自體의 自生性 要因을 말한다. 곧 言語自體의 mechanism으로 빚어지는 自生的인 여러 要因을 말한다.[12]

方言의 介入, 音韻論的 要因, 造語論的 要因 및 同音 誘導 등에서 빚어지는 것 등이 이에 속한다.

우선 方言의 介入에 의한 要因부터 살펴보자.

어느 나라에든지, 어떤 言語文化圈이든지 方言은 있다. 方言은 標準語에 相對되는 槪念이다. 이것은 앞서 든 言語遠心性의 産物이다. 사실 標準語란 公用語일지는 모르지만, 그것이 全的으로 現實 言語生活에 그대로 쓰인다는 보장은 없다.

따라서 旣往에 있던 어떤 標準語의 能記는 方言의 能記의 介入에. 따라 同音 關係를 形成한다.

이밖에 造語論的 要因이 있다. 國語를 造語論的 立場에서 볼 때, 旣

---

11) (12)의 圖式은 Ullmann에서 빌려왔다.
Ullmann, S., *The Principles of Semantics*, New York, N.Y. 1957, pp. 220~232, 參照.

12) Philbrick, F. A., *An Introduction to Semantics*, New york, 1942, pp. 32~37, 參照.

往의 能記는 다른 所記의 造語에 따라 同音 關係를 形成하게 된다.

이것 이외에도 音韻論的인 要因 등과 言衆의 沒知覺 등에 의하여 同音 關係가 形成될 수도 있다.[13)]

3. 結 論

이상에서 論議한 것을 다음과 같이 要約한다.

3.1. 能記 A는 여러 個의 所記를 나타낼 수 있는데, 여기서는 A를 일단, 抽象的인 概念으로 設定하여, 이 A를 基本能記라고 한다. 基本能記와 같은 다른 單語를 A′라고 할 때, 이 A와 A′는 同音 關係를 이룬다. 圖式化하면 아래와 같다.

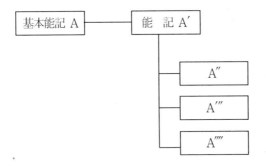

3.2 同音體系가 設定되는 理由는 두 가지로 大別할 수 있다. 하나는

---

13) 李庸周(1972)의 同音語에 對한 總體的 引用을 參照할 것, pp. 253.
　　우선 同一音韻의 同一順位에 의한 配列이 첫째 條件이고, 그것이 代表하는 內容 즉 指示物 혹은 指示, 또는 思想이라는 概念이 同一하지 않은 어일 것이 둘째 條件이며, 셋째 條件은 同一脈絡 속에서 意味의 變更 없이는 交替될 수 없는 것, 그리고 또 하나는 可能하면 語源을 찾아서 同一 語源이 아닐 것이다.
　　비록 古典的인 定義이긴 하지만 本稿의 結論에 示唆的인 句節이어서 引用한다.

言語外的 要因이며, 나머지 하나는 言語內的 要因이다. 言語外的 要因은 一次的 要因*Primary factor*, 社會的 要因이라고도 부를 수 있으며, 言語內的 要因은 二次的 要因*Secondary factor*, 自生的 要因이라고도 부를 수 있다.

3.3 言語外的 要因에는 言語經濟性 및 類推 등이 있다.

이 過程에서 本稿는 同音語現象을 總體化할 수 있는 두 가지 體系를 設定했다. 同心體系와 異心體系가 그것이다. 同心體系란 同一한 品詞끼리의 同音語를 말하고, 異心體系란 다른 品詞끼리의 同音語를 말한다.

同心體系의 同音語 索引으로서는 名詞 同心體系 95個, 動詞 同心體系 73個, 副詞 同心體系 2個, 形容詞 同心體系 3個, 冠形詞 同心體系 1個가 있다.

한편 異心體系로서는 動詞 - 形容詞, 名詞 - 副詞, 名詞 - 代名詞, 名詞 - 冠形詞, 名詞 - 數詞, 名詞 - 動詞, 代名詞 - 數詞, 副詞 - 助詞, 形容詞 - 副詞, 名詞 - 感嘆詞, 動詞 - 形容詞 - 副詞, 代名詞 - 副詞 - 冠形詞, 動詞 - 副詞 異心體系 等이 있는데 同音語의 索引 59個 中에서 動詞 - 形容詞의 異心體系의 索引이 壓倒的 多數인 33個, 名詞 - 副詞가 11個, 名詞 - 代名詞가 3個, 動詞 - 副詞가 2個, 名詞 - 冠形詞가 2個의 順位로 그 分布를 보이고 있다. 餘他 品詞의 體系들은 各各 1個씩의 例를 보이고 있어 좋은 對照를 이루고 있다. 同音語의 生成 要因으로 같은 品詞끼리의 語彙들이 더 많은 同音性을 나타내고 있다는 主要性을 發見함과 아울러 本稿에서는 同心體系와 異心體系와의 二元的 分類에만 그쳤지만 어쨌든 同音語 生成의 要因 究明에 이바지된 바 적지 않으며, 同音語 現象의 總體的 把握에 큰 도움이 되리라 期待된다.

3.4 言語內的 要因으로는 方言의 介入, 音韻論的 要因, 造語論的 要因 等이 있다.

3.5 한편 國語 同音語 現象은 言語의 求心性에 의하여 생겨나는 것

임을 本 論文은 내세웠다. 이에 대한 더 深層的인 論議는 稿를 달리해 다
룰 豫定이다.

▌ 參考文獻

國立國語硏究所, 同音語の硏究, 1961.

李庸周, 意味論槪說, 1972.

劉昌惇, 同音語와 同義語(靑坡文學 6), 1966.

金炯範, 15世紀 國語의 Homonym에 對하여(洛山語文 1), 1966.

李勝明, 同音語硏究(A) (語文學 20), 1969.

_____, 同音語衝突과 Safety-measures에 對하여(국어국문학 48), 1970.

_____, 同音語의 諸相과 文體論的 機能에 對하여(어문논총 6), 1971.

崔泰榮, 同音語 衝突回避에 關한 硏究(一) (全北大論文集 11), 1972.

_____, 同音語 衝突原理考(국어국문학 58~60), 1972.

_____, 國語 同音語 生成考(書林 3), 1973.

金宗澤, 同音語 衝突의 類型에 對한 硏究(語文學 23), 1970.

허 웅, 현대국어 동형어에 대한 연구(한글 145), 1970.

徐炳國, 同音語 衝突의 治癒에 對하여(국어교육 9), 1977.

成甲煥, 同音異義語攷(국어국문학 62~63), 1973.

南星祐, 後期中世國語의 同音異義(국어국문학 65~66), 1974.

朴聖憙, 中期國語의 同音異義語硏究(高大 大學院 碩論 油印), 1970.

박영환, 同音語 硏究(崇田大 大學院 碩論 油印), 1968.

_____, 同音語 對立과 價値(崇田語文 6), 1678.

金寅榮, 同音衝突 廻避現象에 對하여(先淸語文 5), 1974.

李乙煥, 同音語 現象(語文硏究 15·16), 1977.

康琪鎭, 同音異義語에 對하여(梁柱東博士古稀紀念論文集), 1973.

_____, 國語同音語의 硏究(弘益工大 論文集 12), 1981.

Ullmann, S., *The Principle of Semantics*, 1957.

_____, *Semantics*, 1967.

Jespersen, O., *Language*, 1954.

_____, *Structure of the English Language*, 1980.

_____, *The Philosophy of Grammar*, 1958.

Bloomfield, L., *Language*, 1958.

Martinet, A., *Element de Linguistique Générale*, 1961.

Dauzat, A., *La Philosophie du Language*, 1929.

Hockett, C. F., *A Course in modern Language*, 1958.

Bridges, R., *On English Homophones*, 1919.

Saussure, F. De., *Course in General Linguistics*, 1959.

Gilliéron, J., *Génélogie des mots qui designent lábeille*, 1918.

_____, *Etudes de géographi Linguistique*, 1912.

Wrenn, C. L., *The English Language*, 1949.

Webster, M., *Webster's Third New International Dictionary*, 1966.

Palmer, L. R., *An Introduction to modern Linguistics*, 1936.

Chomsky & Hall, *The Sound pattern of English*, 1968.

Lyons, J., *Semantics II*, 1977.

Leech, G., *Semantics*, 1974.

Katz, J. J, Postal, P., *An Integrated Therory of Linguistic Description*, 1964.

Philbrick, F. A., *An Introduction to Semantics*, 1942.

국어 동음충돌 현상에 대한 연구

1. 序 論

본 연구는 국어의 同音衝突現象homonymic clash을 대상으로 하여, 그 構造와 解決方法을 包括的으로 記述하려는 데 目的을 지닌다.[1]

아울러 본 연구는 필자의 現在 進行中인 國語 同音語에 대한 연구와 關心의 一環임을 밝힌다.[2]

同音語homonym는 同音衝突의 문제를 포함하고 있어서 그 정리가 그리 간단하지 않다. 특히 同音衝突homonymic clash의 체계적인 構造와 그 原理, 그리고 同音衝突의 해결에 있어서 韻素prosodic feature나 發話 狀況 speech situation 등이 차지하는 機能 등은 좀더 자세한 연구가 필요하다. 본 연구는 바로 위의 점들을 중점적으로 다루게 된다. 따라서 본 연

---

1) 同音衝突 現象을 homonymy clash, homonymy conflict, collision homony-mique라고도 한다. 이에 대해서는 다음을 參照.

　Ullmann, S., *Semantics*, 1962, pp. 180~188.

　Ullmann, S., *Principles of Semantics*, 1975, pp. 144~152.

　Bolinger, D., *Aspects of Language*, New York, 1968, pp. 112~113.

2) 康琪鎭, 同音異議語에 對하여, 梁柱東博士古稀紀念論文集, 1973.

　_____, 國語 同音語의 研究, 弘益工大 論文集 (12), 1981a.

　_____, 國語 同音語의 生成要因 考究, 東岳語文論集 (15), 1981b.

구는 Lyons(1977)와 그의 理論에 贊成하는 학자들에 의해 주장되어 온 이른바 語彙意味論Lexical semantics의 이론적 방법론에 입각한다.3)

Lyons(1977)의 語彙意味論은 후에 많은 수정과 변화를 겪고 있지만, 본 연구에서는 이에 대한 깊은 關與를 피한다.

본 연구는 또 Chomsky(1965)의 變形生成文法Generative trans-formational grammar의 方法論과, 形成意味論Formal semantics의 理論的 方法論에도 部分法으로 依據하게 된다.4)

그리고 본 연구는 주로 15C의 국어 同音語를 對象으로 한 共時的synchronic 연구이지만, 필요에 따라서는 通時的diachronic 지식도 참고로 했다.

語彙意味論Lexical semantics이나, 變形生成文法에 依據한 연구들은 記號나 圖式에 많이 依存하는 傾向이 있으나, 본 연구는 이러한 기호나 도식의 사용을 가급적 줄였다. 대신 用語의 正確性을 위해 原語를 되도록 많이 使用하였다.

본 연구는 다음과 같이 구성된다. 第2章에서는 同音衝突이 語彙意味論 또는 形式意論味에서 가지는 위치를 槪括的으로 記述했다. 그리고 이러한 記述을 基盤으로 하여, 기왕의 同音衝突homonymic clash에 대한 연구들을 批判的으로 檢討했다.

第3章에서는 同音衝突의 일반적인 구조와 原理를 기술했다.

第4章에서는 이러한 同音衝突의 解決方案에 대하여 살펴 보았다. 同音衝突의 解決方案의 하나로 이 연구는 變形生成文法의 理論을 빌려서 그 해결을 主唱했다. 즉 旣往의 硏究에서 처럼 同音衝突의 類型 記述과

---

3) Lyons, J.(1977)의 語彙意味論Lexical Semantics 성립에 결정적인 계기가 된 것은 Goyvaerts(1972)이다.

Goyvaerts, D.L., *Meaning beyond linguistics*, 1972, pp. 17~23.

4) 形式意味論Formal semantics은 解析意味論과 함께 統辭意味論의 중요한 부분의 하나인데, 여기서는 語彙要素Lexical component를 重點的으로 다루고 있다.

그것의 表面的 解決에만 그치지 않고, 일반적으로 同音衝突이란 것을 어떻게 이해해야 할 것인가 하는 理論的인 검토를 提示하고자 하였다.

2. 同音衝突에 대한 再檢討

2.1. 同音衝突의 再理解

自然言語*natural language*의 어휘는 일반적으로 類義語*synonymy*, 多義語*polysemy*, 同音語*homonym* 등의 構造를 가지고 있다.

類義語라는 것은 同音語, 類似語라고도 하는 데, 意味構造*structure of meaning*가 同一하거나 비슷한 두 개 또는 그 이상의 말이 각각 다른 能記*Name, Signifiant*로 나타날 때를 가리키는 말이다.5)

그러나 嚴格한 意味에서의 類義關係*synonymy relation*가 성립하는지는 疑問이다.

Lyons(1977)는, 'Synonymy is therefore an equivalence-relation in the mathmatical sense of this term'6)이라고 했다. 類義語의 成立 與否의 문제는 본 연구의 대상이 아니므로 더 깊이 介入하지는 않는다.

한편 多義語*polysemy*는 하나의 能記*name, signifiant*가 둘 이상의 所記를 가지고 있으면서, 이들이 관련있는 所記일 때, 이것을 意味한다.

앞에서 '關聯있는' 이라는 말은 副次的 語彙*marginal meaning*를 의미

---

5) Lyons, J., *Semantics*, I, Cambridge, Univ. Press, London, 1977, pp. 453~455.
6) Lyons, J., 前揭書, 1977, p. 455.

하는 것으로 알려져 있는 것이 일반적이다. 그리고 同音語homonym는 이들 所記sense, signifé 사이에 關聯性, 有緣性이 없는 것을 이름한다.7)

본 연구는 이들 類義語, 多義語, 同音語를 다음과 같이 圖式化한다.

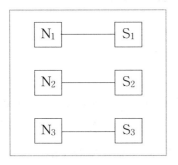
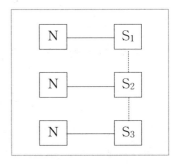

〈圖式 1〉類義語 N=name, signifiant   〈圖式 2〉多義語 ··· = 有緣性 關聯性이
S=sense, signifé   S 사이에 있음

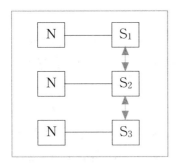

〈圖式 3〉同音語 ↔ = S사이에
有緣性 關聯性이 없음

---

7) Pyles, Algeo, *English, An Introduction to Language*, 1970, pp. 290~291.
    Bloomfield, L., *Language*, 1933, pp. 144~146.
    Ullmann, S., *Semantics*, 1962, p. 159.

〈圖式 3〉에서 '↔' 表는 바로 同音衝突을 意味하며, 이것은 바로 語彙의 硏究에 매우 직접적인 示唆를 던져주고 있다.

Gilliéron(1918), Ullmann(1969), Lyons(1977)의 指摘 그대로, 同音衝突은 自然言語*natural language*의 生態를 明澄하게 보여 주고 있으며, 따라서 동음충돌의 연구는 自然言語의 가장 기본적인 構造를 이해하는 捷徑이 될 것이라고 믿어진다.[8]

同音衝突의 위치는 바로 위에 있다. 따라서 同音衝突을 단순히 言語 經濟性 현상으로 파악한다거나 表面構造*surface structure*에만 執着한다거나 하는 방법론은, 동음충돌에 대한 진정한 方法論이 아니다.

동음충돌은 어휘의 생태를 포함한 어휘 相互間의 관계와 作用이라는 새로운 認識 아래에서 다루어져야 한다.

2.2. 從來硏究의 檢討

同音衝突*homonymic clash*에 대한 지금까지의 연구를 槪觀하고, 그것들에 대하여 筆者의 所見을 披瀝해 보는 것도 徒勞가 아니라고 생각한다.

동음충돌을 포함한 同音語에 대한 연구로는 李勝明(1969, 1970, 1971), 崔泰榮(1972a, 1972b, 1973), 金宗澤(1970), 徐炳國(1977) 등이 있지만, 이들은 크게 둘로 分類될 수 있다.

하나는 同音語 또는 동음충돌현상을 意味*meaning*의 상호관계 및 同質性과 異質性의 입장에서 認識하려 한 것이다. 이 종류에는 金宗澤(1971)이 있다.

---

8) Gilliéron, *Généalogie des Mots qui désignent Labeille*, 1918, pp. 156~157.

Ullmann, S., *The Principles of Semantics*, 1975, pp. 125~127.

Lyons, J., 前揭書, 1977, pp. 450~459.

나머지 하나의 종류는, 崔泰榮(1972a, 1972b, 1973)과 李勝明(1969, 1970, 1971), 徐炳國(1977) 등의 입장으로 동음충돌 자체내에서의 相補的분포*complementary distribution*에 의하여 동음어를 파악하고 認識하려 한 이론들이다.

먼저 첫 번째의 理論的 眼目을 살펴보자.

이 이론은 먼저 指示性*denotation*과 內包性*connotation*의 문제를 거론하고 있다.9) 즉 일반언어, 곧 自然言語*natural language*에는 指示性이라는 속성과 內包性이라는 속성이 있는 데, 이것들이 서로 상호 충돌할 때, 어떤 樣相으로 변하느냐 하는 것을 주목하여 말하고 있다. 일종의 意味場*semantic field*에 의한 語彙論*Lexicology*이다.

즉, 意味變化*change of meaning*의 過程을 살펴볼 때, 어휘는 具體語에서 抽象語로 발전되어 간다는 것이다. 抽象語는 포괄하는 意味場*semantic field*이 넓고, 그 속에는 많은 指示物*Reference*과 屬性*feature*을 포함하고 있기 때문에 具體語에 비해서 慣用的이라고10) 말하고 있다.

또 이 이론은 指示性*denotation*, 內包性*connotation*에 이어 分岐性*divergent*를 들고 있다. 즉 동음충돌에 있어서 隣接하는 類義語*synonymy*가 없는 말이 形態*form*를 維持하는데 유리한 입장에 선다고 말하고 있다.11) 隣接하는 類義語*Synonymy*를 가진 말은 그것에 의한 심리적인 意味誘引*L'attraction homonymique*이 일어 나기 때문에 형태를 보존하는 데 불리하게 된다는 것이다.

이 이론이 提起하고 있는 마지막의 하나는 단어, 즉 어휘 구조의 安全度가 동음충돌에 깊게 관여한다12)는 것이다.

---

9) 金宗澤 外, 國語意味論, 1971, p. 191.
10) 金宗澤 外, 前揭書, 1971, p. 192.
11) 金宗澤 外, 前揭書, 1971, p. 193.
12) 金宗澤 外, 前揭書, 1971, p. 194.

그러나 이 이론은 指示性denotation, 內包性connotation, 分岐性divergent 등의 資質feature을 보이고 있음에도 불구하고, 중요한 점을 看過하고 있다는 느낌을 받게 된다.

즉, 동음충돌이라는 현상은 물론, 위에서 主唱되고 있는 바 지시성, 내포성, 분기성 등의 意味論的 資質semantic feature 이외에도, 음운론적 Phonological, 문법적Grammatical 자질을 동시에 포함한 단위이다.

물론 의미론적 자질에 의해서 동음충돌을 파악하는 것은 가능한 작업이다. 그러나 이것이 포괄적인 작업이기는 어렵다.

동음충돌은 어떤 한 측면에서의 絶對的Absolute 요소에 의해 惹起되는 것이 아니라, 對照的 意味關係Contrastive Semantic Relation에 의해서 야기되기 때문이다.

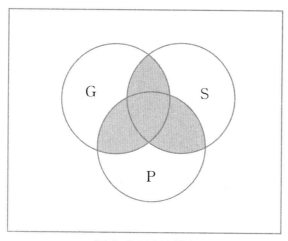

〈圖式 4〉同音語 構造

〈圖式 4〉에서는 ‘G’는 Grammatical feature, ‘S’는 Semantic feature ‘P’는 Phonological feature를 지칭한다.

金宗澤(1971) 등이 시도한 意味場*semantic field*에 의한 동음충돌의 이해는, 그 이해가 어쩌면 부분적이고 포괄적이지 못했다는 것 때문에 언뜻 받아들여지지 못하고 있다. 필자는 이 점에 착안하여, 보다 포괄적인 기술을 하려 한다.(제3장 참조)

同音語에 관한 두 번째의 理論的 眼目들, 즉 崔泰榮(1972a, 1972b, 1973), 李勝明(1969, 1970, 1971) 등에서 볼 수 있는 특징은 동음충돌 자체를 相補性의 관점에서 파악하려 한 점이다.

이 두 번째 이론적 안목들을 살펴보면 다음과 같다.13)

㉠ 意味分化로 인하여 同音語가 生成되었을 경우, 즉 의미의 繼起的 聯想*successive association*으로 同音語가 생성되었을 경우, 달리 말하여 中心的 意味*central meaning*를 갖는 어휘와 周邊的 意味*marginal meaning*를 갖는 어휘 사이에 同音衝突이 일어날 때에는 中心的 意味를 갖는 어휘가 형태 保存에 유리한 위치에 있다.

(1)　그림(畵)　↔　14)그림(影)
　　〈杜諺十六 · 25〉　〈東韓譯語〉
　　┌그림(畵) → 그림
　　└그림(影) → 그림자
(2)　힘(力)　↔　힘(筋)
　　〈釋節九 · 31〉〈訓正用字例〉
　　┌힘(力) → 힘
　　└힘(筋) → 힘줄

---

13) 崔泰榮(1972)을 代表的인 것으로 看做하여, 이것을 重點的으로 引用한다. 李勝明(1969, 1970, 1971), 徐炳國(1977) 등의 論議는 崔泰榮(1972)의 論議와 類似하기 때문이다.

崔泰榮, 同音語 衝突 原理考, 국어국문학, 58~60, 1972.

14) ↔ 표는 편의상 同音衝突을 나타내기로 하고, →표는 語彙의 變遷을 말함.

ⓛ 同音衝突은 그 使用頻度가 어느 정도 比等한 同音語 사이에 일어
난다. 또한 어느 정도의 使用頻度數를 가지고 있는 동음어 사이에서는
言衆*language society*과 보다 친밀한 어휘들이, 곧 사용빈도가 좀 더 많
은 단어들이 形態*form* 保存에 좀 더 유리한 위치에 있다. 使用頻度數에
격차가 있는 同音語 사이에는 그 충돌이 별로 일어나지 않는다.

(3)   손(手) ↔ 손(客)
　　〈訓正用字例〉〈龍歌 28〉
　　┌ 손(手) → 손(手)
　　└ 손(客) → 손님(客)
(4)   문(門) ↔ 문(紋)
　　〈朴通上 12〉〈朴通上 29〉
　　┌ 문(門) → 문(門)
　　└ 문(紋) → 무늬(紋)
(5)   개(犬) ↔ 개(浦)
　　〈類合上 14〉〈龍歌 49〉
　　┌ 개(犬) → 개(犬)
　　└ 개(浦) → 갯벌(浦)

ⓒ 具象語*concrete words*와 抽象語*abstract words*가 同音衝突을 할
경우, 具象語 쪽이 형태 보존에 有利한 위치를 차지하고 있다. 内包性
*connotation*이 풍부한 抽象語와 指示性*denotation*이 풍부한 具象語가 衝
突할 때에는 비교적 意味辨別이 분명한 구상어 쪽이 保存되고 抽象語 쪽
이 變形*Transform*되거나 代置된다.

(6)   그리다(畵) ↔ 그리다(戀)
　　〈龍歌 43〉　　〈月千 113〉
　　┌ 그리다(畵) → 그리다(畵)
　　└ 그리다(戀) → 그리워하다(戀)

(7) 서리(霜) ↔ 서리(間)

〈訓正用字例〉 〈月千 124〉

┌ 서리(霜) → 서리(霜)

└ 서리(間) → 가운데(間, 中)

이 밖에 崔泰榮(1972)은 同音 衝突의 樣相을 매우 분석적으로 시도하고 있다.

그러나 崔泰榮(1972)을 비롯한 이 두 번째의 이론적 안목은 몇가지 難點을 가지고 있다. 다음 예를 보기로 하자.

(8) 보ㅎ(梁) ↔ 보ㅎ(褓)

〈法華二·56〉〈內訓一·67〉

┌ 보ㅎ(褓) → 보(褓)

└ 보ㅎ(梁) → 들보(梁)

(8)의 예에서 崔泰榮(1972)은 漢字語와 固有語 사이에 동음충돌이 일어날 경우, 漢字語가 그 형태 보존에 있어서 유리한 처지에 있다고 말하고, 劣勢에 놓인 固有語가 形態의 변형을 가져오거나 다른 어휘로 代置된다고 말하고 있다.

이것은 결국 必要動機the need feeling motive가 이러한 것을 유도한 다고 崔泰榮(1972)은 말하고 있다. 그러나 이것은 必要動機에 의해서라 기보다는 威勢動機the prestige motive에 의해서라고 보는 것이 타당할 것 같다.15)

Hockett(1958)에 의하면 어휘의 변화나 代置의 현상은 얼핏보기에 는 必要에 의해서 誘導되는 것 같지만, 사실은 威勢動機에 의하여 이러

---

15) Hockett, *A Course in Modern Linguistics*, New York, 1958, pp. 403~405.

한 현상이 가능하다고 하고 있다.16)

Hockett(1958)의 이 말은 崔泰榮(1972)이 지닌 理論的 缺陷을 말해주는 동시에, 동음충돌의 해결에 강한 示唆性을 제시하고 있다. 崔泰榮(1972)이 지닌 이론적 안목은 또 다음과 같은 난점도 내포하고 있다.

다음 보기를 보자.

(9)   여름(夏) ↔ 여름(實)
　　〈二倫重 13〉 〈龍歌 2〉
┌ 여름(夏) → 여름(夏)
└ 여름(實) → 열매(實)

(9)의 보기에서 崔泰榮(1972)은 어휘의 安全度에 대해서 말하고 있다. 즉 동음어 충돌에 있어서 形態上의 安全度가 작은 단위는 그 形態維持가 어렵다고 말하고 있다. 그러나 단어 또는 어휘에 있어서 안전도라는 것이 무엇을 의미하는 것인지가 不分明하다.

崔泰榮(1972)은 안전도가 무엇을 意味하는지에 대해서는 어떤 언급도 없다.

단순히 변형*transform*되기 쉽다거나 代置되기 쉬운 것이 안전도가 약하다면, 언어의 모든 生態 중에서 안전도가 제일 약한 어휘는 아마도 類義語*synonymy*일 것이다.

(10) 밥(食) ┌ a. 진지
　　　　　 ├ b. 메
　　　　　 └ c. 수라

(10) '밥(食)'에 대한 類義語는 위와 같이 3개나 된다. 그렇다고 해서

---

16) Hockett, 前揭書, 1958, pp. 404~405.

이들 類義語들이, 혹은 '밥(食)'이라는 단어가 안전도가 약하다고 말할 수 없을 것이다.

그렇게 斷定하기는 그러나 힘든 일이다.

Bolinger(1968)의 말 처럼 어휘, 또는 단어의 생태를 구분하는 요소 *factor*로 안전도라는 資質은 아예 있지도 않은 것이기 때문이다.17)

崔泰榮(1972)의 論議는 동음 충돌이란 형상을 相補性의 관점에서 보려 한 점에서는 매우 注目할 만하다 하겠다.

즉 具象語와 抽象語의 相補性, 중심적 의미와 周邊的 의미의 相補性, 使用頻度數가 많은 동음어와 사용빈도수가 약한 동음어 사이의 相補性, 漢字語와 고유어의 相補性, 不完全名詞와 普通名詞의 相補性 등 崔泰榮 (1972)의 相補性은 매우 분석적이며 이 方面研究에 있어서 이제까지의 모든 다른 論議보다는 該博한 理論임에는 틀림이 없지마는, 그러나 이러한 長點에도 불구하고, 그의 논의가 쉽게 받아들여지지 않는 것은, 그의 논의에 앞서와 같은 여러 難點이 介在되기 때문일 것이다. 본 논문은 이러한 점을 좀 더 적확히 주목하기로 한다.

3. 同音衝突의 構造와 類型

3.1. 同音衝突의 構造

본 項에서는 동음충돌의 현상을 지금까지의 논의에서 드러난 難點들을 극복하는 차원 위에서 좀 더 深層的*deep*인 位置에서 이 문제에 대해

---

17) Bolinger, D., *Aspects of Language*, New York, Harcourt Brace Jovan-
    ovich, 1968, pp. 72~79.

접근해 보기로 한다.

다음의 보기 (11)은 서로 동음충돌을 보이고 있다.

(11) ┌ 드·리·다(垂)   〈杜諺十五·37〉
      │ 드·리·다(納)   〈楞諺四 40〉
      │ 드·리·다(獻)   〈內訓序 3〉
      │ 드·리·다(染)   〈圓覺一之一·113〉
      └ 드·리·다(熟練)   〈圓覺二之二·118〉

(11)은 金宗澤(1971), 崔泰榮(1972) 등에서 파악하고 있는 단순한 동음어의 충돌이 아니다.

본 논문은 일단 (11)과 같은 동음어의 基底部分*base component*을 생각해 보기로 한다.

基底部分은 세 개의 下位成分*subcomponenent*으로 나누어져 있다. 즉 동음어의 의미를 결정짓는 意味部*semantic component*, 동음어의 음운을 결정짓는 音韻部*phonogical component*, 그리고 동음어의 內的인 統辭構造를 결정짓는 統辭部*syntactic component*가 그것이다.

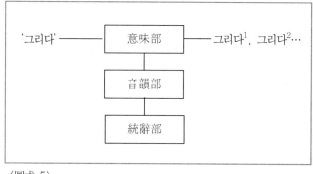

〈圖式 5〉

〈圖式 5〉는 지금까지의 동음어에 대한 견해를 새롭게 照明해 주고 있다.

즉 어떤 동음어이든 간에, 그것은 세 부문*three component*으로 구성되어 있다는 점이다. 이 세 부문 중에서 統辭部는 다시 基底部*base component*와 變形部*Transformationa component*로 構成된다.

우리는 (11)의 '그리다'가 같은 基底部에서 生成*Generate*된 것이 아니라 각각 다른 基底部에서 생성된 것이라고 생각한다.

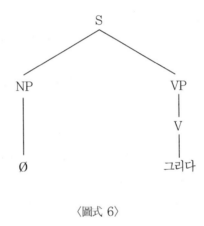

〈圖式 6〉

〈圖式 6〉은 (11)의 '그리다'의 基底部를 보여주고 있다.

같은 音韻이면서 동시에 다른 의미를 각각 지니고 있는 동음어의 구조를 다른 차원에서 본 것이 〈圖式 6〉이다. 같은 音韻에도 불구하고, 의미가 다르게 된 것은 그것의 基底部*base component*가 각각 相異하기 때문이라는 것이다.

(11)의 '그리다'가 同音衝突에 서 있을 수 있는 것은 그것의 基底部의 樣相이 다르기 때문이다.

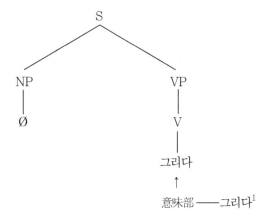

〈圖式 7〉

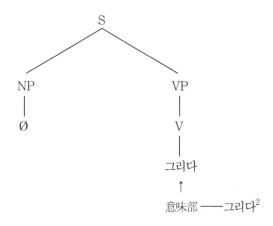

〈圖式 7′〉

〈圖式 6〉과 〈圖式 7〉은 각각 다른 意味部*semantic component*에도 불구하고 동일한 意味部 때문에 동음관계가 형성되게 되었다.

동음어를 하나의 有機體로 파악하고, 이것에 음운부, 의미부, 통사부

가 각각 작용하고 있다는 이론의 설정은, 매우 經濟的인 이론으로 생각
된다.

　그것의 이유는 예를 들어 동음 충돌의 해결을 각 部門component별로
처리할 수 있다는 점에서다. 즉 음운부는 음운부에 相當하는 해결책을
摸索할 수 있고, 의미부는 의미부대로, 그리고 통사부는 통사부의 측면
에서 그에 상당하는 해결책을 모색할 수 있다는 장점이 있다.

(12) ┌ 버리다(設)　　〈月印二 · 73〉
　　　└ 버리다(開)　　〈金三五 · 25〉

　(12)는 따라서 다음과 같은 두 가지의 서로 다른 基底部를 가지고
있는 同音語이다.

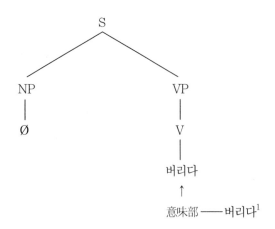

〈圖式 8〉

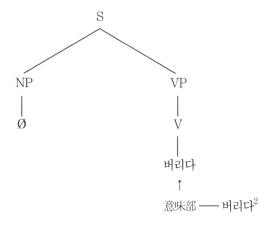

〈圖式 9〉

　'버리다'가 同音語가 되는 것은, 그것이 단순히 그 音韻組織이 같다는 平面的인 이유에서가 아니다. (12)의 '버리다'가 서로 同音關係가 되는 것은 〈圖式 8〉과 〈圖式 9〉처럼 그것의 基底部가 각각 相異하기 때문이다. 그것의 基底部가 상이하지 않다면, 그것은 동음관계에 位置될 수 없다.

　동음어 자체가 지닌 開放的 下位關係의 複雜性[18]을 극복하기 위해서는, 적어도 체계화된 이론의 設定이 필요하다.

　단순히 그것의 音韻組織이 동일하니까, 그것이 동음관계를 이룰 수 있다는 이론보다는, 그것의 基底部*base component*가 相異하기 때문에 그것은 동음관계를 이룬다는 假設이 훨씬 더 경제적인 이론이 되는 것도 바로 위의 이유 때문이다.

---

18) 李彙榮 外, 佛語學槪說, 正音社, 1974, pp. 95~96.

3.2. 同音衝突의 類型

동음충돌의 類型*pattern*은 두 가지 측면에서 접근될 수 있다. 하나는 形態*form*에 의한 접근이고 나머지 하나는 生成要因에 의한 접근이다.[19]

형태에 의한 동음충돌은 어휘 자체에 의한 어휘 동음충돌*word homonymic clash*과 문법적인 活用關係에 의한 非語彙 동음 충돌*Non-word homonymic clash*이 있다.

다음 (13)의 보기들은 어휘 동음충돌의 예이다.

(13) ┌ 낟(穀)   〈訓正用字例〉
     │ 낟(鎌)   〈訓正用字例〉
     │ 낫(箇)   〈楞諺二·33〉
     │ 낮(晝)   〈龍歌 101〉
     │ 낯(粒)   〈杜諺七·38〉
     └ 낯(顔)   〈圖覺上一之一·47〉

이 어휘동음 충돌은 다시 두 종류로 나누어진다. 하나는 辨別資質 *distinctive feature*, 즉 音韻的 辨別資質까지를 同音衝突에 考慮하는 完全同音衝突*perfect homonymic clash*과 이러한 音韻的 辨別資質은 동음충돌에 고려하지 않는 類似同音衝突*pseudo homonymic clash*이 그것이다.

다음 보기 (14)는 音韻的 辨別資質을 생각하는 完全同音衝突의 類型을 보여주고 있으며, (15)는 그러한 음운적 辨別資質은 고려하지 않는 類似同音衝突의 유형을 보여주고 있다.

---

19) Sterm, G., *Meaning and Change of Meaning*, Reprinted by Indiana University Press, 1973, pp. 73~79.

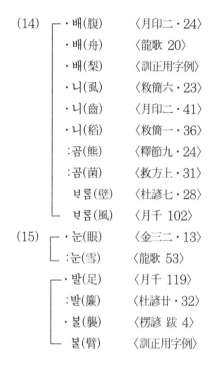

(14)
- ·배(腹)   〈月印二·24〉
- ·배(舟)   〈龍歌 20〉
- ·배(梨)   〈訓正用字例〉
- ·니(虱)   〈救簡六·23〉
- ·니(齒)   〈月印二·41〉
- ·니(稻)   〈救簡一·36〉
- :곰(熊)   〈釋節九·24〉
- :곰(菌)   〈救方上·31〉
- ᄇᆞ롬(壁)   〈杜諺七·28〉
- ᄇᆞ롬(風)   〈月千 102〉

(15)
- ·눈(眼)   〈金三二·13〉
- :눈(雪)   〈龍歌 53〉
- ·발(足)   〈月千 119〉
- :발(簾)   〈杜諺廿·32〉
- ·불(襲)   〈楞諺 跋 4〉
- 불(臂)   〈訓正用字例〉

　한편 非語彙 同音衝突*Non-word homonymic clash*은 주로 문법적인 活用關係에 의한 것, 同化作用에 의한 것, 기타 音韻變化에 의한 것들로 구별될 수 있다.[20]

　金宗澤(1971)은 이러한 예들을 잘 들어 보이고 있다.

　㉠ 活用 關係에 의한 것

줄다(縮)
주다(與)
/주는/

---

20) 金宗澤 外, 前揭書, 1971, p. 180.

걷다(步)
걸다(掛)
/걸은/

곱다(麗)
고우다(烹)
/고운/

붇다(附)
불다(吹)
/불은/

ⓛ 同化作用에 의한 것

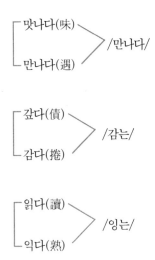

맛나다(味)
만나다(遇)
/만나다/

갚다(債)
감다(捲)
/감는/

읽다(讀)
익다(熟)
/잉는/

ⓒ 기타 音韻變化에 의한 것

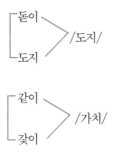

Stern(1973)이 말하는 형태에 의한 동음 충돌 유형에 대해 지금까지 언급해 왔는데 정리하면 다음과 같다.

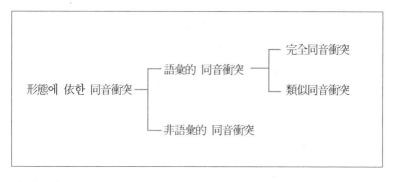

〈圖式 10〉

한편 生成要因의 측면에서의 충돌유형은 다음과 같다. 이 유형의 연구는 日本 國立 國語 研究所(1961)의 것이 유명하다.[21]

이 연구는 同音衝突이 어떠한 樣相으로 대립하고 있으며, 言彙

---

21) 日本 國立國語研究所, 同音語の研究, 秀英出版社, 1961.

*language society*이 同音衝突의 인식을 語彙의 계열*level*에 따라 어떻게
하는가를 체계적으로 보여주고 있다.

〈圖式 11〉을 보자.

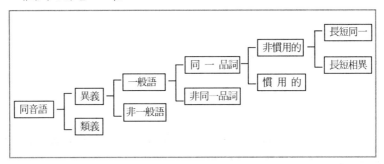

〈圖式 11〉22)

〈圖式 11〉은 더 자세히 다음과 같이 解釋된다.23)

㉠ 동음충돌은 크게 두 가지로 同音類義語衝突과 同音異議語衝突로
나누어 考察할 수 있다. 이 가운데 同音類義語衝突이 同音異議語衝突보
다 더 많은 혼란을 가져 온다.

㉡ 同音異議語의 衝突은 一般語인 동음충돌과 非一般語인 동음충돌
이 있다. 일반어인 동음충돌이 대체적으로 區別이 어렵다.

㉢ 또 같은 品詞끼리의 同音衝突과, 다른 品詞끼리의 同音衝突이 있
다. 물론 같은 품사끼리의 동음충돌이 훨씬 많다.

㉣ 같은 品詞끼리의 同音衝突은 또 慣用的 用語에 의한 同音衝突과
非慣用的 用語에 의한 同音衝突이 있다. 그러나 이것은 심한 個人差를
동반하기 때문에 살피기가 몹시 어렵다.

---

22) 日本 國立國語硏究所, 前揭書, 1961, pp. 19~26.
23) 이 部分의 硏究는 다분히 日本 國立國語硏究所(1961)의 硏究에 依在한다.

재미있는 것은 ⓒ항이다. 즉 동일한 품사끼리의 동음충돌이냐, 아니면 相異한 품사끼리의 동음충돌이냐 하는 문제이다. 이것은 다른 어떤 것보다 個人差의 변동이 제일 없는 것으로 동음어를 이해하고 인식하는 데 가장 결정적인 契機를 제공하고 있다.

동일 품사에 의한 동음충돌이냐, 아니면 상이한 품사에 의한 동음충돌이냐 하는 점이, 동음충돌의 포괄적인 체계화에 결정적인 실마리를 던져 주리라는 점은 오래전부터 豫見되어 왔었다.24)

이 점은 더욱 分析的인 연구가 필요하다고 믿는다.

4. 同音衝突과 그 解決方案

동음충돌의 해결에는 우선 言語經濟性에 의한 해결, 表現力強化에 의한 해결, 無意識的 言衆에 의한 해결 등이 있다. 먼저 言語經濟性에 의한 해결부터 살펴보자.

4.1. 言語經濟性

言語經濟性에 의한 동음충돌 해결의 하나로 우리는 同化assimilation을 생각할 수 있다.

즉, 同音語에 있어서 한 音素phoneme가 같은 동음어 안의 다른 音素

---

24) Ullmann, S., *Principles of Semantics*, 1957, p. 136.
Ullmann, S., *Semantics*, 1962, p. 176.
Bradley, H., *The Making of English*, London, 1957, p. 141.
Bloomfield, L., *Language*, 1933, pp. 369~370.
康琪鎭, 國語同音語의 生成要因 考究, 東岳語文論集(15), 1981b.

의 영향으로, 그와 같은 소리로 변하거나 혹은 비슷하게 되는 현상을 동
화*assimilation*라고 한다.

이것은 물론 말의 속도를 빨리하고 短縮시킴으로써 언어를 경제있게
쓰려는 言語經濟性現象이다.

동화*assimilation*, 특히 二重 동화에 의한 동음충돌의 해결은 널리 알
려져 온 일반적인 방법의 하나이다.

(16) 춤(舞)/춤(袴)/춤(涎)

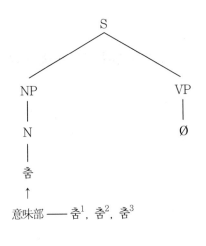

〈圖式 12〉

그리하여 (16)은 (16′)와 같은 동화로 해결된다.

(16′) ┌ 춤노롯과   〈法華五·201〉
      │ 바지춤빠히다   〈譯補 28〉
      └ 추믈슴끼다   〈救簡六·5〉

言語經濟性에 의한 동음충돌 해결의 하나로 동화*assimilation* 이외에 우리는 또 탈락 또는 축약*contraction*을 생각할 수 있다. 이것은 충돌을 일으키는 동음어 중 어느 하나가 그가 가지고 있는 음운 가운데에 어느 일부를 탈락시키거나 축약*contraction*시키는 방법이다.

탈락 또는 축약은 한 동음어 내에 동일한 音素가 隣接되어 있거나, 또는 다른 音素를 사이에 가지고 있을 때, 동일한 음소를 두 번 되풀이 하지 않기 위한 언어경제성의 所産이다.25)

      (17)   ┌ 바회(輪)
                └ 바회(巖)

(17)은 생략, 축약에 의하여 (17′)처럼 동음충돌 해결형으로 변화 된다.

      (17′) ┌ 輪은 바회라   〈月印二・38〉
             └ 모미 바회아래셔사놋다   〈杜諺七・31〉
             ┌ *바회 → 바퀴
             └ 바회 → 바위

아래의 (18)도 역시 그러한 종류의 言語經濟性에 의한 同音衝突 해 결이다.

      (18)   ┌ 달호다(燒紅)   〈漢清 359C〉
              └ 달호다(使)   〈南明上 50〉
             ┌ *달호다 → 달구다
             └ 달호다 → 다루다

---

25) Bodmer, F., *The Room of Language*, 1964, p. 57.

4.2. 表現力 强化

言語經濟에 의한 동음충돌 해결과 함께 一般的으로 널리 쓰이고 있는 해결 방법의 하나가 表現力强化이다. 이 강화는 주로 담화*discourse* 중에, 話者*speaker*와 청자*hearer* 사이에 관계되는 해결 방법이다.

즉 이 표현력 강화는 어떻게 보면 앞서의 言語經濟性과는 상반된 해결 방법이다.

일반적으로 인간은 最少의 노력으로 自然言語*natural language*를 發話하려고 하지만, 청자*hearer*가 화자*speaker*의 意圖나 말을 정확히 알아듣지 못했을 때, 화자는 힘이 들더라도 다시금 반복하여 말하게 되며, 다시 반복의 과정에서도 청자*hearer*의 이해가 시원치 않다고 판단되면 표현력을 강화하게 되는 것이다. 표현력 강화는 바로 이 점에서 言語經濟性과 상반되는 방법이다. 표현력 강화의 대표적인 방법은 異化*dissimilation* 또는 音韻交替이다.

이화*dissimilation*나 교체는 한 동음어 안에 같은, 혹은 비슷한 음소가 둘 이상 있을 때, 그 중 한 소리를 意識的으로 다른 소리로 바꾸는 것을 말한다. 이화나 음운교체는 동음충돌 현상의 해결 방안으로는 제일 큰 구실을 한다.26)

(19) ┌ 가ᄅ(橫) → 가로　　　〈法華四·130〉
　　　└ ᄀᆞᄅ(粉) → 가루　　　〈救間六·19〉
　　　┌ 쟈ᄅ(鼈) → 자라　　　〈柳物二介〉
　　　└ 쟈ᄅ(袋) → 자루　　　〈觀音 12〉

---

26) Ullmann, S., *The Principles of Semantics*, 1957, p. 136.
　　Bradley, H., *The Making of English*, 1957, p. 162.

> ┌ 고로(綾) → 고로　　　〈四解下・57〉
> └ 고로(調) → 고루　　　〈小諺六・20〉

　표현력 강화에 의한 동음 충돌의 해결에 있어서 異化*dissimilation*와 함께 代表的으로 쓰이고 있는 방안의 하나가 添加*addition*이다. 첨가 *addition*에 대해서는 Dauzat의 다음 말이 생각된다.

> 　한 말은 소리를 많이 가지면 가질수록 길어지고 또 個別化되어서, 다른 말과 혼동될 우려가 적은 것이다.[27]

　첨가*addition*의 가장 대표적인 방법의 하나는 硬音化에 의한 것이다. 同音충돌의 해결에 가장 두드러진 方案의 하나가 바로 경음화라는 사실은, 경음화가 일반적으로는 心理的 强勢를 보인다는 점과 함께 제일 많이 알려진 定說의 하나이다.[28]
　경음화는 결국 음운강세*phonological impressive*의 일종이다.
　다음 (20)의 보기는 바로 그것을 잘 보여주고 있다.

(20)　┌ 시름(憂) → 시름　　　〈楞諺九・8〉
　　　└ 시름(摔) → 씨름　　　〈朴重中 50〉
　　　┌ 곶(串) → 곶　　　　　〈龍歌 36〉
　　　└ 곶(花) → 꽃　　　　　〈月千 7〉
　　　┌ 닿다(觸) → 닿다　　　〈楞諺二・76〉
　　　└ 닿다(繡) → 땋나　　　〈老卜 27〉
　　　┌ 지다(負) → 지다　　　〈月印廿一・102〉
　　　└ 지다(肥) → 찌다　　　〈救方上 80〉

---

27) Dauzat, H., *La géographie linguistique*, 1943, p. 89.
28) 李勝明, 中世國語文法, 1961, pp. 69~70.

┌ 뎍다(記) → 젹다 〈朴重下 37〉
└ 뎜다(點) → 찍다 〈牧牛 38〉

┌ 좃다(啄) → 쪼다 〈月千 67〉
└ 좃다(稽) → 좃다 〈救方下 32〉

4.3. 無意識的 言衆

본 논문은 앞서 동음 충돌의 해결 방안으로 言語經濟性에 의한 해결 방안과 表現力強化에 의한 해결 방안을 논의해 보았다.

이제 또 하나 논의해 보아야 되는 것의 하나가 바로 무의식적인 言衆에 의한 변화이다.

앞에서 설명한 동화*assimilation* 등이 사람의 發音의 努力을 줄이려는 자연적인 言語經濟性에 의한 해결 방안이라면, 異化*dissimilation*에 의한 방안은 言語經濟性에 상반하는 해결 방안이다.

그러나 본 항에서 말하는 無意識的인 언중에 의한 해결 방안은 언어를 경제한다거나 표현력을 強化한다거나 하는 인간의 意慾에 관계없는 그야말로 무의식적인 동음어 해결 방안이다.

이러한 것 중에 가장 일반적인 방법의 하나는 이른바 相通이다. 이 相通은 母音의 交替로 동음어 충돌을 방지하는 방법이다.

(21)은 바로 그러한 방법을 예로 보여주고 있다.

(21) ┌ 디(世代)
     ├ 디(臺)
     └ 디(所)

(21)은 다음과 같은 基底部를 지닌다.

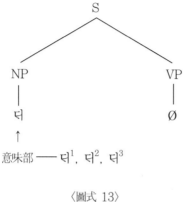

<圖式 13>

(21)은 다음과 같은 相通작용으로 동음충돌이 해결된다.

(21′) ┌ 아홉디롤ᄒᆞ디사더니   〈小諺六·89〉
      │ 딋디   〈字會中·5〉
      └ 아모디나가고져ᄒᆞ시면   〈月印一·26〉

4.4. 韻律的 資質

韻律的 資質*prosodic feature*에 의한 同音衝突 해결 방안도 최근 거론 되고 있는 방법의 하나이다. 韻律的 資質*prosodic feature*에는 强勢 *stress*, 높이*pitch*, 억양*intonation*, 길이*length, duration* 등이 있다. 길이 *length, duration*를 먼저 살펴보자.

여기에서는 모음의 길이가 동음어의 의미를 분화하는 語彙的 對立으 로 이용되고 있다. 따라서 母音의 길이는 여기에서는 辨別的 資質 *distinctive feature*이 있는 것이다. 이와 같이 모음의 길이가 辨別的으로 機能*function*하는 언어를 音長言語*chrone language*라고 하고, 모음의 길

이가 辨別的으로 기능하는 동음어를 音長同音語*chrone homonym*이라고 한다.29)

(22)는 바로 그러한 동음어를 보여 주고 있다.

(22) ┌ :눈(雪)　　　　〈龍歌 50〉
　　　└ •눈(眼)　　　　〈金三二 · 13〉
　　　┌ :말(言)　　　　〈楞諺一 · 17〉
　　　└ •말(斗)　　　　〈月印九 · 7〉

다음의 (23), (24) 역시 그러한 韻律的 資質이 同音衝突을 해결하고 있는 樣相을 보여주고 있다.

(23) ┌ 밤(夜)　　　　　〈龍歌 101〉
　　　└ :밤(栗)　　　　〈救簡六 · 25〉
　　　┌ 뫼(飯)　　　　　〈月印廿一 · 125〉
　　　└ :뫼(山)　　　　〈訓正用字例〉
(24) ┌ 발(足)　　　　　〈釋節 · 11〉
　　　└ :발(簾)　　　　〈杜諺七 · 11〉
　　　┌ 멀 · 다(遠)　　 〈法華三 · 85〉
　　　└ :멀 · 다(盲)　　 〈救方下 42〉

국어에서 운율적 자질*prosodic feature*에 의한 동음충돌의 해결 방안으로 지금까지 소리의 길이를 제시해 보았다. 다음으로 생각할 수 있는 韻律的 資質로서는 强勢*stress*가 있다.

강세는 소리의 크기*loudness*의 종류이다. 그러나 국어에는 동음어 충돌의 해결에 그리 일반적으로 사용되고 있지는 않다.

---

29) Jones, D., *The Phoneme*, Cambridge, 1957, p. 115.

이 자질은 주로 영어에서 사용된다. 이를테면 (25)는 그 제1강세 *primary stress*를 어디에 두느냐에 따라 그 의미가 달라진다.

(25)　　present
(25′)　┌ présent
　　　└ presént

제1강세*primary stress*가 앞에 있으면 '출석하고 있는'의 의미가 되지만 뒤에 있으면 '선물'이라는 의미가 있다. 강세에는 文强勢*sentence stress* 와 語强勢*word stress*가 있다.

국어의 동음충돌의 해결에 크게 이용될 수 있는 자질이라 생각된다.

4.5. 發話狀況

(26)　┌ 과식해서 배가 부르다.
　　　│ 사과보다 배를 좋아한다.
　　　└ 비행기보다 배가 느리다.

동음충돌을 發話狀況*speech situation*의 측면에서 해결하기 위해서는 發話行爲*speech act*를 構成하는 언어적, 사회적 성격을 究明할 必要가 있다.

發話行爲의 側面에서 동음충돌의 해결방안을 모색하는 것은 적어도 金宗澤(1971), 崔泰榮(1972) 등에서 시도된 것같은 平面的이어서는 안 된다. 그것은 發話行爲를 둘러싼 여러 사회적 언어적 요인을 검토 후에 야 이론화될 수 있는 것이다.

우리는 우선 발화행위의 구성요소*components of speech*로써 말의 내 용*message content*과 말의 형식*message form*을 들 수 있다. 동음어는 이러한 측면에서는 말의 內容은 相異하나, 말의 형식은 동일한 존재이다. 따라서 우리는 말의 형식과 내용만으로는 동음 충돌의 완전한 해결을 期待할 수가 없다.

다음으로 우리는 背景setting과 場面scene을 생각하여야 한다. 배경은 발화행위speech act가 일어나는 시간과 장소 등 물리적인 환경을 말하고 장면은 心理的인 배경이나 발화가 일어난 경우에 대한 문화적인 정의를 말한다.

(27) ┌ 배를 주시오.
     └ 배를 주시오.

배경setting과 장면scene, 그리고, 말의 내용message content, 말의 형식으로도 (27)의 同音衝突은 해결되지 않을 수 있다.

우리는 이때 또 다른 한 요소를 登場시켜야 하는데, 그것이 바로 參與者participants이다. 참여자엔 화자speaker, sender, 청자hearer, receiver 그리고 말을 직접 주고 받지는 않으나 발화장면에 같이 있어 옆에서 말을 듣는 사람audience을 생각할 수 있다.

화자speaker, 청자hearer, 그리고 제3자audience의 개입으로도 (27)의 同音衝突은 해결되지 않을 수 있다.

이 때 追加되는 요소가 바로 목적purpose이다. 발화행위speech act의 목적을 말하는데, 이 목적에는 發話行爲의 결과로서의 목적과, 발화자speaker가 意圖하는 바로서의 목적이 있다.

대개 말의 내용, 말의 형식, 배경, 장면, 참여자, 목적 등의 여러 조건이 提示되면 거의 대부분의 同音衝突은 해결될 수 있다.

그러나 이러한 조건에도 불구하고 (27)의 同音 衝突은 해결되지 않을 수도 있다.

이 경우에는 Hymes(1972)가 말하는 語調*key*, 解釋規範*norms of interpretation* 등이 제시된다.30)

語調*key*는 발화행위*speech act*가 嘲弄조냐, 眞摯한 것이냐, 형식적으로 되는대로 하는 것이냐 등을 말한다.

解釋規範은 發話行爲를 나타내는 여러 양상을 나타낸다. 이 解釋規範은 言語共同體마다 각각 다를 수 있다.

例를 들어 (27)의 發話*speech*에서 동음어 '배'는 어떤 특정한 言語共同體에서는 여자의 '배(腹)'로만 해석될 수 있고, 또 어떤 특정한 言語共同體에서는 타는 여객선, 즉 '배(舟)'로 해석될 수도 있다.

言語共同體*speech community*, 언어상황*speech situation*, 발화행위 *speech act* 등의 單位槪念은 同音語 현상을 좀더 깊게 探求하는 데 매우 좋은 契機를 제공해 주고 있다.

그런 측면에서의 동음충돌 현상도, 그 방면에 새로운 認識을 심어주리라 믿는다.

다만 본 논문에서는 그러한 點을 喚起하는 程度에서 그친다.

4.6. 統辭的 機能

同音衝突 현상 자체만으로 意味를 單獨으로 분석하기는 곤란하다.

---

30) Hymes, D., *The Ethnography of Speaking*, in T. Gladwin and W. Sturtevant(eds.): *Anthropology and Human Behavior*, Anthropological Society of Washington, 1962, pp. 39~48.
   Hymes(1972)는 同音語에 대해서 直接的으로 言及하지는 않았다. 筆者는 다만 Hymes(1972)의 理論을 援用해 보았을 뿐이다. 더 자세한 것은 다음 책 참조. Hymes, D., *Models of Interaction of Language and Social life*, in J.J. Gumperz and D. Hymes(eds.), Directions in Sociolinguistics: the Ethnography of Communication, New York, Holt Rinehart and Winston, 1972.

그래서 意味分析은 形態分析과 統辭分析이 同伴해져야 만족할 수 있다. 構造主義*structualism*의 많은 이론들은 따라서 동음충돌의 統辭論을 제시하고 있다.31) 즉 어휘의 의미를 그것이 쓰이는 統辭上*syntaxic*의 위치를 보고 안다는 것이다. Bloomfield(1967)는 어휘가 나타나는 위치가 기능*function*을 나타낸다고 보고 동일한 위치에서 나타나는 語形*form*은 모두 동일한 語類型*form class*에 속한다고 말하고 있다.32)

> (28) ┌ a. 배를 먹다.
> │ b. 배를 타다.
> └ c. 배를 때리다.

Bloomfield(1967)나 Harris(1957)에 의하면, (28)에서 동음충돌을 야기하고 있는 '배'라는 형태*form*는 이미 그 統辭的 위치만으로도, 이 동음충돌을 충분히 해결하고 있다고 말하고 있다.33)

즉 '먹다'라는 動作動詞*Action verb*는 그 意味資質*semantic feature*上 [+*Animate*, +*fruit*], 즉 생물이고 과일이어야 한다는 의미자질을 요구하기 때문에, 다른 것 중 사람의 한 부분인 '배(腹)'나 여객선의 자질을 지닌 '배(舟)'는 올 수 없다는 것이다.

따라서 우리는 앞서의 同音語의 基底部*base component*에 意味資質만 揷入*insertion*하여 주면, 거의 완전한 동음어의 구조를 얻게 된다.

다음 〈圖式 14〉를 보자.

---

31) Bloomfield, L., *Language*, 1967, pp. 264~280.
32) Bloomfield, L., 前揭書, 1967, pp. 272~284.
33) Harris, Z.S., *Methods in Structual Linguistics*, The University of Chicago Press, 1957, pp. 21~23.

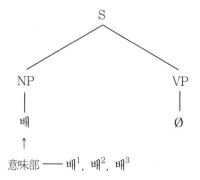

〈圖式 14〉

　우리는 〈圖式 14〉의 '意味部 – 배[1], 배[2], 배[3]에 각각 그 고유의 意味
資質을 基底部*base component*에 設定함으로써 동음충돌의 체계적 構造
를 얻을 수 있다.

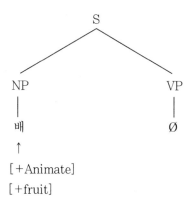

〈圖式 15〉

〈圖式 15〉는 그 의미부에 [+*Animate*] [+*fruit*]라는 자질을 끼워 넣음으로써 동음충돌의 현상을 統辭的 측면에서 해결하고 있다.

이 過程은 물론 言語使用者 또는 母語使用者*native speaker*의 言語能力*Language competence*의 한 부분이다. 적어도 어느 언어의 언어사용자들은 이러한 동음어에 대한 의미자질을 언어능력의 일부로 머리에 내재*innate*시키고 있어, 이 內在*innate*된 言語能力 덕택으로 상당한 同音衝突의 현상을 統辭的 측면에서 해결하고 있다. 이 과정은 다시 말해 意圖的*intentional*이라기보다는 내재적*innate* 과정이다.

이러한 內在的 과정은 그 체계화가 매우 어렵다. 이것은 아마도 인간언어, 즉 자연언어*natural language*의 속성인 듯하다.34) 바꾸어 말해서 Palmer(1936)의 말처럼 同音衝突의 解決策(防止策)으로서는 무엇보다 文脈*context*에 있다는 說이35) 强力히 뒷받침 된다.

4.7. 語彙代置

語彙代置*word substitute*의 문제는 그렇게 간단한 것만은 아니다.

다음 보기 (29)들은 語彙代置에 의한 同音衝突의 해결 양상을 보여주고 있다.

(29) ┌ 셠(轡) → 고삐　　　　　〈杜諺廿・17〉
　　　└ 셠(職) → 직분　　　　　〈內一・80〉
　　　┌ :놀・다(遊) → 놀다　　　〈圓覺下二之一・6〉
　　　│ :놀・다(奏) → 연주하다　〈月印廿一・207〉
　　　└ :놀・다(稀) → 드물다　　〈釋節序 2〉

---

34) Chomsky, N., *Aspects of the theory of Syntax*, 1965, pp. 36~39.
35) Palmer, L., *An Introduction to Modern Linguistics*, London, 1936, p. 113.

```
┌ 블·다(羨) → 부르워 하다       〈杜諺九·7〉
└ 블·다(飽) → 배부르다          〈南明上 64〉
┌ 바룰(海) → 바다               〈杜諺十五·52〉
└ 바룰(直) → 바로               〈月印序 18〉
┌ 스숭(巫) → 무당               〈杜諺十·25〉
│ 스숭(和尙) → 중(僧)           〈釋節六·10〉
└ 스숭(師) → 스승               〈楞諺跋 6〉
```

(29)의 語彙代置에 의한 同音衝突의 해결은 몇 가지 難點을 지니는 데 그 중 하나가 康琪鎭(1981b)에서 언급된 바와 같은 언어의 求心力과 遠心力에 관련된 문제이다.[36)]

康琪鎭(1981b)에서, 필자는 言語의 求心力은 旣存 형태를 보존하면 서, 또 될 수 있는 한 새로운 音韻을 설정하지 않으면서 語彙의 擴大를 그대로 吸收하는 힘이라고 했다.

한편 언어의 遠心力은 기존 音韻형태를 확대시키면서, 文物, 認知의 확대에 따른 語彙 확대의 욕구를 그대로 흡수하는 힘이라고 했다.

그러나 이 언어의 遠心力, 求心力은 그 言語共同體*Language community* 의 合致*agreement*에 의해서만 가능하다.

(29)의 語彙代置에 의한 同音衝突의 해결이, 言語共同體의 合致에 의한 것이라면 그 語彙는 비교적 긴 시간 동안 存在하여야 한다.

(29)의 어휘들은 그러나 몇몇 예를 빼고는 거의 짧은 시일안에 소멸 하여 버렸다. 이것은 語彙 대치에 의한 同音衝突의 해결 방안이 매우 인 위적인 方案임을 示唆하는 것이다.

인위적인 언어의 變化는 너무도 당연히 持續的인 힘을 지니기가 어 렵다. 語彙代置에 의한 同音衝突이 거의 대부분 固有語와 漢字語사이에

---

36) 康琪鎭, 國語 同音語의 生成要因 考究, 東岳語文論集 15, 1981b.

이루어졌고, 그리고, 이 경우 固有語가 漢字語로 대치된 行態를 자세히 살펴보면 재미있는 점이 눈에 띈다.

그것은 중국 문화의 流入에 따른, 人爲的인 대치를, 權力機官이 강요하였고, 이것이 얼마간은 쓰여지게 되었지만, 言語共同體*Language community*의 일치에 의한 것이 아니기 때문에, 바로 소멸될 것이 당연한 理致이다.

5. 結 論

同音衝突의 현상을 Lyons의 形式意味論*formal semantics*과, 語彙意味論*lexical semantics* 그리고 Chomsky(1965)의 이른바 標準理論 *Standard theory, Transformational Generative Theory*에 의하여 살펴 보았다.

語彙意味論 및 形式意味論에 입각한 同音衝突의 연구는 본 연구에서 처음 시도한 작업이었다.

그것은 同音衝突 現象은 단순히 音韻組織*phonological system*의 把握에 의해서 認識되는 것이 아니라, 音韻部*phonological component*, 意味部 *semantic component*, 그리고 統辭部*syntatic component*의 複合體的 파악에 의해서만 그 인식이 가능하다는 필자의 오랜 생각을 반영한 것이었다.

물론 앞으로 同音衝突과 文體論과의 관계, 同音衝突과 言語共同體 *Language community*와의 관계, 同音語의 사회적 가치, 同音語의 문화적 가치, 그리고 더 나아가서는 同音語辭典까지를 完結지어야 하는 문제가 남아 있다.

하지만 본 논문은 위의 문제들을 剔抉키 위한 준비를 하고, 同音衝突

에 대한 새로운 視角을 제시하고, 同音衝突의 구조를 變形生成理論 *Transformational Generative Theory*에 입각하여 다른 측면에서 기술하는 데 그쳤을 뿐이다.

그러면 지금까지 본 논문에서 논의해 온 문제들을 아래와 같이 요약하기로 한다.

(1) 同音衝突은 단순히 音韻組織의 분석에서만 파악되는 것은 아니다. 그것은 語彙 意味論*lexical semantics*의 全面的 차원에서 파악되어어야 한다.

지금까지의 業績으로 李勝明(1970), 金宗澤(1971), 崔泰榮(1972)으로 대표되는 同音衝突 연구의 難點은 바로 위에 있었다. 즉 同音衝突에 대한 視角이 너무 微視的이었다. 그리고 필요하다면 Chomsky(1965)의 標準理論*Standard Theory*의 도입도, 본 논문에서 도입한 것 이상으로, 도입되어야 한다.

(2) 同音衝突에 대한 지금까지의 연구의 난점은 그것이 매우 分析的인 작업이었음에도 불구하고, 同音衝突의 현상을 相補性 一邊倒로 處理하려 했다는 점이다.

또 하나는 旣往의 연구 업적들은 그 術語에 상당한 曖昧性을 지니고 있다는 점이다.

(3) 同音衝突은 세 부분의 基底部*base component*로 이루어진다. 그리고 同音語가 그 형태*form*가 동일함에도 불구하고 그 意味*meaning*가 서로 相異한 것은, 그것의 基底構造*deep structure, base structure*가 상이하기 때문이다. 본 논문은 따라서 그 基底部를 다음과 같이 설정하였다.

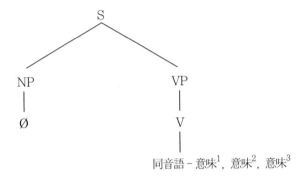

그리고 이러한 基底構造*deep structure*의 語彙部*Lexicon Component*에 그 意味資質을 다음과 같이 표시하였다.

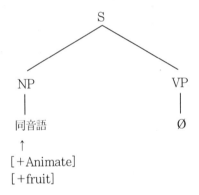

同音語에 基底構造를 설정하고, 그것의 語彙部*Lexicon Component*에 意味資質*semantic feature*을 삽입한 것은 본 논문에서 처음 시도되는 것이었다.

同音語의 基底構造를 設定하고, 그것의 語彙部에 意味資質을 제공하는 방법은, 앞으로 同音語에 남은 상당한 難點들을 체계적으로 剔抉하는데 도움이 되리라고 믿는 바이다.

(4) 同音語의 構造를 變形生成理論*Transformational Generative Theory*에 立脚하여 설정한 다음, 본 논문은 同音語의 類型과, 同音衝突의 해결 방안에 대하여 언급하였다.

同音衝突 해결 방안으로는 다음과 같은 것들이 제안되었다.

> ㉠ 言語經濟性
> ㉡ 表現力強化
> ㉢ 無意識的 言棄
> ㉣ 語彙代置
> ㉤ 發話狀況
> ㉥ 統辭的 機能

이 가운데서 특히 앞으로의 필자의 연구 과제로 등장된 것은 ㉣이다. 語彙대치에 의한 同音衝突 현상의 해결은 言語의 求心性, 言語의 遠心性의 문제가 內在되어 있어서 그리 간단한 문제는 아닌 것 같다.

그러나 언어의 求心性과 언어의 遠心性에 대한 분석적이고 體系的인 穿鑿은, 語彙構造, 文法構造를 包含한 자연언어*natural language*의 생태와 일반적인 構造, 機能*function*을 밝혀 줄 것으로 기대된다.

(5) 본 연구가 同音語 전체의 구조와 유형 그리고 同音衝突의 여러 樣相을 包括的이고 완전하게 파악하였다고는 보지 않는다.

다만 同音語와 同音衝突에 대한 巨視的인 안목을 제시하고, 이것에의 새로운 接近 可能性을 打診하고, 그것을 이론화한 데에 그치지 않았다.

包括的이고 더 더욱 細分化된 연구는 後稿에 기약한다.

▌ 參考文獻

李崇寧, 中世 國語文法, 1961.

許 雄, 言語學槪論, 1957.

南廣祐, 國語國字의 諸問題, 1970.

金宗澤 外, 國語意味論, 1971.

李乙煥·李庸周, 國語意味論, 1964.

李庸周, 意味論槪說, 1972.

國立國語硏究所, 同音語の硏究, 1961.

東亞文化硏究所, 國語國文學事典, 1973.

國語學會, 國語學辭典, 1968.

市河三喜, 英語語學辭典, 1958.

劉昌惇, 同音語와 同義語 靑坡文學 6, 1966.

金炯範, 15世紀 國語의 Homonym에 對하여, 洛山語文 Ⅰ, 1966.

李勝明, 同音語硏究A, 語文學 20, 1969.

_____, 同音語衝突과 Safety-measures에 對하여, 국어국문학 48, 1970.

_____, 同音語의 諸相과 文體論的 機能에 對하여, 어문논총 6, 1971.

崔泰榮, 同音語 衝突回避에 關한 硏究, 全北大論文集 11, 1972.

_____, 同音語 衝突原理考, 국어국문학 58~60, 1972.

_____, 國語 同音語 生成考, 書林 3, 1973.

金宗澤, 同音語 衝突의 類型에 對한 硏究, 語文學 23, 1970.

허 웅, 현대국어 동형어에 대한 연구, 한글 145, 1970.

徐炳國, 同音語 衝突의 治癒에 對하여, 국어교육 연구 9, 1977.

成甲煥, 同音異義語攷, 국어국문학 62~63, 1973.

南星祐, 後期中世國語의 同音異語, 국어국문학 65~66, 1974.

朴聖喜, 中期國語의 同音異義語 硏究, 高大 大學院 碩論 油印, 1970.

박영환, 同音語 硏究, 崇田大 大學院 碩論 油印. 1968.

_____, 同音語 對立과 價値, 崇田語文 6. 1978.

金寅榮, 同音衝突 廻避現象에 對하여, 先淸語文 5, 1974.

李乙煥, 同音語 現象, 語文硏究 15·16, 1977.

康琪鎭, 同音異義語에 對하여, 梁柱東博士古稀紀念論文集, 1973.

_____, 國語 同音語의 硏究, 弘益工大 論文集 12, 1981a.

_____, 國語 同音語의 生成要因 考究, 東岳論文論集 15, 1981b.

Ullmann, S., *The principle of Semantics*, 1975.

_____, *Semantics*, 1967.

Jespersen, O., *Language*, 1954.

_____, *Structure of the English Language*, 1930.

_____, *The philosophy of Grammar*, 1963.

Bloomfield, L., *Language*, 1958.

Martinet, A., *Element de Linguistique Générale*, 1961.

Dauzat, A., *La Philosophie du Language*, 1929.

Hockett, C.F., *A course in Modern Languistics*, 1958.

Bridges, R., *On English Homophones*, 1919.

Saussure, F., *De Course in General Linguistics*, 1959.

Gilliéron, J., *Génélogie des mots qui designent lábeille*, 1918.

_____, *Etudes de géographi Linguistique*, 1912.

Wrenn, C.L., *The English Language*, 1949.

Webster, M., *Webster's Third New International Dictionary*, 1966.

Palmer, L.R., *An Introduction to Modern Linguistics*, 1836.

Bolinger, D., *Aspect of Language*, 1968.

Goyvaerts, D.L., *Meaning beyond Linguistics*, 1972.

Lyons, J., *Semantics I, II*, 1977.

Pyles · Algeo, *English, An Introduction to Language*, 1970.

Stern, G., *Meaning and Change Meaning*, 1973.

Bradley, H., *The Making of English*, 1957.

Bodmer, F., *The Room of Language*, 1964.

Jones, D., *The phoneme*, 1967.

Harris, Z.S., *Methods in Structual Linguistics*, 1957.

Chomsky, N., *Aspects of the theory of Syntax*, 1965.

은어의 화용상 기능

1. 序 論

1.1. 問題의 提起

어떤 話者가 隱語를 사용할 때, 자기와 聽者 그리고 그를 둘러싼 여러 사회적 條件(factor)을 고려하여 그 은어를 써야한다는 것은 국어의 특성의 하나이다. 이것은 佛語 또는 다른 언어들에서 명사를 性(Gender)이나 數(number)와 관련지어 나타내는 것이나 마찬가지이다.

이와 같은 것은 국어에서 흔히 國語社會學, 言語社會學, 隱語社會學 등으로 불리어 논의되기도 하였다.

이 논문은 隱語使用에 나타나는 이 현상을 통일적이고 총체적으로 記述하려는 목적을 지닌다. 이것에의 기술은 이 논문이 아마도 최초의 것이어서, 이론적 배경을 Gumperz(1968)에서 찾았다.[1] 이 논문은 隱語使用의 총체적인 설명을 위해, 隱語使用의 일차구조(Primary Structure)와 이차구조(Secondary Structure)를 설정한다. 그리고 이 두 구조의

---

1) Gumperz, J.J., "Types of Linguistic Communities", Fishman, J.A.(ed.)
   Readings in the Sociology of Language, The Hagul, 1968.

相關關係를 다각적으로 기술하게 된다. 이 논문은 공시적인 것이며, 따라서 통시적 여러 사실들은 가급적 참고하지 않았다.

이 논문에서 사용된 은어는 徐廷範, 張泰鎭, 徐炳國 등과 필자 자신의 조사(field work)에서 뽑았다.2)

1.2. 從來研究의 檢討

隱語使用에 대한 기왕의 논의는 대개 두 가지로 분류된다. 하나는 여러 社會階層에서 사용되는 은어들을 형태와 의미, 그리고 그것이 쓰이고 있는 사회계층에 따라 분류하고, 그것에 적절한 名稱을 붙이는 접근법이다.

장태진(1963), 서정범(1959, 1973)을 起點으로 하는 대부분의 은어에 관한 논의들은 이에 속한다.3)

이 논의들은 비록 隱語使用에 관한 포괄적이고 총체적인 설명은 없었지만 은어 자체의 수집과 분류 및 정리에 큰 힘을 傾注함으로써, 隱語使用의 총체적인 이해의 기반 조성에 많은 기여를 했다.

나머지 하나의 논의는 장태진(1977)에 의한 것이다.4)

이 논의는 기왕의 은어의 수집·분류·정리의 차원을 克服하여, 隱語使用의 문제를 사회의 여러 가지 조건, 예컨대 직위, 직장, 성별 등과의 관련하에서 검토한 接近法이다.

장태진(1977)에서, 은어와 사회 변동과의 某種의 관계를 구체적으로

---

2) 장태진, 한국은어사전, 형설출판사, 1963.
   서병국, "대학생 은속어의 단면", 국어교육연구 10, 국어교육연구회, 1978.
   강기진, "사회변동과 은어사용", 1980.
3) 장태진, 전게서, 1963.
   서정범, "특수어명칭고", 고황 3-2, 1959.
   _____, "은어의 사회병리", 월간중앙 68, 1973.
4) 장태진, 국어사회학, 형설출판사, 1977.

설명하고 그것을 形式化하는 데 힘을 썼다.

> (1) NE튀기다(덮치다) → 튀기다(잡혀가다)5)
> NW먹쟁이(개구리) → 먹쟁이(거지)
> C빵지(빨리) → 하이방(빨리)
> SE파이다(좋지 않다) → 파이다(들키다)
> SWI납(나무) → 낭(나무)

앞의 논의와 뒤의 논의들의 공통점은 은어 사용에 관계되는 여러 사회적 條件(factor)들을 찾아 내려고 했다는 점이다. 그것을 앞의 논의는 분류와 정리의 차원에서, 뒤의 논의들은 形式化의 차원에서 정리하려 했다.

그러나 사회변동의 다변화에 따라 은어사용의 폭이 다양화되면서, 이러한 것을 체계적으로 포괄적으로 설명하는 방법이 요구되었고, 이러한 요구에 지금까지의 논의는 未洽한 것이었다. 은어사용에 있어서의 全面的인 체계화가 필요하다.

2. 隱語層

은어사용은 그 관점에 따라서 여러 가지의 隱語層이 있을 수 있다.6) 어린 아이의 은어층, 어른의 은어층, 사회적 지위에 의한 은어층, 재산의 寡少에 의한 은어층 등이다.

그런데 국어 은어사용에는 이 모든 것을 포괄하는 은어층이 있다. 이 은어층은 세 개로 나누어 지는데, 이것은 사회적 지위(social position)를

---

5) 장태진, 국어사회학, 1977, p. 103.
6) 層이란 Level, Layer 등으로 바꾸어 쓸 수 있다.

기준으로 구분된다.

은어층을 나이에 기준해서 나눌 수도 있다. 그러나 은어 자체의 발생이 사회적 지위나 사회계층간의 여러 요소에서 제기되는 것임을 감안한다면, 은어층은 역시 사회적 지위에 그 準據點을 마련해야 되는 것으로 이해된다.7)

다시말해 세 개의 은어층은 국어 은어사용자의 사회적 지위를 기준으로 나누어진다. 다음의 은어들은 이 세 은어층의 존재를 나타낸다.

> (2) a. 공갈놓다8)
> b. 공갈치다
> c. 공갈까다

우선 이를테면 사회적인 지위가 객관적으로 높이 있다고 인정되는 話者가 자기와 대등한 聽者 혹은 그 아래 地位에 있는 청자에게 (2c)를 사용한다는 것은 현재로서는 생각하기 어려운 일이다. 그런 경우가 있다면 그때, 그 사람은 점잖치 못하다는 말을 듣기 쉬울 것이다.

사회적인 지위가 높은 것으로 객관적으로 인정되고 있는 사람이 (2c)를 사용할 때, 왜 그는 '점잖치 못하다'는 말을 듣게 되는 것일까, 일단은 (2c)가 卑賤한 느낌을 주는, 즉 사회적 하위 지위의 말투이기 때문이 아니겠는가 한다.

거꾸로 사회적인 지위가 낮은 것으로 인정되는 집단의 한 화자가, 다른 청자에게 (2a)를 사용할 경우 '답지 않게 점잔 뺀다'라는 말을 듣기 쉬운 것은 (2a)가 사회적 상위 지위의 말투이기 때문이다.

(2a), (2b), (2c)는 우리에게 社會的 地位를 기준으로 하는 세 개의

---

7) Gumperz, J.J., "Types of Linguistic Communities", 1968, pp. 23~28.
8) 이들은 모두 '거짓말하다'라는 뜻이다.

層이 있다는 것을 쉽게 보여준다. 즉 (2a)는 윗층, (2b)는 중간층, (2c)는 아래층의 청자, 화자가 사용한다는 區別이 된다.

이제 便宜上 (2a)를 쓰는 층을 윗층(high level), (2b)를 쓰는 층을 중간층(middle level), 그리고 (2c)를 쓰는 층을 아래층(low level)이라 부르고 그들이 속해 있는 은어층을 각각 윗은어층(high cant level), 중간은어층(middle cant level), 아래은어층(low cant level)이라고 부르기로 한다.

화자, 청자의 은어층은 위에서와 같이 사회적 지위에 따라 윗은어층, 중간은어층, 아래은어층으로 나누어 지는 것이지만, 그렇다고, 이것이 실제적으로 꼭 그대로 분별되는 것은 아니다. 은어사용에 있어서 은어층이란 어쩌면 중복되는 경우가 허다히 있다. 은어층이란 분명히 존재하는 것이긴 하지만, 그것의 境界線은 분명치만은 않다.

국어의 은어층이 꼭 세 개 뿐이냐 하는 질문도 있을 수 있다. 물론 이 은어층은 여러 사회적 要因에 따라 다르게 形式化될 수도 있다.

그러나 그가 國語使用者라면 그는 꼭 살아가는 중에, 세 개의 은어화층 중에 한 화층에 속하게 되며, 社會變動에 따라 그 은어층은 변화될 수도 있다. 다시 말해서, 아래은어화층, 중간은어화층, 윗은어화층 사이의 경계선은 분명하지 않지만, 이 세 은어화층이 존재하는 것만은 분명하며, 따라서 은어사용자는 이 세 화층 중에 어느 한 話層에 꼭 속하게 되는 것이다.

물론 이 세 개의 隱語話層은 共時的인 측면에서 추려낸 것임을 다시 밝힌다.

3. 隱語層의 構造

3.1. 聽者와 話者

은어사용은 우선 세 가지 構成要素가 있어야 성립된다. 話者, 聽者, 그리고 指示物(referent)이 그것이다.

    (3) 재봉틀9)

'순진한 남학생'의 의미를 지닌 (3)의 은어에는 적어도 두 가지 정도의 情報가 담겨져 있다. 하나는 指示物, 즉 '순진한 남학생'에 대한 情報이고 또 하나는 이 지시물에 대한 話者의 태도, 즉 '순진한 남학생'에 대한 화자의 태도가 담겨져 있다.

따라서 (3)의 은어는 지시물에 대한 것과 아울러 화자의 지시물에 대한 태도를 전하고 있다.

이것은 (4)와 같이 圖式化될 수 있다.

    (4) 은어사용＝지시물＋지시물에 대한 화자의 태도

즉 (3)의 은어는 '순진한 남학생'을 지칭하면서 아울러 이 '순진한 남학생'을 화자가 어떻게 생각하느냐 하는 화자의 생각을 동시에 나타낸다.

한편 지시물에 대한 화자의 태도도 두 가지로 大別된다.

하나는 글자 그대로 지시물에 대해서 화자가 어떻게 생각하고 있느냐 하는 것이고, 나머지 하나는 청자에 대한 태도이다. 즉 (3)을 發話했

---

9) 여학생 앞에서는 말도 제대로 못하고 덜덜 떠는 순진한 남학생을 말할 때 이 은어를 쓴다.

을 때 화자는 청자의 여러 가지 조건들을 고려하게 된다는 말이다.

    (5) 대서방

    (5)는 남의 레포트를 專門으로 베끼는 사람을 지칭하는 은어이다. (5)가 발화될 때, 여기에는 따라서 지시물, 즉 남의 레포트를 전문으로 베끼는 사람과, 이 사람에 대한 話者의 견해, 즉 이런 사람은 나쁘다든가 위험하다는가 하는 것과, 이 (5)를 듣게 될 聽者에 대한 자신의 생각이 동시에 內在되어 있는 것이다.

3.2. 隱語層의 構造

    隱語話層은 聽者와 話者의 사회적 지위의 相關構造에 따라 다시 세 가지로 나뉜다.

    즉 화자와 청자가 대등한 경우(對等構造), 화자가 청자보다 높은 경우(上位構造), 또 화자가 청자보다 낮은 경우(下位構造)가 그것이다.

    어느 은어사용에 관해서도 그 은어화층은 이 세 가지 중의 하나이다. 다시 말해 은어 사용자는 자기와 같은 지위에 있는 청자에게 말을 하거나, 자기보다 높은 지위에 있는 청자에게 하거나, 자기보다 낮은 지위에 있는 청자에게 은어를 쓰거나 하게 된다.

    이를 圖式化하면 다음과 같다.

    (6)   ┌ 청자(윗은어층)
        화자 ├ 청자(중간은어층)
            └ 청자(아래은어층)

    또 다시 어느 화자이든지 세 개의 은어층 중에 어느 하나의 은어층에 속하게 (6)의 圖式은 9개로 확대된다.

> (7) 대등구조
> ⓐ 화자(윗은어층) ← → 청자(윗은어층)10)
> ⓑ 화자(중간은어층) ← → 청자(중간은어층)
> ⓒ 화자(아래은어층) ← → 청자(아래은어층)

또 상위구조는 (8)과 같이 된다.

> (8) 상위구조
> ⓓ 청자(아래은어층) → 화자(윗은어층)
> ⓔ 청자(아래은어층) → 화자(중간은어층)
> ⓕ 청자(중간은어층) → 화자(윗은어층)

마지막으로 하위구조도 마찬가지로 圖式化될 수 있으니, (9)는 그것을 보여주고 있다.

> (9) 하위구조
> ⓖ 청자(윗은어층) → 화자(아래은어층)
> ⓗ 청자(윗은어층) → 화자(중간은어층)
> ⓘ 청자(중간은어층) → 화자(아래은어층)

(7), (8), (9)는 각각 세 개의 대등구조, 세 개의 상위구조, 세 개의 하위구조를 보여주고 있다. 그러나 대등구조를 제외한 나머지의 구조, 즉 상위구조와 하위구조를 살펴보면 몇 가지 재미있는 은어층을 발견할 수 있다.

즉 圖式 (8)에서 ⓓ는 ⓔ, ⓕ와 다른 점이 있다. ⓓ는 2단 상위구조

---

10) ⓐ, ⓑ, ⓒ … 등의 기호는 필자가 임의로 붙인 것이다.

인 데 비해서 ⓔ, ⓕ는 1단 상위구조이다. 이런 차이는 圖式 (9)에서도 보인다. 즉 ⓖ는 2단 하위 구조인 데 대해서 ⓗ, ⓘ는 1단 하위구조이다.

그러나 위에서와 같은 1차구조(Primary Structure)의 記述만으로, 은어사용이 형식화되는 것은 아니다.

은어사용은 어느 화자가 일정한 언어적 傳達內容을 어느 특정한 청자에게 전하기 위하여 있는 것이라고 정의할 수 있다.11)

은어사용의 이와 같은 노력은 청자에게 接近할 때 가능한 모든 방해요소를 除去하려 할 것이다.

즉 상위구조에서 화자가 윗은어층에 속한 사람이고, 청자가 아래은어층에 속한 사람이라고 했을 때, 화자, 청자의 은어층은 2단 상위구조를 형성하기 때문에 은어사용이 제 효과를 발휘할 수 없을 수도 있다.

이때 화자는 자신의 은어층보다 1단 아래인 중간은어층으로 내려가서, 청자에게 은어사용을 할 수도 있으며, 경우에 따라서는 2단 아래인 아래은어화층 즉 청자와 같은 은어층으로 내려가서 은어를 말할 수도 있다.

거꾸로 하위구조에서 화자가 아래은어층에 속한 사람이고 청자가 윗은어층에 속한 사람일 경우를 생각해 보자.

이 경우, 다른 경우도 마찬가지이지만 은어사용의 防害要因 극복은 화자 쪽에서 해야 되는 것이기 때문에, 화자는 청자가 있는 은어층으로 접근해야만 한다. 즉 화자는 1단을 올라가서, 즉 중간은어층에서 청자와 은어사용을 할 수도 있고, 또 2단을 올라가서, 즉 청자와 같은 윗은어층에서 청자에게 은어사용을 할 수도 있다.

여기서 우리는 은어사용에 관한 일반적인 특성의 하나로 다음과 같은 假設을 세울 수 있다.

---

11) Gumperz, J.J., "Types of Linguistic Communities", 1968, pp. 23~27.

(10) 가설 1.

화자는 은어사용에 있어서 최대의 효과를 얻기 위하여, 방해요소
를 주체적으로 극복하도록 노력하여야 한다.12)

(7)의 圖式에서와 같은 대등구조는 은어사용의 가장 이상적인 구조
가 될 것이다. 왜냐하면 일단은 가설 1에 따라서 (7)은 형식상 아무런
防害要因도 가지고 있지 않기 때문이다.

그러나 (8)의 상위구조나 (9)의 하위구조는 은어사용의 방해 요인
을 內包하고 있는 구조들이다.

이런 방해요인들은 가설 1에 의하여, 화자 쪽에서 克服해야 할 조건
으로 이해된다.

3.3. 隱語의 階層別 分類

앞서의 논의에 따라 자료를 윗은어층, 중간은어층, 아래은어층으로
分類해 보기로 한다. 이미 지적한 바와 같이 그러나 實際의 은어사용에
있어서 이러한 은어층이 規範的으로 표현되지는 않을 수도 있다.

그러나 이러한 隱語分類法은 은어사용의 포괄적 이해를 위해 선행되
어야 할 것으로 이해된다.

A. 윗은어층 은어

1) 따돌이 : 구두닦이.

---

12) 가설 1은 은어사용에 있어서 매우 중요한 요건중의 하나로 이해된다. 은어의 애
    당초의 기능이 隱秘에 있다는 것을 생각하면, 더더욱 그렇다. 隱秘라는 것은 서로
    의 대화 障碍要因이 완전히 극복되었을 때가 가장 이상적인 談話條件을 이루며,
    이렇게까지는 안되더라도, 극복의 노력이 보이는 狀況 아래에서만 은어사용은 가
    능하다.

2) 다방순방 : 심심할 때 다방을 돌아다니며 상대자나 일을 찾음.

3) 따오기 : 맥시 스커트를 입은 여자.

4) 다운클럽(down club) : 낙제생들의 모임.

5) 다이(die)하다 : 낙제하다, 죽다.

6) 달나라 : 남녀 학생간의 속도 빠른 교제.

7) 단독 미팅 : 데이트(date).

8) 딴따이 : 서로 조화가 안될 때 딴따이가 안된다고 말하기도 함.

9) 딸따리 : 자위행위, 콘돔.

10) 딸라장수 : 유난히 큰 가방을 들고 다니는 학생.

11) 담배 : 담이 크고 배짱도 크다.

12) 땅거미 : 전화.

13) 땅굴파다 : 코를 후비다.

14) 당첨 : 어떤 일이 마음에 들어 긍정하거나 선택함, 의견의 일치,
　　　또는 가결.

15) 땅콩 : 심심풀이, 임시 girl friend, 임시애인, 심심풀이로 하는
　　　데이트.

16) 때 끼인다 : 기분 나쁘다, 재수 없다.

17) 대낭 : 별 볼일 없음.

18) 대부미팅 : 그날로 헤어지는 미팅, 기분 내키는 대로 잠깐하는 미팅.

19) 때스럽다 : 일이 마음에 들지 않는다.

20) 貸出證 : 술값.

21) 대팅 : 미팅에 대신 나가는 사람을 지칭함.

22) 대포쏘다 : 거짓말을 하다.

23) 더티(dirty)하다 : 더럽고 치사하다.

24) 위싱턴(washington) : 변소.

25) 떡 됐다 : 무안을 당하다, 한쪽이 상대방보다 아주 못함.

26) 덕 테이블(dog table) : 개판, 어떤 형편이나 모양이 가지런하지
　　　　　못함.

27) 덜처가 : 驚妻家의 한 단계 위, 부인 앞에서 덜덜 떠는 사람.

28) 떴다 : 한 번 프로포즈(propose) 해 볼만한 여자가 나타나다.

29) 데모 : 민주주의, 부모에게 용돈을 졸라대는 행동.

30) 텡크 미(thank me) ; thank you.

31) 도라지 먹다 : 돌았다.

32) 도서관 : 술집.

33) 도선생 : 도둑.

34) 도토리 키재기 : 키가 작은 남자, 여자 만남, 둘 다 키가 작아서 사랑이나 연애가 이루어질 수 없음을 내포하고 있음.

35) 똑소리 난다 : 무슨 일을 아주 잘 한다.

36) 돈 십년 : 수십년.

37) 돈트 화인 선(don't fine sun) : 오해하지 마라.

38) 돌빵하다 : 바보스럽다.

39) 돌밭 : 여학생이 없는 공과대학.

40) 돌뱅이 : 머리가 좋지 못함. 머리가 좋지 못한 사람.

41) 동문서답 : 동문을 닫으면 서쪽이 답답하다.

42) 동양화연구 : 화투놀이.

43) 동창회 열다 : 포커놀이를 한판 벌이는 것.

44) 굴뚝 : 담배 중독자.

45) 개반 개탕 : 라면 곱배기.

46) 비무장지대 : 여자 기숙사.

47) 중앙집권제 : 용모가 단정하고 오목하게 생긴 얼굴.

48) 이도령 : 용모 재력 지성을 겸비한 남자.

49) 스케이트(skate) : 구두쇠.

B. 중간은어층 은어

1) 다방 : 강의실, 사무실.

2) 다운(down) : 포기하는 것.

3) 단백질 : 밥에 떨어진 머리카락을 말함.

4) 단발령 : 장발단속.

5) 단추구멍 : 눈이 작은 사람.

6) 단풍놀이 : 화투놀이.

7) 달꼴이야 : 별꼴이야.

8) 닭장 : 장발자나 야간 통행 위반자와 같은 경범자 수송차량.

9) 닭발 내민다 : 화를 내다, 고집하다, 꽁무니 빼다, 무슨 일을 하고
서는 모르는 척 하다.

10) 다크 송(dark song) : 야한 노래, 음담 패설적인 내용의 노래.

11) 다이오우드(diode) : 하나만 알고 둘은 모르는 사람.

12) 다이아몬드(diamond) : 머리가 나쁜 사람, 여드름, 못생긴 얼굴.

13) 똥찡긴다 : 언짢다, 마음에 들지 않는다, 기가 죽거나 부끄럽다,
보잘 것 없고 사소한 일로 왈가왈부할 때나 치사한 일
을 당했을 때 씀.

14) 대장경 : 시험에 꼭 출제될 듯한 중요한 문제 또는 내용.

15) 대포맞다 : 총맞다보다 큰 말, 불의의 말 또는 눈총습격을 받다.

16) 댕긴다 : 어깨가 으쓱해진다, 기분이 매우 좋을 때 씀.

17) 떨다 : 어떤 일이 마음에 들지 않을 때 씀, 하는 일이 못마땅하
다, 기분이 나쁘다.

18) 덕을 담론하다 : 술을 마시며 잡담하다.

19) 데끼리다 : 기분 좋다, 떼어 놓은 당상이다.

20) 도배 : 시험치기 전에 벽이나 책상에 써 놓음.

21) 독립감 느낀다 : 따돌림을 받아 외로움을 느낀다. 고독감을 느낌.

22) 돌방한 : 돌같이 머리가 잘 돌아가지 않는다.

23) 돈 된다 : 하던 일이 아주 순조롭게 잘 진행될 때 쓰는 말.

24) 바블 껌(bubble gum) : 하루살이 파트너.

25) 라이트 스커트(light skirt) : 바람둥이 여자.

26) 가디너(gardener) : garden party partner, 야유회의 파트너.

27) 골동품 : 오래 사귄 여자, 숫처녀가 아닌 여자.

28) 떡대 : 체격이 좋은 여자.

29) 형광등 : 감각이 둔하거나 감성이나 눈치가 느리고 남의 말을 잘
알아듣지 못하는 사람.

30) 트란지스터 걸(transistor girl) : 애인은 아니지만 즉각 불러낼
　　　　　　　　　　　　　수 있는 여자를 가리킨다.

31) 스틱(stick) : 쉽게 데리고 다닐 수 있는 여자.

32) 신장개업 : 처녀라고 속이고 시집 가는 것을 뜻한다.

33) 오리지날(orignal) : 으뜸가는 진짜 애인.

34) 19세기 : 순진한 사나이, 유행에 뒤떨어진 사나이.

35) 거품씨 : 허풍이 세고 잘 지껄이는 사람, 작은 일에 흥분 잘하는
　　　　　사람.

36) 육해공군 총출동 : 해륙산물 조류들이 모두 식탁에 오름.

37) 고고 마운틴(go go mountain) : 갈수록 태산.

38) 꽥 선생(quack doctor) : 돌팔이 의사.

39) 걸뱅이 술안주 : 모양이 지저분한 사람.

40) 코팅(coating) : 지나친 여자들의 화장.

41) 고속도로 : 길이 잘 나 있는 여자.

42) 벌개 : 바람둥이 여자.

43) 할머니 : 나이가 유난히 들어보이는 여자.

44) 삼권분립 : 몸이 따로 따로 노는 여자.

45) 지방 분권제 : 퍼지고 넓은 얼굴.

46) 인터내셔널 옐로(international yellow) : 국제적인 노랭이,
　　　　　　　　　　　　　　　　　　　인색한 사람.

47) 하이타이 : 맥주.

48) 꽃물들다 : 술 마신 뒤 얼굴이 붉어지다.

49) 날돌이 : 술이나 음식을 나르는 남자.

50) 코뻬르니쿠스(copernicus) : 술을 마시면 코가 빨개지는 사람.

C. 아래은어층 은어

1) 다나까상 : 여자를 잘 사귀는 사람, 여자를 다 낚는 사람.

2) 다래끼 : 술을 많이 마시는 사람을 이름.

3) 다블(double) : 두 애인을 가짐.

4) 따발총 : 말을 빨리 하는 사람.

5) 다이아 해드(dia-head) : 석학.

6) 딴따라 : 보컬팀(vocal team)의 구성원.

7) 닭발 나온다 : 화가 나다.

8) 딱지 : 거절.

9) 딸놓다 : 주석에서 술을 치다가 모자라다.

10) 달래나 보지 : 이야기나 해보지.

11) 담배 고프다 : 담배 피우고 싶다.

12) 딸밭 : 딸기밭.

13) 땅콩 씹자 : 맥주 마시러 가자.

14) 담폴짝 : 도둑.

15) 땀 내러 가자 : 춤추러 가자.

16) 대학생 : 지각생.

17) 대충먹다 : 남이 산 것을 미안스레 먹어줌.

18) 대손 상각 : 돈을 떼어 먹는 것.

19) 덟은 것을 식히다 : 못마땅한 것을 풀다.

20) 덥다 : 주머니 사정이 풍부함.

21) 떡살 담그다 : 일을 망쳐 놓아 야단을 맞든지 고생을 하다.

22) 떠돌이 : 하숙생.

23) 돌림빵 : 윤간.

24) 디오에이(DOA, death on abdomen) : 복상사.

25) 광산촌 : 여드름 투성이의 여자.

26) 아메바형 : 작고 못생긴 사람을 뜻한다. 키가 작거나 얼굴이 못생
긴 사람을 '민주주의', '무허가 건축', '무허가 판자집',
'넝게', '다이아몬드', '광산촌'이라고도 하고 있음.

27) 바지씨 : 순진하고 착한 남자 애인.

28) A.B.C. : 아이 보기 싫어의 약어.

29) 황혼 연설 : 노인의 잔소리.

30) 봄에 온 여자 : 아름다운 여자.

31) 박호순 : 못난 여자.

32) 미스터 오 : 오징어처럼 질깃질깃한 사나이.

33) 칼라 호스(color horse) : 색마.

34) 24금 : 데이트 비용을 전혀 안 내는 사나이.

35) 구두 밑창 : 너무 잘 없어지는 용돈.

36) 민주주의 : 얼굴이 제멋대로 생겨서 아주 못났다는 뜻이 된다.

37) 바겐세일(bargain sale) : 노처녀가 안달이 나서 이리저리 돌아
다니는 꼴.

38) 인스탄트(instant meeting) : 미팅에서 파트너를 현지조달함.

39) 우수기업체 : 미인 딸이 많은 집을 말함. 반면에 못생긴 딸이 많
은 집은 반대로 '부실기업체'라고 함.

40) 부도 수표 : 잘못된 사랑.

41) 무직홀 : 음악 감상실(music hall).

42) 덕 데이블(table) : 개판이란 뜻. 어떤 형편이나 모양이 가지런
하지 못하거나 틀려버린 것을 뜻함.

43) 콜드 훼이스(cold face) : 냉면을 뜻함.

44) 그린 필드(green field) : 채소 반찬만 올린 밥상.

45) 공장돌리다 : 과외지도나 부직을 가졌다는 뜻.

46) 후라이까다 : 금방 덜미가 잡힐 거짓말을 한다는 뜻.

47) 발표 향수 : 발의 땀냄새.

48) 해골표 조미료 : 머리 비듬.

49) 파마국수 : 라면.

50) 구름잡는다 : 담배 피운다.

51) 맥주 킬러 : 맥주만 마시는 사람.

52) 니즈구레 : 얼굴이 아주 못생긴 여학생 또는 남학생.

53) 니즈구리되다 : 죽도록 얻어맞다.

54) 따데이 : 좋다.

55) 땅개 : 육군.

56) 때찌인다 : 마음이 후련하지 못하고 꺼림칙하다.

57) 대일밴드 : 하루살이 파트너, 한번만 필요한 파트너, 창녀.

58) 떡치다 : 성교하다.

59) 덥다 : 주머니 사정이 풍부한 상태.

60) 떡이다 : 마음에 아주 안든다.

61) 떼먹다 : 여자를 정복하다.

62) 도킹시키다 : 여자와 남자를 만나게 해주다.

63) 돌 깨라 : 머리 좀 돌려라.

64) 독대 : 한 가치 남은 담배.

65) 똥파리 : 교통순경.

66) 똥찌그리하다 : 구역질나다.

67) 똥색이다 : 얼굴 빛이 노랗게 초조하다.

68) 동성로유지 : 할 일 없이 매일 동성로 변화가를 서성대는 사람.

69) 똥 마렵다 : 상대방에게 어색한 행동을 말함.

70) 동그라미 : 돈.

71) 돌씨 : 남자.

72) 돌콩 : 키 작은 남자.

73) 돌차 : 공부 못하는 학생들이 모인 학교의 스쿨버스(school bus).

74) 도살장 : 해부 실습실.

75) 대포 : 거짓말.

4. 隱語의 變形

　앞의 분류는 隱語使用의 총체적 파악을 위한 한 試圖일 뿐, 이것이 꼭 실제 은어사용에서 그대로 적용되는 있다고는 이해되지 않는다. 이것은 적어도 은어사용의 일차구조일 뿐이다.

　실제의 隱語使用은 이 一次構造를 근간으로 하여 일어난다.

　이 일차구조에 아무런 變形도 일어나지 않을 수 있고, 逸脫 즉 변형도 있을 수 있다. 이러한 逸脫形 즉 變形形을 은어사용의 二次構造라고 부른다.

이차구조는 일차구조가 변형에 의하여 어느 特定한, 구조로 바뀜을 말하며, 이것은 어느 특정한 要素(factor)에 의하여 일어나게 된다.

요소(factor)는 사회적 地位 이외에, 일차구조를 이차구조로 변형시키는 여러 조건들을 말한다. 이를테면, 男女關係, 나이관계, 親近關係에 비추어 화자, 청자간의 隱語層은 결정되며, 이 은어층에 맞는 은어가 選擇되어 發話하게 된다.

圖式 (11)을 보자.

(11) 화자 A 청자
        ↓ ← 요소 α
   화자 A′ 청자
        ↓ ← 요소 β
   화자 A″ 청자

(11)의 도식은 은어층의 변형을 보여주고 있다.

위의 도식에서 A는 일차구조를 이루고 있다. 이 일차구조에 요소 α가 介入되어, A′가 된다. A′는 요소 α에 의해 변형된 이차구조이다. 마찬가지로 이 A′에 다시 요소 β가 개입되어 A″가 된다. A″ 역시 요소 β에 의해 변형된 이차구조이다.

이렇게 하여 은어사용은 화자와 청자사이의 여러 은어층의 관계에 의하여 변형된다.

따라서 은어사용에 있어서 一次構造에서 二次構造로의 변형은 일단 다음 (12)와 같이 일반화된 형식으로 나타낼 수도 있다.

(12) A + α = A′

즉 一次構造 A에 要素 α가 작용하여 이차구조 A′의 은어가 나온다는 것이다.

이런 변형에 대하여서는 여러 논의가 더 深層的으로 이루어질 수 있 겠으나, 우선은 은어사용의 包括的 이해를 위해, 이 변형은 暫定的인 것 이 될 수도 있다.13)

5. 結 論

지금까지의 논의를 다음과 같이 요약한다.

5.1 이 논문은 은어사용에 나타나는 은어층의 문제를 통일적이고 총 체적으로 記述하려는 목적을 지닌다. 이러한 유의 기술은 이 논 문이 처음이며, 이 논문의 이론적 背景은 Gumperz(1968)에서 구했다.

5.2 국어의 은어사용은, 隱語使用者와 聽者의 사회적 지위의 相關性 에 따라 세 가지로 나뉜다. 즉 윗층(high level), 중간층(middle level), 아래층(low level)이 그것이다. 그리고 이들이 속해 있는 은어층을 각각 윗은어층(high cant level), 중간은어층(middle cant level), 아래은어층(low cant level)이라고 부른다.

5.3 국어의 은어사용에 있어서 세 개의 은어층은 境界線은 분명하지 않지만, 이 세 개의 은어층이 存在하는 것만은 틀림없다.

5.4 국어의 은어사용자는 5.2의 세 은어화층 중의 어느 하나에 꼭 속하기 마련이다.

5.5 은어사용은 세 가지 구성요소, 즉 話者, 聽者, 그리고 指示物 (referent)이 있어야 한다.

---

13) 일차구조와 이차구조의 상관성은 稿를 달리하여 論할 생각이다.

그리고 은어사용에는 다음과 같은 기본 양식이 前提된다. 즉

은어사용=지시물+지시물에 대한 화자의 태도

5.6 은어화층은 다시 세 가지 상관관계로 나뉜다. 즉 화자와 청자가 대등한 대등구조, 화자가 청자보다 높은 상위구조, 또 화자가 청자보다 낮은 하위구조가 그것이다.

5.7 화자는 은어사용에 있어서 최대의 效果를 얻기 위하여, 방해 요소를 克服하려는 노력을 해야 한다.

5.8 은어사용은 隱語話層에 의한 일차구조가 근간을 이루며, 이 일차구조에 여러 가지 要素(factor)가 개입되어, 변형된 이차구조를 형성한다.

5.9 이 논문은 은어사용을 話用論的 측면에서 처음 시도한 논문이다. 隱語話層은 좀 더 발전의 여지를 남기고 있다.

▌ 參考文獻

장태진, 한국은어사전, 형설출판사, 1963.

서병국, "대학생 은속어의 단면", 국어교육연구 10, 국어교육연구회, 1978.

강기진, "사회변동과 은어사용", 1980.

서정범, "특수어명칭고" 高凰. 3-2, 1959.

_____, "은어의 사회병리", 월간중앙 68, 1973.

장태진, 국어사회학, 형설출판사, 1977.

Gumperz, J.J., "Types of Linguistic Communities", Fishman, J.A,(ed.), Readings in the Sociology of Language, The Hagul, 1968.

Bloomfield, L., Language, New York, 1933.

Gleason, H.A., An Introduction to Descriptive Linguistics, Revised edition, New York, 1955.

Jesperson, O., Language, New York, 1964.

Partrige, E., Slang, New York, 1954.

Hertzler, J.O., A Sociology of Language, New York, 1965.

국어 동음어의 문체론적 연구

1. 序 論

國語 同音語(homonym)에 대한 共時的·通時的 研究는 比較的 많은 論議와 業績을 가져 왔다.[1]

同音衝突(homonym clash)에 관한 論議라든가, 同音語의 개념 문제, 同音語의 生成 要因, 그리고 同音語의 구조에 관한 論議가 바로 그것이다. 그러나 同音語를 包括的으로 이해하기에는, 아직 그 合理的인 논의가 충분히 이루어졌다고는 볼 수 없다.

同音語에는 아직도 상당한 노력을 必要로 하는 課題가 남아 있다. 동

---

1) 代表的인 研究로는 다음과 같은 것들이 있다.

李勝明, 同音語 研究(A), 語文學 20, 1969.

＿＿＿, 同音衝突과 Safety-measures에 對하여, 국어국문학 48, 1970.

＿＿＿, 同音語의 諸相과 文體論的 機能에 對하여, 어문논총 6, 1971.

崔泰榮, 同音衝突에 關한 研究(一), 全北大 論文集 11, 1972.

＿＿＿, 同音語 衝突原理考, 국어국문학 58~60, 1972.

金宗澤, 同音語 衝突의 類型에 對한 研究, 語文學 23, 1970.

徐炳國, 同音語 衝突의 治癒에 對하여, 국어교육 9, 1977.

康琪鎭, 國語 同音語의 生成要因考究, 東岳語文論集 15, 1981.

＿＿＿, 國語 同音語의 衝突現象에 對한 研究, 國語國文學 論文集 11輯, 東國大學校, 1981.

음어와 文體論(stylistics)과의 관계는 그 대표적인 과제의 하나이다.

同音語와 文體論과의 相關關係를 밝히는 것은, 동음어의 生成要因을 논의한다든가, 同音衝突(homonym clash)을 論究한다든가 하는 문제와 는 다른 측면을 지닌다.

동음어 생성 요인이나 동음 충돌, 그리고 그 해결에 관한 논의의 측 면은 동음어를 否定的인 것으로 보려는 입장이다. 그러나 동음어와 문체 론에 관한 논의는 근본적으로는 동음어를 肯定的인 産物로 보려는 입장 이다.

동음어의 전면적인 논의를 위해서는 前者의 측면도 중요하지만, 後 者의 측면도 매우 중요한 가치를 지닌다. 동음어와 문체론에 관한 근본 적인 논의는 지금까지 거의 없었다.

본 論文의 목적은 이러한 동음어에 대한 문체론적 접근을 시도함으 로써 동음어의 문체론적 기능과 構造를 밝히려 한다.

본 논문에서 시도되는 동음어의 문체론적인 기능의 糾明은 물론, 동 음어에 대한 전면적인 把握은 될 수 없지만, 包括的인 把握을 위한 契機 는 되리라고 본다.

[圖式 1]을 보자.

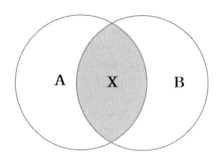

[圖式 1]

[圖式 1]에서 A部分은 동음어의 부정적 측면을 강조한 논의다. 예컨대 동음 충돌에 관한 논의라든가, 동음어의 생성 요인에 대한 논의이다. B部分은 동음어의 肯定的인 측면을 강조한 논의이다. 빗금 친 部分은 이 두 측면이 겹쳐지는 곳이다.

이 두 부분이 중복되는 지점에서 발생한 동음어에 관한 어떤 문제를 X라고 한다면, 이 X에 관한 論究는 긍정적인 視角과 부정적인 視角을 同時에 생각해야만하는 문제이다.

동음어 연구에서 남겨진 몇몇 과제는 바로 이러한 重複的 性格의 문제라고 믿어지며, 이러한 觀點에 본 논문은 立論되어 있다.

본 논문의 이론적 바탕은 Goyvaerts, D.L.(1972)에서 구했으며,2) 資料는 15세기 국어에 注力하였다.

본 논문에서는 동음어의 문체론적 機能의 學的 位置를 設定하기 위하여 文體論의 언어학적 위치를 보이고, 문체론과 동음어, 동음어의 文體論的 意味關係(semantic relation) 등을 차례로 考察한다.

본 논문은 筆者의 동음어에 관한 硏究의 一環임을 아울러 밝혀 둔다.3)

2. 同音語와 文體論

同音語를 또는 同音現象・同音關係를 文體論的 입장에서 論述하는

---

2) Goyvaerts, D.L., Meaning beyond linguistics, Linguistics, Vol. 80, Mouton & Co, Haque, 1972.

3) 康琪鎭, 同音異議語에 대하여, 梁柱東博士 古稀紀念論文集, 1973.

　　　　, 國語同音語의 硏究, 弘益工大 論文集 12, 1981a.

　　　　, 國語同音語의 生成要因 考究, 東岳語文論集 15, 1981b.

　　　　, 國語同音語의 衝突現象에 대한 硏究, 東國大 國語國文學 論文集 11, 1981c.

작업은 어려운 작업에 속한다. 그러나 문체론 자체는, 언어의 여러 表面的 樣相(surface aspect)을 體系的으로 정리하고, 그 기능과 구실을 形式化시켜 주는 계기를 마련해 준다는 점에서, 그리고 이러한 기능과 구실의 形式化를 통해서 同音關係・同音現象을 巨視的을 볼 수 있다는 점에서 중요한 분야임에는 틀림없다.

동음어에 있어서 또는 일반 自然言語(natural Language)에 있어서 문체론이란 무엇이며, 문체론은 어떠한 방법에 의해 論述될 수 있는지에 대한 체계적이고 成熟된 인식이 갖추어지기 시작한 것은 Ullmann (1962)에 의해서였다.4) Ullmann 이전에 Jespersen 등의 업적이 있었지만, 일반 언어의 문체론과 동음어의 문체론의 해명에 비교적 두드러지게 영향을 주었고, 또 현재도 영향을 주고 있는 것으로 보이는 論議를 들어 보면 다음과 같다.

Ullmann(1962)의 ≪The principles of semantics≫, Stern(1931)의 ≪Meaning and Chang of Meaning≫, Allen(1957)의 ≪On the Linguistic Study of Language≫, Guiraud(1959)의 ≪La Sémantique≫, Katz & Postal(1964)의 ≪An Integrated Theory of Linguistic descriptions≫ 등이 있는 것으로 알려져 있다.

국어 同音語의 문체론이나, 국어의 일반 문체론에 대한 세밀하고 포괄적인 논의는, 그리하여 동음어의 문체론의 방법과 이론을 종합하여 검토한 작업은 이제까지 별로 이루어진 적이 없다.

이제 국어 同音語에 대한 문체론이나, 일반 國語 文體論의 필요성이 대두될 만큼은, 국어 동음어의 논의는 많이 확장되고 성숙된 셈이다. 보다 확장된 국어 동음어의 논의를 위해 마련된 것이 본고이다.

---

4) Ullmann, S., Semantics, 1962, pp. 175~179.
　 Katz, J.J. & Postal, P., An Integrated Theory of Linguistic Descriptions, Cambridge, Mass, 1964, pp. 12~17.

그러기 위해서 동음어와 문체론과의 관계를 밝히고, 그 학적 위치를 설정하기 위해서는 지금까지의 논의, 곧 Ullmann을 중심으로 한 동음어 문체론을 검토하여 是正할 점과, 새로이 補完되거나 개척되어야 할 局面을 알아내야 할 것이다.

同音語와 文體論과의 관계를 밝히는 本章에서는 우선 대표적인 論議의 하나인 Ullmann과 Katz & Postal의 分析을 살펴보기로 한다.5)

동음어의 문체론과의 관계와 그 기능, 그리고 그 구조 등에 대해 천착된 試圖를 행한 것은 Ullmann에 의해서였지만, Katz & Postal의 논의도 빼어 놓을 수 없다.

Ullmann과 논의가 構造主義(structualism)에 立脚한 것이라면, Katz & Postal의 論議는 變形生成理論(Transformational Generative Theory)에 의한 논의이다.

Ullmann과 Katz & Postal의 논의는 동음어와 그 記述方法論에 대하여 상당히 폭넓은 논의를 보여주고 있다.

Ullmann과 Katz & Postal의 논의는 Ullmann의 論議가 單語의 重義性(ambiguity)에 그 초점을 두는 것에서부터 비롯된다.6)

Katz & Postal의 方法論은 Ullmann의 것과는 다르다. 그들의 논의는 論理에 의한 분석이었다.7)

다음 [圖式 2]를 보자.

---

5) Ullmann과 Katz & Postal의 論議는 그 哲學的 基盤부터가 다르다. Ullmann의 基盤은 經驗主義(empiricism)이고, Katz & Postal의 基盤은 合理主義(rationalism)이다. 자세한 것은 Lyons(1968) 參照.
  Lyons, J., Introduction to theoretical Linguistics, Cambridge Univ, 1968.
6) Ullmann, S., 前揭書, 1962, pp. 53~57.
7) Katz, J.J. & Postal, P., 前揭書, 1964, pp. 123~125.

[圖式 2]에서 /mɛ/는 基本能記(signifiant)를 의미하며, ↔ 표는 서로 동음 관계에 있음을 보여주는 기호이다.

문체론은 '매①'·'매②'·'매③'·'매④'·'매⑤'의 차원에서 이루어질 수도 있다. 곧 단어의 의미를 중심으로 하여 전개될 수도 있다. 이러한 것을 語彙文體論(lexical stylistics)이라고 부른다.

그러나 문체론은 또 문장의 의미를 중심으로 펼쳐질 수도 있다.

    (1) 매와 가롬과 ᄀᆞ로미   〈楞諺 八·92〉
    (2) 매 마자 獄애 가도아   〈釋節 九·8〉
    (3) 매 눌애 티투시   〈月印 十·77〉
    (4) 발올 바사 매 아니 알ᄑᆞ시리   〈月千 119〉
    (5) 賢第를 매 니ᄌᆞ시   〈龍歌 74〉

앞의 예문 (1)~(5)는 바로 문장의 차원에서 다루어진 문체론이다. 이것을 形式文體論(formal stylistics)이라고 부른다. 본 논문은 동음어의 文體論的 機能을 두 가지로 大別하여 생각하기로 한다.

[圖式 3]

Ullmann의 동음어의 문체론은 語彙文體論(lexical stylistics)에 속하며, Katz & Postal의 동음어 문체론은 形式 文體論에 속하게 된다.

Ullmann은 Saussure의 構造主義(structualism)의 입장에서 단어의 의미 體系를 분석하려고 노력했다. Ullmann은 단어의 意味를 그 단어가 속해 있는 言語體系 전체 속에서 밝히려고 하였고, 共時的(synchronic)인 입장에서 동음어의 同意性(synonymy)·重義化(ambiquity)를 파악하려고 했다.

Katz & Postal의 문체론의 특색은 그것이 이른바 문체론에 形式理論(formal theory)을 도입했다는 점이다.[8]

同意語와 文體論에 대한 Ullmann의 方法論은 다분히 語彙論(lexicon)的 側面에서 시작된다.

同音語의 形式과 文體論의 형식이 가지는 가장 기본적이고 공통적인 형식은 어휘라고 생각한 Ullmann으로서는 당연히 이것들의 관계를 語彙論的 측면에서만 重視하게 된 것이다.

語彙는 同音語의 文體的 機能에 중요한 구실을 한다는 것이 그의 생각이었고, Ullmann의 論議는 바로 이러한 생각에서 출발되고 있다.

Ullmann의 논의는 그의 논의의 제목이 가리키듯이, 동음어와 문체론의 관계를 어휘론적 측면에서 紃明하기 위해서 씌어진 것이다.

그러나 Ullmann의 논의는 동음어와 문체론적 관계를 너무 微視的인

---

8) Katz, J.J. & Postal, P., 前揭書, pp. 80~89.

측면에서만 糾明하고 解決하려는 지나친 偏狹性을 드러내 보이고 있다.

Katz & Postal의 論議는 變形理論에 입각한 形式文體論이다. 이들의 논의는 그 방법론의 細密性으로 보나, 그 量으로 보나 매우 본격적인 논의임에는 疑心의 여지가 없다.

또 이들의 논의가 Ullmann의 極端的 語彙文體論을 어느 정도 극복했다는 데에서도 疑心이 없다. 그러나 Ullmann과 마찬가지로 Katz & Postal의 論議는 몇 가지 問題點이 두드러지게 보인다. 그것은 同時에 어떤 측면에서는 Ullmann의 問題點이기도 하다.

곧 Ullmann과 Katz & Postal가 同音語와 文體論의 관계를 바라보는 理論的 근거는 각각 다르다. Ullmann은 어휘론의 측면, 곧 構造의 측면이었고, Katz & Postal은 構文, 곧 형식의 측면이었다. Ullmann의 측면에서 본다면, 동음어와 문체론의 관계는 語彙文體論에 의해서만 파헤쳐 질 수 있다는 前提는 可能한 전제이다. 마찬가지로 Katz & Postal의 측면에서만 쳐다본다면, 동음어와 文體論의 관계는 형식에 의해서만 그 解明이 가능하게 된다.

물론 동음어와 문체론의 관계는 어휘에도 걸리는 문제이고, 형식에도 걸리는 문제이다. 따라서 그러한 두 논의는 다 가능할 수 있다.

하지만 동음어를 辨別할 수 있는 가장 중요한 要件이 意味資質 (semantic feature)임을 생각해 볼 때는, Ullmann이나 Katz & Postal의 입장을 그대로 受諾할 수는 없는 일이다.

Ullmann의 前提처럼 어휘도 중요하고, Katz & Postal의 논의처럼 형식도 중요하지만, 무엇보다도 중요한 요소는 意味資質이다.

동음어와 문체론의 관계를 學的으로 강하게 지탱해 주는 것은, 근본적으로 이 둘에 모두 공통으로 존재하는 意味資質일 것이다. 동음어와 문체론을 어휘적 立場에서만 본 Ullmann의 입장은 오히려 동음어와 문체론을 斷切시킨 느낌이 없지않으며, 이것의 관계를 形式文體論으로 一

括하려 했던 Katz & Postal의 前提도, 그 자체로서는 매우 明證한 理論이긴 하지만, 國語의 동음어와 문체론의 문제에 適用시키기에는 너무 형식적이다.

본 論文에서는 동음어와 문체론의 관계를 意味資質이라는 측면에서 論究하고 싶다.

국어의 동음어와 문체론에 관한 理論은 우리 국어의 資質에 공통적으로 지속되고 있는 본질적인 價値에서 추출된 이론이어야 할 것이며, 이러한 價値에 의한 이론은 국어 동음어와 문체론에 나타나는 여러 가지 문제와 기능을 包括的으로 이해하고 인식하는 데 큰 도움을 줄 것이다.

때문에 國語 同音語와 文體論에 관한 이 논의는 Goyvaerts · Ullmann · Katz & Postal 등의 이론을 援用하고는 있으나, 기본적으로는 미숙하고 穩全치 못한 이론이긴 하지만, 국어의 資質을 明證하게 해명해 주는 이론을 찾으려는 데에 그 논의의 기본을 두고 있다.

이것은 동음어와 문체론에 관한 논의가 별무한 지금의 상황에서는 어쩌면 위험한 이론적 冒險이 될지도 모르겠으나, 이러한 施行錯誤의 과정 속에서만 진정한 새 방법론의 모색은 가능해 질 수 있다고 믿는다.

하여튼 이러한 意味資質의 문제를 국어 동음어의 문제에 처음으로 擧論하게 된 것은 필자이다.

필자(1981c)는 同音衝突을 해결하려는 노력의 一環으로서 意味資質을 도입하였던 것이다. 여기서 이러한 意味資質의 이해는 곧 인간의 直觀의 문제이다. 곧 인간은 어떠한 동음어라도 그것이 가지는 文體論的 機能을 理解하기 위한 어떤 前提的인 直觀을 가지고 있는 것이다.

인간의 직관은 동음어의 문체론적 기능을 쉽게 이해 · 辨別할 수 있는 能力을 가지고 있다 했는데, 이러한 것은 대충 4가지 정도로 가를 수가 있다.

그것은 다음이다.

  a) 同音語의 創造性
  b) 同音衝突의 文體論的 廻避
  c) 模糊한 文體의 辨別
  d) 同音語의 文體論的 同意性 辨別

  a) '同音語의 創造性'은 언어의 遠心性에 의한 동음어의 派生이다.
이것은 가능한 同音語와 文法的으로 가능하지 않은 동음어를 辨別하여,
문법적인 가능성을 지닌 동음어를 生成·創造하는 능력을 말한다.
  곧 國語의 音韻構造(phonological structure)·形態構造(morphological
structure)·構文構造(syntactic structure)에 適定한 동음어만이, 그리고
문체론적 측면에서 가능한 동음어만을 生成할 수 있는 능력을 말한다.
곧 話者 또는 母國語話者가 자기의 모국어 문법에 맞는 것이면 즉시 그
동음어를 받아들이나, 문법에 맞지 않으면 즉시 그것을 소멸시키는 능력
이 있는 것이다.
  다음 예를 보자.

  [圖式 4]   /ni/ ──── 니①
                        ↕
                       니②
                        ↕
                       니③

  위 圖式에서 /ni/는 同音關係에 있다. 그러나 이러한 同音關係는 文
法構造에 妥當한 것만이 받아들여지는 것이다.

  (6) 머리옛 니롤   〈救簡 六·23〉
  (7) 니 마스니 ᄀ죽고   〈月印 二·41〉

(8) 니 뿔롤 봇가   〈救簡 一·36〉
(9) *9)니에 마초ᄒᆞ야 녀르미 ᄃᆞ외어야

위의 네 문장은 보통 모국어 화자가 경험하고 發話하는 말이지만, 즉시 (6), (7), (8)은 문법적인 데에 비해, (9)는 非文法的인 것으로 인정된다.

文體論的인 측면에서 가능하지 않은 동음어의 識別力은 同音語論에 있어서 가장 근본적인 특질이다.

우리는 이러한 識別力을 특별히 同音語의 創造性(creativity)이라고 한다. 이 創造性은 동음어의 생성과 그것의 文體論的 기능에 있어서 가장 중요한 것으로서, 이 동음어의 창조성에 의하여 매우 무한한 동음어가 생겨나고, 이것으로 인해 동음어가 각각의 문체론적 기능을 갖게 되는 것이다.

다음 예를 보자.

[圖式 5]   /dalda/ —— 둘다①
                            ↕
                         둘다②
                            ↕
                         둘다③
                            ↕
                         둘다④

위의 '둘다'는 서로 同音關係에 있다. '둘다'는 따라서 가능한 문법 구조에서만 이루어진다.

---

9) *標는 非文法的인 文章을 나타내는 記號이다.

(10) 드녀 쁘녀   〈楞諺 三·49〉
(11) 어루 드라 혜디 몯ᄒ리니   〈法華 三·62〉
(12) 거우루롤 드랫논 듯ᄒ니   〈杜諺 廿·34〉
(13) 바리 드라 혜여   〈救方 上 7〉
(14) *가ᄒ 디롤 드라

(12)·(13)은 가능하다. (14)는 같은 同音語의 形態이나 非文法的이다. 母國語話者는 즉시 이것이 非文法的임을 알아 낸다. 곧 母國語話者는 (12)·(13)은 文體論的인 次元에서 可能한 形態이지만 (14)는 非文法的임을 안다.

Katz & Postal(1964)은 이러한 것을 反復性(recursiveness)이라는 次元에서 설명했다.[10]

一定數의 音韻(phoneme)을 一定한 規則에 따라 結合하여 여러 가지 同音語를 生成할 수 있다는 것과, 이러한 生成의 過程 중에서 文法的인 同音語와 非文法的인 同音語를 辨別할 수 있다는 것은, 바로 母國語話者가 이에 合當한 同音語의 創造性을 가지고 있다는 反證이 된다.

둘째에 提示된 b) '同音 衝突의 文體論的 廻避'에 대하여 생각해 보자. 이것은 文體論的인 機能이 同音語의 衝突을 방지해 준다는 것을 의미한다.

(15) 나는 말을 먹는다.
(16) *나는 말을 쓴다.

(15)는 가능하지만 (16)은 가능하지 않다. 母國語話者에게 (15)는 文法的이지만 (16)은 非文法的인 것으로 받아들여지는데, 이것은 바로 母國語話者가 文體論的인 意味資質을 알고 있기 때문이다. (15)·(16)

---

10) Katz, J.J. & Postal, P., 前揭書, pp. 81~83.

에서 '말'의 意味資質은 각각 아래와 같다.

[圖式 6]

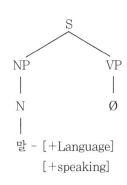

[圖式 7]

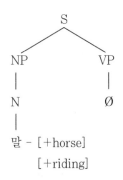

(15)·(16)에서 '말'의 意味資質은 앞의 圖式에 관계되거나, 뒤의 意味資質에 해당되거나 한다. 어떤 意味資質을 內包하고 있든지 간에, (16)의 '쓴다'는 이 意味資質과 共有될 수 없다. 따라서 母國語話者는 '쓴다'라는 動詞가 文體論的 側面에서 '말'과 共有될 수 없음을 알고, (16)의 文章을 廻避하게 되는 것이다.

곧 母國語의 同音語에 관한 한 모든 母國語話者는 이러한 文體論的 廻避能力을 가지고 있다. 이러한 能力은 매우 重要한 要素임에도 불구하고 종래 同音語論에 있어서는 度外視되었다. 그러나 이러한 것은 매우 明示的(explicity)으로 記述되어야 할 것이다.11)

(17) *나는 배를 죽인다.

(17)이 非文法的인 文章이 되는 것도 文體論的인 立場에서 쉽게 解決될 수 있다. 왜냐하면 '배'의 資質은 아래와 같음을 母國語話者는 알고 있기 때문이다.

[圖式 8]

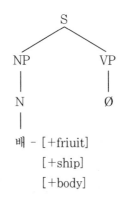

S

NP   VP

N   Ø

배 - [+friuit]
    [+ship]
    [+body]

곧 母國語 話者는 (17)의 '배'가 앞 圖式과 같은 意味資質을 가지고 있기 때문에 (17)이 非文法的임을 즉시 理解하게 된다.

셋째로 c) '模糊한 文體의 辨別'에 관한 問題이다. 한 文法的인 文章에서 한 同音語가 두 가지 以上의 뜻으로 해석이 가능할 때, 母國語話者는 그것을 模糊性(ambiguity)이 있다고 한다.

---

11) Chomsky, N., 前揭書, pp. 40~42.
    Chomsky에 의하면 生成的(generative)라는 말은 곧 明示的(explicit)라는 말로 解析된다 하였다.

가령 예를 들어보자.

　　(18) 그는 배를 만지는 사람의 친구를 만났다.

　(18)의 文章은 '배를 만지는'이라는 修飾語가 '사람'에 걸리느냐, '친구'에 相應하느냐에 따라 두 가지 해석이 가능하다. 母國語話者는 이처럼 同音語에 의한 修飾語句에 관한 模糊性도 辨別해 내는 능력을 가지고 있다.
　마지막의 하나가 d) '同音語의 文體論的 同意性 辨別'이다. 아래의 두 문장은 형식과 構造는 다르지만, 그 의미가 같기 때문에 母國語話者는 그것을 바로 알아낸다.
　이러한 能力을 바로 同意性(synonemy)의 識別力이라고 한다.

　　(19) 개가 말을 먹는다.
　　(20) 말이 개에게 먹힌다.

　이 두 문장은 그 構造가 顯著하게 다름에도 불구하고 우리의 直觀으로 보아 同一한 뜻을 가진 것으로 認定된다.
　(19)·(20)의 意味가 같다면, 그것의 形態와 構造를 어떻게 記述하느냐가 問題이다.
　同音語의 性質을 考慮하여 그것의 構造를 따로따로 記述할 것인가, 아니면 한쪽만을 記述하여 다른 한쪽은 變形된 形態로 볼 것인가 하는 問題가 바로 그것이다.
　(19)와 (20)은 같은 構造를 지닌 것으로 이해하여야 한다. 곧 같은 同音語 文體論으로 보아야 한다.

[圖式 9]

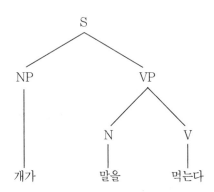

위의 樹型圖(tree-diagram)는 '말'의 同音關係를 보이고 있다. (19)
와 (20)은 각각 다른 表面的인 形態를 보이고 있지만, 그러나 深層的으
로는 각각 같은 構造를 가지고 있는 것으로 理解된다.

母國語話者는 結局 (19)·(20)을 같은 의미로 받아들일 수 있는 능
력을 가지고 있다.

일반적으로 同音語에 관한 문제론이 이야기되어질 때, 이것은 言語遂
行(Language performance)의 次元에서 다루어지는 것으로 알려져 있다.
言語遂行은 Chomsky(1957)의 用語이지만, 이것을 Saussure의 用語로
바꾼다면 Parole로 代置될 수 있다. Chomsky나 Saussure 모두 文體
論의 次元을 表面的인 能力으로 다룬 것은 共通된 意見 중의 하나이다.

國語 同音語에 관한 논의 중에서 同音性의 問題, 곧 同音關係의 問
題, 文體論의 문제와 結付시켜, Chomsky가 말하는 言語能力(Language
competence)의 次元에서 얘기한 것은 아마 이 論文이 처음이라고 생각된다.

'同音語의 創造性'의 문제라든가, '模糊한 文體의 辨別'의 問題라든가,
'同音語의 文體論的 同意性의 辨別'의 문제, 그리고 '同音衝突의 文體論
的 回避'에 관한 문제 등에 관한 논의는 특히 국어 동음어 논의에 요청되
는 原理論이다.

종래의 國語 同音語에 관한 문제라든가, 國語 文體論에 관한 論議는 대체로 이것을 辨別的(distintive)으로만 記述하여 왔는데, 이러한 논의에서 이 두 問題가 相補的인 問題라는 可能性은 提起되어 있지 못하였다.

그 結果로서, 이러한 論議는 거의 個別的으로만, 특히 문체론의 문제는 자연히 未備되고, 극히 상식적인 측면에서 다루어질 수밖에 없었다.

동음어의 문제와 문체론의 문제를 개별 문제로 보려는 이론적 眼目은, 물론 그것에 대한 문제를 보다 분석적으로 다룰 수 있다는 기회를 제공해 준다는 점에도 불구하고, 동음어와 문체론의 문제가 基底的(undelying)인 문제에 있어서는 같은 문제라는 立場을 발견하기가 어려우며, 그것의 個別論議의 相關性을 捕捉하지 못하는 短片的인 논의가 되고 만다.

동음어와 문체론과의 문제를 연결하는 것은, 기본적으로는 우리 국어의 전반적인 모습을 이해하는 데 필요하다는 인식에서 출발한다.

Chomsky에서 누차 이야기되었듯이, 이것이 바로 說明的 妥當性(explanatory adequacy)이라고 본다. 국어 동음어와 문체론과의 문제는 바로 이러한 차원에서 인식되고 연구되어야 할 문제라고 본다.

3. 同音語의 文體論的 機能

동음어의 문체론적 기능은 일반적으로 여러 가지가 있는 것으로 이해된다. 이것은 두 가지 측면에서 도식화될 수 있다. 물론 이러한 도식이 동음어의 전반을 다루는 것은 아니다. 다만 形式化의 契機만을 던지려고 한다.

[圖式 10]

文體論 ┬ 諷刺(irony)
       ├ 揶揄(banter)
       ├ 機智(wit)
       ├ 諧謔(humor)
       └ 其他

諷刺(irony)・揶揄(banter)・機智(wit)・諧謔(humor) 등의 기능이 있는 것으로 理解되고 있는 이 동음어의 문체론적 기능에 대해서 논의해 보기로 한다.12)

풍자(irony)의 기능에 대하여 먼저 論議해 보자. 이러한 諷刺의 기능은 15世紀 國語에서 상당히 많이 보인다.

諷刺(Irony)란 一般的으로 話者(speaker)가 聽者(hearer), 또는 第三 對象物(reference)에 대한 態度를 말한다.

圖式하면 다음과 같다.

[圖式 11]

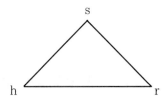

위의 圖式에서 s는 話者, h는 聽者, r은 第三對象物을 指稱한다. 第3 對象物에 대한 態度는 일반적으로 두 가지로 가를 수 있다. 곧 話者가 聽者를 意識하지 않고 직접 언급하는 경우이다. 이 경우는 文體論的 입장에서 논의의 對象이 못된다. 왜냐하면 話者가 聽者를 意識하지 않고 직접

第3對象物에 대해서 언급하는 경우란, 第三對象物에 대한 記述을 意味할 뿐이기 때문이다. 新聞의 論調나 記事는 이 경우의 代表的인 예이다.

[圖式 12]

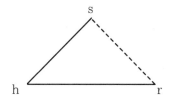

위 圖式에서 ……친 部分은 意識의 方向이다. 話者가 第 3對象物을 意識하는 나머지 하나의 方法은 聽者를 통한 방법이다. 곧 청자를 意識 안에 考慮하고서, 第三對象物을 생각하는 方法이다.

이 方法은 따라서 여러 側面에서 이야기 될 수 있는데, 그것의 하나 가 곧 諷刺이다.

[圖式 13]

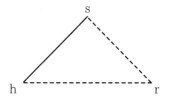

話者 s가 r을 직접 언급하지 않고 聽者 h를 考慮해야 하므로, 이때는 다분히 暗示的인 情報가 이야기에 담아지게 되며, 同音語가 그 語彙로 選擇된다면 諷刺的 暗示가 되는 것이다.

(21) ┌ 고마 두외아지라   〈法華 二·28〉
     └ 서로 고마ᄒᆞ야 드르샤   〈釋節 六·12〉
(22) ┌ 내 나ᄒᆞᆫ 늙고   〈法華 二·213〉
     └ 나ᄂᆞᆫ 어버ᅀᅵ 여희오   〈釋節 六·5〉

現代語에서도 이러한 諷刺的 機能(ironical function)을 볼 수 있다.13)

(23) ┌ 가다보니 감나무
     │ 오나보니 옴나무
     │ 사시사철 사철나무
     └ 대낮에도 밤나무

다시 말해서 同音語가 가지는 으뜸 가는 文體論的 기능의 하나는 諷刺인데, 이 機能은 話者가 직접 언급하기 어려운 狀況에 聽者를 介入시킴으로써 話者를 保護하는 그러한 기능이다.

이러한 기능은 다분히 暗示的인 表現效果를 얻을 수 있는데, 이것은 동음어의 문체론적 기능 중에 第一가는 特徵 중의 하나이다.

동음어의 문체론에서 諷刺의 기능 다음으로 언급해야 할 기능은 揶揄의 機能이다. 揶揄의 기능은 주로 聽者나 第三對象物에 대한 話者의 態度를 말한다. 話者가 聽者나 第三對象物을 揶揄하거나 非難할 경우에, 直接 語彙를 사용하지 않고 同音語를 사용함으로써 상당히 높은 表現效果를 얻을 수가 있다.

圖式하면 다음과 같다.

---

13) 이 보기는 李勝明(1971)에서 빌려 왔다.

　　李勝明 : 同音語의 諸相과 文體論的 機能에 對하여, 어문논총 6, 1971. p. 80.

[圖式 14]

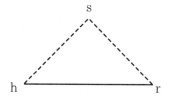

15世紀 국어에는 이 기능이 매우 자주 보인다. 다음 예를 보자.

(24) ┌ 블 다히게 ᄒᆞ며   〈救方 上 15〉
     │ 고기 다히며   〈杜諺 十·11〉
     └ 더운 소내 다히면   〈楞諺 三·11〉

현대 國語에서도 이러한 기능은 매우 많이 보인다. 다음 (25)의 예는 그러한 것을 현저히 보여주고 있는 예이다.

(25) 말 못할(말못탈) 친구야! 그러니 소를 탔지.
(26) 그건 아니야, 안의(아니)는 눈 고치는 사람이지.

諷刺와 揶揄의 기능 다음에 생각할 수 있는 기능의 하나는 機智의 기능이다. 이 機智의 기능은 동음어의 문체에서는 그리 현저한 用例를 보이는 것은 아니다.

(27) ┌ 귀 들은 되즁이   〈南明 下 11〉
     └ ᄒᆞᆫ 되 닷홉을   〈救簡 六·7〉
(28) ┌ 갗은 갗인데 못 쓰는 갗은 무엇이냐?
     └ 숙 갗이요

(29) ┌ 값은 값인데 못 먹는 값은?
     └ 영값.

(30) ┌ 장에 가서 장을 사다 장에 넣었소. 무슨 말이지?
     └ 그거야 시장에 가서 간장을 사다가 찬장에 넣었소. 아니에요?

諧謔의 기능도 동음어의 문체론에서 매우 현저히 보이는 機能의 하나이다.

(31) ┌ 드리에 뻐딜 므룰   〈龍歌87〉
     │ 드리와 사오리와   〈圓覺 下 三之一・118〉
     │ 드리 디르며   〈楞諺 六・89〉
     └ 모미 フ장 크고 다리 굵고   〈釋節 六・32〉

諷刺・揶揄・機智・諧謔의 기능은 동음어의 문체론의 研究 대상으로, 넓은 의미로는 다른 標準語(standard language)와의 相對的인 특징에 基礎하고 있는 體系를 말한다. 그러나 보통은 어떠한 言語體系에 특유한 表現方式의 一種으로서, 諷刺・揶揄・機智・諧謔 등이 言及되고 있다.

이런 측면에서 諷刺・揶揄・機智・諧謔은 語彙論的 性格을 가짐과 동시에, 統辭的 資質(syntactic feature)을 가진다. 그러나 이러한 統辭的 資質은 그 構成要素의 의미만으로는 그 전체의 意味가 이해될 수 없는 特異한 性格을 이룬다.

동음어의 문체론적 기능의 把握에 있어서 이러한 諷刺, 揶揄, 機智, 諧謔의 기능의 理解는 總體的인 이해를 필요로 한다.

다음 圖式을 보자.

[圖式 15]

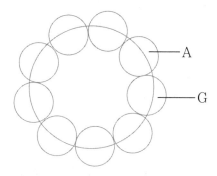

위 圖式에서는 A는 한 개 同音語의 자체에 內包된 諷刺, 揶揄, 機智, 諧謔의 기능을 말하며, G는 이러한 것들이 慣用的으로 連結되는 過程을 말한다.14)

곧 個個의 동음어는 그 자체로 각각의 文體論的 機能을 지니면서, 동시에 이러한 것들이 連繫되어, 다른 慣用的 構造(idiomatic structure)를 이루는 것이다.

以上으로 동음어에 있어서의 문체론적 기능의 몇몇을 論議했거니와, 이러한 機能은 記述的 妥當性(descriptive adequacy)의 측면에서 다시 논의해야 할 줄로 안다.

동음어의 문체론적 기능, 예컨대 앞서 든 諷刺, 揶揄, 機智, 諧謔 등을 記述하는 方法論을 생각할 때, 그리고 이러한 機能體系를 더 더욱 明瞭하게 세우려는 욕심을 지닐 때, 먼저 세우고 싶은 對象은 동음성의 문제이다.

곧 어떤 語彙가 同音關係를 가지고 있을 때 이것을 同音性이라고 부

---

14) Ogden, Richards : The Meaning, 1923, pp. 150~153.

른다면, 이 同音性은 넓게 보아서는 이미 언어의 遠心性이란 性質에 의해서 크게 주목 받던 분야가 되었지만, 그런 중에도 同音性에 熱中하다보면 修辭學(Rhetoric)의 문제를 머리에 떠 올리게 된다.

修辭學은 대체로 文體論의 下部構造를 이루고는 있지만, 이것은 그 自體로 혹은 문체론과의 관계에서, 혹은 同音性과의 관계에서 세밀히 檢討되어야 하리라고 믿어진다.

4. 同音語 文體의 構造

동음어의 문체론이 어떠한 構造를 지니고 있는지 하는 것을 包括的으로 설명하는 것은 실상 어려운 作業에 속한다.

國語 同音語의 文體論이 가지는 構造를 記述한 論著가 거의 全無한 形便에서는 더 더욱 그렇다. 여기서는 Katz & Postal 등에 의하여 提示된 모형을 참조한다.

Katz & Postal에 의하면 同音語 文體論의 構造는 다음의 세 部門(component)으로 構成된다고 한다.15)

　　a) 統辭部門(syntactic component)
　　b) 意味部門(semantic component)
　　c) 音韻部門(phonological component)

곧 (32)의 同音語는 文體論的 側面에서 3部門의 構造를 지니고 있다.

---

15) Katz, J.J. & Postal, P., 前揭書, pp. 123~125.

(32) ┌ 네 내 ᄆᆞᅀᆞᄆᆞᆯ ᄃᆞᅀᆞ며   〈楞諺 四·31〉
　　　└ 그 ᄆᆞᅀᆞᄆᆞᆯ 돛게 아니코   〈救方 上 8〉

우선 統辭部門(syntactic component)부터 살펴보자. (32)의 同音語
들은 먼저 統辭部門에 의하여 그 文體論的 要素가 結定된다.

統辭部門은 同音語 文體論 體系의 基本을 형성하는 體系로서, 동음
어의 문체에 있어서의 機能을 결정하고, 그 기능을 變形(transform)·挿
入(insertion)·脫落(deletion)시키는 作用을 한다.16)

統辭部門에서는 동음어의 문체의 의미나 구체적인 음운 등은 곧바로
고려되지 않고, 다만 抽象的인 統辭規則만이 설정된다.

곧 抽象的인 統辭規則만이 이 部門에서 결정된다. 따라서 가장 적절
한 意味에서는 이 部門은 동음어의 문체론과는 크게 관계되는 部門은 아
니다.

Saussure의 表現으로는 그것은 langue의 次元에서 다루어지는 것
이 아닌, Parole의 次元에서 設定되는 것이라 했다.17) Saussure의 指
摘은 文體論과 統辭部門과의 非密接性을 指摘한 Katz & Postal의 見
解와 一致하는 것이기도 하다.

　　(33) 나는 은행을 샀다.

(33)의 同音語의 文體論的 構造의 처음은 우선 그것의 統辭部門에
서 먼저 비롯된다. 곧 이 統辭部門에서는 ‘은행’의 文體論的 機能만 提示
되고, 그것의 意味組織은 ‘은행’이 [+bank]인지 [+tree]인지는 아직
결정되지 않는다.

---

16) Katz, J.J. & Postal, P., 前揭書, pp. 134~139.
17) Saussure, F. De., 前揭書, pp. 13~19.

[圖式 16]

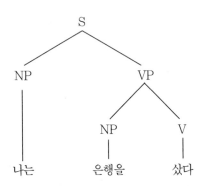

이 部門은 (33) 同音語의 文體論的 構造의 시작을 보여주고 있다. 이 部門에서는 (33)의 '은행'이 同音語인지 아닌지 하는 관계도 設定되지 않고, 다만 抽象的인 構造만 設定된다.

이 統辭部門은 다시 基底規則(deep rules)과 語彙部(lexicon)로 大別된다. 이 基底規則은 주로 一般 自然言語와 거의 비슷한 構造體系를 이루고 있다. 基底規則은 물론 語彙形態(lexical formative)도 나타나지 않은 극히 抽象的인 構造를 이룬다.

[圖式 17]

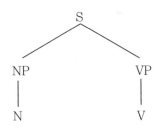

위의 圖式은 語彙形態가 아직 갖추어지지 않는 構造이다.

이 部門에 語彙形態를 揷入하는 部門이 語彙部이다. 이 部門에 의하여 비로소 同音關係가 形成된다.

이 過程에서 'NP'·'VP' 등의 構造에 意味資質이 賦與된다. 同音語가 文體에 있어서 어떤 意味資質을 띠게 되는 것은 바로 여기서이다. 이러한 資質을 環境的 資質(contex tual feature)이라고 하고 아래와 같이 表記한다.

[圖式 18]

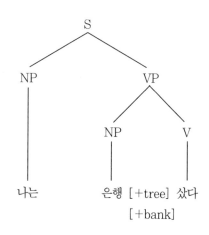

그리하여 이러한 圖式은 다음 (34)와 같이 두 가지로 解析이 된다.

(34) ┌ a. 나는 (나무열매의 일종인) 은행을 샀다.
　　　└ b. 나는 은행(예컨대 X은행, 금융기관)을 샀다.

위의 圖式이 (34)a·b와 같이 두 가지로 解析된다는 事實은, 위의 (34)a·b가 각각 다른 基底構造(deep structure)를 가지고 있다는 생각을 暗示하게 만든다.

곧 統辭部門은 세 部門으로 構成되어 있다. 基底構造(deep structure)·

表面構造(surface structure), 그리고 變形構造 또는 變形規則(transfor-
mational rule)이 그것이다. 基底構造는 (34)의 基本文章의 統辭構造를
결정한다. 곧 우리가 文章을 이해하는 方式을 代表하고, 우리의 言語能
力을 代表하는 構造이다.

　表面構造는 우리가 말하는 方式, 곧 Chomsky의 表現에 의하면 言
語遂行을 결정하는 構造이다. 그리고 變形構造 또는 變形規則은 基底構
造와 表現構造를 연결하여 주는 構造이다.

　(34) ┌ c. 비치 메디 아니ᄒ얫도다.　　　〈杜諺 十六·28〉
　　　　└ d. 비치 메디 아니ᄒ얫다.

　(34)의 c와 d의 文章은 表面構造上으로는 상당히 다른 形態를 보이
고 있지만, 母國語話者는 이러한 것을 거의 同一한 文章에서 理解하고
있는데, 이러한 同一性은 基底構造의 問題이다.

　(34)c와 (34)d의 表面構造上의 다른 점은 (34)c는 强調助詞 ‘도'가
있고, (34)d에는 그것이 添加되어 있지 않다는 점이다.

　따라서 우리는 (34)c와 (34)d가 각각 다른 變形規則을 받고 있음을
알 수 있다. 예를 들어 (34)c·d에 관계된 變形規則을 ‘도' 削除規則이
라고 부르기로 하자. (34)c는 바로 이러한 ‘도' 削除規則을 適用받지 않
은 文章이고, (34)d는 이 規則의 適用을 받은 文章이다.

　이러한 ‘도' 削除規則은 變形構造에서 이루어지는 것이므로, (34)c·
d에는 아무런 意味變化도 끼치지 못한다.

　國語 同音語와 文體論의 問題에 있어 어떤 새로운 方法論이 하나 있
다면, 아마 그것은 文法的인 同音語의 文章을 生成할 수 있는 어떤 規則
을 設計하는 일일 것이다.

　그리고 이러한 基底構造를 적절한 同音語 表面構造 文章과 連結시켜

서, 이 두 構造에 사용될 수 있는, 곧 이 두 構造를 聯關시킬 수 있는 變形規則을 設計하는 일일 것이다.

이 때 基底構造는 同音語의 意味論的 解析(semantic interpretation)을 위하여 意味部門에 관계된다. 表面構造는 音韻論的 解析(phonological interpretation)을 위하여 音韻部門에 관계된다. 하여튼 統辭過程을 거친 同音語는 다음으로 意味部門으로 넘어 오게 되는 것이다.

意味部門(semantic component)은 基本部門에서 生成된 構造에 意味를 賦與하는 規則이다. 이것은 ⅰ) 文法的 意味와 ⅱ) 辭典的 意味의 賦與이다. 앞서 우리는 同音語의 文體論에 두 次元이 있다고 했다. 곧 語彙文體論과 形式文體論이다. 語彙文體論은 辭典的 意味部門에 해당하고, 形式文體論은 文法的 意味에 해당된다. 그리고 이러한 意味는 각각 音韻部門(phonological component)에 와서 音韻規則의 適用을 받는다.

여기서 音韻規則은 同音性을 띄게 마련이다. 그러나 같은 同音이라도 그것은 이미 意味部門에서 適定한 意味資質을 부여받았으므로, 混亂性을 가져오지는 않는다.

同音語의 文體論의 構造는 意味部門에서 그 資質을 부여받게 되는 것이다.

(35) 아바닚 뒤헤 셔샤.　　　　　〈龍歌 28〉

(35)는 이상에서 論議해 온 바의 記述에 따라 檢討해 보기로 한다. 우선 (35)는 統辭部門의 規則을 받아 抽象的인 資質을 받는다. 아래는 그것을 보여주고 있다. 물론 이 過程에서는 '뒤'의 同音關係의 形成與否는 아직 未定이다.

[圖式 19]

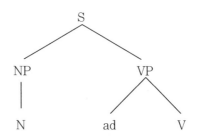

  'ad'는 副詞類(advebal)를 意味한다. 이것은 아직 抽象的인 規則일 뿐이다. 위의 抽象的인 構造는 語彙部에서 여러 語彙를 提供받아 아래와 같은 圖式이 된다.

[圖式 20]

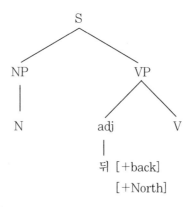

  위의 圖式은 다시 意味部門으로 넘어오게 되며, 이것은 다시 이 과정에서 同音關係를 형성하는 契機를 받는다.

  그리하여 이것은 音韻部門에서 適定한 音韻規則에 의하여 意味資質을 받는다.

  이 過程이 끝나면 드디어 同音語로서의 文體論的 構造를 가지게 되며,

이것이 앞서의 論議에서 얘기되어진 것처럼 여러 機能을 띠게 되는 것이다.

同音語의 文體論的인 構造를 더더욱 穿鑿化된 차원에서 논의하는 작업이 필요한 始點이다.

5. 同音語 文體의 樣相

(36) ┌ 머리 <u>도르혀</u> 右훔ㅅ 녀글 보아눌   〈楞諺 一·110〉
     └ 어제 <u>도르혀</u> 느믜 어싀아드툴   〈釋節 六·5〉

위의 (36)에서 '도르혀'는 여러 文體論的 樣相을 지니게 된 것에도 불구하고 '도르혀'는 基本的인 中核的 意味(core meaning)를 가지고 있다.

이러한 中核的 意味는 일정한 방향에서 일정한 文體論的 기능만을 보이는 것은 아니다.

多樣한 方向에서 多樣한 文體論的 機能을 보이는 것이다. 그럼에도 불구하고 同音語 '도르혀'는 그대로 固有의 中核的 意味를 지닌다. 다만 어떤 文體論的 機能에 의하여 이것은 여러 양상으로 변화하는 것이다.

[圖式 21]

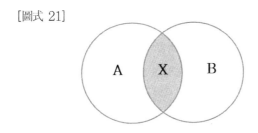

X는 이 同音語의 中核的 意味를 표시한다. A는 예를 들어 論說·論調의 意味에서 쓰이는 意味이고, B는 感情的 隨筆·小說에서의 意味이

다. 우리는 이 A·B를 周邊的 意味(marginal meaning)라고 부른다.

여기서 우리는 中核的인 의미 X를 固定시켜서 設定할 필요가 있다. 이러한 固定的인 意味 X는 여러 文體論的 文脈에서 多樣한 周邊的 의미로 확산되어 가는 것으로 볼 수 있다. 문제가 되는 것의 하나는 이러한 周邊的 意味(marginal meaning)가 어떻게 펼쳐지고, 어떠한 양상을 보이느냐 하는 점이다.18)

우리는 여기서 同音語의 文體가 같은 여러 樣相을 검토해 보아야 할 필요를 느낀다.

우리는 여기서 어떠한 模型을 설정해 보아야 한다. 아래 圖式은 그러한 模型을 보여주고 있다.

[圖式 22]

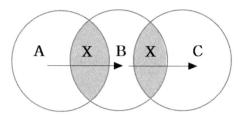

A·B·C는 어떤 同音語가 文體에 따라서 그 周邊的 意味를 變化시키는 것을 나타낸다. A·B·C의 變化에도 불구하고 그 中核的 意味 X는 변화를 보이지 않고 있다. 곧 일반적인 自然言語 性質과 마찬가지로, 동음어에도 그 中立的인 意味가 있으며, 그 中核的인 意味는 周邊的 意味에 따라서 여러 양상을 띠게 되는 것이다.

文體와 그 周邊的 意味, 그리고 中核的 意味에서 周邊的 意味로 轉移되는 過程을 살펴보자.

---

18) Whatmaugh, J., Language - A Modern Synthesis, 1957, pp. 76~79.

(37) 쏘 모디 <u>므르</u> 거러   〈蒙法 45〉

(37)에서 동음어 '므르'는 그 中核的인 意味가 있다. 그러나 (37)의 '므르'는 문체의 양상에 따라 여러 다양한 周邊的 意味로 變化된다.

意味論者들은 同音語 '므르'가 그 中核的 意味를 그대로 지니면서, 周邊的 의미를 획득하게 되는 過程을 대체로 세 樣相으로 분류하고 있는데, 그것은 擴大(widening)·縮小(narrowing)·轉移(transfer)이다.[19]

그러나 위의 擴大·縮小·轉移는 의미의 방향에 따른 分類이다. 同音語의 여러 文體論的 樣相은 그러나 擴大·縮小·轉移에 의해서만은 설명되지 않는다.

Darmester, A.는 이러한 것을 논리적으로 분류하여, 그 變化形態에 따라서 提喩(synecdocher)·換喩(metonymy)·隱喩(metaphor)의 세 개로 體系化시키고 있다.[20]

提喩에서는 두 가지 힘이 있다. 하나는 遠心的인 힘이고, 나머지 하나는 求心的인 힘이다. 이러한 提喩의 遠心的인 힘은 意味變化의 일반적인 규칙과 一致하는 것을 보여준다. 곧 部分은 全體로 遠心化되며, 특수한 것은 一般的인 것으로 遠心化되며, 固有名詞는 普通名詞로 遠心化된다.

그리고 提喩의 求心的인 힘은, 遠心的인 힘과는 반대적 방향으로 作用한다. 곧 全體는 部分으로 縮小·求心化되며, 일반적인 것은 특수한 것으로 求心化된다. 동음어에 있어서 이러한 提喩의 양상은 보통 婉曲語法에 쓰인다.

이 문제와 관련되어 논의되어야 할 것의 하나는 이른바 동음어에 있어서 表現構造(expression structure)의 문제이다.

表現構造란 이를테면 統辭意味論에 관한 문제의 하나이다. 동음어에

---

19) Stern, G., Meaning and Change of Meaning, pp. 36~39, 1931.
20) Darmester, A., La Vie Des Mots, 최석규譯, 낱말의 생태, 1963, pp. 30~32.

있어서 表現構造의 문제가 아직 논의된 바가 없기 때문에, 동음어의 統辭意味論이 논의되기는 무리일지 모른다.

그러나 일반적으로 表現構造가 걸쳐지는 가장 작은 단위는 語彙라고 할 수 있다. 따라서 동음어의 表現構造의 문제는 統辭意味論과 밀접한 관계를 맺고 있다.21)

아래의 (37′)a를 보자.

(37′) a. 짜흔 그릇 모기두고   〈釋節 六·25〉

위에서 同音語 '목'은 그 自體로는 최소의 自立形態素(free form)이므로, 동음어의 表現構造 논의의 對象이 될 수 있다.

그러나 문제는 이 最小形態素 '목'의 最大單位가 어디까지이냐 하는 점이다. 同音語의 表現構造의 문제를 文章의 차원에서 논의한 斷面, 表現構造와 文體論과의 境界의 문제에 곤란함이 생긴다.

이 문제는 그러나 일단 문제의 제기에만 그치고, 자세한 논의는 稿를 달리하여 論議하고자 한다.

6. 同音語 文體의 形式化

第4章, 同音語 文體論의 構造에서 우리는 略述된 同音語 文體論의 構造에 대해 이야기했다. 本章에서는 이러한 논의를 變形理論(Transformation)의 입장에서 세밀히 形式化시켜보려고 한다.

일반적으로 동음어 문체론의 논의는 이것의 세 部分으로 構成된 抽

---

21) Langacker, R.W., Language and its structure, 1968, pp. 83~85.

象的인 記號體系(symbolic system)로 보고 시작될 수 있다.

동음어의 문체에 있어서 그것의 音韻을 決定하는 音韻部門이 그 하나이고, 이것을 意味와 관련시켜 同音語의 實際的인 情報를 결정하는 意味部門이 또 그 하나이며, 이 音韻意味의 중앙에 위치하는 중심부문은 統辭部門이 그 마지막 요소이다.

이 세 部門들은 그것들의 상호 連結性과 함께 동음어 문체론의 文法을 構成한다.22)

여기서 意味部門은 同音關係에 결정적인 영향을 끼치며, 아울러 동음어의 문체론적 기능을 실질적으로 좌우하게 되는 부문이므로, 우리는 이 意味部門을 세밀히 검토해야 한다.

다음(38)을 보자.

```
(38) ┌ 셴 하나비롤 하늘히 브리시니      〈龍歌 19〉
     └ 至忠이실씨 中興主를 셰시니      〈龍歌 11〉
```

(38)은 統辭部門과 音韻部門에서와 같이 意味部門에서도 言語學的 要素와 결부된 意味資質의 문제를 제기한다.

그러나 第4章에서 잠시 언급한 것처럼 비록 동음어 '셰다'가 가지는 意味, 곧 中核的 意味와 周邊的 意味에 대해서 간략하게 말할 수는 있지만, 일반적으로 동음어의 意味라든가 同音語의 文體論的 機能과 意味와의 관계에 대한 일반적인 이론은 없다.

예를 들어 보자.

```
(39) 님금 묻ᄌᆞ왯ᄂᆞᆫ 싸히 아ᅀᆞ라ᄒᆞ니      〈杜諺 八·62〉
```

22) Searle, J., Speech act, 1969, p. 4.
    Carroll, J., Language and thought, 1973, pp. 50~52.
    Lyons, J., Noam Chomsky, 1973, pp. 43~45.

(40) 뻐 무더 검디 아니ᄒ며 　　　　　　〈月印 十七・52〉

(41) 움 무더 스ᄅ시니이다 　　　　　　〈龍歌 111〉

위에서 (39)・(40)・(41)의 '묻다'는 각각 同音體系를 形成하고 있다. 따라서 그것의 個體的인 의미는 意味部門에 제공되어진다.

그러나 同音語의 문체론을 形式化하는 데에 만족할만한 합의가 이루어진 것은 아니다. 그리고 그 不一致는 의미의 규정의 문제에서 더 더욱 尖銳化되고 있다.

예컨대 동음어 A와 동음어 A′가 서로 同音關係에 있다고 하자. 동음어 A와 동음어 A′가 同音關係에 있다는 말은, 그것의 音韻部門(phonological component)에서 본 이름이다. 왜냐하면 同音語 A와 同音語 A′의 意味關係는 거의 서로 無關한 관계에 있기 때문이다. 따라서 시초부터 서로의 無關함을 보이고 있는 동음어 사이의 意味關係를 形式化한다는 것은, 처음부터 理論의 濫用이 될 것이라는 것이 不一致의 하나이다. 사실 同音語 사이의 의미의 無關性은 일반적인 이야기이고, 따라서 그것의 意味의 形式化는 無意味한 작업이 되기 쉽다.

그러나 동음어 相互間의 의미가 無關하다는 것과, 동음어의 문체론에 있어서 이 의미의 形式化를 試圖한다는 것은 별개의 문제이다. 곧 동음어 相互間의 의미가 無關하다는 것은 文體論的 입장에서와는 다른 문제로, 그것의 中核的 意味가 다르다는 뜻이지, 그것의 周邊的 意味까지 相異하다는 뜻은 아니다.

그리고 文體論에서의 意味問題가 일차적으로는 周邊的 意味에 의해서 다루어지고, 派生되는 문제임을 생각할 때, 동음어 문체론에 있어서 그 의미를 포괄적으로 기술한다는 것은, 물론 여러 어려움이 따르는 작업이기는 하지만, 그 나름의 가치와 期待値가 있으리라고 믿는다.

동음어 문체론의 구조에는 세 부문이 있다고 했거니와, 統辭部門과

音韻部門과는 달리, 意味部門이 문제가 되는 所以는 바로 동음어의 分別의 基準置가 바로 이 부분에 있기 때문이다.

어떤 同音關係의 同音語들이라도, 그것의 表面的 統辭組織과 그것의 音韻組織은 동일하기 마련이다. 差異가 있다면 意味部門의 다름이 그 차이다. 이러한 同音語의 性格은 필경 同音語關係 自體에 대한 意味論的 觀點을 두드러지게 한 것으로 보인다.

그러나 同音語 文體論의 意味構造를 체계적으로 기술하는 것은 여러 어려움이 따른다. 그것의 하나는 아직 意味論에 대한 成熟된 논의가 이루어지지 않았다는 것이다. 나머지 어려움의 하나는 과연 文體論의 성립 要件이 語彙에 있느냐, 文章에 있느냐, 아니면 談話에 있느냐를 결정하는 문제이다.

文體論의 성립 基盤을 Ullmann이나 Saussure는 語彙에서 찾았다. 이를 語彙문체론이라 함은 앞서 얘기했다. 文體論의 成立基盤을 文章에서 찾은 理論도 있다. Katz & Postal의 論議는 그 대표적인 예의 하나이다. Katz & Postal의 논의를 따라서 形式文體論이라고 함도 앞서 얘기했다.

Ullmann이나 Katz & Postal이 文體論의 成立根據, 또는 成立單位로 잡은 語彙·文章은 그러나 여러 문제점을 지니고 있다.

본 論文은 이러한 문제점의 일부를 앞서 論述했거니와, 文體論의 成立根據를 談話에 두는 방법을 생각해 보고자 한다. 文體論의 成立根據를 다시 말해 文體論의 單位를 談話해 두는 방법은 엄밀히 말해 生成意味論(Generative semantics)의 한 支流인 話用論(pragmatics)에 根據한 관점이다.

文體論의 成立單位를 最大化시켜서 談話에까지 끌어올린 것은, 意味論의 개념을 매우 上昇시킨 것이다. 談話와 文體論, 文章과 文體論, 語彙와 文體論의 문제는 여러 側面에서 多角的으로 추구되어야 하거니와,

본 論文에서는 이에 대한 자세한 언급은 하지 않겠다.

다만 현재로서는 文體論의 成立基盤으로서 語彙·文章의 차원보다는, 談話의 次元이 더 바람직할 것이라고 본다.

7. 結 論

國語 同音語의 文體論的 기능과 그 構造, 그리고 그에 따른 방법론의 문제를 일괄하여 검토하고, 그 밖에 이러한 論議의 體系化 可能性을 검토하였다.

이 방면을 對象으로 한 것으로서는 본 論文의 論議가 처음의 作業일 것이다. 그 결과 國語 同音語의 文體論的 기능의 包括的인 論述이 可能함을 보았고, 또 旣存의 論議의 斷片性도 아울러 보았다.

물론 同音語와 文體論에 대한 연구의 視覺을 어디에 두느냐에 따라서 그 過程과 結果도 다르겠지만, 문제는 國語 同音語의 해결에는 그 자체의 分析的 硏究와 論議 뿐 아니라, 文體論的 입장과 要素도 곁들여져야 할 것이다. 또 한 가지 지금까지의 國語 同音語의 論議가 지니는 공통된 未備點은 國語 同音語와 文體論과의 관계를 미처 把握하지 못했거나, 이 둘의 連關關係를 學的으로 位置시키지 못하고 있다는 점이다.

어떤 論議는 同音語 자체만을 論述하였고, 어떤 論議는 文體論의 측면만을 論述하였으나, 그러나 이러한 個體的인 論議는 國語 同音語의 포괄적인 이해에는 크게 미치지 못하는 성격의 것이었다.

이 문제를 是正하기 위하여 본 論文으로서는 同音語에 대한 文體論的 관점을 중요하게 試圖하였으며, 그 基礎作業으로 Ullmann과 Katz & Postal로 代表되는 文體論의 이론을 검토하였다. 그리하여 Katz &

Postal의 形式文體論이나 Ullmann의 語彙文體論이 그 자체로는 明證한 理論이기는 하지만, 國語 同音語의 性格과 그 文體論的 기능을 설명하기에는 여러 未備點이 있음을 지적하고서, 이러한 未備點의 補完策으로 이 문제를 意味資質의 관점에서 把握해야 한다는 見解에 이르렀다.

國語 同音語와 文體論의 方法論의 문제와는 별개로, 同音語에 있어서 直觀의 문제와 그 기능의 문제가 追求되었다. 여기서는 '國語 同音語의 創造性'의 문제, '模糊한 文體'의 문제, '同音語의 文體論的 同音性'의 문제, '同音衝突의 文體論的 廻避'에 관한 문제를 母國語話者의 言語直觀의 문제와 결부하여 논의하였다.

그리고 이러한 문제들에 관한 논의는 특히 國語 同音語 論議에 요구되는 原論임을 강조하였다.

國語 同音語의 문제를 文體論과 결부시켜서 이것을 포괄적으로 體系化하고, 체계화를 통하여 旣往의 同音語 논의의 방법론들에서 구체적으로 接觸하지 못한 理論的 限界를 본 論文에서 극복해 보려 하였다.

한편 同音語의 文體論的 기능을 諷刺(irony), 揶揄(banter), 機智(wit), 諧謔(humor) 등으로 大別하여 논의해 보았다. 이 과정에서 특히 諷刺는 일반적으로 話者가 聽者(hearer) 또는 第三對象物(reference)을 어떻게 인식하느냐 하는 態度의 문제임을 밝혔다. 그리고 이들의 문제를 논의하는 과정에서 諷刺・揶揄・機智・諧謔에 대한 話用論的(pragmatics)인 논의가 더더욱 進行되어야 함을 밝혔다.

아울러 同音性, 修辭學(rhetoric) 등의 문제도 거론하였으나, 만족할 만한 논의나 귀결은 얻지 못하였다.

다음으로 본 論文은 同音語 文體論의 구조에 대해 논의하였다. 그리고 同音語 文體論의 구조로서 統辭部門(syntactic component), 意味部門(sematic component), 音韻部門(phonological component) 등의 構成이 있음을 Katz & Postal의 이론을 援用하여 主唱하였다.

統辭部門은 同音語 文體論 체계의 기본을 형성하는 體系로서. 동음어의 문체에 있어서의 機能을 결정하고, 그 기능을 變形(transform), 揷入(insertion), 脫落(deletion)시키는 작용을 하는 것을 알았다.

意味部門은 基本統辭 부분에서 생성된 구조에 意味를 제공하는 부문이었다. 이 意味部門에서는 두 차원의 同音語 文體論 논의가 가능한데, 語彙文體論(lexical stylistics)과 形式文體論(form stylistics)이 그것이었다.

그 다음으로 본 論文은 同音語 文體의 양상을 검토하였다. 이 과정에서 두 차원의 意味網이 제시되었는데, 中核的 意味(core meaning)와 周邊的意味(marginal meaning)가 그것이다.

그리하여 이 固定的인 中核的 意味는 여러 文體論的 文脈(context)에 의해 多樣한 周邊的 意味로 확산되어가는 것을 볼 수 있었다.

그리고 이 中核的 意味와 周邊的 意味는 相互 擴大(widening)·縮小(narrowing)·轉移(transfer)되고, 그 기능에는 提喩(synecdocher)·換喩(metonymy)·隱喩(metaphor) 등이 있었다.

본 論文에서 다루지 못한 分野가 몇 있다. 同音語의 文體論的 기능의 記述에 있어서 諷刺·揶揄·機智·諧謔 등의 言語的, 社會的 機能을 다루지 못하였다. 이러한 기능은 話用論的인 관점에서 追求되어야 할 성질로 본다.

또한 提喩·換喩·隱喩의 同音語를 본 論文에서는 구체적으로 다루지 못하였다. 同音語가 文體에서 가지는 諷刺·揶揄·機智·諧謔의 기능과, 이러한 提喩·換喩·隱喩가 서로 어떠한 相應關係에 있는지를 미처 다루지 못하였다.

이 문제들에 대한 체계적이고 포괄적인 해답을 내리기는 아직 어려운 일이므로 別途의 課題로 미루어 두고, 다만 同音語와 文體論과의 相關性과 그 기능, 그리고 그에 따른 方法論의 면에서의 문제를 論述하는 것으로 끝내기로 한다.

　본 論文을 계기로 하여 提起된 여러 문제를 탐구하여, 우리 同音語와
文體論에 나타난 여러 機能과 構造, 그리고 그 양상을 더더욱 천착된 차
원에서 논의하는 작업이 이루어질 수 있기를 스스로 다짐해 본다.

▮ 參考文獻

許 雄, 言語學槪論, 1957.

南廣祐, 國語國字의 諸問題, 1970.

金宗澤外, 國語意味論, 1971.

李乙煥·李庸周, 國語意味論, 1964.

李庸周, 意味論槪說, 1972.

國立國語研究所, 同音語の研究, 1961.

東亞文化研究所, 國語國文學辭典, 1973.

國語學會, 國語學辭典, 1968.

市河三喜, 英語學辭典, 1958.

劉昌惇, 同音語와 同意語 靑坡文學 6, 1966.

金炯範, 15世紀 國語의 Homonym에 對하여 洛山語文 1, 1966.

李勝明, 同音語研究(A), 語文學 20, 1969.

_____, 同音語衝突과 Safety-measures에 對하여, 국어국문학 48, 1970.

_____, 同音語의 諸相과 文體論的 機能에 對하여, 어문논총 6, 1971.

崔泰榮, 同音語 衝突回避에 關한 研究(一), 全北大 論文集 11, 1972.

_____, 同音語 衝突原理考, 국어국문학 58~60, 1972.

_____, 國語 同音語 生成考, 書林 3, 1973.

金宗澤, 同音語 衝突의 類型에 對한 研究, 語文學 23, 1970.

허 웅, 현대국어 동형어에 대한 연구, 한글 145, 1970.

徐炳國, 同音語 衝突의 治癒에 對하여, 국어교육 9, 1977.

成甲煥, 同音異義語攷, 국어국문학 62~63, 1973.

南星祐, 後期 中世國語의 同音異義, 국어국문학 65~66, 1974.

朴聖喜, 中期國語의 同音異義語研究, 高大 大學院 碩論 油印, 1970.

박영환, 同音語 研究, 崇田大 大學院 碩論 油印, 1968.

_____, 同音語 對立과 價値 崇田語文 6, 1978.

金寅榮, 同音衝突 回避現象에 對하여, 先淸語文 5, 1974.

李乙煥, 同音語 現象, 語文研究 15·16, 1977.

康琪鎭, 同音異義語에 對하여, 梁柱東博士古稀紀念論文集, 1973.

_____, 國語 同音語의 硏究, 弘益工大 論文集 12, 1981a.

_____, 國語 同音語의 生成要因 考究, 東岳語文論集 15, 1981b.

_____, 國語 同音衝突現象에 대한 硏究, 國語國文學 論文集 11, 東國大學校, 1981c.

Ullmann, S., *The Principle of semantics*, 1957.

_____, *Semantics*, 1967.

Jespersen, O., *Language*, 1954.

_____, *Structure of the English Language*, 1930.

_____, *The Philosophy of Grammar*, 1963.

Bloomfield, L., *Language*, 1958.

Martinet, A., *Element de Linguistique Générale*, 1961.

Dauzat, A., *La Philosophie du Langage*, 1929.

Hockett, C.F., *A Course in Modern Language*, 1958.

Bridges, R., *On English Homophones*, 1919.

Saussure, F. De., *Course in General Linguistics*, 1959.

Gilliéron, J., *Génélogie des mots qui designent lábeille*, 1918.

_____, *Etudes de géographi Linguistique*, 1912.

Wrenn, C.L., *The English Language*, 1949.'

Webster, M., *Webster's Third New International Dictionary*, 1966.

Palmer, L.R., *An Introduction to Modern Linguistics*, 1936.

Bolinger, D., *Aspect of Language*, 1968.

Goyvaerts, D.L., *Meaning beyond Linguistics. Linguistics*, Vol. 80, 1972.

Lyons, J., *Semantics I, II*, 1977.

_____, *Introduction to theorctical Linguistics*, 1968.

_____, *Noam Chomsky*, 1973.

Sterm, G., Meaning and Change of Meaning, 1973.

Bradley, H., *The Making of English*, 1957.

Harris, Z.S., *Methods in Structual Linguistics*, 1957.

Chomsky, N., *Aspects of Theory of syntex*, 1965.

Katz, J.J, Postal, P., *An integrated Theory of Linguistics descriptions*, 1964.

Ogden, Richard, *The Meaning of Meaning*, 1923.

Whatmough, J., *Language A Modern Synthesis*, 1957.

Langacker, R.W., *Language and its Structure*, 1968.

Searle, J., *Speach act*, 1969.

Carroll, J., *Language and thought*, 1973.

Philbrick, F.A., *An Introduction to Semantics*, 1642.

Leech, G., *Semantics*, 1974.

국어 동음어의 기능범주

1. 서 론

　국어 동음어에 관한 그간의 논의들은 그 논의가 채택한 접근 방법론에 따라 두 가지 정도로 나누어질 수 있다. 하나는 강기진(1981, a, b, c) 등의 생성문법[(Transformational Generative Grammar)]적인 접근 방법론이며, 또 하나는 Ullmann(1962)의 이론을 원용한 이승명(1969, 1970, 1971), 최태영(1972 a, b), 서병국(1977) 등의 접근 방법론이다.

　변형생성문법적 접근론이나 구조주의적 접근론은 모두 제 각기의 이론적 가설에서 출발하여, 제 각기의 방법에 의해 천착된 방법론들이니만큼 그것들의 방법론에 관한 시비는 결코 정당한 것이 될 수는 없다. 그러나 이들의 방법론들은 어느 한 이론적 측면에서의 동음어 현상의 관찰이기 때문에, 간과되고 지나쳐진 문제는 의당 있을 수 밖에 없다. 예컨대 변형생성문법석 접근론에서는 다음 예문의 (1a)와 (1b)의 기저구조[deep structure]를 달리 설정함으로써, 동음어 현상을 설명하고 있다.

　다음을 보자.

(1) a. 말을 한다.
　　 b. 말을 탄다.

　곧 (1a)의 기저구조는 (2a)처럼 설정되며, (1b)의 기저구조는
(2b)처럼 설정되고 있다.

(2a)

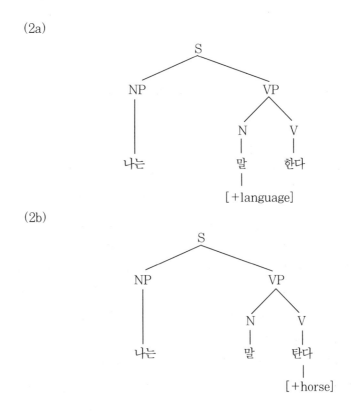

(2b)

　변형생성문법적 방법론의 이러한 시도는, 그간의 동음어 현상에 대
한 동어반복적인 분석에, 어떤 새로운 시도를 가한 것으로는 이해된다.
그러나 이것에도 문제가 있다. 강기진(1981 a, b, c)에서 모형으로 삼고

있는 변형이론은 Chomsky(1965)의 이른바 표준이론[Standard theory]에 의한 것이다.[1]

만약 기저구조[deep structure]의 설정을 부인하고, 더 깊은 의미구조를 설정해야 한다고 주장하는 생성의미론의 입장에서 본다면[2] (2a), (2b)의 기저구조는 약간 수정되어야만 하는 것이 사실이다.

즉 기저구조는 곧 의미구조이어야 한다는 생성의미론의 입장에서 관찰하면, 일단 기저구조를 설정하고, 그 이후에 또 의미해석을 위해 따로 어휘부(lexicon)의 해석을 거쳐야하는 표준이론[Standard theory]의 방법론은 번거롭기 짝이 없기 때문이다.

최태영(1972 a, b) 등의 구조주의적 접근론에도 물론 간과된 문제가 없는 것은 아니다.

즉 구조주의적 방법론에서는, 예컨대 동음어 충돌 현상의 해결을 위해서, 문맥해석이나 비분절적 자질[suprasegmental feature], 곧 소리의 강약, 높이, 세기 등에 의한 충돌회피의 방법론을 말하고 있다.[3]

아래 예문을 보자.

> (3) a. 나는 공주가 되었다.
>   b. 나는 공주에 갔다.

(3a)와 (3b)에서 동음관계에 있는 '공주'를 변별하기 위해서는 이들의 앞뒤문맥에서 그 변별의 요인을 찾아야 한다고 주장하고 있다. 즉 (3a)의 '되었다'는 그 목적어로 [+animate]의 자질만을 가질 수 있지만, (3b)의 '갔다'는 목적어는 가질 수 없고, 대신 부사어를 가질 수 있

---

1) 표준이론은 Chomsky, *Aspects of syntactic Theory*, MIT press, 1965를 말한다.
2) Katz, J., "Interpretive Semantics vs. Generative Semantics", *Foundations of Language 6*, pp. 220-259.
3) Ullmann, S., *Sematics*, 1962, pp. 21-27.

다는 등의 제약과 또 이 부사어의 자질은 [+place]이어야 한다는 제약 등에 의해서 (3a)와 (3b)의 '공주'가 변별될 수 있다고 한다. 그러나 이러한 자질 표시는, 각 단어 하나 하나에 일일이 그 자질을 표시해야만 하는 번거로움을 갖고 있다. 이러한 식의 규칙은 너무나 복잡한 것이 되고 만다. 규칙의 간결성을 추구하는 것이 언어학의 한 목표라면, 구조주의의 이러한 방법론은 확실히 나름대로의 문제점을 내재[innate]하고 있는 것으로 이해된다.

본 논문은 원칙적으로는 각 방법론이 가지고 있는 나름의 독자적인 모색방법에 대해서는 간여하지 않는다. 다만 각 방면의 논의가 동음어 현상의 해명에 있어서 간과해 버린 점, 지나쳐 버린 점을 지적해보고, 본 논문 나름대로의, 대안을 내세우려는 목적을 가지고 있다.

본 논문은 또 동음어에 관한 그간의 필자의 논의를 보완하고, 그 논의를 정리·정돈해 보고, 또 새로운 어떤 방법론의 모색을 생각해 보려는 목적도 가진다.

설명은 일단은 공시적이며, 따라서 통시적인 관점을 채택하지 않는다. 자료는 필자의 기왕의 논문에서 빌려왔다.

2. 본 론

2.1. 논의의 두 방법

동음어 현상의 논의에 있어서 간과되어 왔던 점의 하나는, 어떠한 식의 기술이 동음어 현상의 해명에 더 타당한 것이냐 하는 점에 대한 천착된 노력이 부족했었다는 것이다.

다음 예문을 보자.

(4) a. 철수는 산으로 갔다.
    b. 철수는 손으로 밥을 먹었다.
    c. 철수는 병으로 죽었다.

앞의 예문 (4a), (4b), (4c)에서 공통으로 보이는 '-으로'에 대한 기술 방식은 그 논의의 측면에 따라 대충 두 가지로 대별될 수 있다.

하나는 (4a), (4b), (4c)의 '-으로'를 각각의 의미구조[semantic feature]를 가진 동음관계의 측면으로 보는 방법이고, 나머지 하나는 이들 모두를 동일한 의미구조를 가진 것으로 보는 방법이다.

앞의 방법대로라면 (4a), (4b), (4c)는 각각 상이한 의미구조를 가진, 세 형태소로 분류될 것이며, 뒤의 방법에 따라서 보면 이들은 모두 그 기본적인 의미구조는 같은 하나의 형태소로 분류될 것이다.

따라서 앞의 논의, 즉 이것을 동음관계로 파악하는 논의에서는 비록 그것들의 음운구조(phonological structure)는 같으나 그 의미운구조가 다른 것으로 파악될 것이며, 따라서 (4a)는 처소격, (4b)는 수단·도구격, (4c)는 원인격으로 분류되어 그 기저구조가 각각 상이하게 설정될 것이다.[4]

다음 (5a)에서는 '-으로'가 처소격으로 설정되어 있으며, (5b)에서는 '-으로'가 도구격으로 (5c)에서는 '원인격'으로 각각 분류되어 있다.

---

4) 최현배, ≪우리말본≫, 1955, p. 620.

(5a)

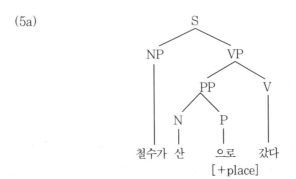

(5b)

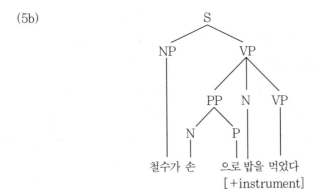

(5c)

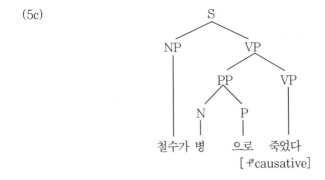

한편 이것들은 모두 한 형태소로 보는 두 번째 방법대로라면, (4a), (4b), (4c)의 '-으로'가 비록 표면구조에서는 그 의미가 각각 상이하지만, 그 기저구조에서만은 '-으로'의 의미구조가 동일한 것임을 증명하는 데서부터 그 논의를 시작해야 할 것이다.

(6)

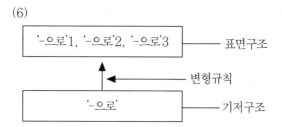

즉 앞의 도표 (6)에서와 같이 '-으로'는 원래 그 기저구조가 동일한 것이었는데, 변형과정에서 그 의미의 분화가 일어나서 표면구조에서는 다른 의미를 가지게 된 과정을 설명해야 할 것이다.

따라서 문제는 (4a), (4b), (4c)의 '-으로'의 기본의미가 동일함을 보이는 것이 된다.(4a), (4b), (4c)의 '-으로'의 기본의미의 설정은 여러 측면에서 설정될 수 있지만 우선은 다음과 같이 생각해 볼 수 있다.

(7)

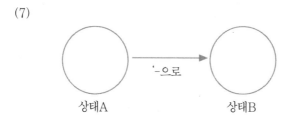

즉 상태A에서 상태B로 전이[transfer]되는 과정, 다시 말해서 A상태를 B상태로 변화시키는 것이 '-으로'가 가진 기본의미로 일단은 설명할

수 있다.

(4a)에서 철수가 산으로 간 것은, 철수가 산이 아닌 곳에 있다가 산으로 가게 됐다는 점에서 공간적 상태의 변화이며, (4b)에서는 철수가 손으로 밥을 먹은 것은, 철수가 손 아닌 다른 것으로 밥을 먹다가 손으로 밥을 먹게 됐다는 점에서 도구적 상태의 변화라고 볼 수 있다.

이러한 상태의 변화는 (4c)에서도 나타난다. 즉 철수가 병으로 죽은 것은, 철수가 죽지 않은 상태에 있다가, 죽은 상태로 그 상태가 전이[transfer]됐다는 점에서, 원인적 상태의 변화라고 할 수 있다.

결국 (4a), (4b), (4c)의 '-으로'의 기본의미는 상태의 변화라고 볼 수 있으며, 이러한 기본의미가 앞에 선행하는 요소에 따라 공간적 상태 변화냐, 도구적 상태 변화냐, 원인적 상태 변화냐가 차이질 뿐이다.

이러한 측면에서 본다면, (4a), (4b), (4c)의 '-으로'를 동음관계로 파악하는 것에는 상당한 무리가 따른다. 왜냐하면 (4a), (4b), (4c)의 '-으로'는 위에서 본 것처럼 그 기저구조에서의 의미가 기본적으로 동일한 것이기 때문이다.

앞의 논의와 뒤의 논의와의 방법론적 장단점은 자세히 거론하지는 않겠거니와 문제는 어떠한 설명방법이 (4a), (4b), (4c)의 '-으로'를 설명하는데 더 타당한 것이냐 하는 점이다.

(4a), (4b), (4c)를 각각 다른 기저구조를 가진 것으로 보는 앞의 방법, 즉 이들을 동음관계에 있는 것으로 보려는 방법은, 일단 그 방법적 측면에서 관찰적인 타당성[observational adequacy]을 가진 방법론으로 이해되고 있다.5)

한편 (4a), (4b), (4c)의 '-으로'를 같은 기저구조로 보는 방법은 기술적 타당성(descriptive adequacy)을 가진 방법론이라고 이해할 수 있다.6)

---

5) Chomsky, N., *Current Issues in Linguistic Theory*, The Hagul, 1964, pp. 23~29.

(8) PLD $\longrightarrow$ LAD $\longrightarrow$ G[7]

(8)은 Chomsky(1964)에서 제시된 언어 설명방법에 관한 모형이다. 'PLD'는 일차적 언어자료[primary linguistic data] 'LAD'는 언어습득 장치[language acquisition device], 'G'는 문법[Grammar]을 지칭한다.

Chomsky(1964)에 의하면, (4a), (4b), (4c)는 일차적 언어자료[PLD]가 되며, (5a), (5b), (5c)는 문법 (G)가 된다.[8] 이 경우는 바로 (4a), (4b), (4c)를 동음관계로 보는 논의인데, 이것은 일차적 언어자료를 관찰한 데서 나온 결론이다. 그렇지만 무엇을 관찰했느냐 하는 것이 문제가 되는, (5a), (5b), (5c)는 (4a), (4b), (4c)의 각각의 표면현상만을 관찰한 것으로 이해된다.

그러나 (4a), (4b), (4c)를 하나의 동일한 형태소로 보는 방법, 따라서 (4a), (4b), (4c)의 기저구조를 동일한 것으로 보는 방법은, 아마도 (4a), (4b), (4c)의 심층현상을 관찰한 결과로 이해된다. 왜냐하면 (4a), (4b), (4c)는 표면적으로는 음운구조를 제외하면, 아무런 동일성을 보이지 않기 때문이다.

문제는 표면현상의 관찰의 결과가 인간의 언어습득장치[LAD]에 더 합당한 설명을 더해 주느냐, 아니면 심층 현상을 관찰한 결과가 더 합당한 설명을 제공하느냐에 달려 있다.[9] 본 논문은 이 점에 대해서는 더 이상의 간여를 하지 않겠지만, 만약 심층현상을 관찰한 결과가 인간의 언어습득장치[LAD]의 해명에 더 큰 합리성을 가지고 있다고 한다면, 지금까지 동음관계로 보아 왔던 상당수의 단어들은 그러한 관계를 수정받아

---

6) Chomsky, N., 전게서, 1964.
7) Chomsky, N., 전게서, 1964.
8) Chomsky, N., 전게서, 1964, pp. 43~49.
9) 이것에 관해서는 Chomsky, N., "Conditions on Rule of Grammar.", *Lingustic Inquiury* 7, 1976, pp. 319-341.

야 될 것이다. 이것은 아래에서도 확인된다.

　　(9) a. 철수는 서울에 갔다.
　　　　b. 철수는 10시에 왔다.

　　(9a)와 (9b)에의 경우 최현배(1955) 등의 전통문법적 논의에서는 (9a)의 '에'를 '처소격'으로 (9b)의 '에'를 '시간격'으로 보고 있다. 이러한 관점은 결국 (9a), (9b)의 '에'가 서로 동음관계에 있고 따라서 (9a)와 (9b)의 기저구조가 다르게 설정되어야 함을 보여 주고 있는 예이다.

　　앞서에서 (9a), (9b)의 '에'를 설명하는 또 하나의 방법으로, 이들의 기본 의미를 같게 설정하는 방법에 대해서 생각해 보았다.

　　(9a), (9b)의 기본의미를 같은 것으로 본다는 것은, 결국 (9a), (9b)의 기저구조를 같게 본다는 것을 의미한다.

　　(9a), (9b)의 '에'의 기본의미는 과연 무엇일까?

　　(10)

　　　　　상태 A　　　　　　　　귀착점 B

　　(9a), (9b)의 '에'의 기본의미는 (10)의 도표와 같이 설정될 수도 있을 것이다. 즉 상태 A가 어떠한 과정을 거쳐 귀착점 B에 귀착되는 것을 '에'의 기본의미라고 볼 수 있다.

　　그래서 (9a)에서는 철수가 가는 상태의 귀착점이 '서울'이라는 해석이 되며, (9b)에서는 철수가 온 시간은 결국 10시에 귀착된다는 해석이 될 것이다. (9a), (9b)는 똑같이 '에'가 귀착의 의미로 쓰였으며, 그 선행자질의 의미에 따라 장소가 선행하면 '에'는 장소적 귀착의 의미를 갖게 될 것이며, (9b)와 같이 시간이 선행하면 '에'는 시간적 귀착의 의미를 갖게 될 것이다.

동음어에 관한 그 간의 논의에서는 범상하게 동음관계에 있는 것으로 이해되었던 것들을 더 자세히 들여다 보고 검토해 보면, 그것들은 다른 측면의 양상을 보이고 있음을 제2장에서 살펴보았다.

본 논문은 나름대로의 두 방법 사이의 장단점에 대한 논의는 하지 않았지만 확실히 그동안 간과되어 왔던 문제임에는 틀림없다.

2.2. 상보적 분포와 동음어

동음어 현상의 해명에 있어서 그간의 논의들이 다른 부문 예컨대 음운론이나 형태론, 또는 화용론[pragmatics] 등의 개념을 원용하는데 매우 인색한 입장을 취했던 것이 사실이다.

그러나 필자는 음운론의 개념은 음운론에서만 적용되고, 형태론의 개념은 형태론적 현상의 해명에만 적용된다는 식의 논의에 찬성하지 않는다. 음운론의 개념이건, 형태론의 개념이건, 화용론의 개념이건 간에, 그것은 언어현상의 한 측면에서의 개념임에 분명할진데, 서로 각기 고립적이어야 할 필요는 없는 것이다.

예컨대 동음관계는 전통적으로 의미론, 특히 어휘의미론[lexical se-mantics]에서 다루어왔는데10), 이것은 실은 음운론, 형태론, 심지어는 화용론적인 분야에까지도 그 관계영역이 펼쳐져 있는 것이 현상적인 사실이다.

필자는 음운론, 형태론, 화용론, 의미론 등이 물론 각각 상이한 부문이기는 하지만, 그것들이 모두 언어현상에 관한 부문이라는 점에서 모두 동일한 부문이라고 믿는다. 따라서 각 부문 사이의 개념은 서로 극복되

---

10) Ullmann, S., 전게서, 1962, 참조.

는 차원에서 원용되어야 할 것이다.

본 논문에서는 그 방법론적 원용의 일환으로 음운론에서의 상보적 분포[Complementary distribution]라는 개념을 동음이론에 원용하려 한다.

상보적 분포란 배타적 분포라고도 이른다. 예컨대 '감기' /kamgi/에서 첫 음절의 /k/와 두 번째 음절에서의 /g/는 동일한 음운론적 환경에서는 나타나지 않는다. 즉 /k/는 어두에서는 나타나나, /g/는 어두에서는 절대 나타나지 않는다. 반면 /g/는 유성음 사이에서 나타나나 /k/는 유성음 사이에서는 나타나지 않는다. 또 '국' /kuk'/의 어말 /k/는 파열되지 않는 음으로 /k'/로 표시되는데, 이 /k'/는 어말음에서만 나타난다. 즉 /g/, /k/, /k'/는 서로 배타적, 상보적 관계에 있다. /k/가 나타나지 못하는 음운론적 환경에서는 /g/, /k'/가 나타나고, 또 /k'/가 나타나지 못하는 곳에서는 /g/, /k/가 나타난다.

서로 상보적인 관계에 있는 셈이 된다.

    (11) a. 밤을 먹어라.
         b. 밤에 오너라.

(11a)와 (11b)에 대해서도 '밤'이 서로 상보적 분포의 관계에 있다고 설명하면 된다. 즉 먹는 '밤'은 (11a)가 나타나는 환경에는 심야의 뜻인 (11b)는 나타나지 않는다. 반면 (11b)의 음운론적, 통사론적 환경에서는 (11a)가 나타나지 않는다고 설명하는 방법이다.

문제는 이들 상보적 분포 사이의 환경자질만을 설정해 주는 방법이 남아 있을 뿐이다.

이 환경을 설정해 주는 방법에는 두 가지가 있다. 하나는 동음관계에 있는 즉 상보적 분포를 가지는 (11a)와 (11b)의 '밤'의 자질을 설정해 주는 방법이며, 나머지 하나는 '밤' 자체의 자질을 설정하지 않고, 대신

'밤'이 나타나는 환경자질을 설정해 주는 방법이다.

(12) [+_____ 먹다, 씹다, 까다……]

(12)는 두 번째 방법 즉 '밤'이 나타나는 환경자질을 설정해 주는 방법이다. '+'는 그러한 자질이 나타난다는 표시이며, ___은 '밤'이 나타나는 자리이며, "먹다, 씹다, 까다" 등은 '밤'이 가질 수 있는 후행성분을 나열한 것이다. 결국 (12)는 (11a)의 '밤'의 자질을 상보적 측면에서 설정한 방법의 하나이다.

(13) *밤을 죽이자.

(13)은 비문법적인 문장이 되었는데, 이것은 (12)의 환경자질을 가진 '밤'이 이 환경자질을 어겼기 때문에 비문법적인 문장이 된 것으로 이해되고 있다.

동음관계의 단어들을 상보적인 분포로 설정하는 방식은, 그 단어들의 환경자질이 제때 적정히 설정되기만 한다면 매우 경제적인 방법론이 아닐 수 없다.

(12)의 방법은 변형생성이론의 방법론에 따라 더 엄밀히 범주화될 수 있는 가능성이 있다.

다음의 (13)을 보자.

일반적으로 (12)의 방식은 (12a)와 같이 간결히 표기될 수 있다.

(12a) $A \rightarrow B / X \rightarrow Y$[11]
(12b) X AB Y 1 2 3 4
        1 2 3 4 $\Rightarrow$ +F Ø

---

11) Chomsky, N., 전게서, 1965, 참조.

(12a)는 두 부분으로 나누어져 있는데 왼쪽은 변화의 형식을 보이고 있으며, 오른쪽은 그 변화가 일어나는 환경을 보이고 있다. 즉 왼쪽은 A가 B가 된다는 것을 의미하고 있으며, 오른쪽은 A가 B로 변화되는 것은, 단지 X와 Y 사이에서라는 환경적 자질을 의미하고 있다. 다시 말해서 X와 Y 사이에 A가 있으면 이 A는 바로 B로 변하게 됨을 뜻하고 있다.

(12a)는 따라서 아래 (12c)와 같이 다시 고쳐 형식화된 양상으로 나타낼 수 있다.

(12c) XAY ⇒ XBY

(12b)의 규칙은 보통 변형규칙[Transformational Rule]이라고 부르는 것인데, 이것도 두 부분으로 나누어져 있다. 즉 왼쪽 부분과 오른쪽 부분으로 나누어져 있는데, 왼쪽 부분은 변형규칙을 적용하기 전의 상태를 보이고 있고, 오른쪽 부분은 변형규칙의 적용 후의 모습을 보이고 있다. 오른쪽 부분은 따라서 3이 삭제(∅)되고, 대신 그는 'F'라는 자질 혹은 형태를 얻게 된다는 것으로 해석될 수 있다.

(12a)의 방법을 우선 (12)에 적용시켜 보면 우리는 다음과 같은 것을 얻게 된다.

(12.d) 밤 → fruit / ∅ ——— 먹다, 까다, 씹다.

즉 '밤'은 '먹다', '까다', '씹다' 등의 후행 환경자질 앞에서, 먹는 '밤' 즉 [+fruit]의 자질을 갖게 된다는 것이다.

이 방법은 생성음운론의 한 방법이기도 한데, 매우 경제적인 규칙의 전형을 보이고 있다. (12)같이 설정하는 것과 (12.d) 같이 설정하는 방법 사이의 방법상의 장단점에 대해도 본 논문에서는 관여하지는 않는다.

다만 (12d)의 생성 음운론적 방법은 동음어 현상의 해명에 있어서 시야의 확대라는 점에 시도되어 마땅한 것으로 확신한다.

2.3. 지시체와 동음어

동음어 현상의 해명에 있어서, 가장 주목할 만한 사실의 하나는 그간의 논의가 동음어의 음운구조와 의미구조의 관련성에만 관심을 가져 왔다는 점이다.

이러한 관심은 어쩌면 당연한 것인지도 모른다. 왜냐하면 동음어란 간단히 말해서 음운구조는 같고, 그 의미구조는 다른 것이기 때문이다. 그러나 이러한 관심은 한 가지 간과해서는 안될 점을 간과해 버리고 있다.

예를 '배'로 들어서 설명을 해 보자. '배'는 그 기저구조(deep structure)상 세 가지의 의미구조를 가지게 된다.

(14) a.

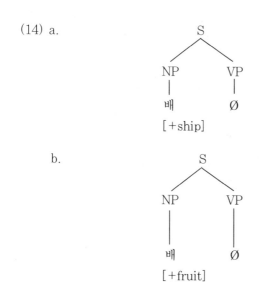

c.

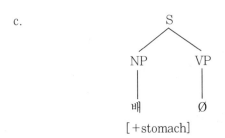

[+stomach]

그러나 (14a), (14b), (14c)의 기저구조는 통사, 의미구조만을 훌륭히 설정해 주고 있을 뿐 그 지시체(referent)에 대해서는 언급이 없다.

(15)

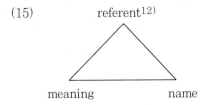

즉 (14a)의 '배'는 /bæ/라는 능기(name)와, 바다나 강에서 타고 다닐 수 있는 '교통기관'이라는 의미(meaning)와 지칭하고 있는 그 자체로서의 물체 즉 지시체(referent)로 구성되어 있다.

그간의 동음어에 관한 논의는 바로 능기[name], 의미[meaning], 지시체[referent] 세 부문[Component] 중에서, 능기와 의미의 두 부문에 관해서만 이루어진 것이 사실이다.

언어 현실의 해명, 더 직접적으로 말해서 동음어 현상의 해명에 능기, 의미의 두 부문만이 관심의 대상이 되어 온 것은, 어쩌면 동음어 현상의 해명에 불구적인 작용을 하게끔 만든 것일지도 모른다.

---

12) Ogden, C. and Richard, S., *The meaning of Meaning*, London, 1956, p. 11.

동음어 현상도 엄연한 언어현상인 이상, 언어구성의 중요한 세 부문 즉 지시체의 문제까지도 고려되어야 한다.[13]

지시체(referent)의 문제를 동음어 현상의 해명에 유도하는 것은 어쩌면 너무 당연한 작업인지도 모른다. 지시체 자체의 개념이 의미론적 개념일 뿐더러, 동음어 자체론 의미론, 즉 어휘의미론에서 취급되는 문제이기 때문이다.

당연히 고려해야 할 지시체의 문제를 간과해 버림으로써, 동음어 현상의 해명은 그 자체의 해결방법의 난맥을 스스로 자초한 것이 된 것인지도 모른다.

지시체의 문제를 동음어 현상의 해명에 원용하는 작업은 그러나 그렇게 간단한 작업만은 아니다. 그것은 일단은 지시체의 문제와 능기의 문제가 해결되어야 하고, 또 지시체와 의미의 관계도 선행작업이 필요하기 때문이다.

이러한 작업은 의미론 쪽에서도 아직은 천착되지 못한 문제이긴 하지만, 지시체의 문제를 동음어 현상에 원용하는 방법의 하나로 우선은 지시구조[referent structure]를 생각해 볼 수 있다. 지시구조란 음운구조[phonological structure]와 의미구조[semantic structure]에 대응하는 개념으로, 기저구조에 설정된 지시물 자체의 구조를 말한다.

문제는 지시구조를 어떻게 설정하느냐 하는 지시구조의 설정 문제에 있다.

지시구조의 설정방법은 일단은 의미구조와 같은 형식의 방법을 생각해 볼 수가 있다. 그렇다고 의미구조와 지시구조가 같은 양상을 띤다는 것은 아니다.

다만 의미구조의 설정 방법론을 지시구조의 설정방법에 원용해 보자

---

13) Ogden, C. & Richard, S., 전게서, 1956, 참조.

는 것이다. 지시구조의 현저한 특징의 하나는, 이 구조가 이분법을 사용한다는 점이다. 세상에 실존하는 지시체는 모두 지시구조의 대상이 된다. 이 지시체는 일단은 유정물과 무정물로 분류가 될 수 있다. 이것은 [animate]라는 자질을 써서, 유정물은 [+animate], 무정물은 [-animate]라고 표시될 수 있다.

무정물은 더 세분할 수도 있겠지만, 분류 방법론상, 그러한 세분화 작업은 문법을 오히려 번거롭게 할 위험이 있다. 따라서 무정물의 분류보다는 유정물의 분류가 더 나은 방법이다.

유정물은 인간과 인간이 아닌 것으로 분류될 수 있다. 이것은 따라서 [human]이라는 자질을 이용해서 인간은 [+human], 인간 아닌 지시체는 [-human]으로 표시할 수 있다. [+human]은 또 그 나이를 기준으로 해서, 어른과 어른 아닌 어린이로 분류할 수 있으며, [adult]라는 자질을 사용해서 어른은 [+adult]로, 어른 아닌 어린이는 [-adult]로 표시할 수가 있다.

지금까지 [animate], [human], [adult]라는 세 가지 자질로 [+animate], [-animate], [+human], [-human], [+adult], [-adult]의 여섯 가지 지시체 자질을 설정했다.

더 이상의 세분화가 물론 불가능한 것은 아니지만, 만일 더 이상 세분화한다면, 문법이 매우 복잡하게 되어 버려, 문법의 간결성이란 측면에서 시도되었던 본 논문의 정신과 논리적 모순을 띠게 되므로 곤란하다.

여기서 한 가지 문제로 남는 것은, 이러한 자질의 세분화 작업의 한계에 관한 문제이다. 즉 지시체 자질을 어디까지 세분화해서 내려가느냐 하는 문제가 그것이다. 본 논문에서는 일단은 [animate], [human], [adult]의 세 단계의 분류만을 시도했지만, [adult]의 지질을 더 세분화할 수가 있다.

(16)

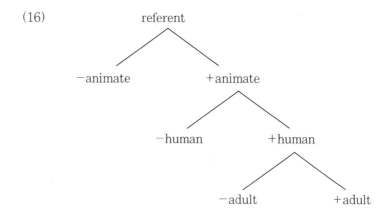

위 (16)의 도식에서 세분화작업의 기능성은 [-animate], [-human], [-adult], [+adult]의 곳곳에서 다 가능하다.

본 논문은 이러한 세분화 작업을 논하는 자리는 아니므로, 이것에 대한 더 이상의 논의는 하지 않지만, 이러한 세분화 작업과 그 세분화의 한계성 등의 문제가 동음어 현상의 해명에 매우 중요한 시사를 던져주리라는 것은 분명한 사실임을 밝힌다.

본 논문은 일단은 도표 (16)에서 지시체 자질만을 인정하기로 한다.

이러한 지시체 자질을 이제 앞에 (14a), (14b), (14c)에 넣어보자. (17a), (17b), (17c)는 지시구조가 설명된 기저구조의 모습이다.

(17a)

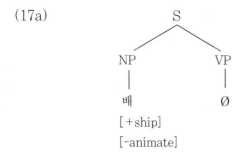

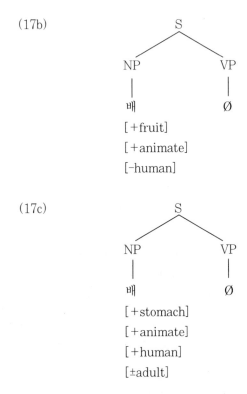

(17b)

S
NP   VP
배   Ø
[+fruit]
[+animate]
[-human]

(17c)

S
NP   VP
배   Ø
[+stomach]
[+animate]
[+human]
[±adult]

(14a)는 '배'에 [+ship]이라는 의미구조만이 설정되어 있지만 (17a)에는 이것 이외에도 [-animate]라는 지시자질도 표시되어 있어 (14b), (14c)와의 동음관계를 더 확실히 해 주고 있다.

또 (14b)는 '배'에 [+fruit]이라는 의미구조만 설정되어 있지만, (17b)에는 유정물이며 사람은 아니라는 [+animate], [-human]이라는 지시자질이 표시되어 있다. (17c)에서 '배'를 [+human]의 자질로 표시한 것은 '배'는 '사람의 한 부분'이므로 그 한 부분 또는 사람으로 지시 표시가 가능하기 때문에 설정한 것이며 [±adult]는 '배'에 관한한 어른이든 어른이 아니든 누구나 한 부분의 인체로서의 '배'를 소유하고 있기 때문에 설정한 자질이다.

전체적으로 (14a), (14b), (14c)는 의미자질만 표시되어 있으나, (17a), (17b), (17c)는 지시자질까지도 설정되어 있어 동음관계의 자질을 확실히 할 수 있는 이점이 있다.

여기서 또 한 가지 문제로 남는 것은 의미자질과 지시자질을 어떻게 분간하느냐의 문제이다. 의미자질과 지시자질은 그 표기 방법 자체부터가 유사성을 갖고 있기 때문이다.

그러나 이 문제는 그리 어려운 문제는 아니다. 즉 지시자질은 예컨대 [animate]의 자질은 [+animate]와 [-animate]로 분류가 가능하나, 의미자질, 예컨대 [ship]은 [+ship], [-ship]의 이분화가 가능하지 않고, [+ship]만의 자질만이 가능하다.

왜냐하면 [-ship]이라하면 'ship' 아닌 것을 모두 지칭하는 의미 표시인데, 이것은 도대체가 그 하위분류가 너무 복잡하여 가능하지 않기 때문이다.

또 언어규칙의 경제성이란 측면에서도 'ship'과 'ship' 아닌 것으로 나누는 분류방법은 지극히 비경제적이기 때문이다.

즉 지시자질은 그 자질을 다시 하위분류할 수 있는데, 의미자질을 이분화 해서 분류하는 것은 언어학적으로 별 의미가 없다는 점이 문제가 되는 점이다. 앞서도 논의 되었지만, 음운구조와 의미구조 외에, 지시구조를 동음어 현상에 도입함으로써, 동음관계의 양상을 분명히 한 점은 그간의 동음어 현상의 해명에서 전혀 논의되지 않았던 점의 하나이다. 문제의 하나는 동음어의 지시자질의 분류를 어느 선까지 하느냐의 문제인데, 이 문제는 의미론 쪽의 연구를 기다려 볼 일이다.

다만 여기서 생각해 보아야 할 것은 지시자질의 한계성에 관한 구조주의적 입장과 변형생성문법적 입장에 관한 논의이다.

분류기술을 최우선 과제로 삼았던 구조주의 문법의 입장은 아래

Francis(1958)의 말에서 확연히 선언되고 규정되고 있다.

> (18) "우리는 언어학자들이 할 일을 어떤 복잡한 게임, 이를테면 장기
> 를 관찰하고 있는 사람이 할 일에 비유하여 설명할 수 있다. 이
> 게임에 대한 예비지식이 없는 현명한 관찰자는, 장기가 매우 체
> 계적인 게임이라는 것을 알게 될 것이다. 우선 그는 장기판이 규
> 격에 맞춰 줄이 그어져 있다는 것을 알게 될 것이고, 또 말들은
> 줄과 줄이 엇갈리는 교차점에 놓인다는 것을 알게 될 것이다. 그
> 는 또한 장기놀이가 계속되는 동안 말의 종류에 따라 그 운행방
> 법이 매우 규칙적임을 확인하게 될 것이다. 그는 따라서 아무리
> 복잡하게 얽어진 장기운행이라도 그것에 기저에는 규칙성이 있
> 음을 알게 될 것이다.
>   언어학자가 하는 일은 바로 이러한 규칙성을 언어에서 발견해
> 내는 일이다."14)

Francis(1958)의 이 말은 위에서 논의한 지시구조(referent struc-
ture)의 한계성에 대해서 매우 시사적인 의미를 가진다.

즉 구조주의적 입장에서는 그러한 지시구조의 방법은 확실히 규칙성
의 지배를 받고 있는 것이어서, (16)의 지시체 구조는 꾸준히 확대가능
성을 보장할 수 있다는 점이다.15)

그러나 변형생성문법적 측면에서는 자질의 수는 적을수록 좋으며,
그것은 언어학적 의의(linguistic signifiance)와도 합치되는 개념임을 내
세우고 있다.16)

본 논문은 바로 변형이론의 입장을 따랐다.

---

14) Francis, W., The Structure of American English, Ronal press, 1958,
 pp. 43~49.
15) Francis, W., 전게서, 1958, 참조.
16) Chomsky, N., 전게서, 1965, pp. 34-52.

2.4. 문법모형과 동음어

동음어가 일반적으로 상정되고 있는 변형이론 특히 표준이론[Aspects of Syntactic theory][17]에서, 어떠한 위치를 차지하고 있으며, 그것의 하위성분[subcomponent]으로는 어떠한 것들이 있는지 하는 것 등의 동음어 논의에서 강기진(1981)에서만 일부 다루어졌을 뿐 거의 취급되어 오지는 않았다.

이러한 것이 간과된 데에는 여러 가지 이유를 들 수 있으나, 가장 큰 이유 중의 하나는 변형이론 자체의 난해성 때문에 동음어와의 관계가 그리 선명히 내색되지 못한 데에 있는 것 같다.

그러나 동음어가 문법모형 안에서 어떠한 자리와 위치를 가지고 있느냐 하는 것은 매우 중요한 의의를 지니고 있다. 왜냐하면 그러한 작업을 통해서만이 동음어에 대한 거시적인 안목을 시도할 수 있기 때문이다.

동음어 관계를 문법모형 안에서 체계화하려는 논의는 물론 Ullmann (1962)에서부터 있어는 왔다.

(19)

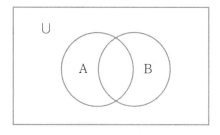

그러나 (19)의 도식은 단지 U는 전체 어휘집단을 의미하며 A는 동철어, B는 동음어 A∩B 부분은 협의의 동음어, A∪B는 광의의 동의어

---

17) Chomsky, N., 전게서, 1965.

라는 식의 동음어 형식에 관한 논의를 보여줄 뿐, 거시적인 안목은 제공
해 주지 못하고 있다.

본 논문에서는 동음어 현상이 변형생성이론 안에서 어떻게 체계화되
고 형식화될 수 있는지 하는 문제를 간단히 언급해 보겠다.

편의상 앞서 든 (1a)의 예문을 약간 고쳐서 다시 적어 보겠다.

　　(1a′) 철수가 학교에서 말을 한다.

전통적으로는 동음어 '말'은 의미론에서만 관계되어 왔지만, 생성이
론의 체계 안에서는 통사부[syntactic component], 음운부[phonological
component] 그리고 의미부[semantic component]에 다 관계하고 있는 것
으로 이해되고 있다.18)

이 가운데서 통사부 만이 동음어, 또는 동음어 구조의 생성에 관계하
며, 나머지 둘은 통사부에서 생성되어 나온 동음어를 해석하는 해석부
[interpretive component]의 기능을 갖고 있다. 따라서 (1a′)의 동음어
구조에 관한 한 통사부가 제일 먼저 관여하는 것으로 보여진다.

통사부는 두 가지로 나누어진다. 하나는 기저부[base component]와
변형부[transformational component]로 나누어진다.

기저부는 기저구조, 심층구조라고 불리는 부분인데, 이 부분은 다시
기저 구절규칙[phrase structure Rule]과 어휘부(lexicon)의 부문으로 나
누어진다. 그러니까 원칙적으로는 (1a′)의 동음어 구조를 생성하는데는
이 기저구절규칙의 부분이 제일 먼저 작동하게 되는 셈이다.19)

(1a′)는 다음 (20)과 같이 선형구조로 나타내어진다.

---

18) Chomsky, N., 전게서, 1965.
19) Langacker, R., *Language and its Structure*, New York. 1967, pp. 27~43.

(20) a. NP VP

    b. NP PP NP V

    c. NP N P NP V

    d. NP N P N V

    e. N N P N V

   (20)은 (1a′)의 선형구조인데, 이 선형구조에 차례로 어휘삽입이 된다. (21)은 (20)에 어휘삽입이 되는 과정을 보여주고 있다.

(21) a. 철수가 VP

    b. 철수가 학교에서 NP V

    c. 철수가 학교에서 말을 V

    d. 철수가 학교에서 말을 한다.

   (20)의 선형구조는 (21)의 어휘 삽입을 거친 후에 (22)와 같이 수형도[tree diagram]로 나타낼 수 있다.

(22)

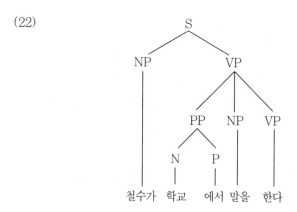

   (22)의 수형도와 관련해서 문제가 되는 것의 하나는 (23)과 같은 예문이다.

(23) 철수가 배와 배를 갖고 있다.

(23)은 '배'의 해석을 어떻게 하느냐에 따라서 큰 의미차이를 가진 것으로 해석될 수 있다. 같은 종류의 '배'라면 즉 [ship]과 [ship] 등의 동류의 '배'라면 (23)은 다음 (23a)와 같은 통사부를 갖게 될 것이다.

(23a)

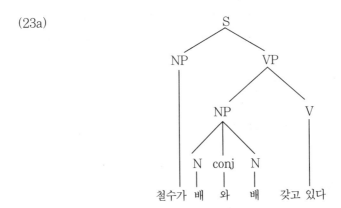

즉 '배'가 접속사 '와'로 연결되어 있어서 이 경우 철수는 '배'를 두 개 또는 두 척 가지고 있는 것으로 해석될 수 있다.

그러나 (23)의 '배'가 다른 종류 즉 [ship]-[fruit] 등의 관계라면 (23a)의 기저구조로는 이들이 각각 다른 것임을 나타낼 도리가 없다. 왜냐하면 일반적으로 (23a)와 같은 접속 형태를 구접속이라고 하는데, 이러한 구접속의 형태로는 동일한 구성요소만을 접속시킬 수 있기 때문이다.

따라서 '배'가 다른 종류끼리의 접속일 때는 (23b)와 같이 문접속의 형태를 가져야 한다.

(23b)

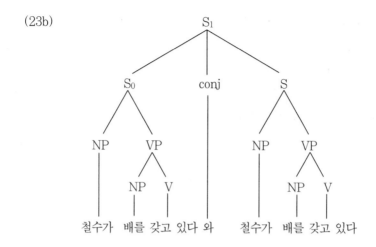

(23b)의 경우 두 문장의 접속사 '와'에 의해 연결되고 있다.

　(23b)에서 (23)을 유도해내는 데는 변형규칙이 필요한데, 그것의 하나가 동일명사구 삭제규칙[Identical noun phrase deletion Rule]이다. 이 규칙에 의하여 '철수가', '갖고 있다'를 각각 하나씩 삭제할 수가 있다. 그러나 '배를'은 삭제할 수가 없다. 그것은 이들 '배'가 서로 다른 종류이기 때문에, 다시 말해 동일명사구가 아니기 때문이다.

　그러나 (23a)에서는 '배'가 동일한 자질을 갖고 있기 때문에 하나를 삭제하고 대신 '수사삽입'을 해도 된다.

　　(23)　철수가 배와 배를 갖고 있다.
　　(23c) 철수가 배 두 개를 갖고 있다.

　물론 (23c)의 기저구조가 (23a)와 같은 것이 될 때의 이야기이다.
　아무튼 이러한 문제들은 전적으로 통사부에서 다루어지게 된다. 의미부에서는 이러한 통사부에 근거를 두고 의미해석을 해서, 이것을 표면구조[surface structure]에 내보내게 된다. 이 표면구조로 유도되어 나오는 과정 도중에 변형부가 있음은 앞서 말한 그대로이다.

표면구조에서는 이것을 실제로 발음키 위한 음운부가 있어서, 이것을 발음하게 한다.[20)]

일반적으로 비분절자질이라고 부르는 소리의 높이, 세기 등도 이 음운부에서 결정해야 할 일이다.

(24)

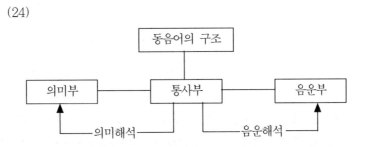

(24)는 앞서의 논의를 도식화한 것이다. 더 천착된 체계화는 의미결정의 요소, 음운부의 기능에 대한 이해, 통사부의 위치 등에 관한 이해가 선행된 뒤의 일이다.

3. 결 론

본 논문은 그간의 동음어 논의에서 간과되어 왔던 문제들을 논의해 보고, 그러한 논의의 확대 가능성을 확인해 보는 목적을 가지고 시작했었다. 아울러 그간의 필자의 논의에서 보완되어야 할 점도 검토해 보려는 뜻도 있었다.

---

20) Langacker, R., 전게서, 1967, pp. 49-63, 참조.

　이러한 검토와 논의의 과정에서 서로 다른 의미구조를 가진 것으로 이해되어 왔던, 동음관계의 단어들을 한 가지의 기저구조로 설정해보려는 시도를 실행해 보았다. 이 결과 표면적 현상만을 관찰하는 측면에서는 세 가지의 각기 다른 기저구조를 가져야만 하는 동음관계들이, 측면을 달리하여 기저적 현상에서 관찰했더니, 같은 의미구조를 갖고 있는 것으로 확인되었다. 같은 의미구조를 갖고 있다는 것은, 같은 기저구조를 갖고 있다는 의미가 되기 때문에, 이러한 시도는, 지금까지의 동음어에 관한 기존의 개념을 완전히 바꾸는 새로운 양상을 지니게 되었다.

　또 본 논문은 동음어의 현상이 전통적으로 의미론 특히 어휘의미론에서만 다루어졌음에 유의하여, 이러한 고정된 처리방법이, 동음어 현상의 해명을 위한 시야의 확대에 방해가 되는 요소일지도 모른다는 가설을 세우고, 음운론적인 요소인 상보적 분포의 개념을 동음어론에 원용하여 보았다.

　결과로 동음어의 환경자질만 적정히 설정할 수만 있다면 매우 효용 있는 방법임을 알 수 있었다. 본 논문은 이러한 결과를 생성의미론의 형식화된 방법을 빌어 체계화해 보았다.

　한편 본 논문은 그간의 동음어 논의에서 지시체[referent]에 대한 관심이 전혀 없었음을 지적하고, 이러한 지시체의 개념의 도입이 동음어 현상의 해명에 가져다 줄 수 있는 이점들을 검토해 보았다.

　동음어 논의에 관한 한 더 이상의 논의는 아마도 가능하지 않으리라는 학계에 견해에도 불구하고, 측면을 달리해서 검토하면 여전히 문제는 산재해 있음을 본 논문에서 확인할 수 있었다.

▌參考文獻

이승명, ≪국어동음어연구〈A〉≫, 어문학(20), 1969.

＿＿＿, ≪동음어 충돌과 Safety-measures에 대하여≫, 국어국문학 48, 1970.

＿＿＿, ≪동음어의 제상과 문체론적 기능에 대하여≫, 어문논총 6, 1971.

최태영, ≪동음어 충돌 회피에 관한 연구(一)≫, 논문집 제14집(전북대), 1972.

＿＿＿, ≪동음어 충돌 원리고≫, 국어국문학 58~60, 1972.

서병국, ≪동음충돌의 치유에 대하여≫, 국어교육 9(경북대), 1977.

강기진, ≪국어 동음어의 생성 요인 고구≫, 동악어문논집 15, 1981a,

＿＿＿, ≪국어 동음충돌현상에 대한 연구≫, 국어국문학 논문집 11(동국대), 1981b.

＿＿＿, ≪국어 동음어의 문체론적 연구≫, 한국문학연구 4(동국대), 1981c.

Dauzat, A., *La Philosophine du Langage*, 1929.

Hockett, C.F., *A Course in Modern Language*, 1958.

Bridges, R., *On English Homophones*, 1919.

Saussure, F. De., *Course in General Linguistics*, 1959.

Gilliéron J., *Génélogie des mots qui designment lábeile*, 1918.

＿＿＿＿＿, *Etudes de géographi Linguistique*, 1912.

Wrenn, C.L., *The English Language*, 1949.

Webster, M., *Webster's Third New International Dictionary*, 1966.

Palmer, L.R., *An Introduction to Modern Linguistics*, 1936.

Bolinger, D., *Aspect of Language*, 1968.

Goyvaerts, D.L., *Meaning beyond Linguistics. Linguistics*, Vol. 80, 1972.

Lyons, J., *Semantics I, II*, 1977.

＿＿＿＿＿, *Introduction to theretical Linguistics*, 1968.

＿＿＿＿＿, *Noam Chomsky*, 1973.

Sterm, G., *Meaning and Change of Meaning*, 1973.

Bradley, H., *The Making of English*, 1957.

Harris, Z.S., *Methods in Structual Linguistics*, 1957.

Chomsky, N., *Aspects of theory of syntex*, 1965.

Katz, J.J. Postal, P., *An integrated Theory of Linguistics descriptions*, 1964.

Ogden, Richard, *The Meaning of Meanging*, 1923

Whatmough, J., *Language A Modern Synthesis*, 1957.

Langacker, R. W., *Language and its Structure*, 1968.

Searle, J., *Speach act*, 1969.

Carroll, J., *Language and thought*, 1973.

Philbrick, F.A., *An Introduction to Semantics*, 1942.

Leech, G., *Semantics*, 1974.

Ullmann, S., *The Prinsiple of Semantics*, 1957.

_____, *Semantics*, 1967.

Jespersen, O., *Language*, 1954.

_____, *Structure of the English Language*, 1930.

_____, *The Philosophy of Grammar*, 1963.

Bloomfield, L., *Language*, 1958.

Martinet, A., *Element de Linguistique Générale*, 1961.

Katz, J.J., "Interpretiue Semanfics VS. Generative Sementics", *Foundation of Language* 6, 1970.

Francis, W., *The Structure of American English*, 1958.

명제와 함의로서의 동음어

1. 序 論

本 論文은 同音語(homonym)의 槪念을 命題(proposition)와 含義(en-tailment)라는 측면에서 파악해 보고 아울러 그 基底構造로서의 同音語를 살펴보는데 目的을 가지고 있다. 명제는 意味論에서의 중요한 要素(factor)의 하나로 알려져 있다. 意味論에서는 의미를 전달할 수 있는 形態의 하나로 文章(sentence)을 들고 있으며, 어떤 문장이 의미를 가지려면, 眞理値(truth value)를 가지고 있어야 한다고 규정하고 있다. 그리고 어떤 문장이 진리치를 가지고 있으면, 그 文章의 意味는 命題가 된다.1)

예를 들어 보자.

(1) 철수는 배를 먹었다.
(2) *철수는 배를 먹었다.
(3) 철수는 배를
(4) 철수

---

1) Katz, J.J., "Propositional Structure and Illocutionary force", *A Study of the Contribution of Sentence Meaning to Speech Act*, New York, 1977, pp. 43-49.

위의 예에서 (1)의 '배'의 意味資質(semantic feature)이 (5)와 같다면 (1)은 진리치를 가진 명제이다.

(5)

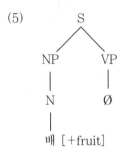

그러나 (2)의 예문에서 만약 '배'의 의미자질이 다음 (6)과 같다면, 진리치를 갖지 못하므로, 이것은 명제가 아니다.

(6)

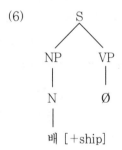

예문 (3)은 또 문장이 아니고 語句(phrase)이기는 하지만, 그러나 나름의 의미를 가지고 있다. 그렇지만 이것은 진리치를 가질 수 없으며, 따라서 명제가 아니다. (4)도 (3)과 마찬가지의 경우이므로 진리치가 아니다.

含義도 역시 의미론에 있어서 매우 중요한 요소의 하나이다.[2) 함의

---

2) Lyons, J., *Semantics*. I, 1977, pp. 171~173.

란 어떤 한 문장 안에서 推理될 수 있는 모든 명제들을 말한다.3) 다음 예를 보자.

    (7) 철수는 눈을 보았다.

  예문 (7)에서 함의될 수 있는 명제는 두 가지 정도이다. 하나는 '철수가 다른 어떤 사람의 눈을 目擊했다'라는 의미의 명제이고, 또 다른 하나는 '철수가 하늘에서 내리는 눈을 구경했다'라는 명제이다. 앞이 함의라면 동음어 '눈'의 의미자질은 다음 (8)과 같이 구성될 것이다.

    (8)

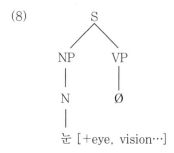

  그러나 뒤의 의미를 함의하고 있다면 동음어 '눈'의 의미자질(semantic feature)은 다음 (9)와 같이 構造化될 수 있을 것이다.

    (9)

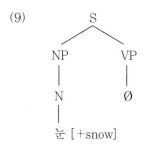

---

3) Lyons, J., 前揭書, 1977, pp. 141~148.

명제와 함의의 이론은 비록 의미론에서 시작된 이론이기는 하지만, 동음어의 개념을 다른 각도에서 정의하고 체계화시키는 데에 매우 결정적인 方法論을 제시해 주고 있다.

본 논문은 이것 외에도 동음어의 개념을 類義語(synonym), 多義語(polysemy)와의 相關關係에서 再檢討해 보고, 이 상관관계의 理論化 가능성을 타진해 보려는 목적도 지니고 있다. 앞서 말한 바처럼 본 논문은 명제와 함의의 이론에 의하여 동음어의 개념을 새롭게 浮刻시켜 보려는 목적을 원칙적으로 지니고 있지만, 아울러 명제와 함의의 이론이 우리 국어에도 훌륭히 적용될 수 있는 방법론임을 증거하려는 목적도 가지고 있다. 본 논문은 현대국어 동음어를 자료로 삼았으며, 通時的인 지식은 참고하지 않았다.

2. 命題와 同音語

제2장에서는 命題와 동음어와의 상관관계를 밝히고, 명제이론의 측면에서 동음어의 개념을 設定하는 일이다. 좀더 구체적으로 말하면 동음어를 內包한 문장이 여러 의미로 해석되는 것은 무슨 이유이며, 이것이 명제와 어떤 관계가 있으며, 또 명제는 어떤 形式化의 과정을 거쳐 동음어 해석에 작용하게 되는가 하는 문제를 밝히는 것이다.

다음의 (10)은 (11)처럼 해석될 수도 있다.

(10) 새집이 있다.
(11) a. 새로 지은 집이 있다.
     b. 새가 사는 집이 있다.

특별한 경우에 따라서는 (10)은 (11)에 提示된 것보다 더 많은 내용을 傳達할 것이다. 이 전달되는 情報中에는 (10)과 意味上으로 아무런 관계가 없는 것도 있을 것이다.

여기서 우리는 (10)이 話者(speaker)의 意圖대로 해석되기 위한 몇 가지 조건을 검토해 보아야 한다.

이것을 일단 意味規則이라고 부르기로 한다면, 이 의미규칙에 고려되어야 할 요건으로 우선 話者, 聽者(hearer), 第三者를 들 수 있다. 화자, 청자, 제3자는 물론 그 자신의 의미규칙에 語彙目錄(lexicon)을 가지고 있다.4)

즉 (12)를 말하는 화자의 의미규칙에는 (13)과 같은 어휘목록이 內在(innate)되어 있다.

　　(12) 서울에는 말이 많다.
　　(13)

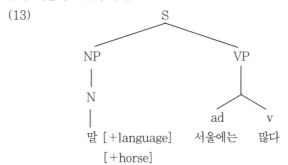

동음어 '말'에 대해서 화자가 가지고 있는 어휘목록은 위 두 가지가 된다. 예를 들어 화자가 'language'의 뜻으로 (12)를 發話했다면, 청자는 화자의 의도를 'language'로 把握하여야 한다. 그렇지 않으면 화자와 청자 사이에는 對話가 끊어지거나, 語塞한 對話를 하게 될 것이다.

---

4) Lakoff, R., "*Language in Context*" *Language*, 48, 1972, pp. 907~927.

청자는 이때 화자의 의도를 파악하기 위한 여러 준비를 해야하는데, 우선 그 의도가 명제하고 있는 주변 의미를 어휘목록에 제시하여야 한다. 그리하여 청자는 다음 두 가지의 어휘목록을 내재케 된다.

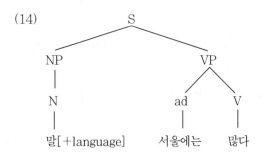

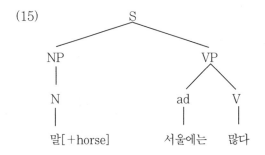

(14), (15) 사이에는 물론 의미적인 관련성이 없어야 한다. 만일 의미적인 관련성이 보인다면 그것은 동음어가 아닌 것이다.

청자가 (12)의 문장을 들었을 때, 청자는 (14), (15)의 두 명제를 생각하게 되는데, 이 (14), (15) 즉, 어휘목록 안에 내재(innate)되어 있는 語彙資質(lexical feature)이 동음어가 되는 것이다.

이 동음어의 어휘목록은 그러나 生成的(generative)이다. 왜냐하면 기왕의 어휘자질과 관련성이 없는 어떤 것이 나타났을 때, 그것 역시 기왕의 것과 같은 과정을 밟아 같은 어휘목록에 속하기 때문이다.5)

그러나 (12)의 동음어의 해석은 어휘목록 즉 의미목록에 의해서 전부가 결정되지 않는다. 意思疏通에 필요한 기타의 여러 조건들이 동음어의 해석에 작용하게 된다.

다음 (17)을 보자. (17)의 동음어 '공주' 역시 여러 가지로 해석될 수 있으나, (18)의 여러 의사소통에 필요한 조건들은 (17)이 여러 가지로 해석되는 것을 막아주고 있다.

> (17) 공주가 어디 있는지도 모르니?
> (18) a. 부여 옆에 있는 도시가 공주냐?
>   b. 공주가 어디 계시는지도 모르니?

(18)은 기왕의 동음어에 대한 논의에서 文脈에서의 해석이라고 알려져 왔지만 엄격한 의미에서 그것은 명제를 포함한 話用論的(pragmatics)인 해석이다.

이 화용론적인 해석도 명제의 중요한 요소를 이룬다. 명제에는 따라서 두 가지가 있을 수 있는데, 그 하나가 어휘목록에 의한 명제이고, 다른 하나가 화용론적인 해석에 의한 명제이다.6)

명제에 의한 동음어의 해석은 그러나 대부분 어휘목록에 의한 것이 태반이다.

3. 含義와 同音語

이제 含義(entailment)의 측면에서 동음어관계를 살펴보자.

---

5) Lakoff, R., 前揭論文, 1972, pp. 907~909.
6) Lyons, J., 前揭書, 1977, pp. 163~164.

(19) 초를 가져 오너라.

(19)의 '초'가 불을 켜는 초라고 생각하자. (19)를 말하는 화자의 의도에 '초'의 어휘목록이 '불켜는 초'라고 假定됐을 때의 이야기이다. 發話文 (19)가 어떻게 위의 뜻을 전달할 수 있는가? 위의 문제는 다음과 같이 좀더 분명하게 還元되어 질 수 있다. 즉 (19)를 발화하는 화자는 어떻게 위의 어휘목록 즉 '불을 켜는 초'가 (19)의 진리치라고 믿는가?

함의의 개념은 위의 문제에 명확한 답을 제공해 주고 있다.

일반 발화문의 함의는 그 문장에서만 추리될 수 있는 명제들이다. 다시 말하면 주어진 문장이 진리치이면, 그 문장 즉 함의된 문장도 진리치이어야 한다.[7]

예를 들면 (20)은 다음의 (21)을 함의한다.

(20) 사자가 몇이냐?
(21) a. 사자가 몇 명이냐?
　　　b. 죽은 사람이 몇 명이냐?

(20)은 진리치인데, 함의 문장 (21)이 거짓인 경우는 없다. 함의에 대한 앞의 견해대로 (21)은 진리치이며, 따라서 (21)은 (20)의 함의가 된다.

즉 (21)의 의미가 (20)의 의미의 일부를 구성하고 있게 되는 것이다. 이와는 달리 다음 (22)와 (23)의 관계를 생각하여 보자.

(22) 연기가 많이 난다.
(23) 뒤로 미루는 일이 너무 많다.

---

7) Lyons, J., 前揭書, 1977, pp. 145~147.

틀림없이 (22)는 (23)을 함의하지 않는다. (22)는 진리치이지만 (23)은 거짓인 경우가 많이 있을 것이다. 그래서 함의에 의한 정의에 따라서 (23)은 (22)의 함의가 아니며, 자연히 (23)은 (22)의 문장 의미의 일부가 될 수 없다.

즉 한 문장이 어떤 다른 한 문장을 함의하게 되면, 그 다른 한 문장은 원래 문장의 의미의 한 부분을 지니고 있어야 한다.8)

동음어의 개념은 여기서 확연해지게 된다. 즉 함의관계가 이것을 결정하게 되는 것이다.

함의의 개념을 동음어에 사용하게 되며, 이론적으로 여러 가지 유리한 점이 있을 것이다. 하나는 어떤 동음을 발화하면서 왜 그 동음어의 진리치가 중요한 요소인지를 발견할 수 있다. 즉 어떤 문장이 또 다른 어떤 문장을 함의하게 되면, 그 다른 문장은 원래 문장에 함의된 함의 문장이 되고, 함의 문장은 따라서 원래 문장의 의미를 내재하게 되는 셈이다.

함의의 개념을 쓰면 또 하나 유리한 점은 類義語, 多義語 등의 개념을 동음어와의 상관관계에서 명확하게 할 수 있다는 점이 된다.

두 발화문이 똑같은 무리의 문장을 함의하면 뜻이 같다고 할 수가 있다. 다른 말로 같은 의미인데, 두 문장이 서로를 각각 함의하게 되면 類義語이다. 그래서 어느 한 문장이 진리치이면 다른 한 문장도 진리치이어야 한다.9)

위의 정의에 따라서 (24)와 (25)는 서로를 함의하므로 유의적이라고 할 수 있다.

(24) 언뜻 그가 생각이 났다.
(25) 문득 그가 생각이 났다.

---

8) Lyons, J., 前揭書, 1977, pp. 162~163.
9) 金敏洙, 國語意味論, 1981, pp. 217~219.

(24)가 진리치이면서 (25)가 거짓인 경우는 없으며, 반대로 (25)가 진리치이면서 (24)가 거짓인 경우는 없다. 함의의 정의에 따라서 (24), (25)는 서로를 함의한다. 그리고 유의어의 定義에 따라서 두 문장의 뜻이 같은 것이다.

두 문장이 있을 때 한 문장이 다른 문장의 부정을 함의하면 矛盾的(contradictory)이라고 정의할 수 있다.[10] 그래서 다음 (26), (27)은 反意的(antonymous)이다.

(26) 나는 행복하다.
(27) 나는 불행하다.

(26)이 진리치일 때마다 (27)은 거짓이 되어야 하고 (27)이 진리치일 때는 (26)은 거짓이어야 한다.

본 논문은 동음어를 다루는 자리이므로 이것에 대해서 더 논의하지는 않는다. 그러나 이 함의의 구조는 물론 구조, 낱말, 음운 및 화용론적 조건에 의해서 결정된다. 이러한 구조 속에서 동음어의 의미와 개념은 파악될 수 있다. 다음 장에서는 이러한 조건들을 살펴보겠다.

4. 基底構造와 同音語

일반적으로 Jesperson으로 代表되는 傳統文法에서는 同音語 즉 동음관계에 있는 단어 자체를 그 동음어 의미의 最小單位로 看做해 왔다.[11] 그러나 다음과 같은 문장의 분석을 통해서 보면, 단어 次元에서

---

10) 金敏洙, 前揭書, 1981, pp. 67~68.
11) Jesperson, O., *The Philosophy of Grammar*, 1924, 參照.

의 意味分析보다, 더 細分化된 下位分類의 필요성을 절감하게 된다. 다음 예문을 보자.

  (28) 이것은 너무 무르다.12)
  (29) 이 옷을 다시 무르다.

  (28)과 (29)에서 '무르다'는 서로 동음관계를 가지고 있으나, 이것들의 의미의 차이는 統辭的으로 나타나 있지 않다.

  즉 表面上 (28), (29)의 '무르다'는 아무런 통사적 차이도 보이지 않으면서 서로 다른 의미 차이를 나타내고 있다. 이 경우 '무르다'가 서로 동음 관계에 있으며, 서로 다른 意味領域을 가지고 있음을 증거하는 방법에는 두 가지가 있을 수 있다.

  하나는 '무르다'에 여러 統辭的 變形을 가해, (28)의 '무르다'와 (29)의 '무르다'가 서로 다른 統辭構造를 가지고 있음을 보이는 방법이다.

  '무르다'가 基底構造(underlying structure)에서 서로 다른 모습이라면, 따라서 그 의미 차이도 當然한 歸結이기 때문이다.13) (28)의 '무르다'와 (29)의 '무르다'에서 이들의 통사적 차이를 이끌어 내는 것은 그리 어렵지가 않다. 간단히 (28), (29)의 '무르다'에 命令文化 變形을 시켜 보자.

  (28)′ *이것은 너무 물러라.
  (29)′ 이 옷을 다시 물러라.

  (28)을 명령문화시킨 (28)′는 非文法的인 文章이 된 反面, (29)를

---

12) (28)의 '무르다'는 狀態動詞이고, (29)의 '무르다'는 動作動詞이다.
13) 意味分析은 一般的으로 基底構造에서 이루어진다. Chomsky, N., *Aspects of the Theory of Syntax*, 1965, 參照.

명령문화로 변형시킨 (29)′는 文法的인 文章이 되었다.

(28), (29)가 同一한 變形이라는 조건 아래서, 변형의 결과가 서로 다르게 나타났다는 것은 (28), (29)가 表面構造의 同一性에도 불구하고, 기저구조의 통사적 특성이 서로 判異한 것임을 확인시켜 준다.

(28), (29)의 기저구조는 다음 (28)″, (29)″와 같이 一次的으로 설정될 수 있다.

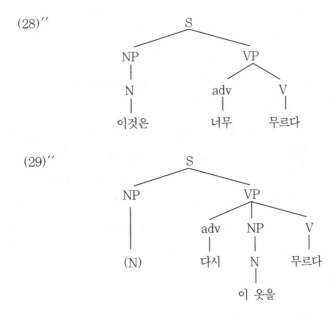

즉 (29)″는 (29)의 기저구조를 보인 것인데, (29)″의 기저구조에 따르면, 이것의 표면구조에 나타나 있지 않은 主語(N)는 원래 기저구조에 있었던 것이나 變形의 過程에서 削除(deletion)되어 표면구조에서는 나타나지 않은 것으로 이해된다.14)

그러나 (28), (29)의 기저구조 (28)″와 (29)″의 더 중요한 통사

---

14) Deletion Rule에 관해서는 Chomsky, N., 前揭書, 1965, 參照.

적 특징은 동음관계에 있는 '무르다'에서 나타난다. (28)″의 '무르다'는 動詞句(VP)의 支配를 받는 下位成分으로 副詞句(adv)와 動詞(V)만을 가지고 있으나, (29)″의 '무르다'는 동사구(VP)의 지배를 받는 하위성분으로 부사어(adv)와 동사(V) 외에 名詞句(NP)를 가지고 있다는 점이다.

즉 기저구조에서 (28)의 '무르다'는 그 하위성분으로 부사어(adv), 동사(V)만을 지배하고 있으나, (29)의 '무르다'는 이 외에 명사구(NP)까지를 지배하고 있는데, 이것은 표면구조에 나타나지 않았던 것이다. 일반적으로 變形生成理論에서 받아들여지고 있는, 기저구조가 다르면, 그 의미구조도 다르다고 인정되어 온 이론이15) 동음어의 구조에서도 확인되고 있는 셈이다.

'무르다'가 서로 동음관계에 있으며, 서로 다른 의미영역을 가지고 있음을 증거하는 방법의 하나로 통사적 처리방법을 검토해 보았다. 나머지 하나는 '무르다'의 의미의 차이를 語彙部(lexicon)에서 처리하는 방법이다. 이 방법은 일반적으로 成分分析(componential analysis)이라고 알려져 있는 방법이다.16)

즉 동음관계에 있는 어떤 단어들의 意味 對立關係(semantic opposit-ion)를 底基에 設定하기 위해서는, 單語나 形態素의 次元에서는 가능하지 않으나 이들보다 더 삭은 하위분류를 설정하여 하위 의미자질을 고려하자는 것이 성분분석의 중요 이론이다. 예컨대 '말(language)'과 '말(horse)' 등은 서로 동음 관계에 있는데 이것을 기저에 보다 根源的으로 설정하는 방법의 하나로 [animate]라는 資質의 導入을 생각할 수 있다. 이 [animate]라는 자질은 그 構成에 따라 [-animate]라고 표시할 수도 있고 [+animate]라고 표시할 수 있다. [+animate]는 'ani-

---

15) Chomsky, N., 前揭書, 1965, 參照.

16) 成分分析(componential analysis)은 원래 音韻論에서 시작된 分析理論이다. Nida, A., *Componential Analysis of Meaning: An Introduction to Semantics Structures*, 1975, 參照.

mate' 즉 有情性의 資質을 가졌다는 表示이고, [-animate]는 그러한 자질을 갖지 않았다는 표시이다.

즉 우리는 '말(language)'와 '말(horse)'을 [animate]라는 자질로 밝혀 볼 수 있다.

앞은 [-animate]로 그 자질이 표시되겠고, 뒤의 '말(horse)'은 [+animate]로 자질이 표시된다. 이것은 [animate]라는 자질 하나로 두 동음어의 의미관계의 차이를 해명할 수도 있고, 다른 동음어의 의미자질 표시에도 이용할 수 있어 言語規則上 매우 有用하고 經濟性있는 자질로 이해되고 있다.

서로 다른 의미 영역을 보이고 있는 동음어의 의미 차이를 규정하는 방법으로 앞에서 든 통사적 방법과 방금 검토한 성분분석에 의한 의미적 방법이 바로 그 두 가지이다.

어느 방법이 언어규칙을 간결히 하고 있느냐 즉 어느 방법이 더 일반성을 가진 이론방법이냐 하는 것은 좀 더 연구되어야 할 문제이지만, 앞 2장과 3장에서 얘기한 함의와 명제라는 측면에서 보면 성분분석에 의한 의미적 해명방법은 일단 매우 가치있는 것으로 보인다.17)

왜냐하면 성분분석에 의한 의미론적 방법은 동음어의 의미자질 해명에 유용하게 쓰일 뿐만 아니라, 다의어(polysemy), 유의어(synonym)의 동음어와의 상관관계도 明示的으로 밝혀주고 있기 때문이다.

지금까지의 Ullmann(1962)에 의한 동음어, 유의어, 다의어 해명방법은 그 說明方法의 分析性에도 불구하고 몇 가지 난점을 가지고 있다.

Ullmann(1962)은 의미의 기본 構成要素를 能記(name), 所記(sense), 指示體(referent)의 셋으로 분류하고 이들과의 상관관계를 다음과 같이 표시했다.18)

---

17) Nida, E.A., 前揭書, 1975, pp. 96~98.
18) Ullmann, S., *Semantics*, 1962, 參照.

(30)　　　S

　　　　　　N

　(30)은 많은 경우의 단어의 상관관계를 보인 것이다. 이 경우는 한 能記가 한 所記와의 對應體系를 보이고 있다.
　화살표는 能記와 所記가 相應關係에 있다는 표시이다.
　다음 (31)을 보자.

(31)

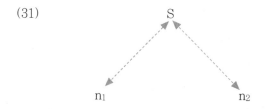

　(31)은 두 개의 能記가 하나의 所記를 나타내는 類義語를 보이고 있다.
　(32)를 보자. (32)는 한 能記에 여러 所記가 附着된 同義語, 多義語를 보여주고 있다.

(32)

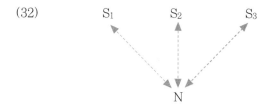

　다의어, 유의어와의 관계를 Ullmann(1962)처럼 설정한 것은, 우선은 언어의 분석이나 언어의 이해는 形式(form)으로부터 출발되어야 한다

는 종래의 이론을 克服하고, 언어분석이 意味(meaning)에서 시작되어야 함을 보인 점에서는 매우 명시적이다.19) 그러나 그러한 意味 爲主의 방법론은 그 자체의 방법론적 유리성으로 말미암아, 객관적으로 타당성을 갖기가 어렵다.

의미에서 출발하여 언어분석을 試圖하자는 이론은, 의미와 객관적 설정과 그 하위분류의 명시성을 前提해야만 가능하다. Ullmann(1962)의 방법론은 그런 점을 소홀히 한 약점이 있다.

성분분석에 의한 의미자질 설정은 그러한 점에서는 Ullmann(1962)의 방법적 약점을 뛰어 넘어서고 있다.

왜냐하면 기저구조에 기본적인 의미자질(semantic feature)을 설정하고, 類義語는 같은 의미자질들을 共有하고 있는 것으로, 多義語는 그 의미자질이 확대되어 있는 것으로, 동음어는 의미자질의 구성요소가 서로 對立的인 것으로 파악하면 되기 때문이다.20)

이러한 의미자질의 설정에 의한 類義語, 多義語의 상관관계, 그 구조화 문제, 그 이론적 난점은 그러나 본 논문의 목적이 아니므로 여기에서는 더 이상 다루지 않는다. 다만 이러한 성분분석에 의한 의미자질의 설정이 국어의 語彙意味論의 體系化에 크게 도움이 되리라는 것은 그러나 명백히 남는 사실 중의 하나이다.

다시 동음어의 의미자질 문제를 좀 더 세심히 검토해 보기로 하자. 예로 '말'을 살펴보자.

'말'이란 단어의 同意性은, 어쩌면 현대 언어학에서의 重義性(anbiguity)의 개념과 같은 것인지도 모른다.21)

---

19) Ullmann, S., 前揭書, 1962, pp. 17~25.
20) Nida, E.A., 前揭書, 1975, 參照.
21) 'Ambiguity'는 Chomsky(1965)의 用語인데 우리말로는 重義性, 模糊性 등으로 번역된다. 本 論文에서는 單語의 次元에서 이 用語를 썼으나, Chomsky(1965)는 動詞의 嚴密 下位區分化를 다음과 같이 試圖하고 있다.

왜냐하면 '말'이란 단어는 두 가지 의미로 해석될 수 있는데, 音韻論的인 條件(phonological condition)에 초점을 맞추면 그것은 동음성이지만, 意味論的인 條件(semantical condition)에 그 초점을 맞추면 이 현상은 중의성이라고 할 수 있기 때문이다.

동음어 자체에 대한 접근에서 동음성과 함께 중의성이 중요한 역할을 하는 것은 사실이다. 앞서 든 '말'은 예컨대 두 가지로 해석될 수 있다 했는데 하나는 '言語(language)'의 뜻이고, 나머지 하나는 '馬(horse)'의 뜻이다. '말'의 이러한 동음성 또는 중의성 때문에 다음 문장 (33)은 論理上 매우 不當하게 해석될 수 있다.

　　(33) 말이 있고, 말이 많다.

(33)의 예문은 논리상 4가지의 해석이 가능하다. 하나는 앞 뒤의 '말' 모두를 'language'로 해석하는 경우이며, 둘째는 반대로 이들 모두를 'horse'로 해석하는 경우이다. 셋째는 앞의 '말'을 'horse' 뒤의 '말'은 'language'로 해석하는 것이며, 마지막은 이와 相應되게 앞의 말을 'language'뒤의 '말'을 'horse'로 해석하는 것이다.

話者는 이 네 가지 해석을 모두 염두에 두고, 더 정확히는 이 네 가지

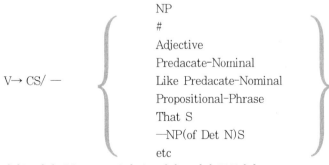

에서는 원래 文(sentence)의 次元에서 쓰이던 用語이다.

해석을 기저구조(base structure)의 語彙部(lexicon)에 두고, 그 중 하나
만을 선택하여 發話(utterence)하게 된다.

聽者는 話者가 어떠한 해석을 선택하여 발화하고 있는가를 여러 가
지 정보에 의하여 알아 내어야 한다. 指示辭라든가, 抑揚, 文脈의 狀況,
發話環境 등은 이러한 情報의 판단에 좋은 근거를 던져준다.22) 그러나
만약 청자가 화자의 意圖를 알아내지 못하였을 경우 이른바 同音衝突이
일어난다.

이러한 경우에 우리는 '말'의 여러 해석이 가지고 있는 外延(exten-
sion)을 관찰해 볼 수도 있다. 외연이란 어떤 단어가 가지고 있는 의미의
指稱幅을 가르키는 개념이다.23)

예컨대 '어른'과 '남편'의 두 단어가 있다고 하자. 이 경우 일반적으로
모든 '어른'은 다 '남편'은 아니다. 왜냐하면 아직 結婚하지 않은 '어른'도
있기 때문이다. 그러나 論理的으로 취급되지 않고 있는 특수한 경우를
제외한다면, 모든 '남편'은 모두 '어른'이다. 이때 '어른'은 '남편'보다 그
의미의 지칭폭이 크며, 따라서 '남편'은 어른보다 그 범위가 넓다.

즉 '어른'의 외연 속에, '남편'이 포함된다.

---

22) 이런 것들은 원래 話用論(pragmatics)에서 취급하는 것이며, 따라서 여기서는
    더 자세히 論하지는 않았다.
23) Lyons, J., 前揭書, 1977, pp. 143~145.

이러한 외연의 개념을 동음관계의 단어 '말'에 비추어 생각해 보자.
언뜻 보기에는 '말'의 두 해석 즉 '말(horse)'과 '말(language)' 사이에
는 이러한 외연관계가 성립될 수 없는 것처럼 보인다. 왜냐하면 이들 사
이에 세울 수 있는 어떤 객관적인 기준을 찾기 어렵기 때문이다. 그러나
그 分布를 대상으로 하면, 우리는 '말(horse)'의 외연보다는 '말(language)'
의 외연이 더 큼을 볼 수 있다.

'말'의 경우 그 외연이 어떤 것이 더 큰가 하는 것의 기준으로 우리는
그 기준을 분포로 보았다.
따라서 분포를 기준으로 하여 우리는 모든 동음관계의 외연관계를
設定해 볼 수 있으며, 이것을 의미자질에 설정할 수 있다.

말 : ① +language, −animate
　　② +horse,　　+animate

지금까지 성분분석에 의한 방법으로 보면 '말'의 의미자질은 앞과 같
이 설정되어 왔다.24) 그러나 이른바 외연의 개념을 여기에 더 追加시킬

---

24) Nida, E.A., 前揭書, 1975, pp. 29~34.

수 있는데, 이것은 여러가지로 많은 설명적 장점을 가지고 있다.

  말 : ① +language, −animate, +infinite
      ② +horse,   +animate, −infinite

  '말(horse)'과 '말(language)'의 분포에 의한 외연 분석에 의해 '말(horse)'에는 [−infinite]라는 資質이 '말(language)'에는 [+infinite]라는 자질이 추가되었다.

  앞서 외연의 개념이 여러 가지로 설명적 장점을 가지고 있다고 했는데, 그것은 하나의 聽者와 話者 사이의 관계에서 확인될 수 있다.

  (33)에서 '말'은 논리상 앞서 말한 것과 같이 모두 4가지로 해석될 수 있는데, 만일 청자가 화자가 어떤 해석을 선택하였느냐 하는 것 등을 판단하지 못하면, 동음충돌이 일어날 수 있다.

  그러나 외연에 의하여 '말(horse)'에 [−infinite], '말(language)'에 [+infinite]를 설정하면, 이러한 동음충돌을 원천적으로 廻避시킬 수 있다. 왜냐하면 분포에 의한 외연의 辨別은 언어환경, 문맥상황, 지시사 등의 정보와는 달리 內在的(innate)이기 때문이다. 즉 외연의 개념은 언어환경, 문맥상황, 지시사 등의 언어 외적인 것과는 달리 그 종류를 달리한다. 그것은 인간 언어에 선험적으로 내재해 있는 것이기 때문이다.25)

  동음어에 대한 종래의 논의에서, 언어환경, 문맥상황, 지시사 등의 요건에 의해 동음충돌을 회피할 수 있다는 요지의 논의는 매우 整濟된 논의였음에도 불구하고, 그러한 요건들이 동음충돌을 근본적으로 회피시키는 방안이 아니었음은 분명하다. 왜냐하면, 그러한 요건의 제시에도 불구하고, 계속 동음충돌은 일어날 수 있었기 때문이다.

  이러한 결과는 그간의 동음어에 대한 논의가 동음충돌의 해결 또는

---

25) Chomsky, N., 前揭書, 1965, pp. 42~49.

회피라는 방법론적 차원에서만 머물렀기 때문이라고 믿는다.

동음어 자체에 대한 보다 세심하고 천착된 多角度의 논의가 있었더라면 동음충돌을 근원적으로 해결하는 외연이라는 자질 설정은 보다 빨리 이루어졌을 것이다.

우리는 여기서 문제의 현상자체의 분석이 매우 천착된 방법으로 진행되어야 하는 것임을 다시금 확인하게 된다.

앞서 논의한 대로 성분분석의 방법론의 하나인 의미자질의 설정에 외연의 자질을 하나 더 설정하기로 본 논문이 方向을 定한 것은, 첫째는 이러한 자질의 설정이 의미론적 측면에서의 동음어 자체의 성격을 더 분석적으로 鳥瞰해 줄 수 있다는 이점과 둘째로 동음어 자체의 분석적인 검토가 곧바로 동음충돌의 문제까지를 해결해 줄 수 있는 방안을 마련해 주고 있다는 이점 때문이다. 그러나 문제는 계속 남는다.

이 외연의 資質을 基底構造 어디에 설정하느냐 하는 문제이다. 그렇지만 이 외연이 동음관계에 있는 단어의 의미를 辨別시켜 준다는 점에서 그것은 기저구조의 어휘부에 설정되어야 할 것 같다.

이러한 어휘항목은 일반적으로 句節構造規則(phrase structure rule)에 의해 導入하고 語彙揷入規則(lexical insertion rule)으로 導入하지 않는 것으로 알려져 있다.26)

이 어휘항목에 외연이 包含되어 있는 것이니만큼, 외연은 따라서 구절구조규칙에 의해 도입되는 것이다.

외연 같은 것을 어휘삽입규칙에 의해 도입하지 않고 구절구조규칙에 의해 도입하는 데에는 몇 가지 이유가 있다.

만일 語彙揷入規則에 의해 외연을 도입한다면, 청자와 화자 사이의 동음충돌을 회피할 수 없다.

26) Chomsky, N., 前揭書, 1965, pp. 72~78.

앞서든 예문 (1)을 다시 보자.

(1) 나는 배를 먹었다.

위 (1)의 구조는 다음과 같이 표시된다.

(1)′ a. S
　　 b. NP　VP
　　 c. NP　NP　VP
　　 d. NP　NP　V
　　 e. 나는 NP　V
　　 f. 나는 배를　V
　　 g. 나는 배를 먹었다.

(1)′를 우리는 다음 (1)″ 같은 樹型圖(tree diagram)로 나타낼 수 있다.

(1)″

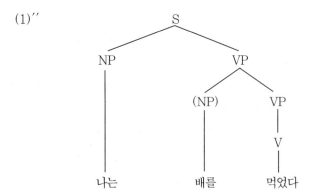

그런데 문제는 (　)친 NP 부분의 해석이다. (1)″의 수형도는 예문 (1)의 기저구조이므로 (1)″의 NP, '배'는 다음 세 가지로 해석되는데,

세 가지 모두로 해석되는 것을 우선은 막을 수가 없으나 동음충돌이 일
어난다. NP 부분만을 보자.

(1)‴

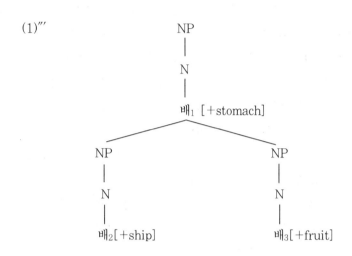

일반적으로 의미해석을 담당하는 것은 기저구조로 알려져 있으므로,
외연을 기저구조에 설정하는 것은 당연하다.

또 동음관계에 있는 어떤 어휘를 기저구조에 설정하는 문제는, 嚴密
下位範疇區分規則(strict subcategorization rule)과 選擇規則(selectional
rule)을 설정하기 위한 문제와도 관련된다.27)

엄밀하위범주구분규칙과 선택규칙은 앞서 논의한 성분분석의 방법
을 더 세분화, 체계화한 것이라고 볼 수 있다.

앞의 (28)′와 (29)′의 예문을 약간 바꿔 다시 보자.

(28)′ *이 것을 너무 물러라.
(29)′ 이 옷을 다시 물러라.

---

27) Chomsky, N., 前揭書, 1965, p. 94.

(29)′의 '무르다'는 他動詞로서 目的語 '이 옷'을 가질 수도 있고 따라서 命令文도 가능한 데 반하여, (28)′의 '무르다'는 自動詞로서 目的語를 가질 수 없음에도 불구하고 목적어 '이것을 '가지고 왔기 때문에 非文法的인 文章이 되었다. 엄밀하위범주구분규칙은 (29)′와 같은 '무르다'는 기저구조에서 목적어를 가질 수 있는 동사라는 점에서 [+−NP]와 같은 엄밀하위범주구분자질을 주고, (28)′의 '무르다'와 같은 동사는 기저구조에서 목적어를 가질 수 없는 동사라는 의미에서 [−−NP]라는 엄밀하위범주규칙자질을 주게 된다.

따라서 엄밀하위범주구분규칙과 엄밀하위범주구분자질은 동음관계의 動詞類에 적용되는 것들이다.

이에 반해 선택규칙은 동음관계에 있는 명사구(NP)에 필요한 것이다.

선택규칙의 예는 제1장에서 얼마간 자세히 논의하였음으로 여기서는 더 자세히 논의하지는 않는다.

다만 이러한 엄밀하위범주구분규칙과 선택규칙에 의한 것 등은 외연과 함께 어휘부의 기저구조에서 도입되는 것으로 Chomsky(1965)의 이론은 보고 있다.28)

이것과 함께 생각할 수 있는 문제의 하나는 외연의 측면에서 본 동음관계의 성격이다. 동음어를 음운론적(phonological) 관점에서 보면, 동음어는 의미가 다른 두 기저구조의 어휘가 같은 음운을 갖는다는 성격을 가지고 있다. 한편 동음어는 意味論的 측면에서도 볼 수 있는데 그것은 (32)에서와 같다.

(32)를 보자.

---

28) Chomsky, N., 前揭書, 1965, pp. 94~95.

(32)

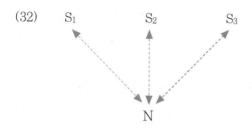

즉 한 能記에 여러 所記가 부착된 것으로 동음어의 성격을 규정짓는 측면이다.

또 동음어는 성분분석론에 의한 측면에서도 볼 수 있는데, 이 경우 동음어의 성격은 같은 의미자질의 集合으로 볼 수 있다.

이와 같이, 외연의 측면에서도 동음어의 성격은 규정지을 수 있는데 그것은, 이들이 상반되는, 즉 兩立할 수 없는 의미자질을 가지고 있다는 점이다. 예컨대 '말(language)'과 '말(horse)'은 양립할 수 없는 관계를 가지고 있다.

말 (language), ┌─────────────┐ +animate └─────────────┘

말 (horse), ┌─────────────┐ −animate └─────────────┘

앞의 '말'을 다시 본다.

즉 '말(language)'은 [+animate]의 자질을 가지고 있고, '말(horse)'은 [−animate]의 자질을 가지고 있기 때문에 동시에 이 둘은 나타날 수 없다.

(33) *나는 말과 말을 했다.

(33)은 非文法的 文章이 되는 예의 하나인데, 이것은 兩立不可能한

의미자질을 가진 동음관계의 단어가 양립하고 있기 때문이다.

앞의 2, 3, 4장에서 본 논문은 동음어의 여러 통사적 의미적 측면을 분석적으로 살펴보았다.

동음관계에 있는 단어, 그리고 그러한 단어를 포함한 문장은 Chomsky (1965) 이론인 변형생성이론의 模型에서 어떠한 자리를 가지고 있는 것일까?

동음관계의 단어나 그 단어를 포함한 문장 역시 세 부문을 포함하고 있다. 동음어의 통사구조를 기저에서 규정하는 통사부, 그리고 동음어의 의미차이를 규명해 주는 의미부, 마지막으로 相異한 의미차이에도 불구하고 이것들을 동음으로 이어주는 음운부가 그것이다. 통사부는 앞서 본 대로 두 부문으로 나누어질 수 있다.

하나는 동음관계의 단어와 그것을 포함하고 있는 문장이 抽象的 기저구조를 만들어 주는 구절구조규칙이다. 이 구절구조규칙에는 S, NP, VP, V, adv 등의 下位機能들이 있다.

이러한 구절구조 규칙에 具象的이고 구체적인 단어들을 넣는(input) 語彙部가 있다.

앞서의 논의에서 든 외연 엄밀하위분류구분규칙, 선택규칙 등은 모두 이들 기저구조에 있는 것으로 이해되고 있다.

한편 이러한 기저구조의 통사부를 변형시키는 데에 필요한 것이 변형규칙이다. 동음어의 대부분은 그것들의 표면구조의 동일성에도 불구하고 그것의 내면구조의 相異 때문에 派生된 것으로 이해된다.

앞서 든 예문을 다시 보기로 하자.

(28) 이 옷을 다시 물러라.

(29)의 기저구조는 (29)″처럼 설정할 수도 있지만, Fillmore(1971)

의 格文法(case grammar)에서처럼 더 추상적으로 설정할 수 있고,29)
Ross(1967)에서처럼 遂行的 分析*performative analysis*에 의해서도 나
타낼 수 있다.30)

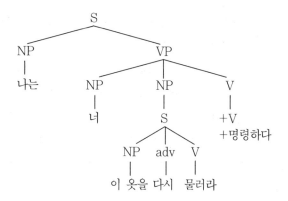

즉 (29)의 표면 구조는 다음 (34)와 같은 기저구조를 가지고 있으
며 따라서 그 기저구조의 수형도는 앞서와 같이 설정될 수 있다는 것이
Fillmore(1971)의 주장과 이론이다.

　　(34) 나는 너에게 이 옷을 다시 물르라고 명령한다.

위에서 주어 '나'와 遂行動詞(performative verb) '명령한다'를 脫落
(deletion)시키고 청자가 앞에 있으므로 剩餘資質인 '너에게'를 다시 생략
하면 (29)와 같은 표면구조의 문장을 얻게 되는 것이다.
　수행분석에 의한 동음어 분석도 매우 좋은 방법론의 하나이지만 여
기서는 이 정도에서 줄인다.
　좌우지간 우리는 여기서 동음어에 있어서 위와 같은 검토와 처리에

---

29) Fillmore, C., *Type of lexical information*, 1971, 參照.
30) Ross, J.R., *Constraints on Variables in Syntax*, 1967, 參照.

있어서 남은 문제에 생각을 돌려보자.

앞서 (29)를 표면구조라고 했으며, 이것은 그것에 상응하는 기저구조, 그 기저구조를 chomsky식으로 설정하든지, Ross식으로 설정하든지에 관계없이 문제가 있음을 보았다.

그렇다면 音韻部, 統辭部, 意味部 등의 同音語의 3부분은 어디에 속하는가를 생각해 볼 필요가 있다.

음운부에 관한 한 그 대답은 명백하다. 음운부는 동음어의 음운구조를 결정지워지는 것이니, 그것은 표면구조에 설정되어 있다. 동음충돌의 회피에 얼마간 이용되고 있는 抑揚, 强勢 등 역시 음운부에 속하니 표면구조에 속한다. 통사부의 경우도 그 대답이 매우 간결하다. 이것은 동음어의 기본구조를 이어주고 또 구절구조규칙 등을 결정하는 부문이니 기저구조에 속한다. 의미부의 경우 그 대답은 간단치 않다.

變形規則이 어떤 의미변화를 가져오지 않는다는 측면에서는 의미부는 당연히 기저구조에 속하여야 한다. 변형규칙 자체를 懷疑하는 측면에서 본다면 이 의미부는 기저구조에 설정하는 것은 어색하다.

그러나 앞서 (28)와 (29)의 표면구조가 그 기저구조에서 간단한 변형으로 (28)′는 비문법적인 문장이 되고 (29)′는 문법적인 문장이 되는 것으로 미루어 (28), (29)의 통사구조가 相異한 것으로 이해되고 있으며, 통사구조 즉 통사부는 기저구조에 속해 있으므로, 논리상 의미부도 역시 기저구조에 속하게 되는 것이다.

여러 가지 이유로 해서 동음어의 음운부, 통사부, 의미부의 변별의 문제와, 이것들이 각각 어느 부문에 설정되는 것인가 하는 것 등의 문제는 일반 언어학이론의 발전 결과에 따라 더 세분화되고 분석화될 수 있을 것이다. 아래는 위의 논의를 圖式化한 것이다.

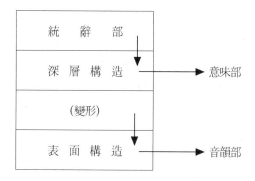

의미부는 동음어에 의미의 차이를, 음운부는 서로 다른 의미의 차이를 동일한 음운구조에 묶어 동음어를 형성하는 구조를 보여주고 있다.

5. 結 論

本 論文에서는 同音語 자체에 대한 보다 천착된 논의와 분석을 위해 意味論的 측면에서의 개념들, 예컨대 命題(proposition), 含義(entailment), 成分分析(componental analysis), 意味資質(Semantic feature), 重義性(ambiguity), 外延(extension), 嚴密下位範疇區分規則(strict subcategorization Rule), 選擇規則(selectional Rule) 등의 개념 등을 援用하였다.

本 論文을 간략히 줄이면 다음과 같다.

1. 本 논문은 命題와 含義의 側面에서 同音語의 성격을 보다 세심히 검토 분석하고, 그간의 논의에서 看過해 버린 몇 가지 문제들을 意味論的 측면에서 지적하려 노력했다. 命題는 의미론에서 논의되고 있는 중요한 개념의 하나인데, 동음관계를 형성하고 있는 단어 또는 그러한 단어가 포함되어 있는 문장의 意味의 眞理値(truth value)를 辨別하는 데 쓰

인다.

이에 비해 含義는 同音關係에 있는 단어를 포함하고 있는 문장에서 推理될 수 있는 모든 命題를 말한다.

2. 또 동음어의 해석에는 여러 가지 要件이 필요한데, 그것의 중요한 요건으로는 話者, 聽者, 第三者들과, 이들이 각각 基底構造에 가지고 있는 語彙部(lexicon) 등이 있다.

이것들은 話用論(pragmatics)에서 쓰이고 있는 개념 등인데, 本 論文에서 처음으로 써 보았다.

3. 同音關係에 있고 따라서 그 意味領域이 서로 다른 동음어의 기저 구조에서의 形式化問題를 設定하는 문제에 대해서도 본 논문은 자세한 검토를 시도해 보았다.

이것에는 統辭論的 方法과 成生分析論에 의한 방법이 있는데, 하나는 여러 統辭的 變形을 통해 同音關係에 있는 두 의미의 統辭構造가 전혀 相異함을 보이는 것이다. 이것은 基底構造의 統辭構造가 다르면, 意味構造도 다르다는 Chomsky(1965)의 變形生成理論에 의한 방법론이다. 또 하나의 방법은 동음관계에 있는 의미영역의 차이를 語彙部(lexicon) 에서의 意味資質(semantic feature) 차이로 설정하는 방법이다. 이것은 동음관계에 있는 어떤 단어들의 意味對立關係(semantic opposition)을 기저에 설정하기 위해서는 단어나 形態素의 次元에서는 가능하지 않으니, 이들 보다 더 작은 下位分類를 설정하여 下位 意味資質을 고려하는 이론에 근거한 방법이다.

이 방법에 의해서는 同音語, 類義語, 多義語 등의 관계가 더 明示的으로 해명될 수 있는데, 類義語는 같은 의미자질을 共有하고 있는 것으로, 多義語 그 意味資質이 擴大되어 있는 것으로, 동음어는 意味資質의 構成要素가 서로 같고 對立的인 것으로 파악할 수 있다.

4. 그리고 이러한 語彙資質의 語彙項目(lexicon item)은 일반적으로

句節構造規則에 의해 導入됨을 보았다.

    5. 同音語에 관한 그간의 筆者의 여러 論文31)을 통해 많은 논의들이 試圖되었지만, 方法論的 多樣性을 기한다면, 동음어에 대한 論議와 시도는 더 가능할 것으로 보인다. 예컨대, 동음어의 論理的 機能關係와 그 構造, 同音語辭典 作成, 同音語 敎育의 問題 등은 바로 그러한 것들의 하나이다.

---

31) 康琪鎭, 同音異議語에 對하여(梁株東博士古稀紀念論文集), 1973.
    _____, 國語同音語의 研究 (弘益工大論文集 12), 1981a.
    _____, 國語同音語의 生成要因 考究(東岳語論集 15), 1981b.
    _____, 國語同音衝突現象에 對한 研究(國語國文學論文集 11, 東國大), 1981c.
    _____, 國語同音語의 文體論的 研究(韓國文學研究 4, 東國大), 1981d.
    _____, 國語同音語의 機能範疇(새국어교육 35~36), 1982a.

▌參考文獻

金敏洙, 國語意味論, 一潮閣, 1981.

Chomsky, N., *Aspects of the Theory of Syntax*, The MIT Press, 1965.

Fillmore, C., *Types of lexical information*, New York, 1971.

Lyons, J., *Semantics I*, Cambridge Univ. Press, 1977.

Lakoff, R., "Language in Context" *Language* 48, 1972.

Jespersen, O., *The Philosophy of Grammar*, Allen & Unwm, 1924.

Katz, J.J., "Propositional Structure and Illocutionary force", *A Study of the Contribution of Sentence Meaning to Speech act*, New York, 1977.

Nida, E.A., Componential Analysis of Meaning : *An Introduction to Semantic Structure*, 1975.

Ullmann, S., *Semantics*, Oxford, 1962.

국어 동음어의 화용론

1. 서 론

　언어를 일정한 형식의 형태[form]와 그 기호에 상응하는 의미(meaning)의 짝으로 구성된 것으로 규정지은 것은 Saussure(1959)에서 본격화되었다.[1] 이러한 규정은 최근의 변형생성문법이나 생성의미론에서도 별다른 수정 없이 그대로 수용되어 온 것이 사실이다.

　그러나 최근의 언어학 이론 즉 변형생성문법이론이나 생성의미론의 이론이 위와 같은 언어에 대한 규정을 별다른 수정 없이 받아들였다는 것은 언어 자체가 형태와 의미의 짝으로 이루어져 있다는 기본적인 전제를 받아들였다는 뜻이지, 형태와 의미 사이의 상응관계에 대한 규정 조차도 그대로 수용했다는 뜻은 아니다.

　언어가 기호와 의미의 짝들로 이루어져 있다 해도, 그 형태와 의미의 짝들은 무한정일 수는 없다. 형태와 의미의 짝들이 무한정 많다면 언어란 인간이 습득할 수 없는 것이 되어 버리고 말 것이다.

　왜냐하면 인간의 기억능력, 인지능력에는 한계가 있기 때문이다.

---

1) Saussure, F. de., *Course in General Linguistics, philosophical Library*, 1959, pp. 16-24.

따라서 언어가 가진 형태와 의미의 짝들은 한정적인, 즉 정해진 수로 구성되어 있는 것으로 이해된다.2) 문제는 이렇게 한정적인, 즉 정해진 수의 형태와 의미의 짝들만을 가지고도 인간은 무한히 많은 의사전달을 행할 수 있다는 점에 있다.

유한수의 형태와 의미, 그리고 무한수의 의사소통 과정 사이에서 전통문법이 취할 수 있었던 해석의 원리는 한 곳으로 모아졌다.

즉 하나의 형태에 여러 가지의 의미를 부여하는 원리, 즉 동음어의 원리였다.

(1) 철수의 배

위의 (1)의 「배」는 바로 그러한 동음어의 원리로 곧잘 설명되곤 하던 고전적인 예의 하나이다.

즉 (1)의 「배」라는 한 형태에는 「먹는 배」, 「교통기관으로서의 배」 그리고 「인체의 한 부분인 배」의 세 의미가 결합되어 있다고 본 것이 전통문법적 해석의 원리였다.

구조주의 언어학의 일부에서 (1)의 「배」를 그 의미에 상응하게 해석하여 세 개의 형태소로 분석하려는 시도도 물론 있었다.

형태소에 대한 분명한 인식을 제공해 주었다는 점에서 구조주의의 그러한 해석 원리는 전통문법적 해석 원리보다는 세련된 분석이기는 했지만, 결국은 그것 또한 전통문법적 해석 원리의 아류에 지나지 않는다.

전통문법적 해석 원리는 (1)의 「배」를 분석함에 있어 의미[meaning] 쪽에 초점을 더 둔 것이고, 반면 구조주의적 해석 원리는 형태[form]에 더 분석의 초점을 맞추었을 뿐이다.

---

2) Kirsner, R., *The Problem of Presentative Sentences in Modern Dutch*, 1979, pp. 26-29.

국어 동음어에 관한 그간의 논의 역시 위의 범주에서 행해졌다. 예를 들어 (1)의 「배」를 하나의 형태에 세 개의 의미가 결합된 것으로 보느냐, 세 개의 형태에 세 개의 의미가 각각 연결된 것으로 보느냐가 문제의 전부였고 따라서 동음어 논의는 여러 측면에서 검토될 여지 조차 갖고 있지 않은 문법 범주로 이해되어 온 것이 사실이다.

최근 허웅(1981), 강기진(1983)에서 「준동음어」란 개념이 등장되기도 했는데, 이들 허웅(1981), 강기진(1983)의 논의는 비록 「준동음어」가 무엇이냐 하는 문제 즉 「준동음어」의 개념에 관해서는 서로 상반된 견해를 보이고는 있지만, 국어 동음어 논의의 시각을 확대시키는 계기가 되었다는 점에서는 주목할 만한 작업이었다. 그러나 이들 허웅(1981), 강기진(1983)의 「준동음어」 논의가 종국에 가서는 전통적 해석 원리에 귀착되고 있음은 물론이다.

본 논문은 동음어에 대한 전통문법적 해석 원리를 지양, 형태와 의미 사이의 상응관계를 추리(inference)라는 화용론적 개념을 도입하여, 국어의 동음어 현상 전반을 해석코자 한다.

추리의 개념은 일차적으로 Garcia(1977)에서 제안되어 Kirsner (1979), Boilnger(1977), Langacker(1980)에서 본격화 된 화용론적인 개념이다.3)

이들의 주장은 하나의 형태(form)에는 하나의 기본의미만이 존재하며, 이 기본의미는 보다 추상적이고 융통성이 있는 의미이며, 이 기본의미는 여러 화용론적인 조건에 의해 조작되어 추리된 의미를 유도시킨다

---

3) Garcia, E., *Government: overt grammar and covert lexican*, 전체, 1977.
　Kirsner, R., 앞의 책, 전체, 1979.
　Bolinger, D., *Meaning and Form* 전체, 1977.
　Langacker, R.W., 'Space grammar, Analyzability and the English passive', 1980 참조.

는 것이다.

　본 논문은 Gaecia(1977), Kirsner(1979), Boilnger(1977), Lang-acker(1980) 등의 이러한 견해를 국어 동음어와 결부시켜 공시적인 입장에서 논구하려 한다.

2. 문제의 제기

　국어 동음어론에 있어서 결국 제기되는 문제의 하나는, 대부분의 동음어 논의가 이른바 어휘 형태소에만 국한되어 이루어졌다고 하는 점이 될 것이다.

　어휘 형태소란 이른바 실사를 지칭하는 것으로 전통 문법에서 의미[meaning]있는 형태로 보았던 것이다.

　아래를 보자.

　　(2) a. 공주가 왔다.
　　　　b. 공주에 왔다.

　위의 예에서 (2a)의 '공주'는 왕의 딸을 지칭하는 어휘 형태소로서, 이것은 고유 명사인 '공주'와 동음어 관계를 형성하고 있다고 보아 온 것이 전통문법에서의 동음어관이었다.

　전통문법에서 (2a)와 (2b)의 '공주'를 동음어 관계로 파악한 근저에는 실은 이 둘이 이른바 어휘 형태소(lexical morpheme)라는 데에 그 바탕이 깔려 있었던 것이다.

　그러나 문제는 앞서에서 본 바와 마찬가지로 전통문법적 동음어론이 앞 예에서와 같이 이른바 어휘 형태소에만 국한되어 왔다는 점이다.

다음을 보자.

> (3) a. 나는 서울에 간다.
>   b. 철수는 6시에 왔다.

위에서 (3a)와 (3b)는 그것이 동음어 관계를 형성 못할 아무런 이유도 없음에도 불구하고 (3a)와 (3b) 모두가 어휘 형태소가 아닌 문법 형태소[grammatical morpheme]라는 점에서 동음어 관계를 형성하고 있다고 보기를 주저했던 것이다.

그리하여 단지 (3a)는 장소의 '에', (3b)는 시간의 '에'로 처리하는 데 그치고 말았다.

그러나 어휘 형태소만 동음어론의 대상이 되어야 하고 문법 형태소는 그러한 대상이 되지 못할 하등의 이유는 없는 것이다.

언어에 대한 연구가 어차피 전면적인 표층 현상 뒤에 숨어 있는 기저적인 현상의 탐구에 그 뜻이 있는 것이라면 어휘 형태소만을 동음어 논의의 대상으로 삼는 것은 고려되고 시정되어야 할 것이다.

전통 문법에서 어휘 형태소만을 동음어 논의의 대상으로 삼은 데에는 물론 나름대로의 이론적 근거가 있었기 때문이었다.

즉 어휘 형태소에만 의미가 있고, 문법 형태소에는 일정한 의미가 없다고 본 데서 기인한다. 그런 문법 형태소에 의미가 없다는 논의는 더 이상 진척되고 원용되어서는 안 될 것으로 생각된다.

뒤에서 논술되겠지만, 의미 없는 형태란 없으며, 형태가 있으면 반드시 그에 상응하는 의미도 있어야 한다는 기본적인 입장이 국어 동음어론에도 반영되어야 할 것으로 보인다.

그러한 의미[meaning]와 형태[form]에 대한 상응성의 인식 없이는 국어 동음어론의 확장은 크게 기대할 수 없을 것이다.

본 논문은 위와 같은 기본적인 입장하에 그동안 동음어 논의에서 지나쳐 버렸던 몇 가지 문제를 다루려 하는 뜻을 지니고 있다.

즉 동음어의 화용상의 기능이 무엇인가 하는 것을 검토해 보려 하는 목적이다.

기본적으로 동음어의 화용적 접근은 의미에 대한 앞서에서와 같은 인식 이외에도 의미 자체에 대한 파생상의 몇 가지 문제가 깊이 고려되고 검토되어야 한다.

다음을 보자.

(4)

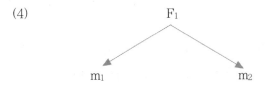

위 그림에서처럼 하나의 형태가 둘 이상의 의미를 가지고 있을 때, 이것은 전통 문법에서는 다의어(polysemy)라고 했다.

하나의 형태에 둘 이상의 의미가 파생되게 되는 기본적인 원인이 무엇인가에 대한 논의가 필요하다.

본 논문은 그에 대한 하나의 시론으로 하나의 형태에는 기본적인 하나의 의미가 있고, 그 기본적인 하나의 의미에 여러 화용론[pragmatics]적인 변수가 가미되면, 여러 가지 파생의미 또는 문맥 의미가 유도되어 나온다는 입장을 취하기로 한다.

이러한 입장은 국어 동음어론의 그간의 논의에서 간과되었던 몇 가지 문제들을 쉽사리 포착하는 데에 큰 도움을 줄 것으로 기대된다.

본 논문은 기본적인 이론적 근거를 Bolinger(1977)에 두고 있음을 밝혀 둔다.

3. 동음어의 화용론

Garcia(1977), Kirsner(1979), Bolinger(1977), Langacker(1980) 등의 기본적인 입장은 언어는 형태와 의미의 짝들로 구성되어 있고, 그 형태와 의미는 일대 일의 대응관계를 가진다는 것으로 요약될 수 있다.

즉 형태가 같으면 의미도 같고 형태가 다르면 의미도 다르다는 것이 이들 논의의 기본 골자이다.

그러나 이들 논의는 어휘형태소는 물론, 그동안 전통문법에서 소외되었던 문법형태소에도 일정한 의미가 있는 것으로 보았다는 점에 더 큰 관심이 주어지고 있다.

일반적으로 어휘형태소란 구문 중에서 일정한 요소를 차지하고 있는 명사, 동사, 형용사, 부사 등을 말하며, 문법형태소란 구문 내에서 일정한 문법적 기능만을 수행할 뿐인 조사, 보조동사, 접속사 등을 말하는 것이 보통이다.

문제는 이 어휘형태소와 문법형태소와의 상호관계에 있다. 전통문법에서는 어휘형태소와 문법형태소를 지배개념으로 파악하였다.

즉 어휘형태소가 문법형태소의 쓰임새를 결정하며, 따라서 문법형태소는 의존형태[bound form]이며 의미도 없다고 본 것이다.

다시 말하면 문법형태소는 그 자체의 기능에 의해 구문에서 쓰이는 것이 아니라 어휘형태소의 성격에 따라 종속적으로 그 쓰임새가 결정된다는 것이다.

문법형태소들은 함께 쓰이는 어휘형태소의 종류에 따라서 그 의미가 다양하게 변하므로 결국 고유한 의미가 없다고 본 것이다.

고유한 의미가 없으니 이들 문법형태소는 동음어 논의의 대상조차 될 수 없었다.

이러한 어휘형태소의 문법형태소에 대한 지배개념은 최현배(1959) 등에서 문법형태소의 의미를 처리한 양상에서도 잘 나타나 있다.

다음 예를 보자.

    (5) a. 철수와 영희
       b. 철수는 영희와 같다.
       c. 철수가 영희와 싸웠다.

최현배(1959)에서는 (5a), (5b), (5c)의 「와」를 각각 접속, 비교, 동반격으로 처리하였다. 전통문법적인 해석 원리에 충실한 논의이다.4)

같은 형태의 「와」가 접속, 비교, 동반격으로 이해된 것은, 「와」가 문법형태소로 이해되었다는 것을 시사하고 있다.

따라서 문법형태소인 「와」가 어휘형태소의 지배를 받아, 어휘형태소의 성격에 따라 그 의미가 각각 다양하게 나타난 것은 따지고 보면 당연스러운 논리의 귀결이라 아니할 수 없다.

Bolinger(1977) 등은 그러나 이러한 전통문법적 해석 원리를 정면에서 부인한다.

Langacker(1980)에서는 어휘형태소는 물론 문법형태소도 고유한 의미를 갖고 있다는 입장을 제기한다.

이러한 입장은 문법형태소들을 어휘형태소의 지배권 아래에 둔 전통문법적 입장이나, 문법형태소들이란 그 자체의 고유한 의미를 가지지 못하는 것으로 단지 변형규칙(Transformational Rule)에 의해서 도입되는 것에 불과하다고 본 Chomsky(1965)의 입장과도 상이한 입장이다.

실제로 Chomsky(1965)에서는 언어를 통사부, 음운부, 의미부의 세 개의 범주로 별개화하여 설정하고, 어휘형태소는 기저(base)에 있고, 문

---

4) 최현배, 《우리말본》, 1959, pp. 851~853.

법형태소는 변형규칙에 의해 삽입되는 의미 없는 형식요소로 보았다.5)
다음은 Chomsky(1965)의 그러한 모형이다.

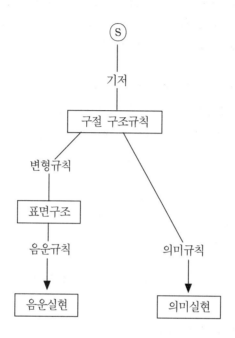

Chomsky(1965)의 앞서의 도식과는 달리, 문법형태소가 어휘형태
소와 마찬가지로 고유한 의미를 지녀 바로 그 각각의 의미 때문에 사용
되는 것으로 문장에 의해 전달되는 의미에 독자적으로 기여한다고 한
Bolinger(1977), Langacker(1980)의 입장은 따라서 주목될 만하다.
Langacker(1980)의 입장을 직접 적어보자.

My position is that most grammatical morphemes are meaningful and
make active semantic contribution to the expressions in which they

---

5) Chomsky, N., *Aspects of the Theory of Syntax*, pp. 23-43, 1965.

appear. perhaps as a limiting case, there are a relative handful of grammatical morphemes completely devoid of meaning, but this situation is at best atypical and unusal ······By and large the morphemes overtly present in an expression coincide with the semantic units determing its meaning(Langacker, 1980, pp. 10-11)

Langacker(1980)의 이러한 입장은 전통문법에서부터 유지되어 내려온 문법형태소에 대한 개념을 일신시킨 것으로 이해된다.

Bolinger(1977)에서도 어휘형태소는 물론 문법형태소도 고유한 의미를 갖고 있다고 말한다. 문법형태소에도 의미가 있다는 논의는 다음 예에서 쉽게 확인된다.

(6) a. 철수가 왔다.
   b. 철수는 왔다.

위의 (6a), (6b)에서 (6a)에는 문법형태소인 조사 「가」가 쓰였고 (6b)에서는 「는」이 쓰였다.

전통문법적 입장으로는 (6a)와 (6b)는 그 의미가 같다고 설명한다. 그러나 (6a), (6b)는 실제 상당히 많은 의미 차이를 보이고 있다. 즉 (6a)에 대해 (6b)는 「영수」, 「영희」 등은 안 왔는데 「철수」는 왔다라는 이른바 대조의 의미가 강한데 비해 (6a)는 전혀 그렇지가 않다.

실제로 아래 (7)의 질문에 대해 (6a)는 적절한 상정될 수 있으나 (6b)는 그렇지 못하다.

(7) 방금 누가 왔니 ?

결국 (6a)와 (6b)는 그 의미상의 차이가 상존한다는 결론이 나오며, (6a), (6b)의 의미 차이란 종국에야 문법형태소 「가」, 「는」의 차이로 귀착된다.

어휘형태소 뿐만 아니라 문법형태소에도 의미가 있다는 Bolinger (1977)의 주장은 바로 위의 점에서 그 근거를 마련하게 된다.

Bolinger(1977)의 위와 같은 입장은 어휘형태소의 문법형태소에의 지배를 종식시키는 계기를 제공하고 있는 동시에, 그간의 동음어 논의가 어휘형태소 안에서만 행해진 것에 대한 심각한 반성을 제기하고 있다.

실제로 국어 동음어 논의가 어휘형태소의 범주에서만 행해졌음은 바로 전통문법의 그러한 지배개념에서 비롯된 것임은 물론이다.

이제 Bolinger(1977), Kirsner(1979) 등의 개념을 살펴보자.

이들 논의 중의 특색의 하나는 동음어의 설정을 꽤 엄격히 제한하고 있다는 점이다.

Bolinger(1977), Kirsner(1979)는 언어의 화용상의 특성에 특별히 주목하고 있다. 그리하여 Kirsner(1979)는 언어 분석에 있어서 특별히 주목해야 할 인자로 언어는 의사전달의 기능을 담당하고 있다는 점과, 그러한 언어는 인간행위의 한 부분을 형성한다는 점에 주목하고 있다.

즉 Kirsner(1979)는 언어란 의사전달의 기능을 최고의 목적으로 삼고 있는 유기체이니 만큼, 언어에서의 형태와 의미의 짝들은 의사소통에 지장을 주지 않도록 결합되어야 한다는 점을 주목하고 있다.

Kirsner(1979)의 이러한 기본 입장은 결국 언어의 기능을 중시한 것으로 이해되고 있다.

  (8) 영희는 다리를 만졌다.

(8)의 예문은 다음의 두 가지로 해석될 수 있다.

  (9) a. 영희는 다리(脚)를 만졌다.
     b. 영희는 다리(橋)를 만졌다.

Kirsner(1979)가 주목하고자 한 사실은 앞 예 (8)에서 「다리」가 가지는 기능이다.

(8)의 「다리」가 (9a), (9b)처럼 두 가지로 해석되니 (8)의 「다리」는 동음어다라는 식의 해석 원리만이 능사가 아니라는 점을 Kirsner(1979)는 직시한다.

문제는 (8)의 「다리」를 동음어로 규정하는 것에 있는 것이 아니고, (8)의 「다리」가 왜 (9a), (9b)와 같이 두 가지로 해석되느냐에 즉 「다리」가 가지는 기능에 있다.

만일 화자[speaker]는 (8)을 (9a)처럼 이해해서 발화했는데, 청자[hearer]가 이를 (9a)처럼, 즉 화자의 의도처럼 이해하지 않고 (9b)처럼 이해하여 해석한다면, 그 의사소통은 제대로 될 리가 없는 것이다.

그러나 위의 위험성에도 불구하고 실제로 (8)를 화자·청자가 서로 상이하게 해석하여 의사소통이 막히는 경우란 드문데, 즉 동음충돌을 야기하는 경우란 드문데, 그것은 (8)가 (9a), (9b)처럼 두 가지 다른 의미를 갖고 있는 것이 아니라, (8)가 단일한 기본 의미를 갖고 있기 때문이 아니겠는가 하는 것이 Kirsner(1979)의 해석 원리의 근간이다.

Kirsner(1979)의 이러한 해석 원리는 동음충돌 현상이라는 것이 실제 빈번히 야기되는 의사소통상의 문제가 아니라, 이론상의 단순한 가설이 아닌가 하는 의구심을 불러 일으키게 한다.

아무튼 언어가 가진 의사소통이란 기능의 측면을 중시하여 (8)의 「다리」를 한 의미만을 가진 한 형태로 처리하려는 것이 Kirsner(1979)의 입장이다.

Kirsner(1979)는 또 언어가 인간 행위의 한 부분이라는 점을 중시하고 있다.

언어가 인간 행위의 한 부분이라는 Kirsner(1979)의 주장은 결국 언어에는 인간의 속성이 많이 반영되어 있음을 시사하고 있다.

Kirsner(1979)는 그러한 속성 중 가장 대표적인 것으로 다음 세 가지를 들었다.

ㄱ. 사람이 지니는 기억능력에는 한계가 있다.
ㄴ. 사람은 한 대상 현상에서부터 추리·유추해 낼 수 있는 지적능력을 소유하고 있다.
ㄷ. 인간 행위는 경제성의 원칙을 기반으로 하고 있다. 즉 최소의 노력으로 최대의 효과를 거두고자 한다.

결국 Kirsner(1979)는 언어로 행위되어야 할 의사소통의 대상은 무한하고, 인간의 기억능력에는 한계가 있으니, 언어가 그 완충지대를 형성해야 되지 않겠느냐 하는 것으로 요약된다.

앞서의 예문을 다시 보충해서 적어보기로 하자.

(10) a. 철수와 영희가 있다.
b. 철수는 영희와 같다.
c. 철수는 영희와 싸웠다.
d. 철수는 영희와 이별했다.

(10a), (10b), (10c), (10d)에서 문법형태소 「와」의 양상은 서로 상이하다. 최현배(1919)의 견해로는 (10a)의 「와」는 접속격, (10b)는 비교격, (10c)는 동반격이라 했으니, (10d)는 이별격이라 할 만하다.

그러나 실제로 화자나 청자는 위 문장에서 서로 다른 「와」가 쓰였다고는 생각하지는 않을 것이다.

(10)의 「와」는 일정한 기본의미가 있는데, 이것이 화용상의 조건에 의거 (10a), (10b), (10c), (10d) 등의 의미로 나타난다는 것이 Kirsner(1979)의 생각이다.

결국 (10a), (10b), (10c), (10d)는 「와」의 기본의미에서 추리된

추리의미로 간주된다.

기본의미에 그때 그때의 맥락, 화자, 청자의 대화시의 심리 상태, 화용상의 환경 등이 고려되어, (10a), (10b), (10c), (10d) 등의 다양한 추리의미가 나온다는 것이다.

Kirsner(1979)의 이러한 기본의미와 추리의미의 관계를 직접 적어 보기로 한다.

> The human users of the language are able to make inferences from the use of a sign in a particular context······They are able to use their intelligence to bridge the gap between meaning and meaning. (Kirsner, 1979, p. 28)

Kirsner(1979)의 이러한 입장은 물론 Bolinger(1977)의 앞서의 논의를 발전시킨 데서 나온 것이기도 하다.

편의상 앞 (5)의 예문을 여기에 다시 적어 보기로 하자.

> (5) a. 영희와 철수
> b. 영희는 철수와 같다.
> c. 영희가 철수와 싸웠다.

Bolinger(1977)는 예컨대 위의 (5)의 「와」의 의미를 분석하는 데 두 가지 방법이 있을 수 있다고 시사하고 있다.

하나는 (5)의 「와」 자체를 개방 부류[open class]로 보는 방법이다.

즉 형태는 한 가지이지만, 이 한 형태 속에는 무수히 많은 의미가 들어갈 수 있는 개방 부류로 보는 방법이다.

이 방법은 따라서 그 의미의 수만큼 와^1, 와^2, 와^3 등으로 분류될 것이며, 앞서 본 최현배(1959)의 방법과 거의 비슷한 방법으로 이해된다.

Bolinger(1977)가 제시한 두 번째 방법은 이들 (5a), (5b), (5c)의 「와」가 별개의 의미를 지닌 것이 아니라, 서로서로 관련성이 있는 의미를 지닌 것으로 보는 방법이 그것이다.

그리하여 Bolinger(1977)는 (5a), (5b), (5c)의 「와」의 공통의미를 찾아내는 데에 주력하였다.

Bolinger(1977)의 이 공통의미를 Kirsner(1979)가 받아 기본의미로 정착시켰다.

Kirsner & Thampson(1976)은 기본의미와 추리의미를 다음과 같은 도식으로 파악하였다.

아래를 보자.

결국 하나의 형태는 하나의 기본의미를 가지며, 나머지의 파생적인 의미들은 그러한 기본의미에서 유추·추리해낸 추리의미일 뿐이라는 것이 위 도표가 시사하는 바이다.

위 도표를 실례에 넣어 살펴보자.

아래 예 (11)을 보자.

(11) a. 영희는 다리를 건넜다.
     b. 영희는 다리가 아프다.
(12) a. 나는 부산으로 간다.
     b. 영희는 돈으로 그것을 샀다.

(11a), (11b)의 「다리」는 어휘형태소, (12a), (12b)의 「으로」는 문법형태소로, (11a)의 「다리」는 일종의 건축물이란 의미를 지니고 있으며 (11b)의 「다리」는 인체의 한 부분이란 의미를 각각 내포하고 있다.

전통문법의 해석 원리에 따라야만 (11a), (11b)의 「다리」의 의미 차이를 「다리」라는 어휘형태소 자체의 차이로 보아 「다리」를 동음어로 취급하는 것이 마땅하고, (12a), (12b)는 아예 동음어 논의에서 제외시키는 것이 적절하다.

그러나 Bolinger(1977) 등에서는 (11)과 (12)의 「다리」와 「으로」에다 고유의 기본의미가 있다고 본다.

여기서는 편의상 (12)의 「으로」에 대해서 모색해 보기로 하자.

(12a), (12b)의 「으로」가 동음어가 될 수 없다는 Kirsner(1979)의 해석원리는 결국 (12a), (12b)의 「으로」가 동일한 기본의미를 갖고 있음을 시사한 것으로 보인다.

(12a), (12b)의 「으로」의 기본의미는 「상태변화성」으로 상정될 수 있을 듯 하다.

즉 (12a)에서 「으로」는 「서울에 있는 나」의 상태가 변화되어 「부산에 있는 나」로 이동되고 있음을 보여주고 있다.

(12a)의 「으로」가 일반적으로 향진격 또는 처소격으로 이해된 것은 따라서 「으로」 자체에 있는 기본의미에서 나온 것이 아니라, (12a)의 맥락과 (12a)의 화자·청자의 상태, 세상일에 대한 지식 등을 토대로 해서 유추되어 나온 추리의미임을 알 수 있다.

(12b)의 「으로」도 마찬가지이다.

(12b)에서 「으로」는 「돈」이 상태변화되어, 또는 상태변화를 위한 도구로 쓰여 「그것」을 사는데 쓰인 것으로 이해된다.

(12b)의 이러한 「으로」도 역시 「으로」 자체의 기본의미에서 나온

것이 아니라, 화용상의 조건 등을 토대로 유추되어 나온 추리의미이다.

결국 다음과 같은 도식이 가능한 것으로 보인다.

결국 Kirsner(1979)의 입장은 언어가 가지고 있는 의사소통이라는 기능에 초점을 맞추어, 필요 이상으로 많은 동음어를 설정한 전통문법적 해석 원리의 모순을 지적하고 있다.

Kirsner(1979) 등에서 어휘형태소와 문법형태소 사이의 지배개념이 청산된 것과 더불어 위의 점은 주목되는 작업이 아닐 수 없다.

Kirsner(1979)의 위와 같은 작업은 다음에서도 확인된다.

최현배(1959)에서는 이른바 관형격조사 「의」의 의미를 다음 12가지로 설정해 놓고 있다.[6]

> (13) a. 나의 책(소유)
> b. 나의 언니(관계)
> c. 동래의 온천(소재)
> d. 안성의 유기(소산)
> e. 공중의 비행(소기)

---

6) 최현배, 앞의 책, 1959, pp. 618-619.

    f. 서시의 미(비유)
    g. 가을의 노래(대상)
    h. 신라의 통일(소성)
    i. 약산의 고향(명칭)
    j. 한강의 근원(소속)
    k. 충무공의 거북선(소작)
    l. 최대의 경의(내포)

최현배(1959)에서 「의」의 의미를 위와 같이 무려 12가지로 본 것은 물론 「와」같은 문법형태소는 그와 결합되는 어휘형태소의 성격에 의해 그 쓰임새가 결정된다고 설파한 전통문법적 견해를 반영한 소치이다.

그러나 위의 방법은 「의」의 문법을 그지 없이 복잡하게 만들기가 십상이다.

형태가 같으면 의미도 같다는 입장에서, 즉 Kirsner(1979)의 입장에 서서 (13)의 「의」의 문제를 보기로 하자.

(13a)~(13l)은 구조적으로 「N의 N」의 구조를 가지고 있다.

재미있는 것은 문법형태소 「의」가 이 두 N(명사)의 관계를 규정지어 주고 있다는 점이다.

「의」가 두 N에 대해 규정해 주고 있는 양상을 자세히 살펴보면 두 N 중에서 한 N은, 다른 N의 한정된 일부분임을 알 수 있다.

(13a)에서 「책」은 「나」와의 한정된 일부분임을 나타내고 있다. 즉 「나」에 한정된 것들 중에 하나가 「책」이라는 것을 문법형태소 「의」는 나타내어 주고 있다.

만일 한 쪽 N이, 다른 쪽 한 N의 한정된 일부분을 형성하지 않으면 「의」는 쓰이지 못한다.

다음 예를 보자.

　(14) a. *서울의 미국
　　　 b. *한강의 산

　(14a), (14b)의 「의」가 비문이 된 것은 한쪽 N이, 다른 한쪽 N의 한정적인 일부분으로 참여할 수 없기 때문으로 이해된다.

　즉 (14a)에서도 「서울」은 「미국」의 한정적 일부분이 될 수 없으며 또한 (14b)에서도 「한강」은 그 자체에 한정적인 일부분으로서의 「산」을 포함할 수 없는 관계에 있기 때문에 비문이 된 것으로 이해된다.

　결국 문법형태소 「의」의 기본적인 의미는 「한쪽 N은 다른 한쪽 N의 한정적 일부이다」로 요약될 수 있는 것으로 보인다.

　이 기본의미에서 여러 화용상의 조건에 의거 (13a)~(13l) 같은 다양한 의미가 추리되어 나온 것으로 이해되고 있다. 결국 (13a)~(13l)의 「의」에 최현배(1959)에서 부여한 소유, 관계, 소재, 소산, 소기, 비유, 대상, 소성, 명칭, 소속, 소작, 내포 등의 의미는 「의」의 기본의미라기보다는, 「의」의 기본의미에서 파생되어 나온 추리된 추리의미로 보인다.

　이를 Kirsner(1979)식으로 도식화하면 다음과 같다.

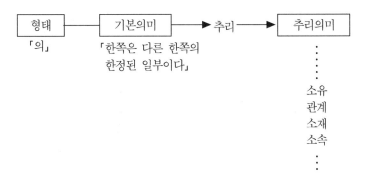

　그리하여 Kirsner(1977)에서는 동음어 논의에 관해 다음과 같은 시사를 하고 있다.

한 문법형태소의 의미가 여러 어휘형태소들의 의미들과 결합하여 다양한 의미를 전달한다해도 그것만으로 동음어를 형성한다고는 볼 수 없다.

위의 시사는 앞 예 (12)의 문제를 대상으로 한다. 편의상 (12)를 여기에 다시 적어 보기로 한다.

(12) a. 나는 부산으로 간다.
　　 b. 나는 돈으로 그것을 샀다.

(12a), (12b)에서 문법형태소「으로」는 어휘형태소의 성격에 따라 그 의미가 상이하게 나타나고 있다.

즉 (12a)에서는 문법형태소「으로」가 장소를 나타내는 어휘형태소「부산」과 결합하여 처소격의 의미를 제공하고 있는데 반해 (12b)에서는「으로」는 도구격의 의미를 나타내고 있다.

Bolinger(1977), Kirsner(1977) 등은 이러한「으로」는 동음어로 처리될 수 없다는 입장에서 앞서의 시사를 제기하였다.

(12a)의「으로」나 (12b)의「으로」의 의미는 서로 다른 것이 아니라, 한 가지 기본의미에서 추리되어 나온 것이라는 것이 Bolinger(1977), Kirsner(1977) 등의 입장이다.

이제 Kirsner(1977) 등의 동음어에 관한 두 번째 시사를 검토해 보자.

한 어휘형태소의 의미가 서로 다른 문법형태소들의 의미들과 결합하여 다양한 의미를 전달한다 해도 그것만으로는 동음어를 형성한다고는 볼 수 없다.

위의 시사는 앞의 예 (11a), (11b)로 설명된다. 편의상 앞의 예문을 다시 적어보자.

(11) a. 영희는 다리를 건넜다.
     b. 영희는 다리가 아프다.

이제껏 국어 동음어 논의에서 동음어의 고전적인 예로 들어져 왔던 (11a)의 「다리」와 (11b)의 「다리」는 동음관계를 형성하고 있지 않다는 것이 위의 시사의 주된 골자이다.

위의 시사는 결국 언어가 의사전달의 한 도구로 한정된, 유한한 수의 형태와 의미의 짝들로 이루어져 있는 것이라면 하나의 형태는 가능한 조금은 융통성 있는 하나의 의미를 지녀야 한다는 것을 시사하고 있는 것으로 이해된다.

즉 (11a), (11b)의 「다리」는 하나의 기본의미를 가지고 있으며, 실제 사용시에는 여러 화용상의 조건들이 가미되어 (11a), (11b)에서와 같은 의미를 지니게 된다는 것이다.

이제 Kirsner(1979)의 마지막 시사를 검토해 보자.

그것이 문법형태소이든 어휘형태소이든 동음어로 설정되려면 그 형태소의 서로 다른 여러 문맥 속에서 나타나는 다양한 의미들을 그것에 하나의 의미를 설정함으로써 적절하게 유추해 낼 수 없는 경우에 한한다.

위의 시사에는 어휘형태소들 만이 형태와 의미 사이에 일대일의 대응관계를 보이는 것이 아니라, 문법형태소도 형태와 의미 사이에 일대일의 대응관계를 보임을 시사하고 있다.

한편 위의 시사는 어떤 형태소가 서로 다른 맥락 속에서 사용될 때 나타나는 조금씩 다른 여러 의미들이 그 형태소의 기본의미에서 추리될 수 있다며 가능한 한 동음어의 설정은 억제되어야 함을 시사하고 있다.

기본의미를 추출해 낼 수 있음에도 불구하고, 그것들의 각 문맥에서의 의미가 서로 상이하다는 이유만으로, 그것들을 그 동음어로 설정해버리는 전통문법적 견해에 대한 최초의 의문이 아닐 수 없다.

사실 동음어의 설정만이 능사는 아니다.

어떤 형태소가 각기 다른 문맥에서 각기 다른 의미로 사용되고 있는 경우를 다 동음어로 설정한다면, 그것은 과학적인 작업이라고 할 수는 없다.

국어 동음어 논의에서, 동음어와 다의어의 관계가 모호해져 버린 것도 위의 점과 맥락을 같이 하는 것으로 이해된다.

허웅(1979), 강기진(1983)의 논의에서 「준동음어」란 개념이 등장되지 않을 수 없었던 소이도 바로 위의 점에 있다할 것이다.

동음어를 전통적 견해 그대로 규정했다가는 도대체 동음어와 다의어의 경계가 분명치 않음은 이미 국어 동음어 논의에서 의식적으로든 무의식적이로든 감지된 사실로, 허웅(1979), 강기진(1983)에서 그러한 감지된 사실을 분석화했을 뿐이다.

이런 점을 감안한다면 Kirsner(1979)의 제안은 확실히 주목에 값하는 것이다. Kirsner(1979)의 위와 같은 동음어 설정에 관한 제안은 그 제안이 언어가 가진 기본적인 기능에의 천착에서 나왔다는 것이, 더 더욱 주목된다.

동음어 논의 역시, 동음충돌의 논의를 포함해서, 동음어가 가지는 기능에의 천착이 그 주된 관심사라고 아니할 수 없기 때문이다.

이에 따라 국어 동음어로 지금까지 간주되어 왔던 형태소들을 재검토하는 작업이 요구된다. 본 논문에서는 국어 동음어론을 화용론적인 측면에서 다시 재검토해 보는 것이 목적이니, 위의 작업은 본 논문과는 별도로 천착해야 할 작업으로 생각된다.

위의 작업은 우선은 그간 동음어로 간주되어 왔던 형태소, 그것의 어휘형태소든 문법형태소든, 둘을 각기 다른 문맥에 집어넣어 보고, 거기서 나타나는 의미들에서, 공통적인 기본의미를 빼내는 작업이 그 근간이

되어야 할 것이다.

따라서 나머지 의미들은 추리의미로 포함시키는 작업도 마땅히 따라야 할 것이다. 아울러 동음충돌의 문제도 재고되어야 할 것이다.

4. 결 론

본 논문은 Garcia(1977), Kirsner(1979), Langaker(1980) 등의 이론을 도입하여, 국어 동음어의 전반을 화용론적인 해석 원리로 해명하고자 했다.

이들 이론은 결국 Bolinger(1977)의 형태가 잡히면 의미도 같고, 형태가 다르면 의미도 다르다는 생각으로 귀착되었다.

어휘형태소들 뿐만 아니라 문법형태소들도 각기 고유의 기본의미를 지니고 있는 것으로 판단되었다. 이것은 전통문법의 지배개념을 극복한 소치로 이해되었다.

동음어의 설정은 어떤 형태소가 서로 다른 맥락 속에서 사용될 때 나타나는 조금씩 다른 여러 의미들, 즉 추리된 의미들을 그 형태소에 하나의 기본 의미만 설정함으로서는 적절히 추리해낼 수 없는 경우에 한하는 것이 더 타당하였다.

따라서 가능한 한 동음어의 설정은 억제되어야겠다.

본 논문이 국어 동음어에 관한 그간의 논의를 전면적으로 부인하는 것이라고는 할 수 없다.

다만 본 논문은 국어 동음어에 관한 하나의 새로운 해석 원리를 마련해 보고자 했던 데에 그 값이 있었음을 밝혀둔다.

▌ 參考文獻

허 웅, ≪언어학≫, 1981.

강기진, 〈국어 준동음어의 연구〉 (국어국문학논문집 12. 동국대), 1983.

_____, 〈동음이의어에 대하여〉 (양주동박사 고희 기념논문집), 1973.

_____, 〈국어 동음어의 연구〉 (홍익공대 논문집 12), 1981a.

_____, 〈국어 동음어의 생성 요인 고구〉 (동악어문논집 15), 1981b.

_____, 〈국어 동음충돌 현상에 대한 연구〉 (한국문학연구 4), 1971c.

_____, 〈국어 동음어의 문제론적 연구〉 (국어국문학 논문집 동국대 11), 1981d.

_____, 〈국어 동음어의 기능 범주〉 (새국어교육 35~36), 1982.

_____, 〈명제와 함의로서의 동음어〉 (동악어논문집 17), 1983.

_____, 〈국어동음어의 유형별 분포〉 (홍익어문 3), 1983.

Bolinger, D., *Meaning and Form*, Longman Group Ltd, 1977.

_____, *Syntactic Diffusion and the Indefinite Aricle*, Indiana univ. Linguistics club, 1980

Chomsky, N., *Aspects of the Theory of Syntax*, Cambride, MIT press, 1965.

Gracia, E., *Government; overt grammar and covert lexicon*, univers-idad De ovideo, 1977.

Kirsner, R., *The problem of presentative sentences in Modern Dutch*, North Holland publishing Campany, 1979.

Kirsner, R. & Thompsom, S., *The Rule of pragmatic Inference in Semantics*, N. pub, 1976.

Langacker, R., ʻSpace grammar, Analyzability, and the English passiveʼ Univerity of California, 1980.

Saussure, F. de., Course in General Lingustics, 1959.

국어 준동음어의 연구

1. 序 論

　한 시니피앙*signifiant*에 두 가지 이상의 시니피에*signifié*가 對應되어 있는 現象은 여러 言語에서 찾아볼 수 있다. 이와 같은 현상은 多義語 *polysemy*, 同音語*homonymy*라고 불리어 왔으며,1) 語彙意味論의 일부로써 파악되어 왔다. 그리고 多義語, 同音語를 구분하는 關鍵으로서 시니피에*signifié* 사이의 關聯性*motivation*이 重要시되었다. 즉 시니피에 사이에 어떤 관련성이 존재하면 다의어, 反面에 그러한 관련성이 존재하지 않으면 同音語라고 보았다.2)

　이러한 多義語와 同音語의 구별은 Ulmann(1962) 이래 아무런 懷疑없이 받아들여져 왔다. 곧 시니피에 사이의 관련성 여부에 의해 多義語

---

1) Ullmann, S., *Semantics, An Introduction to science of meaning*, 1962, pp. 141~192.
　 Jesperson, O., *Language*, 1954, p. 286.
　 Bloomfield, L., *Language*, New York, 1958, pp. 145~147.
2) Ullmann, S., 前揭詞, 1962, pp. 143~150,
　 Cassdy, R., *The Development of Modern English*, 1965, p. 422,
　 李熙昇, 國語學槪說, 1955, pp. 291~293.

와 同音語를 구분하려는 노력은 따라서 이후의 論議에서 아무런 반성없이 받아들여지고 채택되었으며, 同音語의 定義와 槪念에 관한 한 더 이상의 論議거리가 있을 수 없다는 듯한 방향으로 同音語 論議는 정리되어 왔다.3)

그러나 문제의 핵심은 同音語의 樣相과 同音衝突 등의 문제에만 있었던 것이 아니라 同音語 그 자체의 槪念에도 있었다.

語彙意味論 *lexical semantics*의 측면에서는 同音語와 多義語를 구분짓는 關鍵으로 시니피에 사이의 관련성을 들었다. 그러나 관련성이 무엇을 意味하는 것인지에 대해서는 아무런 문제가 되지 않았다. 즉 同音語와 多義語의 境界를 구분짓는다는 '관련성'이라는 用語는 아무런 검토의 대상이 되어보지를 못했다.

시니피에 사이의 관련성이란 무엇을 말하며, 어느 정도의 관련이어야 관련성이 있다고 말해질 수 있으며, 관련성이 없다는 것은 또 어느 정도이어야 하는가에 대한 논의가 한 번도 제기되지 못했다는 것 자체가, 동음어 논의를 더 迷宮으로 몰아 넣었을지도 모른다.

따라서 문제는 관련성이란 용어의 파악과 관련성 여부를 가름하는 타당성 있는 기준의 설정에 있다고 할 것이다. 그만큼 시니피에 사이의 관련성 여부는 쉽게 판단될 수 있는 것도 있으며, 그렇지 못한 것도 있다.

다음의 예를 보자.

> (1) a. 철수는 배를 먹었다.
> b. 철수는 배를 저었다.
> c. 철수가 배가 아프다.

---

3) 千時權·金宗澤, 國語意味論, 1971.
 허 웅, 언어학개론, 1963.
 李乙煥 外, 國語學新講, 1973.

(1a), (1b), (1c)의 '배'는 시니피에 사이의 관련성이 없음을 어떤 특별한 근거를 제시 않고도 쉽게 感知할 수 있다. 이 경우의 (1a), (1b), (1c)의 '배'는 서로 同音關係를 형성하며, 따라서 (1a), (1b), (1c)의 '배'는 각각 다른 세 形態素로 처리된다.

그러나 다음 (2a), (2b), (2c)를 보자.

(2) a. 나는 다리가 아프다.
　　b. 책상 다리가 부숴졌다.
　　c. 한강 다리가 보인다.

위의 (2a), (2b), (2c)의 '다리'는 보는 측면에서 따라 두 가지로 파악된다. '다리'라는 시니피에 사이에 관련성이 있다고 보는 측면에서는 (2a), (2b), (2c)의 '다리'는 多義關係로 파악될 것이며, 따라서 (2a), (2b), (2c)의 '다리'는 다 같은 한 형태소로 看做될 수 있을 것이다.

그러나 '다리'라는 시니피에 사이에 관련성이 없다고 보는 측면에서는 (2a), (2b), (2c)의 '다리'는 동음관계로 파악될 것이며, 따라서 (2a), (2b), (2c)는 각각 다른 세 形態素로 看做될 수 있을 것이다.

시니피에 사이의 關聯性 여부는 명사·동사 同音語보다는 動詞語尾, 조사 등 이른바 굴곡infiectional範疇에 들어서면 더 심각하다. 그것은 屈曲範疇가 매우 추상적인 의미를 갖고 있기 때문에 연유되는 현상일지도 모른다.4)

다음 예를 보자.

(3) a. 돈으로 물건을 산다.
　　b. 집으로 간다.

---

4) 허　웅, 언어학, 1980, p. 256.

(3a), (3b)에서 '-으로'는 그 의미 사이의 관련성 여부를 결정짓기가 매우 힘이 든다. 따라서 (3a), (3b)의 '-으로'는 한 형태소로 보아야 할 것인가, 아니면 각각 다른 두 형태소로 보아야 할 것인지는 쉽게 결정될 일이 아니다. 한 형태소로 본다면, 그것은 (3a), (3b)의 '-으로'를 다의 관계로 본다는 것이 되며, 두 형태소로 본다면 그것은 '-으로'의 동음관계를 인정한다는 것이 된다.

그리고 이것은 단지 '-으로' 자체에 국한된, 다시 말해서 동음어, 다의어 문제에 국한된 문제가 아니다. 그것은 새로운 문제를 惹起시킨다.

(3a), (3b)의 '-으로'가 관련성이 있다고 본다면 (3a)의 '-으로'와 (3b)의 '-으로'의 意味를 어떻게 形式化하느냐의 문제가 남는다.

또 그러한 형식화가 가능하다 하더라도 (3a), (3b) 중 어느 '-으로'를 主意味 primar meaning으로 삼고, 또 어느 意味를 副意味 secondary meaning로 잡느냐 하는 것도 문제이다.

한편 (3a), (3b)의 '-으로'를 관련성이 없다고 본다면 (3a), (3b)의 의미의 문제야 간단히 처리될 수 있겠지만, 국어 문법의 간결성 여부와의 문제가 생긴다. 즉 한 形態素로 묶어서 파악할 수도 있는 (3a), (3b)를 두 형태소로 파악함으로써 문법의 복잡성을 야기시킬 우려가 있다.

따라서 필자는 (3a), (3b)와 같은 그 관련성 여부를 쉽게 감지할 수 없는 것들은 準同音語라는 문법범주 안에서 처리하고자 한다. 準同音語란 本論文에서 처음으로 설정하여 취급하는 文法範疇이기는 하지만, 準同音語 設定의 필요성은 통시적 diachronic인 측면에서 확인된다.

왜냐하면 言語變遷 과정에 있어서, 처음에는 관련성이 있다고 하여 母語話者 native speaker들이 多義語로 認知하여 오던 것이, 변천 과정에서 그 관련성을 계속 보장받지 못하면 分化되어 동음어로 歸屬되어 버리는 현상이 빈번히 나타나기 때문이다.

15C 국어 '녀름'은 그 현저한 예이다. 이것은 15C에는 '농사', '여름철'이라는 두 가지 의미를 지닌 多義語로 파악되어 왔는데, 이것은 '농사'와 '여름철'이라는 두 시니피에 사이에 관련성이 있다고 여겨졌기 때문이다.5)

그러나 言語變遷 과정 중에서 이 두 시니피에 사이의 관련성이 점차 稀薄해지면서 準同音語 관계가 되었다가, 그 관련성이 완전히 삭제되면서부터는 이것들은 동음어로만 이해되어 왔다.

準同音語란 따라서 多義語에서 동음어로 넘어가는 과정의 文法範疇라 할 수 있다. 즉 시니피에 사이의 관련성이 희박해지는 상태가 準同音語의 對象 範疇가 된다.

이러한 준동음어는 다음과 같은 圖式으로 일단 設定해 볼 수 있다.

本稿에서는 이러한 準同音語의 처리방법에 대해 論議해 보는 한편, 그러한 처리가 가지는 言語學的 타당성에 대해서도 생각해 본다. 물론 本稿는 試論的인 論議이므로, 모든 準同音語를 논의의 대상으로 삼지는 아니한다. 다만 興味를 끄는 몇 가지 準同音語에 관해서만 논의하기로 한다.

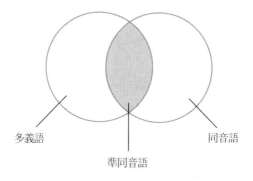

多義語   準同音語   同音語

---

5) 허 웅, 언어학개론, 1963, p. 147.

2. 準同音語의 處理

本章에서는 대표적인 準同音語로 보이는 助詞 '-에'의 처리 방법에 관하여 논의해 보는 데 그 노력을 기울인다.

다음의 예를 보자.

> (4) a. 10시에 간다.
> b. 학교에 가고 싶다.
> c. 연탄불에 밥을 짓는다.

(4a), (4b), (4c)의 '-에'는 傳統的으로 時間格助詞, 處所格助詞, 方便格助詞 등으로만 취급되었다. 즉 助詞의 側面에서만 이들의 論議가 이루어졌다는 약점이 있다.

위의 準同音語 '-에'의 處理方法으로 일단 세 가지 정도를 생각해 볼 수 있다.

(4a), (4b), (4c)의 共通意味資質*semantic feature*을 代表意味로 잡고 나머지는 이 代表意味에서 誘導해내는 방법이 첫 번째 방법이다.

이것은 다시 말해 (4a), (4b), (4c)의 '-에'를 意味上 關聯性이 있는 것으로 파악하려는 즉 이것을 多義語로 보고, 代表意味와 變異意味를 설정하려는 방법이다.

代表意味를 정하는 방법은 變形生成文法*Transformatonal Grammar*에서 논의된 成分分析 방법에 의한다.6) 즉 (4a), (4b), (4c)의 '-에'에서 그 共通된 의미를 추출해 내어 그것을 代表意味로 잡는 것이다. 그리고 (4a)의 '-에', (4b)의 '-에', (4c)의 '-에'가 가진 固有의 意味 또는 서로 排他的인 의미를 變異意味라고 보고, 이것을 代表意味에서 誘導해 내는 것이 그것이다.

---

6) Lakoff, G., On Generative Semansics' *Semantics*, 1969.

(4a), (4b), (4c)의 '-에'의 처리방법 중 지금의 방법, 즉 (4a), (4b), (4c)의 '-에'를 多義語로 보고, 代表意味를 정한 다음, 여기서 변이의미를 추출해 내는 방법은 言語學的으로 큰 의의를 갖는다. 그것은 音韻論과 形態論에서도 발견될 수 있는 原理이기 때문이다.

즉 音韻論에서 音素*phoneme*와 變異音*allophone*의 관계라든가, 形態論에서 形態素*morpheme*과 變異形態*allomorph*가 그것이다. 다른 부문에서도 확인될 수 있는 文法範疇를 準同音語라는 文法範疇에서도 확인할 수 있다는 사실은 準同音語의 처리에 강력한 言語學的 支持가 되는 셈이다.

音素 ――――― 變異音(音韻論)
形態素 ――――― 變異形態(形態論)
代表意味 ――――― 變異意味(意味論)

이러한 形式化에 근거하여, 이제 (4a), (4b), (4c)의 代表意味를 찾아보기로 하자.

(4a), (4b), (4c)의 '-에'의 意味는 表面上 아무런 類似性도 보이고 있지 않은듯 보이지만, 深層的으로 보면 상당한 共通性을 띠고 있다.

(4a), (4b), (4c)의 '-에'의 代表意味를 일단 演繹的으로 아래와 같이 그려보자.

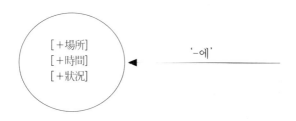

이 그림은 '-에'의 代表意味를 圖式化해 본 것이다. 여기서 '-에'는 選

擇性과 歸着性의 資質을 띄고 있다. 다른 말로 '-에'의 意味資質은 [+選擇的] [+歸着的]으로 나타내어 질 수 있다.

'-에'가 [+選擇的] 意味資質을 지니고 있음은 간단히 확인된다. 예컨대 (4a)에서 다른 時間, 즉 11時나 12時 등의 時間이 選擇되지 않고 10時가 선택되었다. 따라서 (4a)에 상태 부사절을 넣으면 (4a)의 '-에'의 뜻은 더 더욱 分明해진다.

　　(5) a. 12시가 아니라, 10시에 갔다.

(4a), (4b)에서도 '-에'의 선택의 뜻은 마찬가지이다. 즉 (4b)에서는 다른 場所가 選擇되지 않고, '학교'라는 範疇가 選擇되었음을 '-에'가 나타내어 주고 있고, (4c)에서는 '화롯불'이나 '가스렌지' 같은 것이 選擇되지 않고 '연탄불'이라는 範疇가 選擇되었음을 示唆해 주고 있다.

따라서 (4b), (4c)에도 선택부사어가 작용하게 되면 '-에'의 뜻이 더 명확해지는 것이다.

　　(5) b. 집이 아니라 학교에 가고 싶다.
　　　　 c. 난로가 아니라 연탄불에 밥을 지었다.

따라서 準同音語 '-에'의 代表意味에 意味資質 [+선택적]이 있음은 확인되었다.

'-에'의 代表意味의 意味資質 중 나머지 하나 [+귀착적]의 說明은 간단하다. 앞서 [+선택적]의 資質에 대해 언급했거니와 [+선택적]은 그 자체에 '方向性'을 갖는다.

'方向性'은 움직임을 나타내는 것이므로, 그것은 다른 측면에서 [+귀착적]이라고도 할 수 있다.

결국 '-에'의 代表意味를 본 논문에서는 [+선택적] [+귀착적]으로

정하였다.

여기서 한 가지 看過해서는 안될 點은 代表意味는 실제 文章 사이에서 쓰일 수 있는 意味가 아니라는 점이다. 그것은 (4a), (4b), (4c)의 '-에'의 의미에 共通的인 抽象的인 意味일 뿐 그것이 곧 (4a), (4b), (4c)의 '-에'의 의미는 아니라는 점이다.

이 抽象的인 代表意味에서 (4a), (4b), (4c)에 실제로 쓰이고 있는 變異意味를 抽出해 내려면, (4a), (4b), (4c)의 '-에'에 각각 變異意味 資質을 부여해야 한다.

앞서의 그림에서 [+장소], [+시간], [+상황] 등의 變異意味 資質을 設定했는데, 이것들은 실제로 (4a), (4b), (4c)의 '-에'의 해석에 利用되는 意味資質이다.

즉 (4a)의 '-에'의 解釋을 위해서는 [+선택적], [+귀착적]이라는 代表意味 [+시간]이라는 變異意味 資質이 더해져 '-에'가 해석된다.

(4a)의 기저구조*deep structure*를 대충 그려보면 다음과 같다.

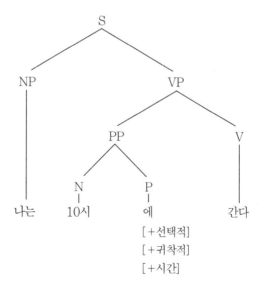

따라서 (4b)의 '-에'는 그 基底構造語彙部에서 [+선택적], [+귀착적], [+장소]의 意味資質을 (4c)의 '-에'는 [+선택적], [+귀착적], [+상황]의 意味 資質을 갖게 된다.

準同音語에 관한 첫 번째의 방법, 즉 代表意味를 抽象的으로 설정하고, 그 代表意味에서 變異意味alloseme를 誘導해내는 方法은 지금까지의 長點, 즉 이 方法이 言語學的 意義를 보장하고 있다는 장점 이외에 몇 가지 문제도 內包하고 있는 것도 사실이다.

가장 큰 문제의 하나는 代表意味를 어느 정도까지 抽象化시킬 것이냐 하는 문제이다. 이 문제는 최근 變形生成文法理論에서 제기되고 있는 基底構造의 抽象性의 문제와도 相通하는 문제이다.

代表意味의 抽象性의 문제는 본 논문의 논의 후에, 稿를 달리해서 생각키로 하고, 우선 본 논문에서는 變異意味의 共通資質만을 代表意味로 잡기로 한다. 이제 첫 번째의 準同音語에 관한 처리방법을 앞든 예 (3a), (3b)에 적용시켜 보기로 한다.

편의상 (3a), (3b)를 다시 적어보자.

　　(3) a. 돈으로 물건을 산다.
　　　　b. 집으로 간다.

(3a), (3b)는 傳統文法에서 '道具格助詞', '處所格助詞' 등으로 각각 파악되어 왔다. 이제 (3a), (3b)의 '-으로'의 代表意味를 잡아보고, 그 代表意味에서 變異意味alloseme를 誘導해 보자.

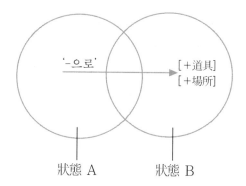

'-으로'의 基本意味는 위와 같이 '상태 A'에서 '상태 B'로 轉移*transfer* 되는 데에 쓰인다. 따라서 (3a), (3b)의 '-으로'의 代表意味는 [+전이 적]으로 그 意味資質이 表示될 수 있다.

이 [+전이적]이란 代表意味에서 (3a), (3b) 같은 變異意味가 유도 될 수 있다. (3a)에서는 '돈'이 '물건'으로 轉移되었고, (3b)에서는 '집 아닌 다른 장소'에서 '집'으로 轉移되었으나, 그 개별적 變異意味는 각각 다르다. 편의상 (3a)의 基底構造를 보인다.

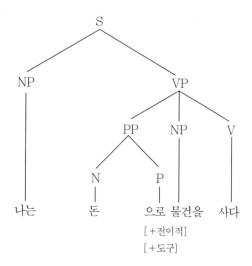

따라서 (3b)의 '-으로'는 代表意味 資質 [+전이적] 이외의 變異意味 資質 [+도구]가 가해져 (3b)의 意味가 誘導된다.

準同音語를 처리하는 첫 번째 방법은 言語學的 規則의 經濟性을 고려한 방법론이다. 왜냐하면 表面에서는 目擊되지 않았던 各 意味 사이의 關聯性을 深層에서 찾아내어 한 형태소로 處理하려 했기 때문이다.

그러나 規則의 經濟性을 위한 방법이 言語現實을 얼마나 잘 반영해 주고 있는가 하는 회의가 꾸준히 제기되어 왔다.

(4a), (4b), (4c) 등에서 이들을 모두 포괄하는 代表意味를 抽出해 내는 작업이야말로 매우 바람직한 言語學的 理想論이긴 하지만, 代表意味의 機能은 곧 懷疑받기 시작했는데, 이러한 회의를 反證한 것이, (4a), (4b), (4c)에 각각의 의미를 부여하는 방법이다.

즉 두 번째 방법은 (4a), (4b), (4c)의 '-에'에 각각의 독립된 의미를 부여하는 방법이다. 이 방법은 (4a), (4b), (4c)에서 '-에'의 共通的인 資質보다는 차이점에 더 초점을 둔 방법론이다. 이 方法論은 傳統的으로 傳統文法에서 사용되어 온 方法論인데, (4a), (4b), (4c)의 '-에'의 意味를 각각 매우 的確하게 기술해 주고 있다는 面에서는 매우 좋은 방법론이다.

그러나 이 방법은 文法을 너무 複雜하게 만들 우려가 있다.

예컨대 (4a), (4b), (4c)의 '-에'를 각각 '시간격조사', '처소격조사', '방편격조사'로 文法範疇化 시킨다면 아래와 같은 '-에'에는 또 어떠한 文法範疇를 설정해야 할 것인가가 문제시된다.

> (6) a. 반장에 누가 뽑혔니?
> b. 공부에 취미를 붙인다.
> c. 허위선전에 속지 말자.

두 번째 방법대로라면 (6a), (6b), (6c)의 '-에'에는 각각 '資格格助詞', '條件格助詞', '對象格助詞'의 이름을 설정해야 할텐데, 이것은 文法을 너무 복잡하게 한다.

'-에'가 쓰이는 意味의 쓰임새를 적확하게 나타내기 위해서 '-에' 사이의 意味上의 관련성을 무시하여 이것들을 각각 同音語로 파악한 것은 좋으나, 文法의 經濟性이라는 側面에서 이 방법론은 再考되어야 할 방법으로 보인다.

그러나 이 방법이 상당한 强點을 갖고 있음은 잘 알려진 사실이다. 예컨대 (4b)에서 '-에'는 다른 助詞와 代置*paraphrase*가 가능하다.

(7) a. 학교에 가다.
　　b. 학교를 가다.
　　c. 학교로 가다.

그러나 (4a)의 '-에'는 '를'이나 '로'로 대치되지 않는다.

(8) a. 10시에 간다.
　*b. 10시를 간다.
　*c. 10시로 간다.

앞의 첫 번째 방법으로는 (8b), (8c)가 非文法的인 文章이 된 것을 설명할 수 없다. 즉 '-에'의 共通性을 捕捉하여 그것들의 意味에 關聯性을 부여하고, 그것들을 한 形態素로 파악한 다음, 그것들의 代表意味를 설정하는 방법으로는 (8b), (8c)의 非文法性은 도시 설명되어지지 않는다.

意味上 서로 관련성이 있고, 그들의 代表意味가 같다면, (4a)의 '-에'와 (4b)의 '-에'가 그 環境的 要因이 같다는 말이 되는데, 왜 (4b)의 '-

에'에는 '를', '로' 등의 助詞가 代置되는데, (4a)의 '-에'에는 그러한 助詞의 介入을 許容하지 않는가 하는 難點이 생긴다.

(8b), (8c)의 非文은 결국 (4a), (4b)의 '-에'가 서로 異質的인 意味資質을 갖고 있을 수 있다는 反證이 될 수 있는데, 이 반증이 곧 이들을 각각의 獨立된 形態素로 보게 하는 근거가 된다.

이 같은 점은 (4c)의 '-에'에 '을', '로' 등의 助詞를 揷入시키는 과정에서도 확인된다.

(4c)의 '-에'는 (4a)의 '-에'처럼, 助詞 '를'의 개입은 허락하지 않지만, (4c)처럼 '조사' '로'의 介入은 허용한다.

(9) a. 연탄불에 밥을 짓는다.
  *b. 연탄불를 밥을 짓는다.
  c. 연탄불로 밥을 짓는다.

위에서처럼 (4c)의 '-에'는 (4a)의 '-에'나 (4b)의 '-에'와는 또 다른 統辭的 現象을 보여 주고 있다.

相異한 統辭的 現象은 相異한 意味를 誘導한다는 것이 두 번째 방법의 基本精神이다.

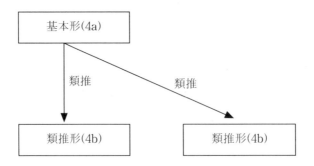

나머지 한 가지의 방법은 예컨대, (4a), (4b), (4c)의 '-에' 중에서 어느 한 개를 基本形으로 잡고 나머지 두 개는 그 基本形에서 유추되어 나온 것으로 보는 방법이다.

이 방법은 언뜻 보기에는 첫 번째 방법과 同一한 것으로 여겨지기 쉬우나, 첫 번째 方法論과 이 방법은 전혀 다르다.

즉 첫 번째 방법은 (4a), (4b), (4c)의 '-에'의 抽象的인 代表意味를 이 세 '-에'에서 추출해 낸 다음 여기서 變異意味를 誘導해내는 방법인데 비해, 이 세 번째 方法은 抽象的인 代表意味를 設定하지 않고 다만 (4a), (4b), (4c)의 세 개 중 한 개를 基本形으로 잡고, 나머지 두 개는 이 基本形에서 誘導해 내는 방법이기 때문이다.

첫 번째 방법론을 圖式化하면 대충 다음과 같다.

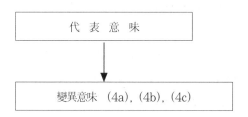

이 세 번째 方法論에서 문제가 되는 것은 과연 基本形을 (4a), (4b), (4c) 중 어느 것으로 定하느냐 하는 문제이다.

그 기본형은 (4a), (4b), (4c) 중 가장 그 意味의 幅이 넓은 것으로 잡아야 될 것이다.

일반적으로 의미의 幅은 統辭的 特性과 깊은 연관을 갖고 있는 것으로 받아들여지고 있기 때문에 여기서도 그러한 方法을 擇해 보겠다.

우선 편의상 (4a), (4b), (4c)를 다시 여기에 써보기로 한다.

(4) a. 10시에 간다.
　　b. 학교에만 가고 싶다.
　　c. 연탄불에 밥을 짓는다.

우선 補助詞 '만'을 '-에' 뒤에 挿入시켜 보자. 그러면 (4a), (4b), (4c)는 다음 (10a), (10b), (10c)처럼 된다.

(10) a. 10시에만 간다.
　　b. 학교에만 가고 싶다.
　　c. 연탄불에만 밥을 짓는다.

補助詞 '만'으로는 이들 (4a), (4b), (4c)의 '-에' 중에서 어느 것이 그 意味의 幅이 제일 큰지를 밝히기는 어려울 것 같다. 왜냐하면 補助詞 '만'의 介入을 받은 (10a), (10b), (10c) 모두가 文法的인 文章이기 때문이다.

다른 統辭的 테스트가 필요하다. 앞서 準同音語의 처리 방법의 첫 번째에서 (4a), (4b), (4c)의 代表意味資質을 [+선택적], [+귀착적]으로 잡았던 것을 念頭에 두고, 이번에서 (4a), (4b), (4c)에 選擇助詞 '나'를 삽입시켜 보자. 다음 (11a), (11b), (11c)는 바로 그것이다.

(11) a. 10시나 간다.
　　b. 학교나 가고 싶다.
　*c. 연탄불이나 밥을 짓는다.

현재로선 '나'의 意味資質 *semantic feature*이 [+선택성]인지 어떤지는 확언할 수는 없지만, 일반적인 硏究로 '나'의 意味資質은 [+선택적]이라고 알려져 있으므로, 이러한 意味資質의 助詞를 挿入시켜 보아 非文法的인 文章이 된 (11c)는, 그 意味幅이 일단은 (11a), (11b)의 '-에'

보다 小幅임을 확인할 수 있다.

이번에는 歸着助詞 '로'를 (4a), (4b), (4c)의 '-에'에 각각 揷入시켜 보자. 많은 助詞들 가운데 歸着助詞를 揷入시켜보기로 한 것은, 앞서의 첫 번째 방법에서의 결론에 따른 것이다. 즉 앞서의 論議에서 '-에'의 代表意味를 [+선택적], [+귀착적]이라고 規定했기에 그에 따르는 것이다.

> (12) *a. 10시로 간다.
>   b. 학교로 간다.
>   c. 연탄불로 밥을 짓는다.

歸着助詞 '로'를 揷入시키자, 이번에는 (12a)의 문장이 非文法的인 문장이 된다. 여기서 확언할 수 있는 것은 選擇助詞 '나'를 삽입시켰을 때 非文法的인 文章이 된 (11c)와 歸着助詞 '로'를 揷入시켰을 때 非文法的인 문장이 되어버린 (12a) 중에서 어느 것이 더 그 意味幅이 넓고 또 어느 것이 더 意味幅이 적은가는 확인할 수 없지만, 적어도 이런 統辭的 現象으로 보아 (4a)나 (4c)보다는 (4b)가 그 意味幅이 가장 크다고는 할 수 있다.

왜냐하면 (4b)는 選擇助詞 '나'를 삽입해도 (11b)처럼 文法的인 文章이 되었고, 歸着助詞 '로'를 삽입해도 (12b)처럼 훌륭한 文法的인 문장이 되었기 때문이다.

(4a), (4b), (4c)의 '-에'를 각각 補助詞 '만' 揷入規則, 選擇助詞 '나' 揷入規則, 귀착조사 '로' 삽입규칙에 넣어본 결과를 다음과 같이 圖式化할 수 있다.

	에$_1$	에$_2$	에$_3$
보조사	+	+	+
선택조사	+	+	−
귀착조사	−	+	+

결국 '-에' 즉 (4b)의 '-에'가 그 意味 幅이 (4a), (4c)의 '-에'보다 큰 것으로 확인되었다.

따라서 準同音語의 처리방식에 대한 세 번째 방법 즉 (4a), (4b), (4c)의 '-에' 중 어느 하나를 基本形으로 삼느냐 하는 문제는, 위와 같은 統辭的 變形의 결과로 그 意味幅이 가장 넓은 것으로 확인된 (4b)의 '-에'를 基本形으로 삼으면 된다.

나머지 (4a), (4c)의 '-에'는 여기서 類推되어 나온 것으로 처리하면 된다.

이 方法은 확실히 個個의 '-에'에 獨立된 形態素 資格을 부여하는 두 번째 방법보다는 言語學的 一般化에 가깝다. 왜냐하면 두 번째 방법은 또 다른 용법이나 쓰임새를 가진 '-에'가 발견되면, 그 '-에'에도 獨立된 形態素 자격을 주어야 하는 번거로움이 있지만, 이 세 번째 方法은 다른 용법을 가진 제3의 '-에'가 나타나더라도 그것을 基本形에서 誘導해내면 되기 때문이다.

따라서 準同音語 처리에 관한 두 번째 方法은 그리 적확한 處理方法이라고 할 수 없다.

3. 準同音語의 分析

본장에서는 제2장에서 논의한 準同音語의 처리방법 중 두 번째 방법 즉, 發見되는 모든 準同音語에 個個의 獨立한 形態素 資格을 부여하는 방법은 버리고 代表意味와 變異意味의 形式을 취한 첫 번째 방법과 準同音語 가운데 어느 하나를 基本的으로 잡고, 나머지는 그 基本形에서 類推해 내는 방법을 써, 여러 準同音語에 대한 分析을 試圖해 본다.

본 장의 끝 부분에 가서는 이 두 방법 중 한 방법을 다시 추려내어 그것을 準同音語의 처리방법으로 삼고, 그 방법을 취하게 된 根據를 논의하기로 한다.

우선 '와'(받침 다음에는 '과'가 쓰임)를 살펴 보자.

準同音語 '와'는 지금까지 接續助詞나 接續語尾 등으로 파악해 왔지만, 그것 自體에 많은 問題點을 안고 있는 것으로 보아 본 논문에서는 準同音語로 처리한다.

準同音語 '와'의 用例를 우선 보자.

> (13) a. 비와 바람이 분다.
>   b. 친구와 논다.
>   c. 피부가 눈과 같다.

準同音語 (13a), (13b), (13c)에 대해서 傳統文法的 견해는 (13a)의 '와'는 接續助詞, (13b)의 '와'는 與同格助詞, (13c)의 '와'는 比較格이라고 範疇設定을 해왔다. 이 방법은 앞서 제 2장에서 논의한 방법 중에서 두 번째 방법을 취한 결과에서 나온 것이다.

그러나 이 방법의 번거로움에 대해서는 앞서 누차 論議해 왔으므로, 여기서는 再論하지 않고 바로 첫 번째와 세 번째 방법에 의한 分析에 들어가려 한다.

(13a), (13b), (13c)의 '와'를 우선 첫 번째 방법으로 處理해 보자. (13a), (13b), (13c)의 代表意味는 다음과 같이 圖式化될 수 있다.

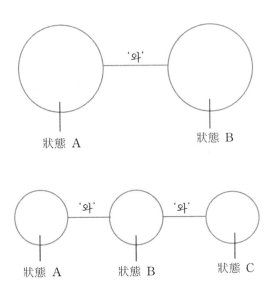

즉, '와'의 抽象的인 代表意味는 상태 A와 상태 B를 連結하고 관계하는 機能을 갖고 있다. 상태는 無限數일 수 있으므로 앞의 圖式은 위의 그림과 같이 나타낼 수 있다.

    (14) a. 비와 바람과 태풍이 분다.
        b. 친구와 나와 논다.
        c. 피부가 눈과 솜과 같다.

    (14a), (14b), (14c)는 앞의 그림을 문장으로 이어본 것이다.
    아무튼 '와'의 代表意味는 한 상태와 다른 한 상태를 관계짓는 連結性에 있다. 따라서 (13a), (13b), (13c)의 代表意味는 抽象的으로 [＋연결성]으로 나타낼 수 있다.
    (13a)에서는 '비'라는 상태와 '바람'이라는 상태를 연결하고 있으며, (13b)에서는 '친구'라는 상태와 (13b)의 文章에서는 보이지 않는 行爲

者*agent*를 連結하고 있다.

또 (13c)에서는 '피부'라는 상태와 '눈'이라는 상태가 각각 連結되고 있다.

따라서 (13a)의 基底構造를 그려보면 대충 다음과 같다.

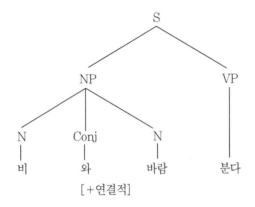

앞의 그림은 (13a)의 基底構造를 대충이나마 그려본 것이다. 여기 서 잠깐 생각해 보아야 할 것은 위의 基底構造 외에 (13a)의 基底構造 로 다음과 같은 것도 생각해 볼 수 있다.

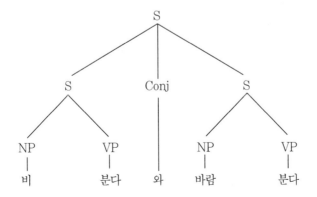

앞의 그림은 '와'를 句接續phrase conjunction으로 파악한 것이나, 위의 그림 樹枝圖tree diagram는 '와'를 文接續sentence conjunction으로 파악한 것이다.

句接續으로 파악된 '와'는 그대로 表面構造로 誘導하면 된다. 그러나 文接續으로 파악된 '와'는 同一名(動)詞句削除 規則이라는 變形過程을 거쳐야 表面構造로 나올 수 있다. 그 그림에서 同一名(動)詞句는 '분다'이므로 이 '분다'를 삭제하면, 表面構造를 얻을 수 있다.

(13a), (13b), (13c)의 基底構造를 句接續으로 볼 것이냐, 文接續으로 파악할 것이냐는 본 논문의 범위를 넘어서는 것이나, Lakoff & Peters(1966)의 論議는 매우 示唆的이다.7)

Lakoff & Peters(1966)의 論議는 金完鎮(1970)에서 國語에 적용되어 試圖되기도 했는데, Lakoff & Peters(1966)에서는 이른바 對稱動詞symmetric predicate 즉 '닮다', '싸우다', '같다' 등은 句接續으로 誘導하고, 非對稱動詞non-symmetric predicate 즉 '불다', '놀다' 등과 같은 대부분의 動詞는 文接續으로 유도하는 것이 言語學的 一般化에 寄與할 수 있다고 논의했다.8)

여기서는 이 논의를 받아들여 非對稱動詞가 쓰인 (13a), (13b)의 '와'의 基底構造는 文接續으로, (13c) 즉 對稱動詞 '같다'가 쓰인 '와'는 句接續을 그 基底構造로 삼기로 한다.

(13a)의 기저구조는 앞서 보였으므로 (13c)의 基底構造만 간단히 보기로 한다.

---

7) Lakoff, G. & Peters, S., Phrasal Conjunction and symmetrical predicates' Mathematical Lingustics and Automatic Translation, Cambridge, 1966.
8) 金完鎮, 文接續의 '와'와 句接續의 '와' 言語學硏究 6-2, 1970, pp. 1~10.

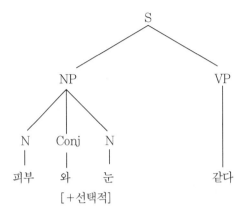

(13c)는 '같다'가 이른바 對稱動詞*symmetric predicate*이므로, 앞과 같이 '와'가 句接續*phrase conjunction*에 의해 연결되었다. 이 準同音語의 基底構造의 설정의 문제는 더 논의를 거쳐야 할 것으로 보인다.

아무튼 앞서 (13a), (13b), (13c)의 '와'의 代表意味를 [+연결성]으로 잡았다.

그리고 이러한 代表意味에 準하여 (13a), (13b), (13c)의 變異意味*alloseme*을 設定해 보면 (13a)는 [+연결성], [+접속] (13b)의 '와'는 [+연결성][+동반] (13c)의 '와'는 [+연결성], [+비교]로 각각 그 意味資質이 표시될 수 있을 것이다.

이러한 變異意味가 곧 (13a), (13b), (13c)의 '와'의 쓰임을 실제로 補助하는 意味임을 앞서 밝혔다.

이제 이러한 變異意味의 설정에 의해 (13c)의 基底構造를 그려 보면 아래와 같다.

제1장에서도 논의했지만 代表意味에서 變異意味를 抽出해내는 방법은 音韻論, 形態論 심지어는 統辭論에서도 그러한 原理를 발견할 수 있어 매우 經濟的이고 普遍的*universal* 基準임을 밝혔다.

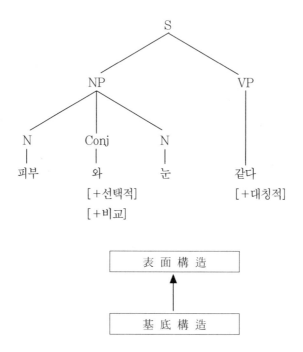

앞의 그림은 統辭論에서 深層構造가 表面構造로 誘導되어 나오는 과정을 그린 것인데, 이것은 마치 準同音語論에서 代表意味에서 變異意味를 유도해내는 것과 그 原理가 同一하다.

代表意味와 變異意味로 準同音語의 意味를 밝히는 첫 번째 방법 외에, 세 번째 방법이 있었는데, 그 방법으로 準同音語 (13a), (13b), (13c)의 意味誘導를 생각해 보자.

이 방법은 특히 어떤 抽象的인 代表意味를 따로 設定하지 않고, 다만 여러 形態 중 어느 하나를 基本形으로 잡고 나머지는 그 基本形에서 誘導하는 방법이었다.

基本形을 어느 것으로 잡을 것인가에 대해서는 전적으로 統辭的 資質syntactic feature에 의존한다.

우선 連結助詞 '하고'를 揷入시켜 보자.

(14) a. 바람하고 비가 온다.
　　　b. 친구하고 논다.
　　　c. 피부가 눈하고 같다.

連結助詞 '하고'를 (13a), (13b), (13c)에 揷入시킨 것이 (14a), (14b), (14c)인데 모두 文法的인 문장이 되었다.

이번에는 여기에다 連結副詞 '함께'를 (13a), (13b), (13c)에 넣어 보자.

連結副詞 '함께'를 넣어 보기로 한 것은 '와'의 代表意味의 意味資質 *semantic feature*이 [＋연결성]이었기 때문이다.

(15) a. 비와 바람이 함께 분다.
　　　b. 친구와 함께 논다.
　*c. 피부가 눈과 함께 같다.

連結副詞 '함께'를 삽입시키자 (13c)는 (15c)처럼 非文이 되었다. 일단은 (15c)의 非文法性 때문에 (13c)의 '와'는 (13a), (13b), (13c)의 基本形이 되기란 어렵게 됐다.

이번에는 補助詞 '도'를 '와' 다음에 倂置시켜 보자. 다음 (16a), (16b), (16c)는 補助詞 '도'를 '와' 다음에 倂置시킨 것이다.

(16) *a. 비와도 바람이 분다.
　　　b. 친구와도 논다.
　　　c. 피부가 눈과도 같다.

(16a)가 非文法的인 문장이 된 것은 바로 (13a)의 '와'가 그 意味幅

이 (13b)보다 적다는 것을 示唆하고 있다.

	와₁	와₂	와₃
연결조사	+	+	+
연결부사	+	+	−
보 조 사	−	+	+

결국 (13a)의 '와'는 補助詞가 揷入되어 非文이 되었고 (13c)는 補助詞가 倂置되어 非文法的인 문장이 되었다.

이것은 (13a)의 '와'와 (13c)의 '와'가 어느 것이 더 相對的으로 意味幅이 넓느냐 좁느냐는 확인할 수 없지만, 적어도 단언할 수 있는 것은 (13a), (13c)는 (13b)보다는 意味幅이 적다는 사실이다.

따라서 (13b)는 (13a), (13b), (13c)의 '와'의 基本形이 되며, 나머지 (13a), (13c)의 '와'는 (13b)의 '와'에서 誘導해 낸 것으로 본다.

이제 남은 문제는 準同音語 處理에 있어서 첫 번째 방법을 취하느냐 아니면 세 번째 방법을 취하느냐의 문제가 남아 있다.

이 문제는 앞서 누누이 지적해 왔지만, 言語學的 일반화를 摸索한다는 側面에서 첫 번째의 방법 즉 代表意味와 그 變異意味를 形式化하는 방법론을 準同音語 抽出의 가장 정확한 것으로 看做하기로 한다. 이 方法論의 妥當性과 補完 與否는 稿를 달리해서 다루려 한다.

4. 結 論

本論文은 準同音語에 대한 最初의 試論이다. 準同音語란 多義語에서

同音語로 넘어 가려는*transfer* 과정 중에 있는 文法範疇를 말한다. 本稿는 準同音語의 設定 근거로 關聯性*motivation*에 대해 검토해 보고, 아울러 準同音語 처리에 관한 세 가지 方法論을 검토해 보았다.

결국 代表意味와 變異意味*alloseme*에 의한 方法論이 제일 많은 言語學的 一般化를 갖고 있는 방법론으로 확인되었다.

제3장에서는 이러한 방법론에 의한 분석을 試圖해 보았다. 本 論文이 準同音語 研究의 어떤 契機가 되길 바란다.

▌ 參考文獻

李熙昇, 言語學槪說, 1955.

許 雄, 언어학, 1980.

許 雄, 言語學槪論, 1957.

南廣祐, 國語國字의 諸問題, 1970.

金宗澤外, 國語意味論, 1971.

李乙煥·李庸周, 國語意味論, 1964.

李庸周, 意味論槪說, 1972.

國立國語研究所, 同音語の研究, 1961.

國語學會, 國語學大辭典, 1968.

市河三喜, 英語語學辭典, 1958.

劉昌惇, 同音語와 同義語(靑坡文學 6), 1966.

金炯範, 15世紀 國語의 Homonym에 對하여(洛山語文 1), 1966.

李勝明, 同音語研究(A)(語文學 20), 1969.

_____, 同音語衝突과 Safety-measures에 對하여(국어국문학 48), 1970.

_____, 同音語의 諸相과 文體論的 機能에 對하여(어문논총 6), 1971.

崔泰榮, 同音語 衝突回避에 關한 研究(一)(全北大 論文集 11), 1972.

_____, 同音語 衝突原理考(국어국문학 58~60), 1972.

_____, 國語 同音語 生成考(書林 3), 1973.

金宗澤, 同音語 衝突의 類型에 對한 研究(語文學 23), 1970.

許 雄, 현대국어 동형어에 대한 연구(한글 145), 1970.

徐炳國, 同音語 衝突의 治癒에 對하여(국어교육 9), 1977.

成甲煥, 同音異義語攷(국어국문학 62~63), 1973.

南星祐, 後期中世國語의 同音異義(국어국문학 65~66), 1974.

朴聖喜, 中期國語의 同音義語研究(高大 大學院 碩論 油印), 1970.

박영환, 同音語 研究(崇田大 大學院 碩論 油印), 1968.

_____, 同音語 對立과 價値(崇田語文 6), 1978.

金寅榮, 同音衝突 廻避現象에 對하여(先淸語文 5), 1974.

李乙煥, 同音語 現象(語文硏究 15・16), 1977.

金完澤, 文接續의 '와'와 句接續의 '와' 語學硏究 6-2, 1970.

康琪鎭, 同音異議語에 對하여(梁柱東博士古稀紀念論文集), 1973.

_____, 國語同音語의 硏究(弘益工大 論文集 12), 1981a.

_____, 國語同音語의 生成要因考究(東岳語文論集 15), 1981b.

_____, 國語同音衝突現象에 대한 硏究(國語國文學論文集 11 東國大), 1981c.

_____, 國語同音語의 文體論的硏究(韓國文學硏究 4. 東國大), 1981d.

_____, 國語同音語의 機能範疇(새국어교육 35~36), 1982.

_____, 命題와 含義로서의 同音語(東岳語文論集 17), 1983.

_____, 國語同音語의 話用論(새국어교육 37~38), 1983.

Ullmann, S., *The Principle of Semantics*, 1957.

_____, *Semantics*, 1967.

Jespersen, O., *Language*, 1954.

Bloomfield, L., *Language*, 1958.

Cassdy, R., *The Development of Modern English*, 1965.

Lakoff, G., On Generative Semantics' *Semantics*, 1969.

Lakoff, G., & Peterss, S., *Phrasal Conjuntion and symmetrical predicates Mathematical Linguistics and Automatic Translation*, 1966.

국어 동음어의 유형별 분포

1. 序 論

　國語 同音語에 對한 지금까지의 論議는 대략 두 가지 方向에서 이루어졌다고 볼 수 있다.

　하나는 同音語란 言語現象을 어떻게 把握해야 할 것인가 하는 同音語의 槪念에 對한 論議들이고, 나머지 하나는 同音語의 生成要因을 어떻게 形式化해야 할 것인가 또는 同音語의 衝突現象을 어떻게 防止할 것인가 하는 等의 論議들이다.[1]

　同音語의 槪念에 對한 論議들의 殆半은, 그 論理的 根據의 大部分을 Ullmann(1962)에 基礎하고 있다고 보아도 무방할 정도로 Ullmann式 槪念에 同調하였었다.

---

1) 허 웅, 현대국어의 동형어에 대한 연구, 우리말과 글의 내일을 위하여, 과학사, 1974.
　李勝明, 同音語의 硏究, 語文學 20, 1969.

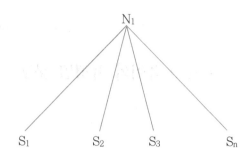

Ullmann(1962)의 同音語에 對한 槪念은 다음 圖式으로 代辯될 수 있다.2)

위 圖式에서처럼 하나의 形態(Name)에 둘 以上의 意味(Sense)가 附着되어 있는 것을 同音語라고 한 Ullmann(1962)의 見解는 比較的 널리 受容되고 理解되어 왔으며 國語 同音語 論議에 있어서 決定的인 理論的 論據를 提供해 왔음은 이미 周知하는 事實이었다.3)

그러나 Ullmann(1962)의 이러한 槪念은 이른바 意味要素인 實辭를 對象으로 한 것이어서 形式要素 이른바 虛辭에도 그의 理論이 適用될 수 있을 것인지에 對해서는 많은 問題點을 內包한 것으로 指摘되어 왔었다.4)

실제로 康琪鎭(1983c)의 論議에서는 아래 例(1)과 같은 同音語와 (2)와 같은 同音語에는 深刻한 構造的 差異가 內在되어 있음을 指摘하여 (1)과 (2)를 다 同音語로 보는 論議에 反對의 見解를 펴기도 했다. 아래 例를 보자.

---

2) Ullmann, *Semantics*, An Introduction to the Science of Meaning, 1962, p. 62,

3) Ullmann, *Semantics*, 1962, pp. 142~143.

4) 南廣祐, 現代 國語國字의 諸問題, 1970, pp. 10~12.

(1) a. 철수가 배를 먹었다.

    b. 철수가 배가 아프다.

    c. 철수가 배를 탔다.

(2) a. 김소월의 진달래꽃

    b. 서울의 한강

康琪鎭(1983c)은 (1)의 '배'는 意味要素 즉 實辭이고, (2)의 '-의'는 形式要素 즉 虛辭라는 構造的 差異에 着眼하여 (1)과 (2)를 다 同音語로 보는 것에는 무리가 있다는 意見을 開陳한 後에 (2)는 準同音語로 보아야 하지 않겠느냐 하는 點을 論議했다.

康琪鎭(1983c)의 이러한 論議는 허웅(1974)에서도 보이거니와, 이러한 論議가 Ullmann(1962)的 同音語의 槪念에 익숙해 있던 國語 同音語論의 問題點을 잘 克服할 수 있었던 契機가 되었음은 以後의 同音語 論議의 成熟性을 위해 多幸한 일이 아닐 수 없다. 同音語의 性格을 어떻게 規定지을 것이냐 하는 論議에 比해, 同音語의 生成要因, 同音語의 衝突 樣相 等의 論議들은 比較的 多樣한 見解를 보이어 왔다.

同音語의 構造的 生成要因에 關心을 둔 崔泰榮(1972)의 論議와 同音語의 生成樣相에서 同音衝突의 解決策을 摸索코자 했던 金宗澤(1973), 李勝明(1969) 等의 論議, 그리고 生成意味論的 觀點에서의 同音語論을 檢討한 康琪鎭(1981 a, b, c, d)의 論議 等이 그러한 多樣性을 보여주고 있다.

이들 論議들을 檢討해 보는 것은 本 論文의 直接的인 目的이 아니므로 자세한 論議는 피하겠지만 이들 論議의 殆半이 構造的인 側面에서만 다루어졌다는 點만은 결코 看過될 수 없는 事實의 하나이다.[5]

---

5) 沈在箕(1971)에서도 이런 견해가 보인다.
沈在箕, 한자어의 전래와 그 기원적 계보, 김형규박사 송수기념논총, 일조각, 1971, pp. 353~370.

同音語의 生成要因과 그 衝突 防止策을 同音語의 構造的 特性에 依據하여 摸索하는 方法도 可能한 方法이겠지만, 그러한 것을 分布的 觀點에서 照明해 보는 것도 必要한 方法論이 될 수 있다는 觀點이 위의 論議들에서는 考慮되지 않았다고 할 수 있다.

本 論文은 同音語에 關聯된 몇 가지 問題를 分布的 觀點에서 論議해 보고, 이러한 論議가 國語 同音語 論議에 있어서 必要한 方法論의 하나임을 보이려는 데에 그 目的이 있다.

本 論文에서의 同音語에 對한 위와 같은 論議는 지금까지의 國語 同音語論과는 다른 것이기는 하지만, 基本的으로는 지금까지의 여러 論議가 그 바탕이 되었음은 否認할 수 없는 일이다.

2. 同音語의 音節別 分布

同音語가 構造的으로 몇 音節로 된 構成을 가지고 있느냐 하는 點은 여러 가지 側面에서 重要한 意味를 가진 것으로 보인다.

왜냐하면 '배'와 같이 1音節로 된 同音語가 갖고 있는 構造的 意味와 '다리'와 같이 2音節로 된 構成을 갖고 있는 同音語의 構造的 意味는 여러 가지 側面에서 相異한 意味를 보이고 있기 때문이다.

同音語의 構成이 몇 音節로 되어 있느냐 하는 데에 關心을 가진 論議는 皮相的 몇몇 論及 以外는 거의 없었다고 해도 좋을 것이며, 있었다고 해도 그러한 音節上의 分布만을 羅列한 데 그치고 만 것이었기 때문에, 이 音節別 分布가 內包하고 있는 言語社會學的 解釋은 그 만큼 더 必要한 作業으로 보인다.

이제 國語 同音語는 音節別로 어떠한 分布를 보이고 있으며 그러한

分布는 어떻게 解釋될 수 있는지 알아보자.

우선 必要한 作業은 同音語의 音節別 分布의 樣相을 檢討해 보고 그 것을 統計化하는 作業일 것이다.

筆者가 신기철·신용철(1978) '새 우리말 큰 사전'을 對象으로 하여 同音語의 音節別 分布를 調査해 본 結果 아래와 같은 統計表를 얻을 수 있었다.

1 音 節	2 音 節	3 音 節	其 他
32%	56%	9%	3%

위의 圖式은 現代國語에서의 同音語의 構成이 어떻게 統計化될 수 있는가를 보이고 있다.

즉 1音節로 構成된 同音語가 32%, 2音節 同音語가 56%, 그리고 3 音節 同音語가 9%, 나머지 音節 즉 4音節 同音語, 5音節 同音語가 3% 를 차지하고 있음을 위의 統計表는 보여주고 있다.

이제 問題는 同音語의 音節別 分布에 있어서 2音節로 구성된 同音語 가 首位를 차지하고 있다는 現象을 어떻게 解釋해야 하는가 하는 點으로 모아진다.

이러한 것은 아울러 3音節語 以上의 多音節 同音語가 매우 적게 나 타나고 있는 現象을 어떻게 解釋해야 하는가 하는 點과도 같은 軌跡을 지닌 問題로 보인다.

그러나 더 큰 關心을 가져야 할 問題는 2音節 同音語가 同音語의 音 節的 構造上의 分布에서 首位의 頻度數를 보이고 있다는 點과 反對로 多 音節 同音語가 小數의 頻度數를 보이고 있다는 點이 서로 相關性 있는 事 實의 連續이냐, 아니면 別途의 問題로 把握되어야 하느냐 하는 問題이다.

이 問題는 後에 論議하기로 하고 먼저 2音節語가 가장 많은 音節別 分布를 보이고 있는 現象을 어떻게 解釋해야 할 것인가 하는 문제부터 檢討해 보기로 하자.

이 現象에 對한 解釋은 두 가지가 可能하다.

첫째는 音韻論的 解釋이고, 둘째는 分布論的 解釋이다.

音韻論的 解釋의 根據는 多分히 努力 經濟的 立場에서 비롯되는 것으로 理解된다.

즉 2音節語가 1音節語나 3音節語의 同音語보다 話者(speaker)에게 音韻論的 負擔을 덜 준다는 根據가 그것이다.6)

그러나 여기에서 한 가지 提起될 수 있는 問題點의 하나는 2音節의 同音語가 音韻論的인 負擔을 多音節語보다 덜 준다는 것은 아무래도 可能한 論理가 아니겠느냐하는 點이다.

물론 音聲學的 側面에서라면, 하나의 音節을 내는 것이 두 音節을 發音하는 것 보다는 힘이 덜 드는 것은 事實이다.

즉 話者(speaker)는 1音節을 發音하는 것이 힘이 가장 덜 들고, 2音節, 3音節로 올라감에 따라, 負擔量이 늘어난다고 볼 수가 있다.

따라서 音聲學的인 觀點에서 본다면 당연히 1音節語의 同音語가 가장 높은 頻度數를 보여야 할 것으로 推定된다.

그러나 1音節語는 話者에게 負擔을 덜 준다는 이점에도 불구하고 話者의 記憶容量에 問題點을 提起하고 있다. 즉 1音節語의 同音語는 다른 것과 混同될 餘地를 남기고 있으며, 이 點에서 2音節語는 1音節語보다는 負擔을 더 주지만, 대신에 1音節語보다 記憶하기가 容易하다는 點이 浮刻된다.

결국 音韻論的인 層位가 音聲論的 層位에 앞서 作用하고 있음을 2音

---

6) 沈在箕, 前揭論文, 1971, pp. 361~370.

節 同音語는 보여주고 있다.

音聲論的으로는 1音節語보다는 더 負擔量을 주기는 하지만, 音韻論的으로는 1音節보다 그 記憶容量이 많다는 잇점이 同音語 生成의 決定的인 要因으로 浮刻될 수 있음을 볼 수 있다.

音聲論的 解釋 以外에 同音語에 2音節語가 第一 많이 分布되어 있다는 點은 分布論的인 解釋도 可能하다.

그 解釋原理의 하나로 全體 國語의 語彙의 分布上 2音節語가 第一 많은 分布를 차지하고 있다는 點에서 비롯된다.

즉 國語의 全體 語彙 가운데서 2音節語가 가장 많으니, 따라서 2音節로 된 同音語도 그 餘波에 따라 頻度數가 가장 많을 수밖에 없지 않겠느냐 하는 點이다.

筆者는 便宜上 신용철·신기철(1978)의 "새 우리말 큰 사전"에서 無作爲로 抽出한 500개의 語彙들이, 어떤 音節別 分布를 보이고 있나를 檢討해 본 結果 다음과 같은 統計를 얻을 수가 있었다.

1音節語	2音節語	3音節語	其他
11%	74%	8%	7%

즉 統計上 國語의 全體 語彙의 音節別 分布는 앞 圖式에서 본 것과 같이 2音節語가 74%라는 絶對的 分布를 占하고 있는데, 이 音節別 分布는 同音語의 音節別 分布에 있어서 2音節語가 絶對 多數를 占하고 있는 事實과 絶對的인 聯關性을 보이고 있는 것으로 理解된다.

結局 國語 話者의 2音節 選好性을 어느 程度 確認해 주는 例의 하나인데, 2音節 選好性은 다음 例에서도 쉽게 찾아 볼 수 있다.

다음 例를 보자.

(3) a. 동국대학교
    b. 대한 민국
    c. 평화통일정책자문회의
(4) a. 동대
    b. 한국
    c. 평통

(4)는 (3)의 縮略形으로 2音節語로 縮略된 것을 보여 주고 있으며, 이러한 것은 國語話者의 2音節 選好性을 보여주고 있는 重要한 한 證據로 理解된다.

本 論文의 2音節語에 對한 論議가 有效한 것이라면, 앞으로의 新造語는 殆半이 2音節語로 構成될 것으로 豫測된다.

이제 問題는 앞서에서 잠시 論議한 바 있는 것처럼 2音節語의 同音語가 絶對 多數의 頻度數를 보이고 있다는 點과 反對로 3音節語로 구성된 同音語는 그 頻度數가 매우 적다는 點이, 서로 連繫될 수 있는 事實이냐 아니냐 하는 點에 모여진다.

이것은 事實 그 둘이 서로 相對的으로 連繫된 現象이라고도 말할 수 있으며, 또 全혀 無關한 現象이라고 把握할 수도 있는 問題이다.

그러나 現象的으로는 이 두 關係가 서로 相關性을 保有하고 있다고 보는 편이 妥當할 것으로 보인다.

그것은 3音節 以上의 多音節로 構成된 同音語가 2音節의 同音語보다 音韻論的으로 더 負擔을 갖게 되며, 話者의 記憶容量도 2音節에 뒤떨어진다는 點에 基因된다.

지금까지의 論議는 그러나 더 많은 檢證過程을 거쳐 修正되고 補完될 餘地가 많은 것이 事實이다.

3. 同音語의 成分別 分布

同音語가 音節的인 側面에서 어떤 分布를 보이고 있느냐 하는 點 못
지않게 同音語 自體가 어떤 成分을 지니고 있느냐 하는 點도 同音語에
둘러싼 여러 문제의 解決에 상당한 示唆를 던져 줄 수 있는 것으로 理解
되고 있다.

同音語의 成分別 分布에서 問題가 되는 것은 同音語 全體의 語彙目
錄中에서 相應的인 關係를 가진 同音語의 쌍을 추려내는 일이다.

앞서 相應的 同音語 關係라고 말한 것은 名詞-名詞, 또는 動詞-動詞
같이 同一한 文法的 成分으로 묶일 수 있는 關係를 말한다.[7]

名詞-形容詞, 動詞-形容詞와 같이 서로 다른 文法的 成分인 要素들
이 同音語 關係를 形成하는 경우도 있지만, 이런 경우는 一律的인 基準
을 定할 수 없기 때문에 相應的 同音語 關係라고는 말할 수 없으며, 따라
서 이런 非相應的 同音關係는 同音語의 成分別 分布를 作成하는 데는 除
外시켜야 할 것이다.

名 詞	動 詞	形容詞	其 他
64%	23%	7%	6%

위 圖式은 同音語의 成分別 分布를 보여 주고 있는데 名詞가 65%,
動詞가 23%, 形容詞 7%, 그리고 其他 成分이 6%로 나타나 있음을 보
이고 있다.

名詞·同音語의 成分別 分布에 있어서 第一 많은 頻度數를 보이고

---

7) 朴永煥, 同音語의 對立과 價値, 崇田語文學 6, 1977, pp. 86~89.

있다는 事實은 여러 가지로 解釋될 수 있겠지만, 本 論文에서는 名詞의 特性에서 由來되는 것으로 보려는 立場을 取하려 한다.

名詞는 動詞에 比해서 그 指示對象(referent)이 非動的인 경우가 많다.8)

非動的이라는 것은 相對的인 것으로 名詞가 指示하는 指示對象이 動詞로 指示되는 指示對象보다도 덜 動的이라는 것일 뿐, 名詞는 非動的인 指示對象을 가졌고 또 動詞는 動的인 指示對象을 가졌다는 등의 絶對的인 尺度를 나타내는 것은 아니다.

따라서 非動的인 指示對象을 가진 名詞가 話者의 記憶容量에 더 容易하게 作用한다는 것은 쉽게 想定해 볼 수 있는 事實이다.

즉 非動的인 名詞의 生成이 더 그 頻度數가 많다고도 말할 수 있는 것은 人智와 文物의 發達에 따라 非動的인 事物, 즉 指示對象이 動的인 現象보다 더 많이 생길 수 있기 때문으로 理解되기 때문이다.

結局 名詞가 同音語의 成分的 分布에 있어 第一 많은 頻度를 보이는 것은 우연한 現象이라기보다는 名詞 自體의 性格에서 비롯되는 것으로 理解된다.

名詞가 動詞에 比해서 同音語 作成에 더 큰 頻度數로 나타나는 現象은 言語의 遠心性과 求心性에 關한 觀點으로도 說明될 수 있다.

言語의 遠心性과 求心性은 서로 排他的인 힘으로 알려져 있다.

言語의 遠心性이 指示對象이 새로 생김에 따른 語彙 增大의 必要性을, 새로운 語彙를 만들어 냄으로써 對處하려는 進步的 힘이라면, 言語의 求心性은 指示對象의 增大에 따른 語彙 增大의 必要性을 旣存해 있는 語彙를 使用함으로써 對處하려는 保守的 힘이다.9)

---

8) Pyles · Algeo, *English*; An Introduction to Language, 1970, pp. 291~303.

9) Cassidy, R., *The Development of Modern English*, 1965, p. 422.

新造語, 新生語 等이 言語의 遠心性의 結果라면, 同音語는 言語의 求心性의 代表的인 例로 理解될 수가 있다.

이때 새로운 指示對象이란 대체로 어떤 現象이라기보다는, 具體的인 物體일 경우가 많으며 이러한 具體的인 物體는 言語的으로 名詞로 指示되는 바, 名詞가 同音語의 成分別 分布에 있어서 가장 많은 頻度數를 보임은 當然한 歸結이 아닐 수 없다.

結局 言語의 求心性의 結果로 나타난 同音語에 名詞가 第一의 頻度數를 보임은 指示對象이 具體的인 物體인 경우의 것이 그렇지 않은 것보다 더 많이 나타난 結果로 理解하는 것이 좋겠다.

同音語의 言語求心的 樣相은 앞으로 더욱 천착되어야 할 問題이려니와, 言語의 求心的 힘이 同音語의 成分別 分布에 있어서 首位의 頻度數를 占하게 하는 原因이 됨은 결코 看過되어서는 아니될 要素로 보인다.

그러나 言語의 求心性에 關한 여러 論議는 遠心性의 論議와 더불어 더 세세히 論議되어야할 課題로 미루어 두기로 한다.

4. 同音語의 系統別 分布

同音語가 어떤 系統의 言語에서부터 由來되어 構成되었으며, 그러한 것이 어떠한 統計的 分布를 가지고 있느냐 하는 것도 同音語論의 把握에 重要한 論議의 하나일 수가 있다.

어떤 系統에서 온 同音語냐에 따라 즉 固有語에서 온 同音語냐, 漢字語에서 온 同音語냐 하는 問題는 同音語의 性格에 決定的인 示唆를 던져줄 수 있기 때문이다.

우선 可能한 同音語의 系統別 分布의 짝으로 아래와 같은 類型을 생각해 볼 수 있다.

> (5) a. 固有語-固有語
> b. 固有語-漢字語
> c. 固有語-外來語
> d. 漢字語-漢字語
> e. 漢字語-外來語
> f. 外來語-外來語

위의 系統別 分類表의 國語 同音語는 全體的으로는 6個의 典型的인 系列을 內包하고 있음을 보여준다.

(5a)의 固有語-固有語 系統은 '배$_1$-배$_2$-배$_3$' 같은 것이 그 典型的인 例가 될 것이다.

> (6) a. 나는 배를 먹었다.
> b. 나는 배가 아프다.
> c. 나는 배를 처음 보았다.

(6a), (6b), (6c)의 '배'는 모두 固有語—固有語의 系列을 보이고 있는데, 이들 중 어느 것이 먼저 生成된 것인가 하는 問題는 매우 어려운 문제가 아닐 수 없다.

물론 (6a), (6b), (6c)의 '배'라는 固有語—固有語 系列이 同時에 생겨나서 쓰였으리라는 假定이 可能하지 않은 것은 아니다.

그러나 그러한 假定은 (6a), (6b), (6c) 중 어느 하나가 먼저 生成된 後에 나머지의 것들은 言語의 求心性에 依해 後에 생겨나게 된 것이라고 보는 見解 만큼은 妥當性을 賦與받지는 못할 것 같다.

왜냐하면 이들이 同時에 生成되었다고만 해 버리면 同音語論 自體의 設定 根據가 稀薄해져 버리는 弱點이 露呈되기 때문이다.

　　그렇다면 現在로서는 (6a), (6b), (6c)의 '배'라는 固有語-固有語 對立은 그 生成에 있어 어떤 系列別 順位性을 가지고 있다고 보고, 그 系列別 順位性을 決定하는 要因이 무엇이겠느냐 하는 점을 摸索하는 것이 더 可能한 方法이 아닐까 한다.

　　이제 問題는 固有語-固有語의 系列을 가진 同音語 사이의 系列別 順位性을 어떻게 條件지우느냐에 그 초점이 모아진다.

　　本 論文은 그것은 自己 中心的 談話習性이 그 系列別 順位性을 條件지우는 因子라고 보는 態度를 取하려 한다.

　　自己 中心的 談話 習性은 Given(1979)에서 論議된 槪念으로 사람은 누구나 無情物보다는 有情物에, 有情物보다는 사람에, 멀리 있는 사람보다는 가까이에 있는 사람에, 가까이에 있는 사람보다는 自己自身에 더 談話의 重點을 둔다는 것을 그 요점으로 하고 있다.10)

　　그 順位를 圖式化하면 다음과 같이 될 수 있다.

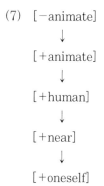

　　(7)　[−animate]
　　　　　　　↓
　　　　　[+animate]
　　　　　　　↓
　　　　　[+human]
　　　　　　　↓
　　　　　[+near]
　　　　　　　↓
　　　　　[+oneself]

　　(7)의 圖式은 앞서에서 말한 것처럼 固有語-固有語 系列에 있어서의 系列別 順位性의 차례를 圖式化해 본 것이다.

---

10) Givon, T., *On Understanding Grammar*, 1979, pp. 43~49.

이제 (7)의 系列別 順位性에 對한 圖式에 맞추어 (6a), (6b), (6c)의 固有語-固有語 系列의 同音語가 어디에서부터 系列化되었는지에 對해서 알아보자.

(6a)의 固有語 同音語 '배'는 [+animate]이고 (6b)는 [+human]의 系列別 順位를 그리고 (6c)의 '배'는 [−animate]의 系列別 順位資質을 가진 것으로 보여진다.

(6a), (6c)의 '배'에 各各 [+animate], [−animate]의 系列別 順位資質을 賦與하는 것에는 別다른 異論이 없을 것 같다.

그러나 (6b)의 '배'에 [+human]의 資質 賦與하는 것에는 약간의 異論이 提起될 지 모른다.

그것은 (6b)의 '배'는 身體의 一部分으로 그 自體가 [+human]의 資質을 가진 것은 아니라는 反論이 可能하다.

그러나 本 論文에서는 [+human]이란 결국 包括的인 意味로 解釋해야 되지 않겠느냐 하는 立場에서, 身體部分 이름도 [+human]資質로 認定하기로 하여 (6b)의 '배'도 그러한 立場을 따랐다.

結局 (6a), (6b), (6c)의 固有語-固有語의 系列別 順位性은 아래와 같은 順位性으로 生成된 것으로 보인다.

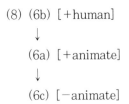

(8) (6b) [+human]
    ↓
   (6a) [+animate]
    ↓
   (6c) [−animate]

結局 (6a)의 사람의 人體 大部分인 '배'가 먼저 生成되고, 그 다음에 (6a)의 果實의 一種인 '배'가 言語求心性에 依해 (6b)의 '배'에서 系列化되고, 또 交通手段의 하나인 '배'도 '배'가 나타나자 (6a), (6b)에서 系

列化되어 나타난 것으로 보는 것이다.

이제 (5b)의 固有語-漢字語의 系列에 對해 알아보자.

다음 예는 固有語-漢字語 系列의 例를 보인 것이다.

(9) a. 나는 손(手)이 하나도 없다.
    b. 나는 손(孫)이 하나도 없다.

固有語-漢字語 系列의 同音語에 있어서도 問題가 되는 것은 沈在箕 (1971), 金宗鎭(1970), 劉昌惇(1971) 等에서 이미 言及한 바 있는 그대로, 漢字語의 影響을 至大하게 많이 받았다는 點이 될 것이다.11)

따라서 固有語-漢字語의 系列別 分布에서 어느 것이 먼저 系列別 順位에 있어 우선 하느냐 하는 問題는 推測하기에 그리 어려운 作業은 아닌 것으로 理解된다.

그것은 歷史言語學的 側面에서 固有語 同音語에 系列別 優先性을 주고, 漢字語의 同音語는 固有語의 同音語에서 由來된 것으로 보면 되기 때문이다.

따라서 아래와 같은 圖式化가 可能하다.

(10) [+native]
        ↓
      [−native]

위 圖式은 固有語 同音語가 우선 生成되고, 그 다음에 [−native]의 資質을 가진 同音語가 生成되고 있음을 보여 주고 있다.

이제 (10)의 圖式에 맞추어 (9)의 系列別 順位性을 定해 보면 (9a)의 '손'은 [+native]의 資質을 갖고 있고, 反面에 (9b)는 漢字語에서

---

11) 劉昌惇, 語彙史 研究, 1979, pp. 115~143.

온 同音語이니 [−native]의 資質을 갖고 있어 (9a)의 '손'이 먼저 生成
된 것으로 보인다.

이제 (5c)의 固有語-外來語의 系列別 分布를 살펴보자.

아래 例는 固有語-外來語 同音語 系列의 典型的인 例를 하나 들어 보
인 것이다.

> (11) a. 그가 오다(來).
>   b. 나는 오다(order)를 받았다.

(11a)의 '오다'와 (11b)의 '오다'의 系列別 順位性을 決定하는 데는
앞서 論議한 固有語-漢字語의 系列別 順位가 그대로 對峙되는 것으로 理
解된다.

다만 外來語라 했을 때 漢字語와 마찬가지로 그 資質은 [−native]
이나 그 下位分類가 여러 가지임이 다를 뿐이다.

따라서 (11a)의 '오다'는 固有語이 [+native]의 資質을 갖게 되는
것으로 理解된다.

反面 (11b)에 '오다'는 영어 'order'에서 生成되어 나온 것이니
[−native]의 資質을 갖는 것으로 理解된다. 더 자세히 記述한다면
[−native], [+English]의 資質로 表示될 수 있겠다.

따라서 (11a), (11b)의 '오다'는 먼저 [+native]의 資質을 가진
(11a)의 '오다'가 먼저 생긴 것으로 보이고, 以後에 音聲的 類似性으로
因하여 (11b)가 生成된 것으로 보는 것이 無難하리라 본다.

이제 (5d)의 系列 즉 漢字語-漢字語의 系列을 보자.

다음은 그 例의 하나이다.

> (12) a. 내가 방화(防火)했다.
>   b. 내가 방화(放火)했다.

(13) a. 그가 이상(李箱)이다.
　　 b. 그가 이상(異常)하다.

위 (12), (13)은 漢字語-漢字語 同音語 系列을 보인 것이다.

여기서 問題가 되는 것은 이들의 系列別 우선 順位를 定하는 데 있어서 漢字語-漢字語의 系列 兩便 다 [－native]의 資質을 갖고 있다는 점이다.

따라서 漢字語-漢字語의 系列에 와서 同音語의 系列別 우선 順位가 難堪한 作業임을 感知할 수도 있을 것이다.

그러나 더 세세히 보면 漢字語-漢字語 系列이란 固有語-固有語 系列과 같은 地盤에서 있음을 알 수 있다.

따라서 固有語-固有語 系列의 우선 順位에 適用되었던 規則을 漢字語-漢字語 系列에도 適用하면 되는 것으로 보인다.

固有語-固有語 系列의 同音語의 系列別 우선 順位는 Given(1979)의 自己 中心的 談話習性에 依해 圖式(7)처럼 정했으니, 漢字語-漢字語 系列도 마찬가지이다.12)

앞서의 圖式 (7) 規則을 이제 漢字語-漢字語 系列인 (12), (13)에 適用시켜 보기로 하자.

먼저 便宜上 (13)에 適用시켜 보기로 하자.

(13a)의 '이상'은 小說家의 이름이니, 小說家의 이름도 [＋human]의 一部分이니, [－native], [＋human]의 資質을 띤다.

反面, (13b)는 抽象的인 어떤 個體現象이라고 할 수 있으나 그렇다고 하여 [－native], [－animate]의 資質을 띠고 있다고 하는 것은 성급한 判斷이 될 것이다.

왜냐하면 (13b)야 말로 抽象的인 個體여서 단지 [－animate]의 資

---

12) Givon, T., 前揭書, 1979, pp. 141~149.

質만으로만은 可能하게 記述되지 않기 때문이다.

따라서 [+animate]의 資質 하나가 必要하다.

[+abstract]는 抽象的인 것의 資質 表示로 [-abstract]에 우선한 것으로 보면 된다.

따라서 (13a)는 [−native], [-abstract], [+human]이고 (13b)는 [−native], [+abstract]의 資質을 띠고 있다고 볼 수 있다.

結局 [−native], [+abstract]의 資質을 가진 (13b)의 '이상'이 먼저 生成되고, 그 이후에 言語의 求心性으로 因해 [−native] [-abstract] [+human]이 由緣的으로 生成되었다고 볼 수 있을 것이다.

그러나 (13a)와 같은 固有名詞의 目錄을 同音語의 系列別 順位의 資料로 揷入시켜도 무방할 지의 與否는 더 再考를 要한다.

또 (12a), (12b)도 마찬가지의 事情이 內包되어 있다.

즉 (12a), (12b)는 모두 [−native] [+abstract]의 資質을 가지고 있어 系列別 우선 順位를 定하기가 곤란하다.

이 경우에는 語源論的인 도움을 받아 解決하는 것이 좋으나 지금으로서는 그러한 語源論的인 作業이 채 이루어지지 않은 상태이므로, 이 問題는 더 進展을 볼 수는 없을 것 같다.

이제 (5e)의 漢字語-外來語의 系列을 보자.

아래는 漢字語-外來語의 典型的인 例의 하나이다.

(14)　┌ a. 기타(其他)
　　　└ b. 기타(guitar)
　　　┌ a. 타일(他日)
　　　└ b. 타일(Tile)

(14a)와 (14b)의 漢字語-外來語 系列에 있어서의 우선 順位를 定하는 데에는 國語의 歷史的 研究의 觀點에서 論議되어야 할 것이다.

즉 漢字語와 外來語의 資質이 모두 [−native]의 資質로 表示되기 때문이다.

이러한 狀況에서는 [−native]의 資質을 더 細分化해야 하고, 그러한 細分化의 作業에는 마땅히 歷史言語學的 見解가 考慮되어야만 論議가 可能할 것이다.

결국 歷史言語學的 見解에 따라 똑같이 [−native]의 資質이기는 하나 漢字語가 먼저 借用되었으니 [−native] [+F]의 資質을 賦與하고, 外來語 系列의 同音語에는 [−native] [-F]의 資質을 주면 된다.

결국 (14a)의 '기타', '타일'은 [−native] [+F]의 資質을, (14b)의 '기타', '타일'은 [−native] [-F]의 資質을 갖게 된다.

따라서 [−native] [+F]의 (14a)의 '기타'가 먼저 生成되고, 그 다음에 [−native] [-F]인 (14b)의 '기타', '타일'이 言語의 求心性에 따라 生成된 것으로 보인다.

그러나 여기서 問題가 되는 것은 外來語라해도 여러 種類의 外來語가 있는데, 그렇다면 [−native] [+F]의 資質이나 [−native] [-F]의 資質도 더 細分化되어야지 않겠느냐 하는 點이다.

그렇지만 이 問題는 歷史言語學的 研究 成果에 기댈 수밖에 없는 問題이므로 더 細分化하지 않고 미루어 두기로 한다.

이제 마지막으로 (5f)의 外來語–外來語 對立에 있어서 系列別 順位를 알아 보자.

아래 예는 그것이다.

(15) a. 리이드(lead)
　　 b. 리이드(lied)

(15a), (15b)의 外來語–外來語의 同音語 系列 모두가 [−native]

의 資質을 갖고 있으니 더 細分化되어야 할 것으로 보인다.

그런데 外來語-外來語의 경우도, 앞서의 漢字語-外來語 系列의 同音語에서와 마찬가지로 그 下位分類가 歷史言語學에서의 基礎研究에 依存할 수밖에 없으므로 여기서는 더 이상 論及하지 않고 후일로 미뤄 두기로 한다.13)

이제 同音語 系列別 分布에 있어서 각 系列이 차지하고 있는 全體 體系 안에서의 百分率에 關心을 모아 보기로 하자.

그러한 百分率은 國語 同音語에 있어서 系列上의 性格을 分明히 해 주는 根據가 되기 때문이다.

아래 圖式을 보자.

固有語-固有語	固有語-漢字語	漢字語-漢字語	其 他
6%	9%	64%	21%

위의 圖式은 朴永煥(1977)에서 빌려 온 것인데, 그 百分率을 보면 固有語-固有語 系列이 6%, 固有語-漢字語 系列이 9%, 漢字語-漢字語 系列이 64% 그리고 漢字語-外來語, 外來語-外來語 等의 系列이 21%를 占하고 있다.

이 圖式에서 問題가 되는 것은 漢字語-漢字語 系列이다.

漢字語-漢字語 系列이 왜 그렇게 많은 系列別 分布를 占하고 있는가에 對해서는 여러 論議가 可能하지만 지금으로서는 漢字語가 차지하는 全體 語彙에서의 比率이 多數이기 때문에 상대적으로 漢字語-漢字語 系列의 同音語가 많이 생긴 것으로 보인다.

---

13) 金完鎭, 이른 시기에 있어서의 한중언어접촉의 일반에 대하여, 어학연구 6-1, 1970, pp. 1~16.

즉 國語의 全體의 語彙 가운데서 漢字語 語彙가 많으니, 따라서 漢字語 系列의 同音語가 많은 것도 當然한 歸結이다. 그것의 解釋 原理의 초점이라 할 수 있다.

다음 圖式을 보자.

漢 字 語	固 有 語	外 來 語
67%	31%	2%

위 圖式은 筆者가 신기철·신용철(1978)의 "새 우리말 큰 사전"에서 任意로 選定한 表題語 1,000個의 語彙를 그 語源別로 分類한 것이다.

위 圖式에 따르면 漢字語가 全體 語彙의 67%를 차지하고 있고, 固有語가 31%, 그리고 英語 등 外來語에 그 起源을 둔 말은 2%로 나타나 있다.

위 圖式에서처럼 漢字語 語彙가 全體 語彙目錄에서 多數를 차지하고 있다.

5. 結 論

지금까지 論議한 바를 要約해 보이면, 同音語 現象의 諸類型에 對하여 그 原因分析에서 터취하지 못한 채 統計上의 數字만 羅列하였던 從來의 皮相的인 方法을 止揚하고 各 類型別로 統計上에 나타난 原因과 結果의 分析에까지 所謂 生成意味論的 方法에 依하여 考察해 보았다.

그 細目을 보이면 同音語의 音節數別 分布와 成分別 分布, 그리고 系統別 分布로 項目을 우선 選定하였고, 音節數別 同音語의 分布로서는 多

音節 同音語보다는 2音節 同音語가 壓倒的 多數를 보이고 있고, 그 다음 이 1音節 同音語, 3音節 同音語의 順位를 보였다. 2音節 同音語가 首位를 차지하는 理由로서는 勞力의 經濟性에서 비롯된 것으로 話者(Speaker)가 1音節語나 3音節語에 比해 音韻論的 負擔을 적게 준다는 角度에서 把握 하였다.

同音語의 成分別 分布로서는 같은 文法的인 成分을 가진 品詞끼리 同音語의 索引을 이루는 同音語를 말함인데 名詞, 動詞, 形容詞의 順位 로 되어 있으며 그 首位는 名詞가 壓倒的인 多數를 차지하고 있다.

名詞가 首位를 지닌 것은 名詞는 動詞에 比하여 그 指示對象이 非動 的인 경우가 많고 이에 따라 話者의 記憶容量에 더 容易하게 作用한다는 抽象的 理論을 想定해 보았다.

同音語의 系統別 分布로서는 同音語가 어떤 系統의 單語끼리 同音語 의 索引을 이루었으며 또한 그것이 어떤 統計上의 數字를 보이고 있는가 를 把握한 것으로서 a. 固有語-固有語, b. 固有語-漢字語, c. 固有語- 外來語, d. 漢字語-漢字語, e. 漢字語-外來語, f. 外來語-外來語 等 6個 의 典型的 系列을 보였다. 이는 歷史言語學的 側面에서 그 順位性을 論 해야만 한다는 見解를 피력하고 生成意味論的 立場에서 語彙資質의 問 題까지를 擧論하여 그 順位의 原因을 論議하여야 된다는 見解를 밝혔다. 이는 어디까지나 暫定인 見解일는지 모르지만 이제까지의 同音語 論議 의 視角에서 脫皮한 새로운 轉機를 마련했다는 點에서 評價될 수 있을 것이라 생각된다.

▌ 參考文獻

허 웅, 언어학, 1980.

＿＿＿, 言語學槪論, 1957.

南廣祐, 現代國語國字의 諸問題, 1970.

金宗澤 外, 國語意味論, 1971.

李乙煥・李庸周, 國語意味論, 1964.

李庸周, 意味論槪說, 1972.

國立國語硏究所, 同音語の硏究, 1961.

劉昌惇, 同音語와 同義語(靑坡文學 6), 1966.

＿＿＿, 語彙史硏究, 1979.

金炯範, 15世紀 國語 Homonym에 對하여(洛山語文 1), 1966.

李勝明, 同音語硏究(A)(語文學 20), 1969.

＿＿＿, 同音衝突과 Safety-measures에 對하여(국어국문학 48), 1970.

＿＿＿, 同音語의 諸相과 文體論的 機能에 對하여(어문논총 6), 1971.

崔泰榮, 同音語 衝突回避에 關한 硏究(一)(全北大 語文集 11), 1972.

＿＿＿, 同音語 衝突原理考(국어국문학 58~60), 1972.

＿＿＿, 國語 同音語 生成考(書林 3), 1973.

金宗澤, 同音語 衝突의 類型에 對한 硏究(語文學 23), 1970.

허 웅, 현대국어 동형어에 대한 연구(한글 145), 1970.

徐炳國, 同音語 衝突의 治癒에 對하여(국어교육연구 9), 1977.

成甲煥, 同音異義語攷(국어국문학 62~63), 1973.

南星祐, 後期中世國語의 同音異義(국어국문학 65~66), 1974.

朴聖喜, 中期國語의 同音異義語 硏究(高大 大學院 碩論 油印), 1970.

박영환, 同音語 硏究(崇田大 大學院 碩論 油印), 1968.

＿＿＿, 同音語의 對立과 價値(崇田語文 6), 1978.

金寅榮, 同音衝突 回避現象에 對하여 (先淸語文 5), 1974.

沈在箕, 漢字語의 傳來와 그 起源的 系譜(金亨奎博士頌壽紀念論叢), 1971.

李乙煥, 同音語現象(語文硏究 15・16), 1977.

金完鎭, 文接續의 '와'와 句接續의 '와' 語學硏究 6-2, 1970.

_____, 이른 시기에 있어서의 한중 언어 접촉의 일반에 대하여, 語學硏究 6-1, 1970.

康琪鎭, 同音異義語에 對하여(梁柱東博士古稀紀念論文集), 1973.

_____, 國語 同音語의 硏究(弘益工大 論文集 12), 1981a.

_____, 國語 同音語의 生成要因 考究(東岳語文論集15), 1981b.

_____, 國語 同音衝突現象에 對한 硏究(國語國文學 論文集 11 東國大), 1981c.

_____, 國語 同音語의 文體論的 硏究(韓國文學硏究 4. 東國大), 1981d.

_____, 國語 同音語의 機能範疇(새국어교육 35~36), 1982.

_____, 命題와 含義로서의 同音語(東岳語文論集 17), 1983a.

_____, 國語 同音語의 話用論(새국어교육 37~38), 1983b.

_____, 國語 準同音語의 硏究(國語國文學 論文集 12 東國大), 1983c.

Ullmann S., *The Prioiole of Semantics*, 1957.

_____, *Semantics*, 1962.

Jespersen, O., *Language*, 1954.

Bloomfield, L., *Language*, 1958.

Cassidy, R, *The Development of Modern English*, 1965.

Lakoff, G., *On Generative Semantics 'Semantics'*, 1969.

Lakoff, G. & Peterss. S., *Phrasol Conjunction and symmetrical predicates Mathematical Linguistics and Automatic Translation*, 1966.

Givon, T., *On Understanding Grammar*, 1979.

국어 다의어의 의미구조

1. 序 論

本稿는 國語의 多義語가 가지는 構造를 檢討해 보고 그러한 多義語 構造가 어떻게 形式化될 수 있는지를 論議해 보려는 데 그 目的을 지니고 있다.

多義語에 對한 古典的인 定義는 語彙 意味論*Lexical Semantics*的 立場에서부터 찾아볼 수 있으며, Ullmann(1962)이 그러한 語彙 意味論的 側面에 充實했던 論議로 評價되고 있음은 이미 周知의 事實이다.[1] Ullmann(1962)의 語彙 意味論的 側面에서의 多義語의 定義는 그 用語만큼이나 自明한 것이었기도 하다.

즉 하나의 'Name'이 둘 以上의 'meaning'을 가진 것이라는 平面的인 記述이 바로 그것이다. 그리하여 하나의 'name'이 둘 以上의 'meaning'을 가졌다는 多義語의 構造는, 하나의 'meaning'이 둘 以上의 'name'을 가졌다는 同義語의 構造와 相對的으로 比較되기도 하였으며 때로는 多義語와 같이 하나의 'name'이 둘 以上의 'meaning'을 가졌

---

1) Ullmann, S., *Semantics*, An Introduction to the Science of meaning, Oxford Blackwell, 1962.

으되 'meaning'들 사이에 意味的 由緣性Semantical motivation이 보장
되지 않은 것으로 看做했던 同音語와 比較되기도 하였다.2)

이러한 同音語, 同義語와의 相關性 比較를 通해서 最少한 語彙 意味
論의 領域 안에서의 多義語의 構造는 辨別的인 것으로 받아들여졌으며,
그러한 辨別性은 圖式化되기도 했다.3)

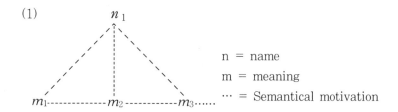

(1)

n = name
m = meaning
… = Semantical motivation

위의 圖式 (1)이 意味하는 바는 너무도 自明하다. 그것은 n₁이 둘 以
上의 m 즉 m₁, m₂, m₃ …를 가질 수 있다는 것을 表示한 圖式이기 때
문이다.

그러나 이러한 Ullmann(1962)的 圖式이 또한 몇 가지 問題點을 看
過하고 있음도 自明하다. 本稿는 Ullmann(1962)的인 多義語의 論議가
가지고 있는 理論的인 몇 가지 限界性이 무엇인가를 살펴보고 同時에 그
러한 理論的 限界性을 克服할 수 있는 또 다른 理論的 代案으로는 무엇
이 있을 수 있는가를 檢討해 본다음, 그러한 理論的 代案을 國語의 경우
에 適用해 보고, 國語 나름의 多義語의 構造를 形式化해 보는 順序로 論
議가 進行된다. 本稿는 國語 多義語에 對한 筆者의 一聯의 作業中의 한
部分으로 作成되는 것임을 밝혀둔다. 論議는 共時的이며, 따라서 論議의
資料도 現代 國語에만 局限하여 使用하였다.

---

2) Ullmann, S., 前揭書, 1962, pp. 62~96.
3) Ullmann, S., 前揭書, 1962, pp. 49~63.

2. 多義語의 意味構造

앞서 본 Ullmann(1962)的 語彙 意味論的 圖式은 그러나 細心히 檢討할 必要가 있다. 그것은 'name'에 對應하는 'meaning' 사이의 關係에 對한 어떤 樣相이 보이지 않고 있다는 點과 密接한 聯關關係가 있다. 즉 하나의 'name'에 相應하는 여러 'meaning'들이 存在하고, 그들 'meaning'들 사이에 어떤 意味的 由緣性이 介在되어 있는 것이 多義語라고 한다면, 앞서의 Ullmann(1962)의 圖式 (1)은 그러한 多義語의 槪念을 明徵히 드러내고 있다고는 할 수 없다.

다음의 例를 보자.

>(2) a. 뜨거운 국물을 후후 불다.
>   b. 피리를 불다.
>   c. 자기 죄를 모두 불다.
>   d. 바람이 불다.

위 (2)에서 同一한 'name'인 '불다'가 어떤 것을 基準으로 하여 多義語로 묶여질 수 있으며, 또 (2a), (2b), (2c), (2d)가 모두 多義語로 묶여질 수 없다면 그 要因은 무엇인가를 살펴보기로 한다.

우선 現象的으로는 '불다'라는 한 'name'에 (2a), (2b), (2c), (2d)에서 보는 것과 마찬가지로 여러 'meaning'이 나타나 있으니, 그것이 서로 多義關係에 있든 아니면 同音關係에 있든 關係없이 우선은 다음 (3)처럼 圖式化될 수 있다.

(3)

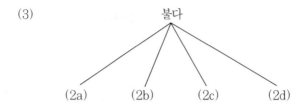

(3)의 圖式이 가지는 意味는 그러나 매우 不分明한 것이 아닐 수 없다. 그것은 各 意味들 사이의 意味項에 對한 關係가 辨別的으로 나타나 있지 않기 때문이다. 결국 問題는 '불다'에 相應的으로 關係되어 있는 (2a), (2b), (2c), (2d)의 各 意味項 사이의 相關關係이다.

먼저 (2a)를 보자.

우선 統辭的으로 (2a), (2b), (2c)가 他動詞로 쓰이고 있는 데 比해, (2d)만은 自動詞로 쓰이고 있음이 드러나는데, 그것은 (2a), (2b), (2c)의 '불다'가 그 目的語로 '국물', '피리', '죄'를 各各 가지고 있는 데 比해 (2d)는 그러한 目的語를 갖고 있지 않다는 點으로도 쉽게 알 수 있다.

(4)

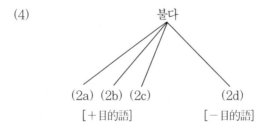

(4)의 圖式이 보여 주는 바와 같이 그 辨別이 分明하지 않던 (2a), (2b), (2c), (2d)의 '불다'는 그것이 目的語를 所持할 수 있느냐 없느냐 하는 統辭的인 關鍵에서 쉽게 辨別되고 있음을 볼 수 있다.

그리고 이러한 統辭的인 差異는 (2a), (2b), (2c)의 '불다'가 하나의

同一한 構造를 지니고 있으며 (2d)는 적어도 (2a), (2b), (2c)의 '불다'
와는 다른 相異한 構造를 지니고 있음을 判定내릴 수 있게 한다.

그것은 統辭的인 構造의 差異는 意味的인 構造의 差異를 反映하는
것이기 때문이다.[4] 따라서 (2a), (2b), (2c)의 '불다'가 그 統辭的으로
도 어떤 由緣性*motivation*을 가지고 있는 것인지 하는 與否는 더 檢討해
보아야 할 일이지만, 적어도 이 段階에서 判斷할 수 있는 하나의 分明한
事實은 (2a), (2b), (2c)의 '불다'와 (2d)의 '불다' 사이에는 아무런 意
味的 由緣性을 保障할 수 없다는 點일 것이다.

그것은 물론 (2a), (2b), (2c)의 '불다'와 (2d)의 '불다' 사이에 아
무런 統辭的 同一性을 찾아볼 수 없다는 點에서 비롯된 事實이다.

그렇다면 (2a), (2b), (2c)를 한 묶음으로 하는 '불다'와 (2d)의
'불다'는 서로 同音關係에 있음을 알 수 있으며 그것을 圖式化하면 (5)처
럼 될 것이며 결코 (6)은 可能하지 않음을 認知하게 된다.

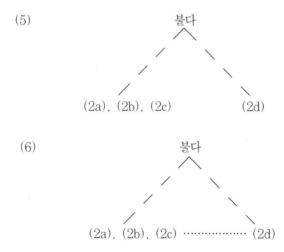

4) Jespersen, O., *The philosophy of grammar*, London, 1922, pp. 22~23.

즉 (2a), (2b), (2c)의 '불다'와 (2d)의 '불다' 사이의 意味的 由緣性은 最小한 이들 사이의 統辭的 構造의 差異에 基盤을 두는 槪念이라고 할 수 있는데 (2a), (2b), (2c)와 (2d)의 '불다'에서는, (2a), (2b), (2c)는 [＋目的語]의 統辭資質을 가질 수 있는데, (2d)의 '불다'는 그러한 資質을 가질 수 없다는 統辭的 差異가 있어, 이미 意味的 由緣性은 期待할 수 없다는 解釋이 가능하며, 이 때문에 (2a), (2b), (2c)와 (2d)의 '불다' 사이에 서로 意味的 由緣性이 있음을 表示한 (6)은 適定한 圖式이 될 수 없다는 解釋이 可能하다.

이제 問題는 (2a), (2b), (2c)의 '불다' 사이에 어떤 意味的 由緣性을 찾아내어 (2a), (2b), (2c)가 語彙 意味的으로 多義語關係에 있음을 보이는 것과 (2a), (2b), (2c) 사이의 각 意味項의 共通意味 또는 基本意味의 摸索을 行하는 作業으로 歸結지어진다.

(2a)의 '불다'는 最小한 文脈的으로 다음 (7)의 意味를 認知하고 있는 것으로 보인다.

(7) a. 뜨거운 국물도 후후 불다.
b. 뜨거운 국물을 후후 입술을 오므리고 입김을 내어 보내다.

(7a)가 (7b)로 代置*paraphrage* 될 수 있음은 (7a)의 '불다'의 意味가 具體的으로 '입술을 오므리고 입김을 내어 보내다'의 意味로 換言될 수 있음을 보이고 있다.

그리고 (7b)의 그러한 意味는 圖式化하면 (8)처럼 될 수 있다.

(8) X ──────────────▶ Y

(8)의 圖式의 意味는 自明하다. 그것은 어떤 空氣의 흐름이 X地點에서 Y地點으로 移動하는 것을 現示하고 있기 때문이다.

問題는 그러나 X地點을 擔當하는 資質이다. X地點을 擔當하는 資質은 空氣의 흐름을 誘導하는 根源地이며, 따라서 '불다'가 [＋目的語]의 統辭的 資質을 가지고 있는 限에 있어서 [＋有情性]의 資質을 가져야 함을 連續的으로 把握할 수 있다.

그것은 다음과 같은 例에서 쉽게 알 수 있다.

> (9) a.　철수가 국물을 후후 불다.
>　　 b. *호랑이가 국물을 후후 불다.
>　　 c. *소나무가 국물을 후후 불다.
>　　 d. *볼펜이 국물을 후후 불다.

위 (9)에서 (9a)만이 文法的인 文章일 뿐, (9b), (9c), (9d)의 文章은 非文法的이거나 매우 어색한 文章임을 알 수 있다.

결국 (8)에서 'X'地點의 意味資質은 [＋有情性] 더 正確히 말해서는 [＋human]이어야 함을 알 수 있다.

> (10)　X ———————————▶ Y
>　　　 [＋human]

결국 (2a)의 具體意味인 (7b)의 意味는 앞의 (10)처럼 抽象化될 수 있다. 즉 [＋human]인 意味資質은 X에서 나온 空氣의 흐름이 Y地點까지 移動하는 現象의 表現에 '불다'가 쓰인다는 것이 그것이다.

이제 '불다'의 이러한 抽象意味가 앞서 든 (2b), (2c)와 어떠한 意味的 由緣性을 가지게 되는지에 對해서 알아보자.

> (11) a. 피리를 불다
>　　 b. 피리를 연주하다.

(11a)의 '불다'가 (11b)의 '연주하다'로 代置된 現象을 보여주는데, 眞理値的 意味는 그대로 維持하고 있어 (11a), (11b)는 自由變異的 要素임을 쉽게 알 수 있다.

이제 (11a)의 '불다'가 앞서의 (7a)의 '불다'와 어떠한 意味的 由緣性을 가지는 것인지를 살펴보자.

(11a)에서 '피리'라는 樂器를 演奏하기 위해서는 最小限의 空氣의 흐름이 '피리'의 管을 通해서 이루어져야 하며, 그러기 위해서는 空氣가 어느 한 地點에서 變動되어야만 한다.

그러한 狀態를 圖式化하면 다음과 같이 될 것이다.

$$(12) \quad X \longrightarrow Y$$
$$\text{(피리)}$$

(12)의 圖式이 가지는 形式的인 意味는 너무도 自明하다. 그것은 X라는 어떤 地點에서부터 나온 空氣가 Y라는 物體 즉 '피리'의 管으로 通해서 移動하고 있음을 現示하고 있는 것으로 想定되기 때문이다.

問題는 X地點을 擔當하고 있는 對象이 가지고 있는 意味資質이다. 그것은 話用論的으로 쉽게 決定될 일이다. '피리'를 불 수 있는 것이라면, 그리고 그것이 單純히 '부는 것'이 아니라 '연주하는' 것이어야 한다면 X地點의 擔當體는 적어도 [−有情體]이어야 함은 당연한 理致이다.

그러한 것은 다음의 例로 쉽게 알 수 있다.

(13) a. 철수가 피리를 불다.
b. *원숭이가 피리를 불다.
c. *소나무가 피리를 불다.

(13a)의 '불다'의 主語는 [+human]이나 (13b), (13c)의 '불다'의

主體는 [+human]의 意味資質로 나타나 있다고 想定된다.

이러한 意味資質의 차이는 '불다'의 性格을 決定하는 데 重要한 機能을 담당하며, 그것은 곧 (13a)의 文章은 文法的인 文章임에 比하여 (13b), (13c)의 그것은 非文法的이거나 아니면 어색한 文章인 것과 重要한 關係가 있다.

결국 圖式 (12)에서의 '불다'의 主體로서의 可能한 意味資質은 [+human]뿐임을 알 수 있다.

側面에 따라서는 (12)의 意味資質이 [+有情性]도 무방할 수 있다는 理論이 提起될 수도 있다.

그러나 그러한 理論은 나름대로의 論理가 있는 것은 事實이나, 그 限界性 또한 큰 것임을 다음의 例에서 쉽게 알 수 있다.

(14) a. 철수가 피리를 분다.
   b. 철수가 피리를 연주한다.
(15) a. 원숭이가 피리를 분다.
(※) b. 원숭이가 피리를 연주한다.

(14a)의 (14b)에로의 代置는 매우 自然스러운 反面 (15a)의 (15b)에로의 代置는 매우 不自然스럽거나 觀點에 따라서는 非文法的일 수도 있다.

그것은 '불다'의 主體가 가질 수 있는 意味屬性을 斷的으로 指示해 주는 것이기도 하다. '불다'의 이러한 屬性은 따라서 意味的 由緣性을 確保하면서 맺어지고 있음을 알 수 있다.

그리고 그러한 意味的 由緣性은 '불다'의 여러 意味가 결국에는 하나의 基本的인 抽象意味에서 由來되어 나옴에서 쉽게 알 수 있다.5) 그리

---

5) Herbert Read, *The English Prose style*, London, 1962, pp. 23~29.

고 이러한 것은 多義語의 여러 意味들을 綜合하는 하나의 다른 抽象的인
意味의 導出을 可能케 해 준다.

3. 多義語와 基本意味

本 3章에서는 多義語의 여러 意味들의 抽象化의 결과인 抽象意味 사
이의 關係를 設定해 보고 그러한 關係를 通해 多義語의 意味構造의 問題
를 形式化해 보려는 作業을 行해 보기로 한다.

다음을 보자.

(16) a. 산도 있고 물도 있다.
　　 b. 웃고 있는 사진.
　　 c. 회사 부장으로 있는 분.
　　 d. 있는 자와 없는 자.
　　 e. 행복은 만족에 있다.
　　 f. 뱃속에 아이가 있다.
　　 g. 병속에 술이 남아 있다.

앞의 (16)의 例에서 (16a)~(16g)의 意味들 사이에 意味的 由緣性
이 있다고 일단 假定한다면 (16a)~(16g) 사이의 여러 意味들을 派生
意味라 이르고, 이들 (16a)~(16g)의 派生意味를 總括하는 意味를 基
本意味라 稱하기로 한다.

이 關係를 圖式化하면 다음 (17)과 같이 된다.

이제 (16a)~(16g)의 意味 사이의 여러 派生的 關係를 살펴보고 그러
한 派生的 關係들이 어떻게 抽象化될 수 있는지에 對해 알아보기로 하자.

(17)

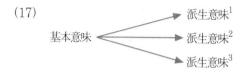

基本意味 ──→ 派生意味^1
　　　　──→ 派生意味^2
　　　　──→ 派生意味^3

(18) a. 산도 있고 물도 있다.
　　　b. 산도 있고 물도 존재한다.

　(18a)와 (18b)의 自由變異的 代置는 (18a)의 '있다'가 (18b)에서
처럼 '존재하다'의 意味를 가지고 있다는 것을 단적으로 보여 주고 있다.

　(16a)의 이러한 意味는 擴散的으로 派生되어 (16b)~(16g)의 '있
다'의 意味와 同軌의 基本意味를 作成케 하는 機能을 한다.

　그것은 (16b)뿐만 아니라 (16c)~(16g)의 모든 意味가 (16a)의
'있다'의 意味에 歸着되기 때문이다.

　(16b)뿐만 아니라 (16c)~(16g)의 '있다'의 意味가 (16a)의 '있다'
의 意味에 自由變異的 歸着을 이루고 있다는 意味的 事實은 (16a)~
(16g)의 '있다'가 모두 意味的 由緣性을 確保하고 있음을 示唆하는 것이
라고 解釋할 수도 있다.

　그리고 (16a)~(16g)에 對한 그러한 意味的 由緣性에 對한 判斷은
(16a)~(16g)의 '있다'가 하나의 基本意味에서 導出될 수 있음을 보여
주는 것이라 할 수 있다.

　결국 多義語란 다음과 같이 定義되는 語彙意味 體系上의 하나의 語
彙目錄*Lexicon*임을 알 수 있다.6)

　(19) 多義語는 하나의 基本意味에서 派生되어 나온다. 하나의 基本意
　　　味에서 誘導될 수 없는 것은 意味的 由緣性이 保障될 수 없다.

---

6) Philbrick, F.A., *An Introduction to semantics*, New York, 1942, pp.
　32~42.

(19)의 規定이 示唆하는 바는 너무도 自明하다.

그것은 하나의 多義語는 서로 같은 또는 서로 同一한 意味領域에서 派生된 것이며, 그러한 同一한 意味領域의 確保는 多義語 相互間의 意味的 由緣性을 보障해 주는 重要한 意味的 機能이라는 點이다.

따라서 다음 (20)의 '있다'가 (16a)~(16g)의 그것에 同一한 것으로 歸着될 수 없음은 當然한 論理的 歸結이라 할 수 있다.

다음을 보자.

(20) a. 철수가 학교에 가고 있다.
　　 b. 영희가 서울에서 살고 있다.

(20a), (20b)의 '있다'가 (16a)~(16g)의 그것과 同軌의 것인지 하는 것, 다시 말해서 (16a)~(16g)의 '있다'의 意味에서 誘導될 수 있는 것인지 어떤지 하는 問題는 (16a)~(16g)와 같은 것으로 (20a), (20b)의 '있다'를 把握할 것인지 어떤지 하는 問題와 깊은 聯關性을 가지고 있다.

이제 (20a), (20b)의 '있다'와 (16a)~(16g)의 그것이 서로 어떠한 語彙體系的 關係에 있는지를 알아보기로 하자.

우선 손쉬운 方法의 하나는 語彙의 代置이다.

(21) a. *철수가 학교에 가고 존재한다.
　　 b. *영희가 서울에서 살고 존재한다.

(21a), (21b)는 (16a)~(16g)에서 '있다'의 基本意味라고 想定된 語彙 '존재하다'를 (21a), (21b)에 代置한 文章이라고 할 수 있다.

그러한 語彙 代置의 결과 (21a), (21b)는 非文法的인 文章이 되었다. (21a), (21b)의 非文法性이 示唆하는 意味는 무엇일까? 그것이 示

唆하는 意味는 그러나 너무나 自明하다.

그것은 (21a), (21b)의 '있다'의 意味屬性이 (16a)~(16g)의 '있다'의 意味屬性과 相異한 것이라고 하는 結論을 誘導해 내고 있기 때문이다.

(16a)~(16g)에서 '있다'의 基本意味라고 想定된 語彙를 (20a), (20b)에 代置해 넣었을 때 (21a), (21b)처럼 非文法性을 띤다는 事實은 여러 統辭的 事實은 차치하고라도 (21a), (21b)의 '있다'의 意味가 (16a)~(16g)의 '있다'와 意味的 由緣性을 確保하지 못하고 있다는 點과 歸結되기 때문이기도 하다.

(16a)~(16g)의 '있다'의 意味와 (20a), (20b)의 '있다'의 意味가 서로 相異한 意味領域을 지니고 있음은 다음의 統辭的·意味的 檢證의 結果에서도 誘導된다.

다음을 보자.

(22) a. 철수가 학교에 간다.
　　 b. 영희가 서울에서 산다.

(22a), (22b)는 (20a), (20b)에서 問題가 되었던 動詞 '있다'를 削除(deletion)한 것이다.

그 결과 (20a), (20b)는 (22a), (22b)와 그 論理的 意味에서 크게 相異함을 보이고 있다고는 할 수 없다.

(20a), (20b)에서 主動詞 '있다'를 削除했음에도 불구하고 그 論理的 眞理値는 同一性을 維持하고 있다는 事實은 (20a), (20b)의 '있다'의 意味의 虛辭的 意味를 示唆하고 있다고 解釋할 수도 있다.

本稿는 여기서 (20a), (20b)의 意味의 虛辭的 機能을 論하려는 目的은 지니지 않았으므로 (20a), (20b)의 '있다'가 지니는 虛辭的 意味

는 더 以上 論議하지 않기로 한다.[7]

이제 (16a)~(16g)의 '있다'를 같은 方法으로 削除시켜 보자.

(23) a. *산도 물도.
   b. *[(?)]웃는 사진.
   c. *회사 부장으로 분.
   d. *자와 없는 자.
   e. *행복은 만족에.
   f. 뱃속에 아이가.
   g. *[(?)]병속에 술이 남다.

(23a)~(23g)는 (16a)~(16g)에서 問題가 되었던 動詞 '있다'를 削除한 것이다.

그 결과는 (23a)~(23g)의 非文法性 내지 非容認性을 誘導하고 말았다. (23a)~(23g)의 非文法性 내지 非容認性이 示唆하는 바는 무엇보다도 自明하다.

그것은 (16a)~(16g)의 '있다'가 (20a)~(20b)의 '있다'와 同質의 것이 아님을 闡明하고 있기 때문이다.

그것은 또한 (16a)~(16g)와는 달리 (20a), (20b)는 하나의 基本 意味에서 誘導될 수 없음을 示唆한 것이기도 하다.

결국 (16)의 '있다'와 (20)의 '있다'는 서로 아무런 意味的 由緣性이 없는 關係로 同音語에 지나지 않으며, 反面 (16a)~(16g)의 '있다'는 서로 多義語關係에 있으며 같은 式으로 (20a), (20b)도 서로 多義關係에 있음을 誘導할 수 있다.

---

7) 言語의 虛辭的 意味에 對해서는 Ullmann, S., *Language and Style*, Barnes & Noble Inc, New York, 1965, pp. 62~69.

(24)

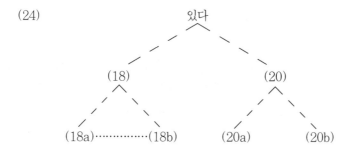

그것을 圖式化하면 위와 같다.

위의 (24)를 보자.

(24)의 圖式이 意味하는 바는 너무도 自明하다. 그것은 앞서 얘기한 바처럼 (16)의 '있다'와 (20)의 '있다' 사이에는 아무런 意味的 由緣性도 保障되지 않아 多義語關係를 形成하지 못한 反面, (16)의 各各의 '있다'와 (20)의 그것들은 서로가 意味的 由緣性의 關係로 묶여져 있어 多義語關係를 나타내고 있음을 보이고 있기 때문이다.

여기서 問題는 이른바 意味的 由緣性이라는 것을 어떻게 形式化하느냐 하는 問題일 것이다.

多義語 사이의 意味的 由緣性은 그것의 基本意味의 抽象化를 높이는 方法이 가장 適定한 方法의 하나로 想定될 수 있을 것이다.[8]

다음의 例 (25)를 보자.

(25) a. 서울의 한강 다리.
     b. 철수의 아픈 다리.
     c. 우정의 다리.
     d. 참새의 다리.

---

[8] 이에 對해서는 Ogden, C.K. and Richard, I.A., *The meaning of meaning*, New York, 1923, pp. 126~129, 參照.

　　(25a)～(25d)의 '다리'는 論議에 따라서 다 多義語로 包含시켜 볼 수도 있을 것이고 또 側面에 따라서는 同音語로 볼 수도 있을 것이다.

　　그러나 (25a)～(25d)의 '다리'를 多義語로 보는 한에 있어서는 (25a)～(25d)의 '다리'를 規定하는 包括的인 意味가 想定되어야 할 것이다.

　　그러한 包括的인 意味의 想定은 (25a)～(25d)의 '다리'의 基本意味를 摸索하는 데 도움이 될 것이다.

　　이제 順序를 意味의 擴張의 側面에서 시작하여 進行시켜 보자.

　　첫째로 (25a)～(25d)의 '다리'에서 '다리'의 一次的인 意味를 아래 (26)처럼 規定해 보는 方法이 있다.

　　(26) '다리'는 生物體의 上體에 相應하는 構造이다.

　　(26)의 規定 즉 '다리'를 生物體의 上體에 相應한 構造로 보는 側面에 立脚한다면 그것은 (25b), (25d)의 '다리'만을 指稱하게 되며, 또 意味的으로는 (25b), (25d)의 '다리'에만 意味的 由緣性을 賦與할 뿐 (25a), (25c)를 包括하지는 못하는 結果를 가져 온다.

　　이 경우 (25b), (25d)는 多義關係에 묶이게 되지만 (25a), (25c)의 '다리'는 이러한 意味的 包括性을 獲得하지 못하여 同音語로 處理될 것이다.

(27)

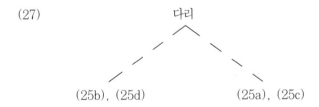

위 (27)의 圖式은 바로 그러한 側面을 보이고 있다.

따라서 論議의 초점을 擴張시킬 必要가 있다. 다음을 보자.

(28) '다리'는 한 地點과 또 다른 한 地點을 連結하는 具體物이다.

(28)의 規定이 指稱하는 대로 '다리'라는 語彙를 서로 다른 位置에 있는 具體物을 連結시켜 주는 것으로 보는 側面에 선다면, 그것은 앞서의 경우에서 한 걸음 더 나아가서 (25a), (25b), (25d)의 '다리'만을 指稱하게 되며, 또 意味的으로는 (25a), (25b), (25d)의 '다리'에만 意味的 由緣性을 賦與할 뿐 (25c)의 '다리'는 意味的으로 包括하지 못하는 結果를 가져오게 된다.9)

이 경우 (25a), (25b), (25d)는 多義關係에 묶이게 되지만 (25c)의 '다리'는 그러한 意味的 包括性을 獲得하지 못하여 同音語로 處理될 것이다.

(29)

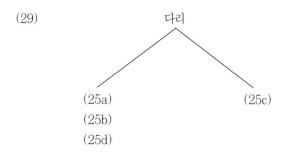

다리

(25a)
(25b)
(25d)

(25c)

위 圖式 (29)는 바로 그러한 面을 보이고 있는 것이다.

여기서 한 가지 興味로운 事實은 多義關係의 幅이 넓어지면서, 그것

---

9) 意味의 抽象性의 擴大構造에 對해서는 Bradly, H., *The making of English*, London, 1957, pp. 216~217.
Gleason, H.A., *An Introduction to the descriptive Linguistics*, New York. 1962, pp. 321~329, 參照.

을 規定하는 意味의 包括性은 더 넓어지고 있다는 點이다.

意味의 包括性이 넓어지고 있다는 것은 곧 그것의 意味的 抽象性이 더 높아지고 있다는 것을 示唆하고 있으며, 그것은 곧 意味의 包括性과 基本意味와의 關係를 明示해주고 있기도 하다.

이제 '다리'의 意味를 極度로 包括化하여 다른 말로 '다리'의 意味를 抽象化시켜 보기로 하자.

다음 (30)은 바로 그것이다.

(30) '다리'는 한 地點과 다른 地點의 連結體이다.

(30)의 規定 즉 '다리'를 그것이 抽象物이든 具體物이든 關係없이 한 地點과 다른 한 地點을 連結시켜 주는 接續子의 構造로 본다면, 그것은 (25a)~(25d)의 모든 '다리'를 包括化하게 되며, 또 意味的으로는 (25a)~(25d)의 모든 '다리'에 意味的 由緣性을 賦與하는 것이 된다.

그것은 同時에 (25a)~(25d)의 '다리'가 모두 多義關係에 묶일 수 있음을 보여준다. 따라서 그것 즉 (30)은 (25a)~(25d)의 '다리'를 모두 多義關係로 보는 論點에 '다리'의 基本意味를 提示해 주고 있다고도 할 수 있다.

그리고 (25a)~(25d)의 여러 意味들은 바로 그러한 (30)의 基本意味에서 派生된 것임을 아울러 示唆하고 있다. (25a)~(25d)의 그러한 基本意味, 派生意味의 關係를 圖式化하면 (31)처럼 된다.

다음 (31)을 보자.

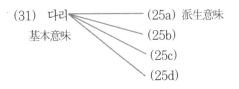

(31)　다리　━━━━━　(25a)　派生意味
　　　基本意味　　　━　(25b)
　　　　　　　　　　　(25c)
　　　　　　　　　　　(25d)

(31)의 圖式이 보여주는 바는 自明하다. (25a)~(25d)의 '다리'의 여러 個別的인 意味가 (30)의 意味에서 誘導된 派生意味라는 解釋이 想定되었기 때문이다.

(25a)에서 '다리'가 接續하고 있는 것은 '한강'의 한 쪽 地點과 그 건너편 地點이며 (25b)에서는 '다리'는 철수의 몸체의 허리 부분과 발목 부분을 接續하고 있다.

한편 (25c)에서 '다리'가 接續하고 있는 것은 [+human]의 資質과 다른 [+human]의 資質을 友情이라는 정(情)으로 接續하고 있으며, (25d)에서 '다리'가 接續하고 있는 것은 참새의 上體 부분과 발목 부분이다.

따라서 (25a), (25b), (25c), (25d)의 모든 '다리'에 適用되고 있는 (30)의 '다리'의 基本意味는 (25a)~(25d)를 多義關係로 묶어주고 있으며 이것을 圖式化하면 다음과 같다.

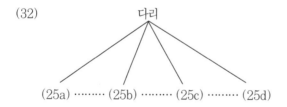

(32)

위의 圖式은 (25a), (25b), (25c), (25d)가 모두 하나의 基本意味에서 導出될 수 있는 派生意味이며 따라서 그것은 모두 多義關係에 있음을 보여주고 있다.

(30)의 基本意味에 따라서 (25a)~(25d)의 '다리'의 語彙目錄을 그리면 다음과 같이 된다.10)

---

10) 이러한 意味資質의 性格에 對해서는 다음을 參照. Katz, J.J., *Semantic Theory*, New York, 1972. Harper and Row, Langendoen, D.T., *The*

(33) a. '다리'
　　 b. [+Cordinator]
　　　 [+abstract]

(33b)의 [+Cordinator]는 '다리'의 基本意味가 接續子임을 보이고 있으며, [+abstract]는 '다리'가 接續하고자 하는 接續對象이 具體物이어도 抽象物이어도 무방함을 보이고 있다.

여기서 重要한 것의 하나는 抽象性이 높아질수록 서로 相異한 樣相을 보이는 '다리'의 意味이다.

즉 '다리'의 意味를 지금까지 3가지로 分類해 擴張시켜 왔었는데, 그것을 圖式化하면 다음과 같다.

(34) [+Cordinator]
　　 [−abstract]
　　 [+Animate]

위 (34)는 接續子로 그 接續對象은 具體物이고 同時에 動物體이어야 한다는 것으로 앞서 든 (26)이 그것이다. 그리고 (34)의 '다리'의 資質은 앞 (26)의 意味的 包括性을 示唆하는 것이기도 하다.

'다리'의 意味는 여기서 다시 擴張構造를 가질 수 있는데 그것을 圖式化하면 다음과 같다.

(35) [+Cordinator]
　　 [−abstract]

위 (35)는 '다리'가 接續子로 그 接續對象은 具體物이어야 한다는 것

---

study of Syntax, New York, Holt, Rinehart and winston Inc, 1969.

을 示唆하고 있는데 그것은 다시 (28)의 意味的 包括性을 示唆하고 있
는 것이기도 하다. '다리'의 이러한 意味는 漸進的으로 擴大構造를 가지
게 되는데, '다리'의 語彙意味 目錄上 最大의 擴大構造는 다음 (36)으로
나타내어진다.

　　다음을 보자.

　　　(36) [+cordinate]
　　　　　[±abstract]

　　위 (36)은 '다리'가 接續子로 그것의 接續對象은 具體物이어도 좋고
抽象物이어도 좋다는 것을 示唆한 것으로 '다리'가 가질 수 있는 最大의
意味 包括性을 나타내 보이고 있다.

　　'다리'가 漸進的으로 (34), (35), (36)의 意味的 包括性을 지니는
것과 比例해서, '다리'가 지니는 意味的 由緣性은 漸次로 强해지고 있다
는 것이 매우 注目되는 事實이기도 하다.11)

　　따라서 本稿는 意味的 由緣性과 多義關係에 對해 다음과 같이 想定
할 수 있을 것 같다.

　　　(37) 意味的 由緣性은 基本意味를 抽象性의 程度와 比例하며, 抽象性
　　　　　의 程度는 多義關係의 包括性과 比例한다.

　　위 (37)의 示唆가 보여주는 바는 自明하다. 그것은 多義語의 檢證基
準으로 나타난 意味的 由緣性이 있느냐 없느냐의 問題는 결국 基本意味의
抽象性의 程度가 어느 만큼 强하느냐 弱하느냐 하는 問題이기 때문이다.

　　따라서 多義語를 規定짓는데, 基本意味의 抽象性의 程度를 形式化하

---

11) Gleason, H.A., 前揭書, 1962, pp. 310~329, 參照.

는 것이 무엇보다도 重要한 作業임을 本稿는 想定할 수 있다.

이러한 意味的 由緣性의 測定 根據로서의 基本意味의 抽象性의 程度
를 多義語의 分別因子로 삼는 것은 言語學的으로 Ullmann(1962)이 提示
한 하나의 'name'이 둘 以上의 'meaning'이라는 極度의 一般的인 定義가
가지는 理論的 觀點을 一面 克服해 줄 수 있는 裝置로 看做될 수 있다.

그것은 語彙 意味論的 側面에서 Ullmann(1962)이 多義語의 槪念的
定義를 同音語나 同義語 또는 反義語 등과 比較的으로 記述하고 그러한
記述이 가지는 難點을 意味的 由緣性이라는 裝置로 解決하려 했다는 前
例에 비추어 더 더욱 그러하다.

왜냐하면 Ullmann(1962)에서 示唆되고 있는 意味的 由緣性이란 述
語의 曖昧性을 Ullmann(1962) 自體의 記述로서는 도저히 回避할 수 없
기 때문이다.

물론 本稿가 그러한 意味的 由緣性을 客觀的으로 檢證할 수 있는 裝
置가 무엇이냐 하는 一般 言語學的 質問에 그것은 基本意味의 抽象性의
程度라고 答했지만, 그러한 答 自體가 曖昧한 것일 수도 있다. 그러나
問題는 그러한 曖昧性의 程度가 Ullmann(1962)에서 提示된 것과는 그
層을 달리한다는 點을 本稿는 主張하고 있다.

그것의 問題는 曖昧性을 完全히 克服하느냐 못하느냐의 問題가 아니
라, 그러한 曖昧性의 程度를 어느만큼 縮約시킬 수 있느냐 그렇지 못하
느냐 하는 問題이기 때문이다.

4. 結 論

지금까지 本稿는 國語 語彙體系 안에서의 多義語가 가질 수 있는 位

置를 意味的 由緣性*Semantical motivation*이란 觀點에서 檢討해 보고, 그
러한 檢討를 中心으로 하여 國語 多義語의 槪念을 形式化해 보려 했다.

이러한 形式化의 過程에서 問題가 된 것의 하나는 이른바 多義語의
檢證基準으로 想定되어 왔던 意味的 由緣性이란 槪念을 어떻게 形式化
하느냐 하는 問題였다.

즉 Ullmann(1962)의 觀點으로는 多義語란 하나의 'name'이 둘 以
上의 'meaning'을 가질 수 있다는 것만을 指示한 言語學的 理論으로는
難點이 많은 熟語로만 指示되어 있었기 때문이다.

Ullmann(1962)의 論議는 이른바 意味的 由緣性이란 무엇인가를 明
徵하게 記述하지 않았기 때문이다.

本稿는 따라서 하나의 基本意味에서 導出될 수 있는 意味的 關係를
意味的 由緣性이라고 보는 觀點을 취했다.

즉 多義語는 하나의 抽象的인 基本意味에서 派生되어 나오는 語彙目
錄*lexicon*으로 이러한 關係 즉 하나의 基本意味에서 誘導될 수 없는 것은
意味的 由緣性이 保障될 수 없으며, 따라서 그것은 同一한 意味領域에서
派生된 것이라고 볼 수 없기에 多義關係를 誘導치 않는다는 것이다.

┃ 參考文獻

Ullmann, S., *Semantics*, An Introduction to the Science of meaning, Oxford, Blackwell, 1962.

_____, *Language and Style*, Barnes & Noble, Inc. New York, 1965.

Jespersen, O., *The Philosophy of Grammar*, London. George Allen & Unwin, Ltd, 1922.

Herbert Read, *The English Prose Style*, London, 1962.

Ogden, C.K. and Richard, I.A., *The meaning of meaning*, London Routedge, 1923.

Bradley, H., *The making of English*, London, 1957.

Gleason, H.A., *An Introduction to Descriplive Linguistics*, New York, Henry Holt And Company, 1962.

Katz, J.J., *Semantic Theory*, New York, Harper and Row, 1972.

Langendoen, N.T., *The Study of Syntax*, New York, Holt Rinehart and Winston, Inc, 1969.

국어 반의어의 기준점

1. 序 論

本 論文은 國語의 語彙體系 안에서 反義語가 어떤 기준점을 가지고 生成되는지 하는 문제를 검토해 보려는 목적하에 기술된다.[1]

우선 아래를 보기로 하자.

    (1) a. 남자.
        b. 여자.

(1a), (1b)는 國語 語彙體系 안에서 통상적으로 서로 反義關係를 형성하고 있는 反義語로 알려져 왔다. 문제는 (1a), (1b)가 '남자', '여자'가 어떤 기준을 가지고 反義關係를 형성하고 있는지 하는 點이다. (1a), (1b)의 '남자', '여자'는 이른바 性gender을 기준점으로 하여 서로 反義關係를 형성하고 있다고 상정해 볼 수 있으며, 그러한 것은 다음과 같은 하나의 假定을 가능하게 해 준다.[2]

---

1) 反義語에 對한 一般論은 沈在箕, 李基用, 李延敏, 意味論序說, 集文堂, 1984, pp. 37~37.
2) 一般意味論에 對해서는 Leech, G.N., *Semantics*, penguin Books, 1974, 參照.

(2) 國語 反義語의 基準點의 하나는 性*gender*이다.

그리고 (2)의 假定에 따라, 다음의 보기 (3), (4)의 各 a項이 各各 b項에 서로 어떠한 基準點을 가지고서 反義關係를 形成하고 있는 지는 쉽사리 說明될 수 있다.

(3) a. 아버지.
   b. 어머니.
(4) a. 할아버지.
   b. 할머니.

위의 (3), (4)의 反義關係를 앞의 例 (1)과 相關的으로 關聯시켜 생각해 볼 때 自明해지는 意味事實의 하나는, 하나의 反義語의 基準點은 이른바 放射構造 또는 倂列構造를 지니고 있으며, 결코 單獨으로 나타나지 않는다는 點이다. 물론 이것은 國語(言語)가 有限한 手段의 無限한 擴張을 그 根幹으로 하기 때문에 비롯된다.3)

이제 다음의 例를 보자.

(5) a. 좋다.
   b. 나쁘다.

(5a)의 '좋다'와 (5b)의 '나쁘다'는 一般的으로 서로 反義關係를 形成하고 있으며, 따라서 一定한 基準點을 含義하고 있는 것으로 보여진다.

그러나 (5a), (5b)의 基準點을 찾아 보려 할 때, 想定되는 것의 하나는 (5a), (5b)의 '좋다', '나쁘다'를 反義關係로 形成하게 하는 基準點이 무엇이든 간에, 그것은 앞의 例 (1), (3), (4)에서 보는 基準과는 그

---

3) Chomsky, N., *Aspects of theory of syntax*, M.I.T. press, 1965, p. 8.

形成 次元이 매우 相異할 것이라는 點이다.

즉 (1), (3), (4)의 '남자, 여자', '아버지, 어머니', '할아버지, 할머니'를 反義語로 形成케 하는 基準點은 明確히 實證할 수 있는 客觀的 基準點이지만 (5)의 '좋다', '나쁘다'는 결코 客觀的으로는 實證될 수 없는 心理的인 基準點으로 想定될 수 있다.

그러한 아래의 例에서 더 正確히 볼 수 있다.

　　(6) a.　　내 생각으로는 고모부는 남자이다.
　　　 b. *$^{(?)}$내 생각으로는 고모부는 여자이다.4)

(6b)가 非文法的인 文章이 된 것이 理由는 매우 自明하다. 그것은 '남자', '여자'라는 反義關係는 '내 생각'에 依해 基準點이 定해지는, 다시 말해 心理的이고 主觀的인 基準點에 依해 反義關係가 形成되는 것이 아니라, 客觀的인 實證에 依해 그 基準點이 定해지는 것이기 때문이다.

이에 比해 (5a), (5b)의 '좋다', '나쁘다'의 反義關係는 正反對의 樣相을 보인다. 그것은 (5a), (5b)의 反義關係의 基準點이 心理的이고 主觀的인 것으로 想定될 수 있기 때문이다. 아래는 그것을 보여주고 있다.

　　(7) a. 내 생각으로는 그것이 좋다.
　　　 b. 내 생각으로는 그것이 나쁘다.

(7a), (7b)에서 보는 바와 같이 判定 對象인 '그것'에 對한 評價가 '좋다', '나쁘다'는 모두 '내 생각'에 依해 定해지는, 다시말해 基準點이 個人的이고 心理的인 것에 依해 定해지는 反義語인 것으로 보인다.

결국 國語 語彙體系 안에서 反義關係를 言語意識의 殘滓的 痕迹으로

---

4) 本 論文에서는 便宜上 *$^{(?)}$標識를 意味的으로 不適正한 單語에만 쓰기로 한다.

形成하게 하는5) 基準點은 크게 나누어 客觀的, 實證的인 것과 그와 相對的으로 主觀的・心理的인 것으로 大別할 수 있는 것으로 보인다.

本 論文은 바로 그러한 두 가지 基準點을 대상으로 삼아 그것이 어떻게 下位分類될 수 있으며, 또 그러한 下位分類에 依한 反義關係는 어떤 放射構造를 가지는 것인지를 論議해 보려고 한다.

이러한 論議에는 따라서 意味論, 특히 語彙意味論에 對한 一般論的 前提가 必要한데, 本 論文에서는 이들 論議에 必要한 範疇內에서만 이들을 다루기로 한다.

그리고 이들 一般論的 語彙意味論의 理論에 따른 反義語의 여러 構造와 그 構造樣相을 試論的으로 다루기로 한다.

또한 論議의 資料는 現代國語에만 局限시켰으며, 따라서 通時的인 知識은 參照하지 않았다. 아울러 本 論文은 國語語彙體系 全般에 對한 筆者의 一聯의 研究의 一環으로 作成되는 것임을 밝혀둔다.6)

---

5) 言語意識의 殘滓的 痕迹에 對해서는 Ullman, S., *The principles of Semantics*, Oxford, 1957, p. 27, 參照.

6) 康琪鎭, 同音異義語에 對하여, 梁桂東博士古稀紀念論文集, 探求堂, 1973.

  _____, 國語 同音語의 研究, 弘益工大 論文集 12, 弘益工大, 1981a.

  _____, 國語 同音語의 生成要因 考究, 東岳語文論集, 15, 東國大, 1981b.

  _____, 國語 同音衝突現像에 對한 研究, 國語國文學 論文集 11, 東國大, 1981c.

  _____, 國語 同音語의 文體論的 研究, 韓國文學研究 4, 東國大, 1981d.

  _____, 國語 同音語의 機能範疇, 새국어교육 35~36, 국어교육학회, 1982.

  _____, 命題와 含義로서의 同音語, 東岳語文論集 17, 東國大, 1983a.

  _____, 國語 同音語의 話用論, 새국어교육 37~38, 국어교육학회, 1983b.

  _____, 國語 準同音語의 研究, 國語國文學 論文集 12, 東國大, 1983c.

  _____, 國語 同音語의 類型別 分布, 홍익어문 3, 弘益大, 1983d.

  _____, 國語 同音語의 研究, 東國大 大學院, 博論, 1983.

  _____, 國語 多義語의 意味構造, 韓國文學研究 8, 東國大, 1985.

  _____, 國語 多義語의 意味資質, 論文集 18, 弘益工大, 1986.

2. 反義語의 基準點

2.1. 性(gender)[7]

反義關係를 形成하게 하는 基準點 중에서 우선 想定될 수 있는 範疇의 하나는 客觀的으로 想定될 수 있는 基準點이며 나머지 하나는 客觀的으로는 想定될 수 없고 오직 主觀的, 心理的 對等에 의해 想定될 수 있는 基準點이다.

이것을 일단 命題化하면 다음과 같이 될 수 있다.

(8) 反義關係를 形成하는 基準點으로는 客觀的·實證的 基準點과 主觀的·心理的 基準點이 있다.

위의 (8)의 命題에서 客觀的·實證的 基準點의 예로는 앞에서 '남자', '여자'와 같은 反義關係를 생각해 보았고, 主觀的·心理的 基準點의 예로는 앞에서 '좋다', '나쁘다'와 같은 것을 생각해 보았다. 이제 이러한 基準點에 의해 국어 反義語關 形成關係를 더 천착해 보기로 한다.

먼저 性의 基準點에 대해 더 알아보기로 하자. 性을 反義關係 形成에 있어서 그 基準點으로 삼는 反義語들을 자세히 檢討해 보면 다시 下位分類가 될 수 있음을 알 수 있다.

다음을 보자.

(9) a. 학생.
    b. 여학생
(10) a. 선생
    b. 여선생

---

7) gender는 대상이 男性인지 女性인지만을 일차적으로 문제삼는다.

위의 (9), (10)의 反義關係들은 다음에 드는 反義關係와 마찬가지로 性을 그 基準點으로 하고 있는 것은 共通이다. 한가지 그 構造上의 相異點을 發見할 수 있다.

    (11) a. 남자.
         b. 여자.

위의 (11)과 앞의 (9), (10)의 反義關係를 면밀히 조사해 보면 (11)의 反義語들은 反義關係 形成에 있어 그 語彙들이 自生的인 반면 (9), (10)의 反義語 關係는 自生的이 아닌 相對語彙에 附着的 構造를 보이고 있음을 알 수 있다.

反義關係가 自生的이라 함은 하나의 語彙에 대해 反義關係에 있는 相對語彙는 바로 語彙部*lexicon*에서 찾을 수 있는 것을 意味한다.[8] 반면 反義關係가 相對語彙에 附着的 構造를 보이고 있다는 것은, 하나의 語彙에 대한 反義關係의 語彙를 語彙部에서 찾을 수 없고, 相對語彙에서 派生시킬 수밖에 없는 反義語를 말한다.

(9)에서 '학생'의 反義語 '여학생'은 '학생'에서 派生되어 나왔다고도 할 수 있으며, 또한 '학생'에 '여'가 附着되어 生成되었다고 할 수도 있는 것이다.

(10)에서도 그 사정은 마찬가지이다. 즉 '선생'의 反義語 '여선생'은 '선생'에서 派生되어 나왔다고도 할 수 있으며, 또한 '선생'에 '여'가 附着되어 生成되었다고도 할 수 있는 것이다.

本 論文은 (9), (10)과 같은 附着的 構造를 가진 反義語를 有標 *marked* 反義語, (11)과 같이 語彙部에서 直接生成해 낼 수 있는 反義語

---

8) lexicon은 원래 Chomsky의 用語이다. Chomsky, N., *Aspects of theory of syntax*, M.I.T. press, 1965.

를 즉 어떠한 有標的 構造도 갖지 않은 反義語를 無標unmarked 反義語
라 하기로 한다.

이러한 有標·無標反義語들이 性gender을 基準點으로 하는 反義關
係에서만 나타나는 것은 아닌 것으로 보인다. 그것은 否定negative을 基
準으로 한 反義關係에도 나타나는 것으로 보인다.

아래는 그러한 예를 보이고 있다.

>(12) a. 먹다.
>　　 b. 안먹다.
>　　 c. 못먹다.

(12a)의 '먹다'에 대한 反義語로 '안먹다', '못먹다' 등을 想定해 볼 수
있는데, 이 경우 '안먹다', '못먹다'는 '먹다'에 대한 有標的인 構造를 띠고
있어 주목된다.

否定negative을 基準點으로 하는 反義關係에 있어 有標, 無標의 問題
는 다음에 더 천착하기로 하고 여기서는 이에 그치기로 한다.

다시 性을 基準點으로 하는 反義關係를 살펴보기로 하자. 앞에서 性
을 基準點으로 하는 反義의 關係에는 有標反義語와 無標反義語가 있음
을 알았다. 이러한 有標的, 無標的 反義語는 여러 가지 意味論的 制限을
받는 것으로 보인다.

康琪鎭(1973)에서 얼마간 論議된 대로 性을 基準點으로 하는 反義語
의 한쪽을 否定하면 다른 한쪽 反義語의 意味構造가 生成된다.

다음을 보자.

>(13) a. A는 남자이다.
>　　 b. B는 남자가 아니다.

(13a)에서 '남자'는 性을 基準點으로 하는 無標的 反義語이며, 이것의 反義語는 '여자'인데, 이 '여자'는 (13a)를 否定함으로써 얻을 수 있는 것으로 보인다.

이러한 것은 有標的 反義關係에서도 마찬가지 樣相을 보인다. 다음을 보기로 하자.

(14) a. A는 여선생이다.
  b. B는 여선생이 아니다.

(14a)에서 '여선생'은 性을 基準點으로 하는 有標的 反義語이며, 이것의 反義語는 '(남)선생'인데, 이 '(남)선생'은 (14a)를 否定함으로써 얻을 수 있는 것으로 보인다.

물론 (14b)는 (14a)의 否定으로 'A가 (남)선생'임을 나타내는 意味 以外에도 'A가 선생'이라는 職業을 가지고 있지 않음을 나타내는 意味를 가진 것으로도 解釋될 수 있다. 그러나 그렇다 하더라도 그것이 (14a) 意味를 否定하는 意味構造를 갖고 있는 한 (14b)가 (14a)의 否定의 意味를 含義하고 있음을 결코 否定할 수 없는 意味事實이다.

따라서 性에 關한 한 다음과 같은 命題를 얻어낼 수 있다.

(15) 性*gender*을 基準으로 하는 反義關係에 있어서 하나의 陳述 *proposition*의 否定은 다른 反義關係에 있는 語彙의 意味構造를 나타낸다.

(15)와 關聯지어 생각해 볼 수 있는 것은 二重否定의 問題이다.
'二重否定'이라는 用語는 매우 模糊한 것으로 보인다. 그것은 反義關係에 있는 두 語彙를 다 否定하는 것을 意味하는 것으로 쓰기도 하겠다.
이제 그러한 '二重否定'의 問題에 대해 알아보기로 한다. 다음을 보자.

(16) a.　　A는 남자다.

　　　b.　　A는 남자가 아니다.

　　　c. *^(?)A는 남자가 아니고 여자가 아니다.

　(16a)의 命題에 대한 一次否定인 (16b)는 文法的인 文章이며, 동시에 (16a)의 反義語의 意味構造를 나타내 보이고 있다. 그러나 (16a)의 命題에 대한 二重否定인 (16c)는 非文法的인 文章으로 意味的으로 아주 容認될 수 없는 文章이 되고 말았다.

　그것은 意味的으로 '남자'도 아니고 '여자'도 아닌 自然人은 있을 수 없기 때문이다.

　이러한 것은 有標的 反義語에서도 마찬가지이다.

(17) a.　　A는 여선생이다.

　　　b.　　A는 여선생이 아니다.

　　　c. *^(?)A는 여선생이 아니고 남선생이 아니다.

　(17c)를 적어도 性에 關聯된 意味範疇로 解釋하는 한, (17c)는 매우 意味的으로 模糊한 文章이다. 그것은 모든 '선생'이란 意味範疇 가운데 '여자'도 아니고 '남자'도 아닌 것은 可能하지 않기 때문이다.

　性에 關聯된 有標, 無標的 反義語가 보이는 '二重否定'에 대한 이러한 關係는 이른바 '二重肯定'에서도 同一한 反應을 보이는 것으로 理解되고 있다.

　'二重肯定'이란 다름아닌 反義關係에 있는 相對方의 語彙를 다 같이 肯定하는 것을 意味한다.

　다음을 보자.

(18) a.　　A는 남자이다.

　　　b.　　A는 여자이다.

　　　c.　*^(?)A는 남자이고 여자이다.

　(18a)에 대한 二重의 肯定인 (18c)는 적어도 意味的으로 非文法的인 文章이 된다. 그것은 적어도 어떠한 自然人이 男子이면서 동시에 女子일 수는 없기 때문이다.

　이러한 것은 有標的 反義語에서도 同一한 것으로 보인다. 다음을 보자.

(19) a.　　A는 여선생이다.

　　　b.　　A는 남선생이다.

　　　c.　*^(?)A는 여선생이고 동시에 남선생이다.

　(19c)의 非文法的은 적어도 意味的인 觀點에서 論議될 수 있다. 그것은 한 自然人이, 그리고 그 自然人의 職業이 '선생'으로 分類될 때 그 自然人이 女子先生이면서 동시에 男子先生일 수는 없기 때문이다.

　이상에서 性을 基準點으로 하는 反義關係의 몇 가지 意味論的 특성에 대해 알아 보았다.

2.2. 色(Colour)

(20) a. 흰색.

　　b. 검은 색.

　(20a)와 (20b)는 一般的으로 反義關係에 있는 것으로 알려져 있으며, (20a)와 (20b)의 '흰색'과 '검은색'을 反義關係로 보는 認識에는 '흰색'과 '검은색'을 '색채'라는 基準點이 작용되어 있는 것으로 想定해 볼 수 있다.

　　그러나 (20a), (20b)에서와 같이 '색채'를 基準點으로 한 反義關係
는 다른 基準點을 가지고 있는 反義語와는 相反된 意味構造를 지니고 있
는 것으로 보인다. 그것은 이들에 여러 가지 意味論的 變換을 加해보면
쉽게 알 수 있다.
　　우선 (20a)를 否定해 보자.

　　(21) A는 흰색이 아니다.

　　(21)는 (20a)의 命題를 否定한 것으로 그것은 對象이 되는 'A'가
'흰색'이 아니라는 情報만을 提供해 주고 있을 뿐, 'A'가 '흰색'이 아니므
로 곧 'A'는 '검은색' 이라는 否定命題까지를 含義하고 있는 것은 아니다.
　　이러한 것은 (20b)의 命題에서도 마찬가지 樣相을 보인다. 다음을
보자.

　　(22) B는 검은색이 아니다.

　　(22)는 (20b)의 命題를 否定한 것으로 그것은 對象이 되는 'B'가
'검은색'이 아니라는 情報만을 提供해 주고 있을 뿐 'B'가 '검은색'이 아니
므로 곧 'B'는 '흰색'이라는 否定命題까지를 含義하고 있는 것은 아니다.
　　'색채'를 基準點으로 한 反義語의 이러한 樣相은 Ogden and Rich-
ards(1956)으로 미루어 볼 때 당연한 論理的 歸結로 보인다.9) 다음을
보자.

---

9) Ogden, C. K. & Richards, I. A., *The meaning of meaning*, New York
　　and London, 1965, pp. 11~12.

(23)

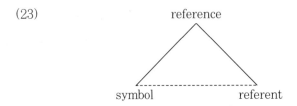

위의 'basic triangle'에서 'referent'와 'reference'와의 關係에서 볼 때 그것이 多元的인 짝*pair*을 가진 反義語關係라면 한쪽의 否定이 다른 한쪽의 肯定을 意味하는 것은 아닌 것으로 여겨진다. 그러한 관계 즉 한쪽의 否定이 다른 한쪽의 肯定을 含義하는 관계는 위의 Ogden & Richards(1956)에서의 'reference'와 'referent'의 關係가 一元的일 때만 可能하기 때문이다.

이것은 동시에 하나의 單語는 獨者的인 하나의 意味만을 原則的으로 含義하고 있다는 Sapir(1921)의 논의를[10] 正當化시켜 주고 있다.

한편 '색채'를 基準으로 한 反義語는 한 對象의 二重否定은 可能하지만, 二重 肯定은 可能하지 않다. 다음의 예를 들어 보기로 하자.

(24) a. A는 흰색도 아니고 검은색도 아니다.
b. *A는 흰색이고 동시에 검은색이다.

(24a)는 (20)의 命題를 동시에 二重否定한 것이며, (24b)는 역시 (20)의 命題를 동시에 二重肯定한 것인데, 二重否定한 (24a)는 文法的인 文章이 되었으나 二重肯定을 한 (24b)는 非文法的인 文章이 되었다.

이것은 '색채'를 基準으로 하는 反義語의 一般的인 한 性向을 나타내 주고 있으며 그러한 性向은 다음과 같이 想定될 수 있다.

---

10) Sapir, E., *Language*, A Harvest and Company, New York, 1921, pp. 34~35.

> (25) 色彩를 基準으로 하는 反義關係에 있어서 하나의 陳述*proposi-tion*의 否定은 다른 反義關係에 있는 語彙의 意味構造를 잘 反影하고 있다.

(24)의 命題가 示唆하는 意味關係 規則은 '색채' 일반의 語彙目錄에 해당하는 것으로 一般的인 '색채' 語彙의 특징이지 反義關係에 있는 '색채' 語彙만의 특징은 아니라는 反論이 있을 수 있다.

물론 그러한 反論은 아래 예로 쉽게 인정될 수 있다.

> (25) a. 노란색
> b. 파란색

(25a), (25b)를 각각 否定해 보자.

> (26) a. A는 '노란색'이 아니다.
> b. B는 '파란색'이 아니다.

(26a)는 (25a)의 命題를 否定한 것으로 그것은 對象이 되는 'A'가 '노란색'이 아니라는 情報만을 提供해 주고 있을 뿐, 'A'가 '노란색'이 아니므로 곧 'A'는 '파란색'이어야 한다는 否定命題까지를 含義하고 있는 것은 아니다.

이러한 관계는 앞의 反義關係에서 본 것과 同一한 論理的 轉移라고 아니할 수 없다. 문제는 이러한 특성을 '색채' 일반의 語彙의 一般的인 目錄으로 보는 데에 있다.

그것은 '색채' 일반에서만 보여지는 論理的 轉移가 아니기 때문이다. 예를 들어 다음을 보자.

> (27) a. 책상.
> b. 의자.

(27a), (27b)를 일단 否定해 보자.

> (28) a. A는 책상이 아니다.
> b. B는 의자가 아니다.

(28a)에서 볼 때 'A'가 책상이 아니라는 命題만을 (28a)는 提示해 주고 있을 뿐, 'A'가 책상이 아니니까 'A'는 '의자' 라는 또는 '의자' 이어 야 한다는 命題까지를 (28a)가 提供해 주고 있는 것은 아니다.

결국 이러한 論理的 轉移關係는 '색채' 일반에 관련된 語彙만의 語彙 構造가 아니라 모든 一般語彙에 共通되는 특성으로, 그것은 無限한 外延 *extension*을 가지고 있어 言語規則으로 問題가 있다고 할 수 있다.

따라서 그러한 論理的 轉移는 어떤 規定이 必要하며, 그러한 規定, 制限의 一環으로 本 論文에서는 그것을 '색채'를 基準으로 한 反義關係에 만 摘用시킨 것이다.

一般論理에서와는 달리 하나의 否定에 관한 이같은 특이한 論理的 轉移는 Bloomfield(1933)에서 披瀝된 바와 같이, 意味에 두 層이 있기 때문으로 理解된다.11) 즉 主意味*central meaning or normal meaning*와 副意味*marginal meaning or transferred meaning*가 바로 그것이다.

이제 다음의 反義關係들을 살펴보기로 하자.

2.3. 心理性 · 主觀性

> (29) a. 좋다.
> b. 싫다.

---

11) Bloomfield, L., *Language*, Geore Allen & unwin. LTD, 1933, pp. 149~150.

(30) a. 예쁘다.
     b. 밉다.

(29a), (29b)의 '좋다', '싫다'와의 관계를 우선 생각해 보자.

우선 이들 反義關係 즉 '좋다', '싫다'가 어떤 種類의 反義關係에 묶여질 수 있는 것인지를 檢證해 보기 위해 '性'을 基準點으로한 反義關係語와 比較해 論議해 보자.

우선 다음의 意味 語彙目錄을 보자.

(31) a. 아버지
     b. [+human]
        [+man]
        [+adult]

(31b)는 (31a)의 '아버지'란 語彙의 意味資質을 目錄化한 것으로 우선 (31a)의 '아버지'를 Ogden & Richards(1956)의 'basic triangle'의 관계로 보아[12] 'A'라고 指稱하기로 하자.

이제 'A'로 指稱된 '아버지'(↔ 어머니)라는 反義關係語와 (29a), (29b)의 '좋다'(↔ 싫다)의 反義關係의 意味規則에 대해 알아 보기로 하자.

(32) a.   내 생각에는 A가 남자이다.[13]
     b. *[?]철수 생각에는 A가 남자가 아니다.

(32a), (32b)에서 볼 수 있는 것은 '아버지'라는 語彙資質 중 어느 하나라도 否定되면 그것은 바로 意味的 不適正性을 誘導하게 된다는 事實이다.

---

12) Ogden, C. K. & Richards., I. A, 前揭書, 1956, pp. 11~12.
13) 여기서는 男子는 性(gender)의 개념으로만 쓰인다.

즉 '아버지'(↔어머니)가 보여 주는 反義關係의 樣相은 매우 客觀的, 實證的인 資質위에 서 있음을 알 수 있다.

이제 (29a), (29b)의 '좋다', '싫다'가 어떤 樣相을 보이고 있나를 살펴보기로 하자.

> (33) a. 철수는 영희가 좋다.
> b. 나는 영희가 싫다.

위의 (33a), (33b)는 하나의 대상, 여기서는 '영희'에 대한 否定命題가 可能함을 보여주고 있다.

(33a), (33b)의 意味的 適正性이 보여 주고 있는 事實의 하나는 (29a), (29b)의 '좋다', '싫다'가 그 反義關係의 地盤을 客觀的이고 實證的인 바탕 위에 두지 않고 心理的으로 主觀的인 基準 위에 세워 둔 것이라는 점이다. 이러한 것은 (32)와 (33)의 命題를 冠形化*relativization* 시켜 보아도 어렵지 않게 確認할 수 있다.

> (34) a.   내 생각에는 남자인 A.
> b. *⁽ʔ⁾철수 생각에는 남자가 아닌 A.
> (35) a.   영희가 좋은 철수.
> b.   영희가 싫은 나.

위 (34), (35)는 앞의 (32), (33)의 命題를 각각 冠形變形 시켜 본 것으로 意味的 否適正性은 (32), (33)에서와 마찬가지로 나타난다.

이러한 冠形變形의 결과는 '아버지'(↔ 어머니)의 反義關係의 地盤이 '좋다'(↔ 싫다)의 反義關係의 地盤과는 그 樣相이 判異함을 알려주는 동시에 (29a), (29b) 또는 (30a), (30b)와 같은 反義關係의 基準點은 主觀的이고 心理的인 데에 있다는 앞서의 本 論文의 假定을 뒷받침해 주고 있다 할 수 있다.

이번에는 '아버지'(↔어머니)의 反義關係語와 '좋다'(↔싫다)의 反義關係語에 각각 二重肯定과 二重否定의 意味變形을 가해 보자.

> (36) a. *^(?)A는 아버지가 아니며 어머니가 아니다.
>   b. *^(?)A는 아버지이며 어머니이다.
> (37) a. *^(?)철수는 영희가 좋지 않으며 싫지않다.
>   b. *^(?)철수는 영희를 좋아하며 싫어한다.

위 (36), (37)은 앞에 든 命題를 二重否定하거나 二重肯定한 예들인데, 모두 意味的으로 不適正한 結果를 내보이고 있다.

결국 이러한 二重肯定 또는 二重否定의 結果가 보여주는 것은 二重否定이나 二重肯定에 관한 한 모든 反義關係語가 無標的이라는 點이다. 그러나 세심히 살펴보면 이러한 二重肯定, 二重否定의 關係는 'and'의 關係에서만 그러함을 보이고 있고 'or'의 關係에서는 좀 다른 樣相을 나타내고 있는 것으로 看做된다.

다음을 보자.

> (38) a. A는 아버지이거나 어머니이다.
>   b. 철수가 영희를 좋아하거나 싫어한다.

위와 같이 'or'의 關係에서는 客觀的 實證的인 基準點을 가지고 있는 反義語 關係나 心理的·主觀的 反義語關係를 가진 反義語關係에서나 다 同一한 樣相을 보이고 있는 것이 注目된다.

2.4. 事實性(fact)

이제 事實性이란 資質을 그 基準點으로 하고 있는 反義關係語들을 살펴보기로 하자.

事實性이란 하나의 主語子 狀況에서 主語子 行爲가, 그 行爲가 必然的이든 蓋然的이든에 關係없이 實際로 일어날 수 있는 또는 일어나는 狀況이냐 아니냐를 問題로 삼는다.

다음 예를 보자.

    (39) a. 살다.
         b. 죽다.
    (40) a. 가다.
         b. 오다.

(39)와 같은 '살다', '죽다'는 代表的인, 事實性에 그 基準點을 둔 反義關係로 볼 수 있다.

이제 이 事實性을 基準點으로 한 反義關係語들의 一般的인 意味規則上의 몇 가지 樣相들에 대해 알아 보기로 하자.

事實性 反義語로 본 논문에서 想定된 '죽다', '살다'는 'name'을 'signi-fant'와 'sense'를 'signifié'와 同一한 槪念으로 보고 'sense'와 'signifié'를 心理的이니 槪念으로 把握하려 했던 Ullmann(1962)의 論議대로라면,14) 心理的, 主觀的인 基準點을 가졌다고도 할 수 있다.

그러나 그러한 것은 그것의 主義味central meaning를 基準으로 하느냐 아니면 副意味marginal meaning를 基準으로 하느냐의 問題일 뿐15) 事實性이란 基準自體를 否認할 수 있을 만큼 ad hoc한 것이 아니므로 일단 '죽다', '살다'를 事實性이란 基準에 놓고 論議하기로 한다.

일단 '죽다', '살다'의 두 反義關係를 일면 否定해 보기로 하자.

---

14) Ullman, S., *Semantics*, Oxford Basil Blackwell, 1957, p. 35, p. 69, 참조.
15) Central meaning, marginal meaning에 대해서는 Bloomfield, L., *Language*,
    Geore Allen & unwin LTD, 1933, pp. 149~150, 參照

(41) a. 철수는 죽었다.

　　 b. 철수는 죽은 것은 아니다.

(42) a. 철수는 살았다.

　　 b. 철수는 산 것은 아니다.

(41a)의 命題를 一次 否定한 것이 (41b)인데, 이 (41b)는 '철수가 죽은 것'이 아님을 나타내 주고 있는 동시에 '철수가 죽지 않은 것' 즉 '철수가 산 것'이라는 情報까지를 含義해 주고 있다.

(42)에서도 이러한 意味關係는 마찬가지이다. 즉 (42a)를 一次 否定한 것이 (42b)의 命題인데, (42b)의 命題는 '철수가 살아 있지 않음'을 나타내 주는 동시에 '철수가 살아 있지 않은 것' 즉 '철수가 죽은 것'이라는 反對命題까지도 含義해 주고 있다고 보아야 할 것이다.

이제 생각할 수 있는 것의 하나는 이 事實性을 그 基準點으로 하는 反義語는 二元的인 對立構造를 가지고 있다는 事實일 것이다.

만일 事實性을 그 基準點으로 하는 反義語가 二元的 對立構造를 가지고 있지 않았다면 앞의 檢證에서 볼 수 있는 것과 같은, 한 命題의 一次 否定의 結果가 다른 쪽 反義語의 意味를 含義하게 되는 意味的 結果에 이르지는 않을 것이기 때문이다.

이제 이 事實性을 基準點으로 하는 反義關係 語彙들이 'and'나 'or'에 어떠한 樣相을 보이나를 알아 보기로 하자.

(43) a. *(?)철수는 죽었으며 철수는 살았다.

　　 b. *(?)철수는 죽지 않았으며 철수는 살지 않았다.

動詞 '죽다', '살다'에 어떤 比喩的인 意味를 賦與하지 않는 한 (43a), (43b)의 'and'는 意味的으로 매우 不適正한 樣相을 띠게 된다.

이제 'or'에 대해서는 이들 事實性을 그 基準點으로 하는 反義語들이 어떤 樣相을 띠고 있는지를 알아보자.

(44) a.　철수는 살았거나 죽었다.
b.　*(?)철수는 살지 않았거나 죽지 않았다.

(44b)가 意味的으로 受容可能性이 얼마간 稀薄한 것을 考慮하더라도 (44a), (44b)는 意味的으로 (43a), (43b)의 'and'와는 매우 다르게 一般的으로 쓰일 수 있는 意味構造를 보이고 있다.

따라서 事實性은 그 基準點으로 하고 있는 反義關係語들에 대한 一聯의 檢討過程에서 하나의 假定을 세워 볼 수 있는 데 다음의 (45)가 바로 그것이다.

(45) 事實性*fact*을 基準으로 하는 反義關係는 二元對立的이다.

이러한 二元 對立的인 關係는 性*gender*을 基準點으로 한 反義語들과도 類似한 同一性을 보이고 있어 注目된다. 따라서 性*gender*의 基準點과 事實性의 基準點에 각각 나타나는 이러한 二元對立이 단지 위의 論議에서처럼 同一性만을 보이고 있고 그 差異點·相異點은 무엇인지가 問題가 되는데, 이러한 問題點은 다른 論文에서 集中的으로 다루기로 하고 여기서는 다만 問題提起로만 그치기로 한다.

'살다', '죽다' 反義語가 보여 주는 이러한 關係는 '팔다', '사다'에서도 同一한 反應을 보이는 것으로 보아, '팔다', '사다' 역시 事實性을 그 基準點으로 삼고 있는 것으로 보인다.

(46) a. 팔다.
b. 사다.

일단 (46a), (47b)의 '팔다', '사다'의 두 反義關係를 一面 否定해 보기로 하자.

(47) a. 상인이 사과를 팔았다.
　　 b. 상인이 사과를 판 것이 아니다.
(48) a. 철수가 사과를 샀다.
　　 b. 철수가 사과를 산 것이 아니다.

(47), (48)에서 '상인'과 '철수'를 '생산자' 또는 '판매자'와 '소비자'의 關係로 볼 때 (47a)의 命題를 一次 否定한 것이 (47b)인데, 이 (47b)는 '상인이 사과를 판 것이 아님'을 나타내 주는 동시에 '상인이 사과를 판 것이 아님' 즉 '상인이 사과를 그대로 가지고 있는 것'까지를 含義해 주고 있다.

(48)에서도 이러한 含義관계는 마찬가지이다.

이제 이 '사다', '팔다' 反義關係가 'and'나 'or'라는 論理的 檢證裝置에 어떠한 反應을 나타내 보이는 지를 살펴보기로 하자.

(49) a. *[(?)]상인이 사과를 팔았으며 상인이 사과를 샀다.
　　 b. *[(?)]상인이 사과를 팔지 않았으며 상인이 사과를 사지 않았다.

指定된 사과만을 對象으로 하는 行爲에 局限시키는 한 (49a), (49b)는 'and'에 관한 意味的으로 도저히 可能하지 않은 樣相을 보여 주고 있다.

이제 이 '사다'와 '팔다'가 'or'에 대해서는 어떤 樣相을 내보이는 지를 살펴보자.

(50) a. 상인이 사과를 팔았거나 철수가 사과를 샀다.
　　 b. 상인이 사과를 팔지 않았거나 철수가 사과를 사지 않았다.

(50a), (50b)는 意味的으로 그다지 問題가 되지 않은 樣相을 보이고 있다.

　결국 '사다', '팔다' 역시 '죽다', '살다'처럼 二元的 對立의 意味構造層을 가지고 있는, 事實性에 그 基準을 둔 反義語임을 알 수 있다.

2.5. 程度(degree)

　國語의 反義語를 形成케 하는 基準點의 하나로 程度性을 들 수 있다. 이 정도는 그 自體의 語彙가 示唆하고 있듯이 반드시 二元的인 對立을 보이는 것은 아니다.

　程度에 의한 反義語는 때로는 三元的인 對立을 보이는 등 多元的인 對立의 構造를 보이고 있는 것이 특징이다. 그것은 또한 程度라는 槪念 自體의 特性에서 비롯되는 것이기도 하다.

　다음 예 (51)을 보자.

　　(51) a. 춥다.
　　　　 b. 덥다.
　　(52) a. 밝다.
　　　　 b. 어둡다.

　(51)의 '춥다', '덥다'나 (52)에 '어둡다', '밝다'가 顯示하는 바는 매우 明白하다. 그것은 (51)의 예를 들어 볼 때, 이미 論理的으로 '온도'라는 尺度가 階層的으로 存在하기 때문이다.

　　(53)

(53)의 圖式의 意味는 너무나 自明하다. 그것은 '덥다'와 '춥다'의 兩頂點을 基準으로 하여 이들이 階層的으로 存在하고 있음을 보여주고 있기 때문이다.

이러한 特異性에 힘입어 '춥다', '덥다'는 二重否定이 可能하다.

(54) a.   오늘은 춥지도 않고 덥지도 않다.
     b. $*^{(?)}$오늘은 덥고 오늘은 춥다.

(54)의 'a'가 可能한 것은 (54a)가 '더운 상태'와 '덥지 않은 상태' 즉 '추운 상태' 사이의 中間段階를 顯示하고 있기 때문이다.

따라서 程度를 그 基準點으로 하는 反義語關係에 있어 다음과 같은 論理의 想定은 可能한 것으로 보인다.

(55) 程度degree를 基準點으로 하는 反義關係는 多元的인 意味對立
     을 形成하고 있다.

지금까지 國語의 反義語關係를 形成케 해주는 基準點을 性gender, 色colour, 心理性·主觀性, 事實性fact, 程度degree 등으로 갈라 보고, 그에 따른 몇 가지 特性을 살펴 보았다.

이제 이들의 基準點들이 어떻게 形式化되어 語彙意味論의 體系 안으로 定立될 수 있는 지에 대해 알아 보기로 하자.

3. 反義語 基準點의 形式化

第2章에서 論議된 反義語는 意彙意味論的으로는 基底構造의 語彙部에 內在innate되어 있는 것으로 보는 것이 타당한 方法으로 看做된다.

그러나 反義語의 語彙意味的 樣相을 基底base에 넣을 경우 이른바 副意味marginal meaning의 問題를 어떻게 形式化시키느냐 하는 問題가 남는다. 이것에는 첫째, 이들 副意味를 主意味central meaning에서처럼 基底에 놓는 方法과 둘째, 副意味는 主意味에서 派生된 것으로 보고 主意味만은 基底에 넣는 方法이 바로 그것이다.

現在의 語彙意味論의 論議樣相으로 보아서는 어느 方法이 더 타당한 方法이라고 말할 수는 없지만, 본 논문에서는 두 번째 方法을 취하기로 하겠다. 그것은 두 번째 方法이 보다 一般的인 文法構成方法으로 쓰이고 있기 때문이다.

또 하나 問題되는 것은 本 論文에서 試圖한 反義語의 여러 資質들을 가름하는 基準點을 더 下位分類하거나 擴張 또는 縮少할 수 없겠느냐 하는 점이다.

基準點의 下位分類 問題는 國語全體의 語彙體系, 더 適定히 말해서는 國語全體의 反義語關係를 效率的으로 管理·調停해 줄 수 있다는 面에서 要求될 作業이지만, 이를 基準點들을 줄이거나 더 늘이는 問題는 全體體系와도 關聯되는 問題이기 때문에 여러 反證과 함께 試圖되어야 할 것이다.

만일 基準點을 擴張하게 된다면, 根據의 하나로 삼을 수 있는 資料는 다음과 같은 것이 있을 수 있다.

　　　(56) a. 밤.
　　　　　 b. 낮.
　　　(57) a. 형.
　　　　　 b. 아우.

(55a)의 '밤'과 (55b)의 '뜻'은 '時間性'이란 基準點으로 分類될 수

있으며, (56a)의 '형'과 (56b)의 '아우'는 '時間性' 또는 '經驗性'에 의해
分類될 수 있는 資料들이다.

그러나 이들 資料들에 대한 檢證은 全體語彙體系에서의 包括性 속에
서 다루어야 하는 것인 만큼, 稿를 달리해서 생각해 보기로 한다.

4. 結 論

지금까지 論議해 온 바를 要約하면 다음과 같다.

國語 反義語의 基準點은 大別해서 客觀的·實證的 基準點과 主觀
的·心理的 基準點으로 나누어 볼 수 있다. 그리고 이러한 基準點은 다
음과 같이 5個의 下位範疇를 抱含하고 있다.

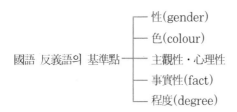

위의 다섯 가지 基準點은 國語의 여러 反義語의 樣相에서 우선적으
로 想定해 본 基準點으로 性*gender*을 基準點으로 하는 代表的인 反義語
에는 '아버지', '어머니'가 있었으며, 色*colour*을 基準點으로 삼는 代表的
인 反義語에는 '흰색' '검은색'이 있었다.

또한 主觀性, 心理性을 그 基準點으로 삼는 反義語로는 '좋다', '나쁘
다'가 있었으며 事實性*fact*을 基準點으로 삼고 있는 反義語로는 '살다',
'죽다'가 있었다

마지막으로 程度degree를 그 基準點으로 하고 있는 反義語에는 '밝다', '어둡다' 등이 代表的인 語彙였다.

이들 다섯 가지 下位範疇들은 一次否定, 二重否定, 二重肯定 등 여러 가지 意味的 檢證에 듸해 각기 相異한 意味的 構造樣相을 띠고 있었으며, 對立狀況도 二元的인 것과 對立的인 것이 있었다.

國語 反義語의 基準點에 關聯된 樣相은 너무나 多岐한 것이어서 쉽게 종잡을 수는 없으나, 不斷한 論議의 反復으로 얼마간의 全貌는 밝힐 수 있을 것으로 期待된다.

▌ 參考文獻

康琪鎭, "同音異議語에 對하여", 梁柱東博士古稀紀念論文集, 探求堂, 1973.

金敏洙, 國語意味論, 一潮閣, 1981.

金完鎭, "國語語彙磨滅의 硏究", 震檀學報 35, 震檀學會, 1973.

金宗澤, 國語意味論, 螢雪出版社, 1971.

金韓坤, "意味論 對象과 方法", 國語硏究 5-2, 서울大, 1969.

南基心, "反對語考", 國語學 2, 國語學會, 1974.

박지홍, "우리말의 의미구조 연구", 눈뫼 허웅박사 환갑기념논문집, 과학사, 1978.

沈在箕 外, 意味論序說, 集文堂, 1984.

沈在箕, "反義語의 存在樣相", 國語學 4, 國語學會, 1985.

_____, 國語語彙論, 集文堂, 1982.

李勝明, "國語相對語論(Ⅰ)", 어문논총 8, 慶北大, 1973.

_____, "이원 대립과 상대관계", 눈뫼 허웅박사 환갑기념논문집, 과학사, 1978.

_____, 國語語彙의 意味構造에 對한 硏究, 螢雪出版社, 1978.

李庸周, "意味의 對立意識과 그 基準에 對하여", 金亨奎博士頌壽紀念論叢, 1971.

허 발, 낱말밭의 이론, 高麗大, 1979.

Bloomfield, L., *Language*, Geore Allenunwin. LTD, 1933.

Chomsky, N., *Aspects of Theory of Syntax*, M.I.T. press, 1965.

Leech, G. N., *Semantics*, penguin Books, 1974.

Ogden, C. K. & Richards, I. A., *The meaning of meaning*, New York and London, 1965.

Sapir, E., *Language*, A Harvest and company, New York, 1921.

Ullman, S., *The principles of Semantics*, Oxford, 1957.

_____, *Semantics*, Oxford BASIL BLACKWELL, 1967.

국어 다의어의 의미자질

Semantic Feature of Polysemy in Korean

1. 序 論

本稿는 國語 多義語(polysemy)의 意味資質(Semantic feature)로서는 어떠한 資質들이 想定될 수 있는가 하는 點을 살펴보고[1], 그러한 意味資質의 槪念의 導入이 國語 多義語의 意味를 形式化하는데 있어 어떠한 言語學的 이점이 있는지를 檢討하고, 同時에 國語 語彙意味論 體系 안에서 多義語가 가질 수 있는 位置를 同音語, 同義語, 反義語 等과 相關的으로 測定해 보려는 目的下에 記述된다.

意味資質이란 槪念은 生成意味論(Generative Semantics)에 와서 體系化되기 시작한 意味論的 槪念으로, 本 理論이 語彙의 意味構造 把握에 크게 寄與할 수 있는 理論이었음은 이미 周知의 事實이라 아니할 수 없다. 問題는 意味資質이란 槪念을 어떻게 適切하게 國語 多義語 體系에 導入할 수 있는지 하는 點이다.

그것은 한 語彙에 있어서 可能한 意味資質의 수는 몇 개로 잡아야 하

---

1) 意味資質에 대해서는 Davidson, D. and Harman, G.(eds), *Semantics of natural Language*, Dordrecht, Holland, Reidel Publishing Co, 1972, 參照.

며, 그러한 意味資質 사이의 上位·下位의 意味를 어떻게 보아야 하며, 그러한 上位意味, 下位意味가 가지는 言語學的 이점은 무엇인가 하는 등의 問題가 깊게 關係되는 事項이기 때문이다.

다음을 보자.

    (1) a. 남자.
        b. 여자.

(1a)의 '남자'와 (1b)의 '여자'는 傳統的으로 反義語로 看做되어 오던 예의 하나이다. 문제는 (1a), (1b)의 反義關係를 意味資質의 觀點에서 어떻게 形式化하느냐일 것이다.

(1a), (1b)의 反義關係의 形式化를 위해서 우선 必要한 것은 특정의 意味資質을 想定하는 作業일 것이다.

    (2) a. 남자.
        b. [+Animate]
           [+human]
           [+adult]
           [+male]

(2a)에서 '남자'의 의미자질로 [+Animate] [+human] [+adult] [+male] 등 네 가지 意味資質이 想定되었다.

여기서 우선 문제가 되는 것의 하나는 이른바 上位 意味資質과 下位 意味資質과의 順序性에 관한 문제이다.

(2b)에서는 '남자'의 上位 意味資質로 [+Animate]가, 下位 意味資質로는 [+male]이 選擇되었다.

그런데 이러한 (2b)의 意味資質 相互間의 順序性을 약간 바꾸어 (3)

처럼 되었다고 假定해 보자.

(3) a. 남자.
   b. [+human]
   [+Animate]
   [+adult]
   [+male]

(3b)의 意味資質이 (2b)와 다른 점은 (2b)에서는 '남자'의 最上位 意味資質이 [+Animate]로 想定된 반면, (3b)에서는 [+human]으로 나타나 있다는 점이다.

(2b), (3b) 중 어떤 順序性이 '남자'의 意味資質에 합당한 것인지가 바로 語彙意味論의 體系的인 摸索에 매우 重要한 것이라 할 수 있다.

(2b), (3b)의 경우에는 [+human]은 모두 [+Animate]이지만 [+Animate]가 모두 [+human]은 아니라는 話用論的인 근거에 의해 쉽사리 (3b)보다는 (2b)가 '남자'의 意味資質의 알맞은 順序性고 判斷 할 수 있다.

그러나 語彙意味論 體系 안에서의 모든 語彙가 (2b), (3b)처럼 그 順序性을 적정하게 想定하는 것이 容易한 것은 아니다.

그것은 어떤 體系的인 形式化를 要하는 문제이기 때문이다.

本稿는 따라서 우선 生成意味論에서의 意味資質의 槪念을 확실히 檢討해 보고, 그러한 검토 作業을 바탕으로 하여, 國語 多義語의 意味資質 의 문제를 同義語, 同音語, 反義語 등의 語彙體系 안에서 다루어 보는 순서로 論議를 進行시킬까 한다.

本稿는 國語 語彙意味論에 對한 筆者의 硏究의 一環으로 作成되는 것임을 아울러 밝혀둔다.2)

2. 多義語의 意味資質

意味資質(semantic feature)이란 어떤 語彙를 定義하는 데 쓰이는 특정적인 範疇들을 이른다.3) 그리고 그러한 意味資質은 이른바 語彙의 成分分析(componential analysis)에 의해 構成된다. 이러한 意味資質과 成分分析과의 관계는 아래와 같이 形式化될 수 있다.

(4) 한 語彙의 意味資質은 成分分析 의해 規定된다.

그렇다면 문제는 그러한 成分分析이 어떻게 행해지느냐 하는 점일 것이다. 그것은 이른바 二分法(binary system)으로 構成된다.4)

二分法은 어떠한 資質이 해당 語彙項目에 있을 때는 [+]로, 그러한 語彙資質이 해당 項目에 없을 때는 [−]로 表示하는 方法이다. 예를 들어보자.

2) 康琪鎭, 同音異義語에 對하여, 梁柱東博士古稀紀念論文集, 探求堂, 1973.
_____, 國語 同音語의 研究, 弘益工大 論文集 12, 弘益工大, 1981a.
_____, 國語 同音語의 生成要因 考究, 東岳語文論集 15, 東國大, 1981b.
_____, 國語 同音衝突現象에 對한 研究, 國語國文學 論文集 11, 東國大, 1981c.
_____, 國語 同音語의 文體論的 研究, 韓國文學研究 4, 東國大, 1981d.
_____, 國語 同音語의 機能範疇, 새국어교육 35~36, 국어교육학회, 1982.
_____, 命題와 含意로서의 同音語, 東岳語文論集 17, 東國大, 1983a.
_____, 國語 同音語의 語用論, 새국어교육 37~38, 국어교육학회, 1983b.
_____, 國語 準同音語의 研究, 國語國文學 論文集 12, 東國大, 1983c.
_____, 國語 同音語의 類型別 分布, 홍익어문 3, 弘益大, 1983d.
_____, 國語 同音語의 研究, 東國大 大學院, 博論, 1983.
_____, 國語 多義語의 意味構造, 韓國文學研究 8, 東國大, 1985.
_____, 國語 反義語의 基準點, 柿園 金起東博士回甲紀念論文集, 敎學社, 1986.
3) 남기심·이홍배·이정민, 언어학개론, 탑출판사, 1979, p. 135.
4) 남기심·이홍배·이정민, 前揭書, 1979, pp. 134~139.
Jackendoff, R., Semantic Interpretation in Generate Grammar, Cambridge; Mass; The MIT Press, 1972, pp. 49~162, 參照.

(5) 비구니

(5)의 '비구니'란 語彙項目이 가질 수 있는 意味資質의 項目은 많다. 그 語彙 意味資質의 項目의 하나로 [±male]라는 項目을 생각해 볼 수 있다.

[±male]이란 項目은 대상 語彙가 男性인지 女性인지를 문제 삼는 情報 表示이다. 따라서 (5)의 '비구니'란 語彙가 男性을 指示한다면 [+male], 女性을 指示한다면 [−male]을 語彙部(lexicon)에 表示해 주면 된다.5)

(5)의 '비구니'의 경우 一般的인 話用上의 知識에서 女性임을 알 수 있고 따라서 (5)의 '비구니'의 意味資質의 하나는 아래 (6)과 같이 表示될 것이다.

(6) a. 비구니.
　　 b. [−male]

(6)의 '비구니'에 表示된 [−male]이란 語彙 意味資質이 '비구니'란 語彙가 가지는 一般的이고 包括的인 語彙意味 機能을 誘導하는 因子로 구실함은 당연한 論理의 歸結이다.

다른 예의 하나로 '총각'을 보자.

'총각'이란 語彙는 일단 우리의 話用論的인 知識으로 미루어 보아 [+male]임을 알 수 있다. 따라서 語彙目錄上 [+male]이 먼저 登錄된다. 아래는 바로 그것이다.

(7) a. 총각.
　　 b. [+male]

---

5) 남기심 · 이홍배 · 이정민, 前揭書, 1979, pp. 134~139.

그리고 (7a)의 '총각'이란 語彙는 마찬가지의 여러 話用論的인 知識이나 日常的인 경험 등에 의거 [+adult]이며, [+unmarried]인 [+human]을 이르는 것이 보통이다. 따라서 (7b)의 項目에 다음과 같이 追加된다. 다음은 그것이다.

(8) a. 총각.
　　b. [+male]
　　　[+adult]
　　　[+unmarried]
　　　[+human]

意味資質의 한 項目을 다른 것으로 代置(paraphrase)함으로써 다른 語彙를 얻을 수도 있다. 예를 들어 (8b)의 '총각'의 目錄에서 [+male]를 [−male]로 代置하게 되면 '처녀'라는 項目을 얻게 된다.

(9) a. 처녀.
　　b. [−male]
　　　[+adult]
　　　[+unmarried]
　　　[+human]

(9a)의 '처녀'라는 語彙項目도 語彙項目의 代置에 따라서는 여러 語彙들이 派生되어 나올 수 있다.

예를 들어서 [−male][−adult][+unmarried][+human]이면, '소녀'라는 語彙項目이, 그리고 [+male][−adult][+unmarried][+human]이면 '소년'이라는 語彙項目이 제시되어 나오게 된다.

이제 이러한 意味資質들을 어떻게 形式化시켜 國語 語彙體系의 여러 語彙項目에 이용할 수 있을 것인지를 檢討해 보자.

3. 多義語의 相關性

3.1. 反義語

反義語(antonym)란 語彙 사이의 意味의 관계성을 보이는 範疇의 하나로 對立性, 즉 意味의 對立性(oppositoness)을 指示하는 것으로 알려졌다. Lyons(1969)는 意味의 對立性을 다음과 같은 두 가지로 把握했다.6)

(10) a. 상보성.
b. 상대적 대립.

그러나 Lyons(1969)의 위의 (10)의 槪念들을 그대로 國語 語彙體系에 導入하기는 어려운 문제로 보인다. 그것은 實證的인 현실 자료를 바탕 삼지 않은 것일 蓋然性이 內在해 있기 때문이다.

國語의 예를 實證的으로 檢討해 가면서 反義語의 語彙 意味資質의 문제를 檢討해 보자.

다음 예 (11)을 보자.

(11) a. 남자, 여자.
b. 흰색, 검정색.

(11a), (11b)는 傳統的으로 反義語의 意味資質을 가진 것으로 알려져 왔다. 그것은 (11a), (11b)의 두 語彙 사이의 語彙 意味資質이 각각 相異한 것이기 때문이다.

즉 (11a)의 '남자'는 [+male]의 資質을, (11a)의 '여자'는 [−

---

6) Lyons, J., *Introduction to Theoretical Linguistics*, Cambridge, Cambridge University Press, 1969, pp. 26~120, 參照.

male]의 資質을 각각 가지고 있으며, 그것은 語彙 意味資質이 表示하는
바, 二分法의 相對性을 띠고 있기 때문이다.

그러한 點에서 (11b)의 '흰색'이나 (11b)의 '검정색'도 마찬가지이
다. 그것은 [+white] [−white]의 資質을 각각 가지고 있기 때문이다.

그러나 유심히 檢討해 보면 (11a)와 (11b)의 反義語들은 同類가 아
님이 명백해진다.

다음을 보자.

(12) A는 남자이다.

(12)에서 '남자'란 語彙 意味資質은 다음 (13)을 含義(entail)하게
되는 前提條件의 語彙임을 알 수 있다.

(13) A는 여자가 아니다.

즉 (11a)類의 反義語는 한쪽의 否定이 나머지 한쪽의 肯定을 含義
하고 있다고 해야 할 것이다. 같은 論理로 (11a)類의 反義語는 한쪽의
肯定이 나머지 한쪽의 否定을 含義하고 있는 것이 된다.[7]

다른 예 하나를 더 보자.

(14) a. 미혼.
b. 기혼.

(14a), (14b)의 '미혼', '기혼'도 역시 (11a)와 같은 種類의 反義語
라고 할 수 있다.

그것은 (14a), (14b)의 한 項目을 否定하거나 肯定하는 것은 나머

---

7) 論理肯定, 否定에 대해서는 Jackendoff, R., 前揭書. pp. 45~160, 1972, 參照.

지 한 項目을 肯定하거나 否定하는 것을 含義하기 때문이다.

다음을 보자.

(15) a. A는 미혼이다.

肯定의 (15a)는 다음 否定의 (15b)를 含義하고 있다고 할 수 있다.

(15) b. A는 기혼이 아니다.

같은 論理로 '미혼'을 否定하며, '기혼'을 肯定하는 것임을 다음 (16)
은 보여주고 있다.

(16) a. A는 미혼이 아니다.
    b. A는 기혼이다.

위 (16a), (16b) 등으로 '미혼', '기혼' 등의 反義語는 앞서든 (11a)
의 '남자', '여자'와 같은 종류의 反義語임을 알 수 있다.

이러한 種類의 反義語를 보고는 相補的 反義語(complementarity
antonym)라고 부르기로 한다. 相補的 反義語를 圖式化하면 아래와 같이
될 것이다.

(17)

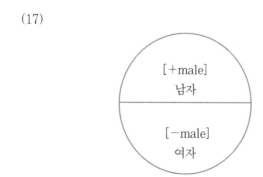

相補的 反義語란 述語는 그러한 反義語 語彙項目이 대상을 二分化 또는 兩分化(binary taxonomy)하고 있기 때문이다.[8]

相補的 反義語의 또 하나의 특징은 그것을 二重否定하면 言語性 또는 文法性 그 자체가 파괴된다는 점이다.

다음을 보자.

(18) *[(?)]A는 남자도 여자도 아니다.

(18)의 非文法性이 示唆하는 바는 명백하다. 그것은 우리의 경험이나 話用論的 知識으로는 가능하지 않은 言語構成이기 때문이다.

相補的 反義語가 가지는 또 하나의 특징은 그 項目의 同時肯定 역시 가능하지 않다는 것이다.

아래를 보자.

(19) *[(?)]A는 남자이며 동시에 여자이다.

相補的 反義語가 두 項目의 同時肯定도 또는 二重否定도 허용하지 않는 것은 그것이 전체 대상 語彙項目을 二分化하고 있기 때문임은 자명한 論理的 歸結이다.

앞서 든 (14a), (14b)의 '기혼', '미혼'이란 反義語도 역시 마찬가지로 相補的 反義語이다. 그것은 '기혼', '미혼' 역시 同時肯定도 또 二重否定도 허용치 않기 때문이다.

(20) a. A는 기혼도 미혼도 아니다.
　　 b. A는 기혼이며 동시에 미혼이다.

---

8) Lyons, J., 前揭書, 1969, 參照.
　 남기심 · 이홍배 · 이정민, 前揭書, 1979, 參照.

지금까지 본 바처럼 相補的 反義語는 다음과 같은 특징을 가지는 것
으로 想定될 수 있다.

(21) 상보적 반의어는 대상 전체를 이분화한다.

(22) 상보적 반의어는 대상은 이중부정 또는 동시긍정을 허용치 않는다.

이제 相補的 反義語와 다른 軌跡의 反義語 즉 (11b) '흰색', '검정색'
과 같은 反義語에 대해 알아보자.

다음의 예를 보자.

(23) 이것은 흰색이다.

(23)에서 '흰색'이란 語彙 意味資質은 다음 (24)만을 含義하게 되는
前提條件의 語彙임이 아님은 쉽게 알 수 있다.

(24) 이것은 검은색이 아니다.

즉 (24)는 (23)의 含義의 결과로 誘導된 前提라고 볼 수는 없다. 그
것은 '흰색'이라고 해서 '검은색'이 아님을 含義하는 것이 아니라, '노란
색', '붉은색' 등도 아님을 含義하고 있기 때문이다.

이것은 '검은색' '흰색' 같은 (11b)類의 反義語들은 (11a)의 '남자',
'여자'와 같은 反義語와는 다른 類의 것임을 확인하게 해 주는 근거들이다.

즉 이들은 非相補性 反義語들이다. 이제 (23)의 斷言을 否定해 봄으
로써 非相補性 反義語들의 性格을 생각해 보기로 한다.

다음을 보자.

(25) 이것은 흰색이 아니다.

단언 (25)는 對象의 物品이 '흰색'이 아님을 指示하고 있을 뿐, 그것

이 '검은색'이라거나 '노란색'이라고 하는 등의 특정 색채를 指示하고 있지는 않다.

따라서 (25)가 含義하고 있는 斷言은 自然色의 種類와 比例할만큼 多樣化라고 할 수 있다. 다음은 (26)의 斷言이 含義할 수 있는 것들의 몇몇 예이다.

> (26) a. 이것은 노란색이다.
> 　　　b. 이것은 검은색이다.
> 　　　c. 이것은 파란색이다.
> 　　　d. 이것은 녹색이다.

결국 非相補的 反義語는 다음과 같이 圖式化될 수 있다.

> (27)

흰 색	노란색	검정색	파란색	녹 색	

위 (27)의 圖式이 示唆하고 있는 바는 自明하다. 그것은 위의 '흰색', '검은색'이 指示하는 대상 전체가 결코 相補的 反義語의 그것처럼 二元化될 수 없음을 指示하고 있다. 결국 (27)의 圖式이야말로 非相補的 反義語의 가장 명징한 하나의 예라 할 수 있다.

따라서 (11b)의 '검은색', '흰색'같은 反義語는 양쪽 다 肯定을 해도 가능하며, 양쪽 다 二重否定을 해도 가능하다.9)

다음은 바로 그러한 것을 보여주고 있다.

> (28) a. 이것은 흰색도 아니고 검은색도 아니다.
> 　　　b. 이것은 흰색이거나 동시에 검은색이다.

---

9) Ullmann, S., *Semantics*, An Introduction to the Science of meaning, Oxford, Blackwell, 1962, 參照.

여기서 하나 想定되어야 할 문제의 일단은 앞에서 본 意味資質의 문제가 오직 相補的 反義語에만 적용될 수 있다는 점이다.

意味資質 자체가 對象의 二分化에 그 근거를 둔 理論으로, 전체 대상을 多分化하고 있는 非相補的 反義語에는 결코 有效한 槪念이 아님을 쉽사리 알 수 있다.

즉 '여자', '남자' 혹은 '미혼', '기혼' 같은 相補的 反義語의 意味資質 表示는 아래와 같이 될 것이다.

> (29) a. 여자
>   [−male]
>   b. 남자
>   [+male]

非相補的 反義語를 意味資質의 입장에서 考究하는 論議나, 非相補的 反義語를 意味資質의 側面에서 形式化하려는 論議는 일단 더 많은 時間을 가져야 할 것으로 보인다.

이제 同音語의 문제를 살펴보기로 하자.

3.2. 同音語

同音語(homonym)는 同音異議語라고도 指稱하는 것으로 'name'만 같고 그 'meaning'은 다른 語彙를 이르는 것이 通例이다.10)

다음 예 (30)은 同音語의 典型的인 예라 할 수 있다.

---

10) 康琪鎭, 同音異議語에 對하여, 梁柱東博士 古稀紀念論文集, 探究堂, 1973, p. 219.

(30) a. 철수가 배가 아프다.
　　b. 철수가 배를 먹다.
　　c. 철수가 배를 타다.

　同音語의 문제를 意味資質로 表示하는 문제는 多義語나 反義語 등
보다는 훨씬 容易할 것으로 보인다.

　그것은 語彙意味 자체가 相異한 것으로, 그 語彙 자체에 意味資質을
그로 表示해 주면 그 뿐이기 때문이다. 다음은 바로 그러한 예들을 보여
주고 있다.

(31)

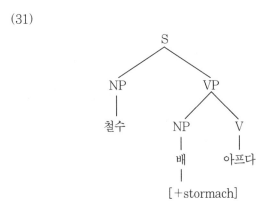

(32)

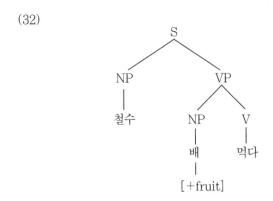

위 (31), (32)는 (30a), (30b)의 '배'의 意味資質 表示를 基底構造
의 語彙部에 直接 記入한 것을 보여주고 있다. 같은 方式으로 (30c)는
다음 (33)처럼 圖式化될 것이다.

(33)

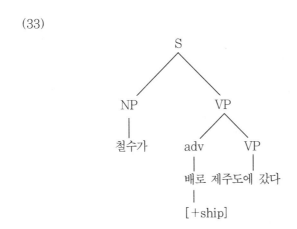

위에서 본 바 그대로 同音語 자체를 意味資質의 側面에서 形式化하
는 것 자체는 이미 康琪鎭(1973)에서 論議된 그대로의 方式을 따랐다.
이제 同義語의 문제를 살펴보기로 하자.

3.3. 同義語

同義語(Synonymy)의 문제를 意味資質과 결부지어 論議하는 것 자체
에서 우선 想定될 수 있는 것은 Ullmann(1962)의 작업이다.

Ullmann(1962)은 우선 語彙 意味論的 입장에서 同義語의 문제를
巨視的으로 다루고 있다.

그것은 構造主義에 바탕을 둔 理論的 體系이면서 동시에 言語學 全
般을 대상으로 한 論議이기도 했다.

다음을 보자.11)

(34)

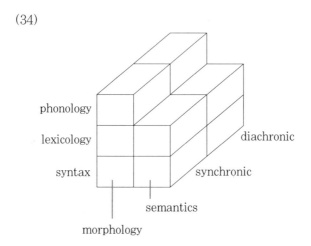

위에서 보는 바와 같이 語彙意味論에 對한 Ullmann(1962)의 認識
은 語彙意味論의 硏究層位는 語彙 및 統辭의 兩層位에서 가능하고 이들
은 다시 共時的인 측면과 通時的인 측면에서 가능한 것이라는 데에 이르
고 있다.

(35)

---

11) 이 그림은 Ullmann, 남기심, 이홍배, 이정민(1979)에서 빌림. 언어학 개론, 탑
　　출판사, 1962, p. 123.

위와 같은 認識아래 同音語의 문제는 다음과 같은 資料들의 면밀한 검토를 요구하고 있다. 우선 다음을 보자.

(36) a. 문법 - 말본.
　　　b. 처녀 - 규수.
　　　c. 방언 - 사투리.
　　　d. 일반적 - 보편적.
　　　e. 문득 - 언뜻.

(36)의 同義語들은 二重語體系(Bilingualism)를 이루고 있다고 할 수 있다.12) 그것의 意味는 너무도 자명하다. 즉 同義語 쌍간의 語源이 서로 相異한 것이라는 점이기 때문이다.

(37) a. 문법.
　　　b. [+grammar]
　　　　[−native]

(37b)는 '문법-말본'의 同義語 쌍 가운데서 '문법'의 意味資質을 표현한 것이다.

注目을 요하는 事項은 第2 意味資質 項目으로 [−native] 즉 固有語系의 術語가 아니라는 점이다. 이 점은 다음에 예시될 '말본'이란 項目은 [+native]와 재미있는 對照를 이루고 있다. 다음을 보자.

(38) a. 말본.
　　　b. [+grammar]
　　　　[+native]

---

12) 李勝明, 국어유의고(2), 어문론총 7, 慶北大. 1972, pp. 27~46.

즉 '문법'은 固有語系가 아닌 語源을 가지고 있는 반면, '말본'은 固有語系의 語源이기 때문에 二重語 體系라고 할 만하다.

이 固有語系이냐 아니냐 하는 項目은 비록 語彙意味資質의 한 項目으로 想定될 수는 없으나 論議의 進行上 매우 필요한 術語로 여겨진다.13)

二重語 系列의 同義語와 흔히 對比되는 것의 하나가 이른바 並列語系列(Daralielism)이다.

이 並列語 系列은 語彙項目의 構成上 語形의 일부가 동일한 부분을 共有하고 있는 것을 흔히 이르는 것으로14) 語源的으로 말하면, 동일한 語源을 가지고 있는 것이라고 할 수 있다.

다음은 그러한 並列語 系列의 同義語의 예를 보이고 있다.

(39) a. 관계 – 관련.
     b. 풍부 – 풍요.
     c. 적절 – 적당.
     d. 쇄약 – 허약.
     e. 평행 – 병행.

(39)의 並列的 同義語들은 모두 그 語源的 語形의 形態의 한 부분이 동일한 것으로 想定되고 있다.

즉 (39a), (39b), (39c)는 語形中 앞 부분이 동일한 語形을 취하고 있고 (39d), (39e)는 語形中 뒷 부분이 동일한 語形을 취하고 있다. 따라서 (39a), (39b), (39c)는 先行 並列同義語, (39d), (39e)는 後行 並列同義語라 할만하다.

---

13) Ogden, C.K. & Richard, I.A., *The meaning of meaning*, New York: Harcourt Brace Jovanovich, 1969, pp. 126~132.
14) 李勝明, 前揭論文, 1972, pp. 30~31.

　　그러나 문제는 이러한 同義語의 生成的 要因이다. 본고는 同義語의
生成的 要因까지를 문제 삼고 있지 않으므로 李勝明(1972)의 論議의 결
과를 참고로 인용해 보는 것으로 그 문제는 마감하기로 한다.
　　다음이 그것인데, 李勝明(1972)은 同義語의 生成要因을 言語 外的要
因과 言語 內的要因으로 갈라낸 것이 注目된다.15)

　　　(40) 言語 外的 要因

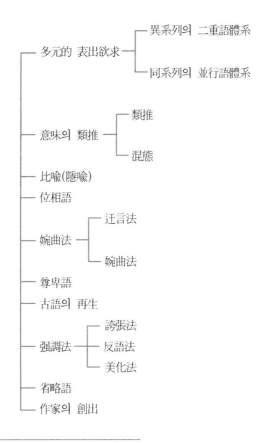

---

15) 李勝明, 前揭論文, 1972, p. 45.

(41) 言語 內的要因 ────── 方言의 介入

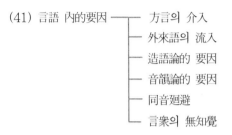

─── 外來語의 流入

─── 造語論的 要因

─── 音韻論的 要因

─── 同音廻避

─── 言衆의 無知覺

語彙 意味資質의 形式化 問題에 있어서 同義語의 문제는 李勝明(1972)
的 方法論과 다른 論議의 일단을 Ullmann(1962)에서 보게 된다.16)
Ullmann은 同義語 사이의 典型的인 差異點을 아래와 같이 記述하고 있
다.17)

(42) a. 한쪽이 더 일반적인 것.

   b. 한쪽이 더 강렬한 것.

   c. 한쪽이 더 감정적인 것.

   d. 한쪽이 더 긍정조 또는 비난조이고, 딴 쪽이 中立的인 것.

   e. 한쪽이 더 전문적인 것.

   f. 한쪽이 더 문어적인 것.

   g. 한쪽이 더 구어적인 것.

   h. 한쪽이 더 방언적인 것.

   i. 한쪽이 더 아동어인 것.

Ullmann(1962)은 위 (42)와 같은 9項目의 同義語의 특성을 밝히고,
그들의 예를 Collinson을 引用하여 다음 (43)과 같은 예를 들고 있다.

---

16) Ullmann, S., *Semantics*, An Introduction to the Science of meaning,
    Oxford:Blackwell, 1962.

17) Ullmann, S., 前揭書, 1962, pp. 72~114, 參照.

(43) a. refuse-reject
   b. repudiate-refuse
   c. reject-decline
   d. thrifty-economical
   e. decease-death
   f. passing-death
   g. turn down-refuse
   h. flesher-butcher
   i . daddy-father

Ullmann(1962)의 方法論을 國語의 同義語 體系에 導入하는 것의 理論的 이점과 그것에 따른 문제점이 무엇인가 하는 점을 따지는 것은 그렇게 意味있는 作業은 아니다.

그것은 Ullmann(1962)의 方法論이 결국 歸納的으로 歸着될 수 있었던 자료는 印歐語族이었기 때문에서이다.

語源的인 側面을 무시한다면, Ullmann(1962)的 方法論은 그 나름 대로 有效한 것이 될 수 있다. 그러나 한 言語의 語彙體系上의 어떤 문제점은 곧 統辭上의 문제이기 때문에, 그러한 작업은 크게 쓸모있는 것이 되기는 힘든 것이 사실이다.

이제 多義語의 경우를 살펴보자.

3.4. 多義語

多義語(polesemy)가 同音語, 同義語, 그리고 反義語와 함께 言語의 語彙體系上 하나의 특정적인 範疇를 이루고 있음은 주지의 사실이다.

多義語의 生成에 對해서는 여러 論議가 있어왔지만, 한 語彙의 뜻이 適用의 脈絡이 달라짐에 따라서 여러 가지로 다른 面을 띠게 되고, 그 중

의 어떤 것은 持續性을 갖게 되어 그 單語의 뜻으로 굳어짐으로써 多義語가 생긴다고 알려져 왔다.[18]

이것을 알기 쉽게 圖式化하면 다음과 같이 될 것이다.

(44) ──── 'name'

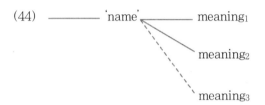

(44)의 圖式은 하나의 'name'을 지닌 語彙가 그 적용 脈絡이 相異해짐에 따라 그 'meaning'이 다른 면을 띠게 되고, 그 다른 'meaning'이 持續性을 띠게 되어 多義語가 생긴다는 것을 示唆하는 圖式이다.

아래 예로 (44)의 圖式이 示唆하는 것을 實證的으로 檢討해 보자.

(45) a. 장롱속을 찾아봐라.
    b. 이 배추는 속이 찼다.
    c. 속도 없는 사람이다.
    d. 속이 거북하다.

(45a), (45b), (45c), (45d)는 '속'이라는 하나의 'name'에 의해 그 外形이 維持되고 있지만 서로 相異한 文脈的 意味를 가지고 있는 것으로 보인다.

그것은 (45a)~(45d)의 '속'에 相應하는 反義語가 각각 相異한 것으로도 확인할 수 있다.

예를 들어 (45a)의 '속'의 文脈的 意味에 相應하는 反義語는 '밖'이라고 想定할 수 있다.

─────────────

18) 남기심·이홍배·이정민, 前揭書, 1979, pp. 126~127, 參照.

따라서 (45a)의 '속'을 '밖'으로 代置해 놓으며, 그 文脈的 眞理値만
이 正反對로 바뀌어질 뿐, 그 文法的 樣相은 그대로 維持된다.
아래는 그것을 보여주고 있다.

  (46) a. 장롱 밖을 찾아봐라.

(46a)는 (45a)의 '속'의 意味가 [+interior]임을 示唆하면서 다음
의 圖式을 가능케 해주고 있다.

  (17)

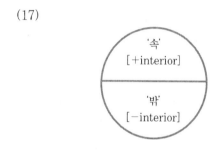

즉 [−interior]의 資質을 가진 '밖'이란 語彙는 [+interior]의 資質
을 가진 '속'에 眞理値만을 바꾸면서 代置될 수 있음을 (47)의 圖式은 보
여주고 있다.

  그러나 (45b), (45c), (45d)의 '속'은 그 문제가 다르다. 文脈의 相
異로 말미암아 그 文脈的 意味가 (45a)와는 相異해졌기 때문에, 그 相
應的인 反義語도 (45a)와는 相異하며, 따라서 '밖'으로의 代置가 그 자
체의 文法性을 파괴해 버림을 다음의 예로써 알 수 있다.

  (48) b. *이 배추는 밖이 찼다.
      c. *밖도 없는 사람이다.
      d. *밖이 거북하다.

(48b), (48c), (48d)의 非文法性이 示唆하는 바는 너무도 명백하다. 그것은 (45a)의 '속'이 나머지의 것과는 그 文脈的 意味를 달리하고 있음을 단적으로 보여주고 있기 때문이다.

이제 (45a)～(45d)가 顯示하는 각각의 文脈的 意味가 무엇인지를 다음을 통해 알아보기로 하자. 多義語의 文脈的 意味를 追跡하기 위한 것으로 가장 좋은 方法은 語彙代置일 것이다.

다음을 보자.

> (49) a. 장롱 깊숙한 안을 찾아봐라.
> b. 이 배추는 깊숙한 안의 중심부분이 찼다.
> c. 마음도 없는 사람이다.
> d. 뱃속이 거북하다.

(49a)～(49d)는 (45a)～(45d)의 '속'의 文脈的 意味라고 推定되는 意味들인 '깊숙한 안', '깊숙한 안에 들어 있는 중심을 이룬 有形·無形의 사물', '마음자리', '뱃속' 등을 각각 代置해 넣은 것이다.

그러한 語彙代置 결과 (49a)～(49d)가 적정한 文法性을 유지하면서도, 語彙代置의 前인 (45a)～(45d)와 아무런 眞理値的인 意味變化를 가져오고 있지 않다는 점이 注目된다.

그것은 (45a)～(45d)의 '속'의 意味資質을 다음과 같은 것으로 想定하는 것의 蓋然性을 높여주고 있다.

> (50) a. [+interior]
> b. [+core]
> c. [+heart]
> d. [+stomach]

결국 (50a)～(50d)가 '속'의 여러 文脈的 意味로 推定되는 것인데,

문제는 이러한 (50a)~(50d)의 文脈的 意味가 결코 단독으로 존재한다
거나, 이들 文脈的 意味 사이에 아무런 意味的 有緣性(semantical motiva-
tion)이 보장되지 않다거나 하는 것은 아니다.

이들 사이에는 나름대로의 意味的 有緣性이 보장될 수 있다. 즉
(45a)~(45d)에서 미루어 보는 바와 같이 '속'이 顯示하는 意味는 그것
이 비록 核心的인 것은 아닐지라도 반드시 [+interior]의 位置를 가져
야 하며, 그 대상은 [+abstract]이거나 [−abstract]이거나 간에 무
방하다는 것으로 요약될 수 있다.

> (51) a. 속
>   b. [+interior]
>   [±abstract]

이러한 意味資質에 의한 多義語의 意味의 想定은 앞으로도 계속될
작업으로, 語彙 意味資質에 의한 지속된 작업이 요구되는 부문이기도 한
다. 문제는 그러한 작업을 어떻게 形式化하느냐 하는 문제일 것이다.

그러한 문제는 그러나 同音語, 同義語, 그리고 反義語를 중심으로 한
꾸준한 語彙 意味體系에 대한 論議가 바탕된 후에야 가능한 것임은 물론
이다.

4. 結 論

本稿는 生成意味論의 한 理論的 基底인 語彙의 意味資質을 準據點
삼아, 국어 多義語의 構造와 意味를 전반적인 語彙體系 안에서 어떻게
形式化할 것인가 하는 문제를 검토해 보았다. 하나의 語彙 A가 전반적

인 語彙體系 안에서 존재되기 위해서는 그 語彙가 그와 같은 系列의 語彙
目錄(lexicon)인 同音語, 同義語, 反義語 등의 構造 안에서 짜여져야 한다
는 傳統的인 견해를 재삼 확인한 것에 본고는 만족해야 될지도 모른다.

그러나 多義語를 둘러싼 그러한 語彙體系들 즉 多義語, 同音語, 同義
語, 反義語 등은 따로 따로 並行되어 있는 것이 아니라, 意味資質(seman-
tic feature)의 성격에 따라 離合集散되는 것임을 본고에서 보았다.

문제는 그러한 意味資質에 두 種類가 있고 그러한 두 種類의 意味資
質은 단순한 語彙目錄의 性格的 意味를 辨別하는 것이 아닌, 意味資質
사이의 順序性을 결정하는 順位임도 본고에서 보았다.

(52) 意味資質 ── 上位 意味資質
              └─ 下位 意味資質

本稿는 意味資質간의 順序性을 결정하는 上位 意味資質과 下位 意味
資質 사이에는 그 나름의 形式化된 規則이 存在하며, 그러한 形式化된
規則들 사이의 相關關係는 또 어떠한 것인가의 문제를 論議해 보았다.

한편 本稿는 多義語의 相關性을 語彙意味 體系上에 올려 놓고 檢討
하여, 多義語와 反義語, 同音語 사이의 理論的 接續 가능성을 連繫的으
로 把握해 보려 했다.

本稿는 그러한 多義語의 相關性을 檢討한 결과, 多義語 자체만의 理
論的 規則이 存在할 수는 없으며, 결국에 同音語, 反義語, 同義語와의
連繫性 속에서만 多義語 자체의 理論的 規則이 存在할 수 있다는 사실도
想定할 수 있었다.

本稿가 國語 語彙意味 體系 안에서의 多義語의 意味資質을 生成意味
論을 주로 하여 檢討하려 했지만, 그 論議가 만족하게 이루어졌다고는
할 수 없다. 미진한 점은 稿를 달리하여 補充·補完하고자 한다.

▌ 參考文獻

康琪鎭, 同音異語에 對하여, 梁柱東博士古稀紀念論文集, 探求堂, 1973.

_____, 國語 多義語의 意味構造, 韓國文學硏究 8, 東國大, 1985.

남기심 外, 언어학개론, 탑출판사, 1979.

李勝明, 國語反意攷(Ⅰ), 國文學 27, 韓國語文學會, 1972.

_____, 國語類意攷(Ⅱ), 어문논총 7, 慶北大, 1972.

Davidson, D. and Harman, G. (eds), *Semantics of natural Language*, Dordrecht: Reidel, 1972.

Jackendoff, R., *Semantic Interpretation in Generatiue Grammar*, Cambridge, Mass, The MIT press, 1972.

Lyons, J., *Introduction to Theoretical Linguistics*, Cambridge, Cambridge University Press, 1969.

Ogden, C.K. & Richard I.A, *The meaning of meaning*, New York: Harcourt Brace Jovanovich, 1969.

Ullmann, S., *Semantics*, An Introduction to the Science of meaning, Oxford Blackwell, 1962.

국어 어휘론의 한 방법

―동의어를 중심으로―

1. 序論

본 논문은 국어에서 同義語, 多義語, 그리고 同音語에 대한 여러 方法的 규칙들을 어떻게 파악하고 체계화해야 하는지의 문제를 試論的으로 다루려는 목적하에 기술된다.

국어에서 同義語, 多義語 그리고 同音語 등에 대한 논의는 논의의 접근 방향과 그 분석적 입장의 측면에서 볼 때 대체적으로 비슷한 범주에서 논구되어 온 것이 사실이다.

이른바 Ullmann(1962)적 접근론이라 할 수 있는 語彙意味論的 접근이 그간의 논의의 태반을 구성하고 있다고 해도 과언이 아닐 만큼, 국어에서의 同義語, 多義語, 同音語의 처리는 Ullmann(1962)적인 시각에서만 그 主宗을 이루어 왔었다.1)

즉 언어의 양면을 일단 音相(Sound)과 意味(meaning)로 양분하고,2)

---

1) Ullmann, S., *Semantics*: An Introduction to the Science of Meaning, Oxford: Blackwell, 1962, pp. 25~42.
2) 音相을 'engram'이라고 한다.
　 Ullmann, S., *The principles of Semantics*, Oxford, 1957, p. 27.

이러한 音相과 意味가 서로 맺고 있는 상호적 관계에 따라, 한 音相에 여러 意味가 派生的 관계를 갖고 있으면 多義語, 반대로 한 意味에 여러 音相이 相關性을 갖고 있으면 同義語, 그리고 한 音相에 여러 意味가 독립적 관계를 갖고 있으면 同音語라고 파악해 왔던 것이 논의의 주종을 형성하였다.

그러나 이러한 파악이 가지는 파행성은 정작 Ullmann(1962)적인 이러한 논의가 가진 意味 일변도의 논리에 있다.

물론 意味 일변도의 言語 파악이 가능한 많은 構造的인 요소를 포함하는 입장에서 이루어졌다 하더라도, 그것은 다만 방법상의 한 측면에 불과하다는 것이 본 논문의 기본적인 생각이다.

본 논문은 따라서 同義語, 多義語, 同音語에 대한 기본적인 성격 파악이 國語 語彙意味論의 기초적인 작업이 되어야 할 것이라는 입장에 따라 논의를 진행시키려 한다.

본 논문의 논의는 共時的인 측면에서만 진행되며, 따라서 通時的인 입장은 논의의 진행에서 배제시켰다.

2. 意味資質과 語彙論

國語의 語彙論 즉 同義語, 多義語, 同音語의 논의를 위해서 필요 불가결한 작업의 하나는 意味資質(meaning feature)의 문제를 체계화시키는 일이다.3)

意味資質의 문제는 기본적으로 生成意味論(Generative Semantics)에

---

3) 同音語를 비롯한 言語記號의 恣意的 특성에 대해서는 Saussure, F. de., *Course in General Lingnistics*, New York: Philosophical Library, 1959, pp. 100~109.

서 제기된 방법론으로, 한 語彙를 구성하는 意味資質을 深層構造에 표시하는 방법이다.4) 다음을 보자.

> (1) a. 나는 <u>아버지</u>가 좋다.
> b. 나는 <u>아빠</u>가 좋다.

위의 (1a)와 (1b)에서 '아버지'와 '아빠'는 서로 同義關係를 형성하고 있다.

이 경우 Ullmann(1962)적 입장에서는 '아버지'와 '아빠'가 同義關係에 있다는 것을, 이들 두 語彙가 같은 문맥에서, 서로 意味變化를 유도하지 않고 代置(paraphrase)되고 있다는 점에 두고 있다.5)

따라서 같은 문맥에서 서로 對置 가능한 語彙群은 자동적으로 同義關係를 형성하고 있다는 것이 Ullmann(1962)적 논의 방법의 주종을 이루고 있다.

그러나 같은 문맥에서 代置 가능하다는 構造的 요인만을 가지고 同義관계를 파악한다는 것은, 文法理論上 매우 빈약한 장치가 아닐 수 없다.

결국 한 어휘란 같은 문맥에서의 代置 가능 여부로만 파악될 수 있는 것이 아니라, 그 어휘가 深層에 가지고 있는 意味資質에 의해서 비로소 파악될 수 있다는 것이 生成意味論의 입장인 것이다.

(1a)의 '아버지'에서 가능한 語彙資質의 目錄을 살펴보기로 하자.

우선 [+Animate]의 資質을 생각할 수 있다. 따라서 (1a)의 '아버지'와 同義關係를 가질 수 있으려면, 최소한 [+Animate]의 資質은 확보하고 있어야 한다.

---

4) 이러한 방법론은 원칙적으로 Seuren(1974)에서 비롯된다.
   Seuren. P. A. (ed.), *Semantic Syntax*, New york: Oxford university press, 1974.
5) 代置 또는 交替는 同義語 분별에 있어 결정적 역할을 하는 것으로 알려져 있다.

예를 들어 '개'라는 語彙는 [+Animate]의 意味資質을 갖고 있으므로 (1a)의 '아버지'와 同義關係를 형성할 수 있는 가능성은 확보되고 있다.

그러나 이것은 '개'라는 語彙가 [+Animate]의 意味資質을 가지고 있다는 면에서, 같은 [+Animate]의 意味資質을 갖고 있는 (1a)의 '아버지'와 同義關係를 형성할 수 있는 가능성이 있다는 것뿐이지, '개'와 (1a)의 '아버지'가 곧바로 同義關係를 형성하고 있다는 意味는 아니다. 여기서 결국 문제가 되는 것은 이른바 意味資質의 層位이다.

어떤 層位의 意味資質을 선택하느냐에 따라서 同義關係는 그 가능성을 확보하는 것이므로 최소한 [+Animate]의 層位에서는 '개'와 (1a)의 '아버지'가 同義關係를 형성하고 있다고 보아도 될 것이다.

그러나 意味資質의 層位를 상향시키면 문제는 달라진다.

(1a)의 '아버지'의 意味資質로 제1層位에서 제기된 것은 [+Animate]라는 資質이었는데, 다음으로 가능한 (1a)의 '아버지'의 意味資質로는 [+human]이라는 資質이 있다.

이 資質에 의해 '아버지'의 意味資質 層位를 그려보면 다음과 같다.

(2)6)

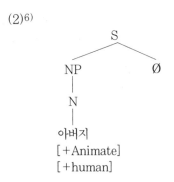

위 (2)에서는 (1a)의 '아버지'의 意味資質의 層位가 그 단계까지 팽창되어 있음을 볼 수 있다.

---

6) Ø은 그 항목이 없음을 나타낸다.

　이제 [＋Animate] [＋human]의 層位에서는 '개'의 意味層位가 어떤 상이성을 보이고 있는지를 살펴보기로 하자.
　앞서에서 '개'가 제1層位의 意味資質인 [＋Animate]의 層位에서는 (1a)의 '아버지'와 同義關係를 보인다고 했으나, 이제 제2層位의 意味資質인 [＋human]이라는 層位에서는 문제가 달라진다.

　(3)

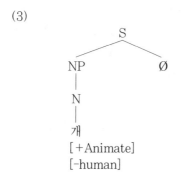

　앞서에서 볼 수 있는 것처럼 '개'의 제2意味資質의 層位는 深層構造에서 [－human]으로 표시되어 있어, (1a)의 '아버지'와의 同義關係는 제2層位에서부터는 불가능한 것으로 간주된다.
　'어머니'란 어휘를 살펴 보기로 하자.
　'어머니'의 意味資質의 層位를 살펴보면 다음 樹型圖와 같이 된다.

　(4)

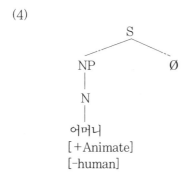

(4)에서 볼 수 있는 것처럼 '어머니'란 語彙의 意味資質은 [+Ani-mate] [+human]으로 제2層位까지는 (1a)의 '아버지'의 意味資質과 동일성을 포함하고 있다.

따라서 제2層位의 意味資質을 기준으로 한다면 '아버지'와 '어머니'는 [+Animate] [+human]의 層位에서 同義關係를 형성하고 있다고 보아도 된다.7)

그러나 '아버지'와 '어머니'의 이러한 同義關係는 그 層位를 더 상향시켜 보아야 확연히 증거될 수 있는 것으로 보인다.

이제 (1a)의 '아버지'의 意味層位를 상향시켜 보기로 하자.

(1a)의 '아버지'에서 가능한 제3의 層位는 [+male]가 있을 수 있다. 결국 (1a)의 '아버지'의 意味資質 層位는 [+Animate] [+human] [+male]이 되며, 이를 樹型化하면 아래 (5)처럼 된다.

(5)

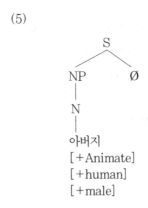

앞서에서 확인할 수 있는 것처럼 (1a)의 '아버지'의 意味資質은 제3層位에서 [+male]가 하나 더 추가된다.

---

7) 意味資質에 관해서는 남기심 외, 언어학 개론, 탑출판사, 1978, pp. 134~139.

이제 앞서 살펴본 '개'와 '어머니'란 語彙資質의 層位를 살펴보기로 하자. '개'는 제1層位에서 [+Animate]의 意味資質을 확보함으로써 (1a)의 '아버지'와의 同義關係의 확보가 가능하였으나, 제2層位에서 [-human]의 意味層位를 보유함으로써 [+human]이란 意味層位를 가진 '아버지'와의 同義關係가 무너지기 시작했으므로, 이미 '아버지'와의 同義關係를 포기한 것으로 보인다.

여기서 문제가 되는 것의 하나는 意味資質의 문제에 있어서 層位가 갖는 중요성이다.

예를 들어 '개'가 비록 제2層位에서 [-human]의 資質을 가짐으로 해서 (1a)의 '아버지'와의 同義關係가 무너지기는 했지만, 만일 이 '개'가 수컷이라면 제3의 意味資質 층위에서 [+male]의 意味資質을 띠게 된다.

따라서 意味資質의 層位上 '개'와 (1a)의 '아버지' 두 語彙는 '개'가 수컷인 한, 두 層位에서 동질성을 보이고 있어 同義關係 여부가 크게 주목된다.

(6)

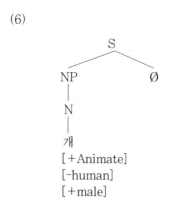

그러나 [+] 資質이 아무리 많다하여도 그 資質은 우선 層位에서의 資質 표시가 무엇이느냐가 문제시됨으로 해서 (6)의 '개'와 (1a)의 '아버

지'는 同義關係를 형성할 수는 없다

이제 (1b)의 '아빠'에 대해 알아보기로 하자. (1b)의 '아빠'는 제1層位에서 [+Animate]의 意味資質을, 제2層位에서는 [+human]의 意味資質을 그리고 제3層位에서는 [+male]의 層位를 가지고 있어 이를 도식화하면 다음과 같이 된다.

(7)

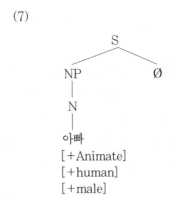

위 (7)에서 보는 것처럼 '아빠'의 意味資質은 (1a)의 '아버지'의 그것과 동일한 것으로, (1a)의 '아버지'와 (1b)의 '아빠'는 同義關係를 형성하고 있다는 것으로 보인다.

이제 여기서 문제가 되는 것은 (1a)의 '아버지'와 (1b)의 '아빠'가 意味資質 분석상 同義關係를 형성하고 있다면, 이 두 語彙에 대한 文法的 처리를 어떻게 해야 할 것인가 하는 문제가 남는다.

즉 이 두 語彙를 異形態로 취급해야 할 것인지 아니면 각각 독립한 形態素로 취급해야 할 것인지의 문제를 결정해야 한다.

이 문제의 결정을 위해서는 '아버지'와 '아빠'라는 語彙가 갖는 周邊的 意味를 모두 검토해보고, 문맥에서의 두 語彙의 代置樣相을 검토해 보아야 될 것이다.

'아버지'와 '아빠'라는 同義關係의 두 語彙가 갖는 意味資質의 설정에 있어서 중요한 것의 하나는 제4層位의 意味資質을 무엇으로 잡느냐 하는 문제인데, 그것은 이 두 語彙가 가진 미세한 意味差理를 간과해서는 풀이할 수 없는 문제로 보인다.

다음을 보자.

    (8) 그는 근대 음악의 아버지이다.

위 (8)에서 '아버지'가 가진 意味는 '원조', '개척자', '창시자' 등의 意味로 추상화되어 쓰였음을 알 수 있다.

문제는 그렇게 추상화된 '아버지'의 意味를 '아빠'도 갖고 있느냐 하는 것이다. 그 문제는 위 (8)의 예에서 '아버지'를 '아빠'로 代置시켜 보면 알 수 있다.

아래를 보자.

    (9) $^{?(*)}$그는 근대 음악의 아빠이다.

위에서 보는 것처럼 (8)의 '아버지'에 '아빠'를 代置시킨 (9)의 예문은 非文法的인 문장이 되어 버리고 말았음을 알 수 있다. 이것은 '아버지'에는 내재되어 있는 [+abstract]라는 意味資質이 '아빠'에는 작용하고 있지 않았기 때문으로 이해된다.

결국 '아버지'의 제4層位의 意味資質, [±abstract]로, 이것은 [+abstract]의 意味資質을 갖지 못한 '아빠'라는 語彙와 제4層位에서 구분되는 것으로 보인다.

다음을 보자

(10)

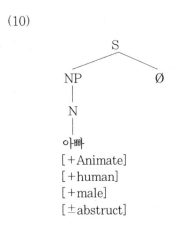

위 樹型圖 (10)에서 '아버지'의 第4層位의 意味資質은 [±abstr-
uct]로 나타나 있는데 이것은 '아버지'라는 語彙는 第4層位에서 [+ab-
struct]로도 쓰일 수 있고, 또 [-abstruct]의 資質로도 쓰일 수 있음을
보이기 위해 그렇게 나타낸 것이다.

아래를 보자.

(11) a. 나의 아버지.
     b. 수소폭탄의 아버지.

위에서 (11a)의 '아버지'에는 [-abstruct]의 자질이, 그리고 (11b)
의 '아버지'에는 [+abstruct]의 자질이 있는 것으로 이해된다.

결국 이 둘은 비록 同義關係를 보이고는 있으나, 하나의 形態素로 묶
을 수는 없음을 시사하고 있는 것으로 보인다.

'아버지'의 경우에서처럼 名詞 자체가 가진 意味資質의 層位를 검토
해야 할 측면과 함께 생각할 수 있는 또 하나의 방법론은 이른바 선행 또
는 후행 體言의 意味資質을 검토해야 하는 문제도 있다.

3. 語彙資質과 同義語

語彙資質에 관련된 논구에 있어서 同義語의 위치는 매우 중요하다.

(12)

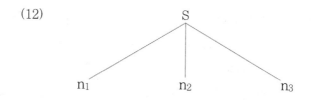

위 (12)의 Ullmann(1962)의 정의에서처럼 한 意味(S)가 여러 명칭 (n₁, n₂, n₃…)과 맺어지는 경우를 Ullmann(1962)은 同義語라고 했던 것이다.

그리하여 Ullmann(1962)은 語彙上에 있어 다음과 같은 예로써 同義關係를 설명하고 있다. 다음을 보기로 하자.

(13) a. refuse-reject[8]
  b. repudiate-refuse
  c. reject-decline
  d. thrifty-economicale
  f. deceafe-death
  g. passing-death
  h. turn down-refuse

위의 (13)은 Ullmann(1962)에서 든 바의 同義語 目錄인데 이러한 目錄은 다음과 같은 방면에서 국어 同義語의 資質形成에 기여할 것으로 보인다. 다음을 보자.

---

8) 이 예에는 沈在箕·남기심(1978)의 재록된 것을 인용한 것이다. 남기심 외, 전게서, 1978, pp. 125-126.

(14)

$$\text{나는} \left\{ \begin{array}{l} \text{달걀} \\ \text{계란} \\ \text{에그(egg)} \end{array} \right\} \text{이(가) 좋다.}$$

위의 (14)의 '달걀' '계란' '에그'는 서로 相關的으로 同義關係를 형성하고 있다. 이 경우 語彙意味論을 형식화하려는 측면에서는 '달걀'과 '계란' 그리고 '에그'가 同義關係에 있다는 것을, 이들 세 語彙目錄이 동일한 문맥에서, 서로 意味의 相異性을 유도하지 않고 代置 또는 교체(substiation)되고 있다는 점에 두고 있다.

따라서 다음의 (15)의 경우도 마찬가지 경우일 것이다.

(15)

$$\left\{ \begin{array}{l} \text{언어} \\ \text{말} \end{array} \right\} \text{(는)은 정신의 반영이다.}$$

결국 같은 문맥에서 서로 代置나 교체가 가능한 語彙目錄은 같은 語彙目錄이라는 논지를 펴는 것이 (14), (15)로 가능하다.

그러나 동일한 문맥에서의 代置 가능성 또는 교체 자유성이라는 요인만을 가지고 同義關係를 파악한다는 것은 몇 가지 문제를 제기시키게 되는 결과를 초래한다.

그 문제란 다음과 같은 것으로 요약될 수 있을 것이다,

(16) a. 同義關係에 있는 A, A′에서 A′와 A는 진정 하등의 意味 差理도 없는 것인가?

　　 b. 하등의 意味差異가 없는 것이라면 A-A′의 共存은 무슨 意味인가?

위의 질문은 결국 한 語彙란 代置 가능성이나 교체 가능성이 의해서만 조성되지 않고 그 基底的인 深層意味의 관계에서 비롯된다는 논지를 제공하고 있다.

이제 이러한 논지에 따라 앞 (2)장의 방법론은 同義語 관계의 설정에 적용해서 좀 더 면밀히 검토해 보기로 하겠다.

(17) a. 계집 — 여자
    b. 언어 — 말

(17a)의 '언어'에서 가능한 語彙資質의 目錄을 살펴보는 것이 우선 중요하다.

우선 [−Animate]의 語彙的 資質을 생각해 볼 수 있다. 따라서 '언어'와 同義關係를 가지려는 語彙들은 모두 [−Animate]의 資質을 가지고 있어야 한다.

'남자'는 [+Animate]이 資質을 가지고 있으므로 결코 '언어'와 同義關係를 가질 수는 없는 것으로 보인다.

그러나 '둘'은 [−Animate]의 意味資質을 가지고 있으므로 '언어'와 同義關係를 가질 수는 없는 것으로 보인다.

그러나 '돌'이 [−Animate]의 意味資質을 가지고 있다고 해서 이것이 바로 '언어'와 同義語關係를 형성한다는 것은 아니다. 이점은 代置, 交替에서 바로 드러난다.

다음을 보자.

(18)

$$\left\{ \begin{array}{c} 언어 \\ *^{(?)}돌 \end{array} \right\} (는)은 \ 정신의 \ 반영이다.$$

(18)에서 '돌'의 非文法性이 바로 그러한 증거인 셈이다. 결국 '돌'은 '언어'와 그 일차적인 同義設定의 가능성만을 확보하고 있다고만 말할 수 있을 뿐 그것이 곧 同義關係는 아닌 것이다.

이제 '언어'의 두 번째 資質로 [useful]을 생각해 볼 수가 있겠다. 이 [+useful]이란 目錄은 다음과 같은 해석이 전제되어야 한다.

(19) 'useful'의 資質은 '~을 가지고', '~에'라는 어귀에 自由代置·交替되어야만 한다.

이제 위 (19)의 정의에 의해 어떤 語彙가 'useful'의 資質을 가지고 있는지 어떤지 살펴보기로 하자.

(20) a. 언어
　　 b. 돌
　　 c. 여자

위 (20a), (20b), (20c)를 각각 '~을 가지고' 구문에 넣어보기로 하자.

(21)

그것에 $\left\{ \begin{array}{l} \text{언어} \\ \text{돌} \\ *^{(?)}\text{여자} \end{array} \right\}$ 를(을) 정신의 반영이다.

위 (21)에서 보는 바와 같이 '언어' '돌'은 가능한 문장이 되었으나 '여자'는 非文法的인 문장이 되었다. 결국 '여자'의 意味層은 다음과 같이 想定될 수 있다.

(22)

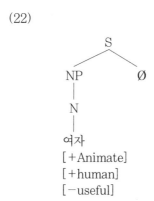

이제 '여자'와 同義關係에 있는 '계집'의 意味資質을 잠정화시켜 보기로 하겠다.

(23)

4. 同義語 設定 基準

同義語의 설정 기준으로 우선 想定될 수 있는 기준의 하나는 純粹國

語냐 아니면 非純粹國語냐 하는 것이다. 다음 예를 보기로 하자.

(24) a. 할아버지 — 조부
b. 우유 — 밀크
c. 건설 — 건축
d. 달걀 — 계란 — 에그

즉 (24a)는 固有語—漢字語의 대립을 (24b)는 固有語—漢語의 대립을 보여주고 있으며 (24c)는 漢字語-漢字語의 대립을 보여주고 있고 (25d)는 固有語—漢字語—漢語의 대립을 각각 보여주고 있다.

결국 다음과 같은 정리가 가능한 셈이 된다.

(25) 同義語의 설정 기준의 하나로 상정될 수 있는 것은 순수국어—
비(非)순수국어의 대립이다.

이러한 語源的 원인에 의한 同義關係 형성은 그 지시 대상 자체가 달라지는 것이 아니며 단지 言語心理的인 요인에서부터 비롯되는 것으로 간주된다.

허웅(1981)에서는 그러한 원인으로 한자말을 쓰는 데서 오는 유식한 체한 우월감을 지적한 바 있다.9)

그런데 여기서 한 가지 생각해 두어야 할 것은 同義關係의 대립의 쌍의 문제이다. 다음을 보기로 하자.

(26) a. 계집 — 여자
b. 달걀 — 계란 — 에그
c. 질의 — 질문 — 심문 — 물음
d. 개설 — 개론 — 총론 — 통론 — 총설

---

9) 허웅, 언어학, 샘문화사, p. 210, 1981.

(26a)는 2개의 語彙만이 同義關係를 형성하고 있는 데 비해 (26b)에서는 3개의 어휘가 (26c)에서는 4개의 어휘가 각각 同義關係를 형성하고 있다. 또 (26d)에서는 5개의 어휘가 한꺼번에 同義關係를 형성하고 있는 데 이러한 것을 각각 '-쌍 대립'이라 상정하기로 한다. 따라서 (26a)는 두쌍 대립 (26b)는 세쌍 대립 (26c)는 네쌍 대립 (26d)는 다섯쌍 대립이 되는 셈이다.

정리하면 다음과 같다.

> (27) 同義語의 설정의 구조는 '쌍대립'에 의해서이다. '쌍대립'은 두쌍 대립, 세쌍 대립 등 '우측 개방적 성격'을 지니고 있다.[10]

이제 다른 종류의 同音語 설정에 있어서의 기준을 살펴 보기로 하자.

> (28) a. 이것 — 요것
> b. 꺼멓다 — 까맣다
> c. 누렇다 — 노랗다

위 (28)의 同義關係들에서 그 기준으로 삼을 수 있는 것은 母音의 交替이다. 즉 (28a)에서는 'ㅣ'와 'ㅛ'의 交替로 인해서 同音語 관계가 성립되었으며, (28b)에서는 'ㅓ'와 'ㅏ'의 대립으로, 그리고 (28c)에서는 'ㅜ'와 'ㅗ'의 대립으로 각각 同義關係가 성립된 것이다.

이것을 정리하면 다음과 같이 될 수 있다.

> (29) 同義關係를 형성케 하는 또 하나의 資質로 母音의 交替를 생각할 수 있다.

---

10) 右側 開放的 성격이란 다름아닌 그러한 쌍대립이 계속해서 연계될 수 있다는 의미로 썼다.

이제 다른 종류의 同義關係 성립에 대해서 알아 보기로 하자.

> (30) a. 궁둥이 ― 엉덩이의 아래로서 앉으면 바닥에 닿는 부분
>   b. 엉덩이 ― 볼기 부분11)
> (31) a. 군말 ― 쓸데 없이 하는 말
>   b. 군사설 ― 쓸데 없이 길게 늘어 놓는 사설12)

(30)의 '엉덩이' ― '궁둥이', (31)의 '군말' ― '군사설'의 대립은 무엇을 기준으로 한 것일까가 의문이다. 그러나 이 경우 서로의 指示對象의 차이가 同義語의 형성 요건이 되고 있음을 알 수 있다. (30)의 경우를 예를 들어 살펴보기로 하자.

(32)

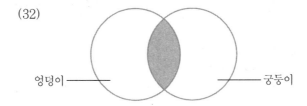

엉덩이 ――――   ―――― 궁둥이

(32)에서 처럼 '궁둥이'가 지시하는 부분과 '엉덩이'가 지시하는 부분이 서로 공통된 부분을 대표하고 있다해도, 그 지시 대상이 서로 상이하게 나타나 있는 고로 이들은 同義關係를 형성하게 된 것이다.

따라서 이러한 점은 다음과 같이 정리될 수 있다.

> (33) 同義關係를 설정케 하는 또 하나의 요인으로 想定될 수 있는 것
>   은 指示對象의 相異性에 있다. 이 지시대상은 물론 그 共有部分
>   을 內包할 수가 있다.

---

11) 이 보기는 허웅(1981)에서 그대로 인용한 것이다.
   허 웅, 前揭書, 1981, p. 211.
12) 허 웅, 前揭書, p. 211.

이제 다음의 예를 통해 다른 종류의 同義關係 형성의 조건에 대해 알아보기로 하자.

> (34) a. 여자 — 계집
>   b. 입 — 아가리, 주둥이
>   c. 머리 — 대갈통

(34)의 同義關係의 경우 한쪽은 標準語的인 데 비해 다른 한쪽은 卑語的인 樣相을 보이고 있다. 즉 卑語的인 것이 同義語의 설정에 깊이 관여하고 있는 반증이라고 할 수 있다.

이러한 것은 다음과 같이 정리될 수가 있다.

> (35) 同義形成에 있어서 또 想定될 수 있는 원칙은 卑語的인 기준이
>   라 할 수 있다.

이제 다음의 예를 생각해 보기로 하겠다.

> (36) a. 깡총깡총 — 껑충껑충
>   b. 펄펄 — 팔팔
>   c. 편편하다 — 판판하다.

위 (36)의 각항들은 전장에서 언급한 바의 母音交替에 위한 同義關係를 형성하고 있다고도 할 수 있으나 擬聲語, 擬態語 관계로 해서 同義關係를 형성하고 있다고 하는 편이 더 적절할 것 같다.

왜냐하면 擬聲語, 擬態語란 결국 모두 母音의 交替에 의해서 가능한 因子들이기 때문이다. 결국 다음과 같은 정리가 가능한 것으로 보인다.

> (37) 擬聲語 — 擬態語의 기준 역시 同義關係를 형성케 하는 기준으
>   로 작용될 수 있다.

결국 지금까지의 논의에서, 발견될 수 있었던 同義語 形成의 기본적인 軸은 2가지로 볼 수 있다. 하나는 漢字語·外來語를 포함하는 非純粹國語 계열이며 나머지 하나는 俗語, 隱語 등의 非標準語 계열이라고 할 수 있다.13) 그런데 漢字語·外來語 등 비순수국어 계열의 同義關係는 漢字語, 外來語 등이 오랜 역사성에서 비롯된다는 점을 감안한다면 通時的 軸이라고 말할 수 있으며, 俗語·隱語 등 非標準語 계열은, 이들 俗語·隱語가 당대의 표준어와 함께 共存한다는 측면에서 共時的 軸이라고 말할 수 있다.

결국 同義關係 현상은 漢字語·外來語 계열의 通時的 軸과 俗語, 隱語 등의 共時的 軸의 상호성에 의해서 비롯되는 것으로 보인다. 도식화하면 다음과 같이 될 수 있다.

(38)

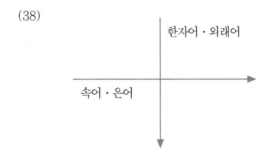

한자어·외래어

속어·은어

이러한 同義關係의 樣相은 漢字語·外來語가 계속 상존하고 또 유입되는 한 계속될 것으로 보인다.

문제는 이러한 漢字語·外來語 계열의 同義關係에서 한자어가 많은 비중을 차지하고 있는 것은 한자어가 가진 역사성에서 비롯되는 것으로 이해될 수 있다.

---

13) 이러한 견해는, 沈在箕 외, 意味論 序說, 集文堂, 1984, pp. 28~29에서도 피력된 바가 있다.

5. 結 論

지금까지 논의해 온 바를 요약하면 다음과 같이 된다.

1) 言語가 意味—音相의 양면적 현상이라면 意味 일변도의 논리 전개는 音相이나 그에 따른 구조에 대한 소홀성을 가져오기 쉽다. 이의 극복 방법으로 구조적인 현상에 대한 천착이 비롯되어야 한다.

2) 국어 語彙論, 특히 同義語의 문제의 해결을 위해 意味資質(meaning feature)의 도입 문제는 필수적인 것으로 간주되었다.

3) 同義語의 意味資質은 가능한 한 많은 層位를 통해 많은 동질의 語彙資質을 內包할 것을 일차적으로 요구함을 알 수 있다.

4) 同義語의 구별은 일차적으로는 代置 또는 交替에 의한 방법이 유효한 것으로 인지되었다.

5) 同義語 설정의 기준 원칙의 하나로 상정될 수 있는 것은 語源的인 근거였다. 이 語源的 근원은 純國語—漢字語, 純國語—英語, 純國語—漢字語—英語의 대립이 보편적이었다.

6) 同義語의 설정의 구조는 '쌍대립'에 의해서 행해졌다. '쌍대립'의 구조는 右側開放的 성격을 지니고 있었다.

7) 同義語 설정의 원칙의 하나로 母音의 交替가 있었다.

8) 이 밖에도 同義關係를 형성케 하는 요인으로 指示對象의 相異性을 상정할 수 있다. 물론 이 지시대상에 있어서 그 共有部分은 있어도 가능하며, 그 共有部分과 異質部分 사이의 比例式은 성립되지 않는다.

9) 어느 쪽이 더 卑語的이냐 하는 것도 同義關係 성립에 간여하는 것으로 보인다. 이 기준은 다른 말로 어느 쪽이 더 標準語的이냐 하는 것으로 代置될 수 있는 말이다.

　　지금까지 국어 同義語에 대해서 그 意味資質과 그것의 분류 기준 그
리고 同義語가 生成되게 되는 기본적인 원칙에 대해서 살펴 보았다. 나
름대로 많은 이론적 허점이 있지만, 국어 同義語 연구에 작은 기여를 할
수 있다면 다행으로 삼으려 한다.

▌參考文獻

남기심 외, 언어학개론, 탑출판사, 1978.

南星祐, 十五世紀國語의 同義語 硏究, 塔出版社, 1986.

沈在箕, 意味論序說, 集文堂, 1978.

李崇寧, 國語의 Synonymy의 硏究, 同大語文 1, 同德女大, 1971.

李勝明, 國語類義攷(Ⅰ), 語文化 27, 韓國語文學會, 1972a.

_____, 國語類義攷(Ⅱ), 어문논총 7, 慶北大, 1972b.

李眞傑, 文脈을 通한 類語間의 類意度 測定에 關한 試考, 先淸語文 5, 서울師大. 1974.

趙恒範, 國語類義語의 通時的 考察, 國語硏究 58, 서울大碩論(油印), 1984.

허 웅, 언어학, 샘문화사, 1981.

洪泳模, 國語類義語의 硏究, 高大敎育大學院碩論(油印), 1976.

Ogden, C. K. & Richards, I. A., *The meaning of meaning*, New York and London, 1965.

Saussure, F. de., *Course in General Linguistics*, New York: Philosophical Library, 1959.

Seuren, P. A (ed.), *Semantic Syntax*, New York, Oxford University Press, 1974.

Ullmann, *The Principes of Semantics*, Oxford: Blackwell, 1957.

_____, *Semantics*: An Introduction to the Science of meaning, Oxford: Blackwell, 1962.

국어 다의어 연구의 방법론

1. 問題의 提起

다의어 문제를 논구하는 데 있어서는 이론적으로 두 가지의 방법론
이 상존할 수 있다. 다음이 그것이다.

(1) a. 기본의미 모색 방법.[1]
　　b. 파생의미의 형식화방법.

(1a)의 기본의미의 모색방법이란 다의어의 여러 의미 사이의 공통의
미를 발견하여 그 공통의미를 그 대상이 되는 다의어의 기본의미로 규정
하는 방법이다. 따라서 추상적인 기본의미 이외의 의미는 기본의미에서
도출되어 나온 것으로 보는 방법론이다. 도식화하면 다음과 같이 된다.

```
                     ┌──► 파생의미 1
    (2) 기본의미──────┼──► 파생의미 2
                     └──► 파생의미 3
                          ⋮
```

---

[1] 이 방법은 Kirsner에서 제기되었다. The Role of progmatic inference in
semantics, 1979, pp. 22~34.

반면에 파생의미를 형식화하려는 방법론은 파생의미 자체를 그대로 인정하여 그 파생의미에 독립적인 하나의 의미 단위를 주려는 방법론이다. 도식화하면 다음과 같다.

(3) 파생의미1 ⟶ 의미1[2)]
    파생의미2 ⟶ 의미2
    파생의미3 ⟶ 의미3
       ⋮   ⋮

본 소론에서는 위의 두 가지 방법론이 가지는 이론적 이점과 난점을 실제의 예를 통해서 알아보고, 이를 규칙화하려는 목적하에 기술된다. 또한 본 소고는 국어 어휘체계에 대한 필자의 전반적인 연구작업의 일환으로 작성되는 것임을 아울러 밝힌다.[3)]

---

2) 파생의미를 추리의미라고 하는 수도 있다.
3) 康琪鎭, 同音異議語에 對하여, 梁桂東博士古稀紀念論文集, 探求堂, 1973.
_____, 國語 同音語의 硏究, 弘益工大 論文集 12, 1981a.
_____, 國語 同音語의 生成要因 考究, 東岳語文論集 15, 東國大, 1981b.
_____, 國語 同音衝突現象에 對한 硏究, 國語國文學 論文集 11, 東國大, 1981c.
_____, 國語 同音語의 文體論的 硏究, 韓國文學硏究 4, 東國大, 1981d.
_____, 國語 同音語의 機能範疇, 새국어교육 35~36, 국어교육학회, 1982.
_____, 命題와 含義로서의 同音語, 東岳語文論集 17, 東國大, 1983a.
_____, 國語 同音語의 話用論, 새국어교육 37~38, 국어교육학회, 1983b.
_____, 國語 準同音語의 硏究, 國語國文學 論文集 12, 東國大, 1983c.
_____, 國語 同音語의 類型別 分布, 홍익어문 3, 弘益大, 1983d.
_____, 國語 同音語의 硏究, 東國大 大學院, 博論, 1983.
_____, 國語 多義語의 意味構造, 韓國文學硏究 8, 東國大, 1985.
_____, 國語 反義語의 基準點, 柿園金起東博士回甲紀念論文集, 敎學社, 1986.
_____, 國語 多義語의 意味資質, 論文集 18, 弘益工大, 1987.
_____, 國語 語彙論의 한 方法, 西江 李廷卓敎授 還甲紀念論文集, 1987.
_____, 同音語規則의 轉移過程에 대하여, 心汕文德守博士華甲紀念論叢, 弘益大, 1987.

2. 基本意味의 摸索

기본의미에 대한 이론적 배경은 우선 Kirsner(1979)에서 비롯된
다.4) Kirsner(1979)는 하나의 기호에는 하나의 기본의미가 있으며(one
form one meaning), 그때의 의미는 보다 추상적이고 융통성 있는 것으로
화자·청자 대화시 주어진 상황과 그 기호와 의미의 짝이 쓰인 맥락, 그
리고 세상일에 대한 우리의 지식 등을 토대로 한 추리과정을 통하여 무
한한 의사전달이 가능하다는 것이다.5)

이를 도식화하면 다음과 같다.

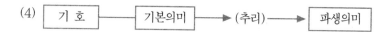

(4) [기 호]——[기본의미]——▶ (추리) ——▶ [파생의미]

이제 이러한 Kirsner(1979)의 이론에 의거하여 국어 다의어 중에
몇몇의 예를 들어 살펴보기로 하겠다. 먼저 동사 '먹다'의 다의관계부터
살펴보기로 한다.

> (5) a. 사과를 <u>먹다</u>.
>
>   b. 담배를 한 개피 <u>먹다</u>.
>
>   c. 뇌물을 <u>먹다</u>.
>
>   d. 욕을 <u>먹다</u>.
>
>   e. 영희는 이제 네 살을 <u>먹었다</u>.
>
>   f. 마음을 굳게 <u>먹다</u>.
>
>   g. 겁을 <u>먹다</u>.
>
>   h. 그녀를 <u>먹다</u>.

---

4) Kirsner, The Role of progmatic inference in semantics, 1979, pp. 22~29.
5) Kirsner, 전게서, 1979, pp. 26~32.

위 (5)에서처럼 동사 '먹다'는 일반적으로 8개의 다의관계를 형성하고 있는 것으로 간주되고 있다.

이제 '먹다'의 기본의미를 무엇으로 잡을 것인가에 대해서 생각해 보자. 편의상 (5a)~(5h)를 하나하나 생각해 보기로 하겠다.

(6) 사과를 먹다.

(6)에서 '먹다'의 의미는 '음식을 입으로 넣어서 씹어 삼키는' 것으로 상정해 볼 수 있다. 이러한 상정은 (6)의 '사과' 대신에 다른 체언을 넣어 보면 알 수 있다.

(7) a. 과자를 먹다.
    b. 밥을 먹다.
    c. 콩을 먹다.
    d. *하늘을 먹다.
    e. *산을 먹다.

(7d), (7e)에서 보는 바와 같이 (7d), (7e)는 비유적인 의미로 쓰이지 않은 이상 비문법적인 문장이 되었다. 그것은 무슨 이유에서일까? 그것은 '먹다'의 의미자질로 미루어 보아 '먹다'가 취할 수 있는 체언은 적어도 [+식용성]의 자질을 가지고 있어야 하는 것으로 보인다. 그런데 (7d)나 (7e)의 '바다', '산' 같은 어휘는 [+식용성]의 자질을 갖지 않고 있어서 어휘 충돌을 야기할 것으로 보아 비문법적인 것이 된 것으로 보인다.

결국 (6)의 '먹다'는 다음 (8)과 같이 대치(paraphrase)될 수 있을 것으로 보인다.

(8) 사과를 씹어 삼키다.

이제 다음의 경우의 '먹다'를 살펴보기로 하자.

(9) 담배를 한 개피 먹다.

(9)의 '먹다'는 담배 따위를 피우는 것을 이르는 의미로 쓰인 것으로 보이며. 결국 (10)과 같이 대치되어도 무방한 것으로 상정된다.

(10) 담배를 한 개피 피우다.

이제 다음 경우의 '먹다'를 살펴 보자.

(11) 뇌물을 먹다.

위 (11)의 '먹다'는 남의 것을 받거나 수령 또는 횡령한 것을 이르는 의미로 쓰인 것으로 상정되며, 따라서 다음 (12)와 같은 대치 과정이 가능한 것으로 보인다.

(12) 뇌물을 수뢰하였다.

이제 다음 경우의 '먹다'를 살펴보기로 하자.

(13) 욕을 먹다.

위의 (13)의 '먹다'는 욕이나 모욕을 듣는 것을 의미하는 것으로 상정되며, 따라서 다음 (14)과 같은 대치가 가능하다.

(14) 욕을(남에게서) 듣다.

이제 다른 경우의 '먹다'를 보자.

(15) 영희는 이제 네 살을 <u>먹었</u>다.

위의 '먹다'의 의미는 '나이나 연륜' 등이 쌓이거나 드는 것을 지시하는 의미로 쓰인 것으로 간주되며, 따라서 다음 (16)과 같은 대치가 가능한 것으로 보인다.

(16) 영희는 이제 네 살이 되었다.

이제 다른 경우의 '먹다' 의 의미를 살펴보기로 하자.

(17) 마음을 굳게 먹다.

위 (17)에서 '먹다'의 의미는 결심을 굳게 하는 것을 이르는 의미로 쓰인 것으로 간주되며. 따라서 다음 (18)과 같은 대치가 가능한 것으로 보인다.

(18) 마음을 굳게 결심하다.

이제 다음 (19)와 (20)과 같은 경우의 '먹다'의 의미에 대해서 살펴보기로 하자.

(19) 겁을 먹다.
(20) 그녀를 먹다.

위 (19)에서 '먹다'는 '느끼다'의 의미로 쓰였고, (20)에서 '먹다'는
'능욕하다, 강간하다'의 의미로 쓰였다고 할 수가 있어, 다음 (21), (22)
와 같은 대치가 가능한 것으로 보인다.

(21) 겁을 느끼다.
(22) 그녀를 능욕하다.

이제 '먹다'의 기본의미는 매우 명확해졌다. 그것은 다음과 같은 도식
으로 형식화 할 수 있기 때문이다. 다음을 보자.

(23)

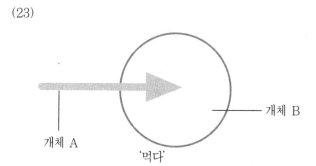

위에서 보는 바와 같이 '먹다'는 개체 A가 개체 B에 들어 갈 때 쓰이
는 것으로 보인다.

(24) 영희가 사과를 먹다.

(24)에서 이를 비교하여 설명하면 개체 A는 '사과'가 되고, 개체 B
는 '영희' 또는 '영희의 입'이 되며, '사과'가 일단은 외부에 있다가 '영희의
입'이라는 다른 개체의 내부로 들어가는 운동성을 보이기 때문에 '먹다'
가 쓰인 것으로 해석하는 방법이다.

도식화하면 다음과 같다.

(24)

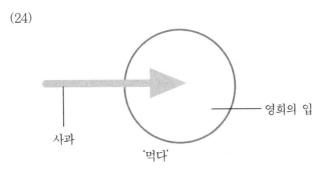

결국 다음과 같은 규칙화가 필요하다.

(26)

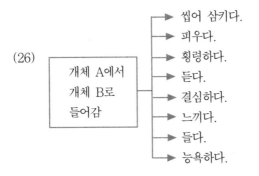

위 (26)의 규칙에서 '개체A에서 개체 B로 들어감'은 그 기본의미를 나타내며, '씹어삼키다', '피우다', '횡령하다', '듣다', '결심하다', '느끼다', '들다', '능욕하다' 등은 이 기본의미에서 도출된 의미로 보여지고 있다.

결국 기본의미 하나만 알면 나머지의 여러 다의적인 파생의미는 기본의미에서 도출할 수 있어. 문법 규칙의 간결화에 도움이 될 수 있을 것으로 판단된다.

다른 동사의 예를 들어 살펴보기로 하자.

> (27) a. 손님을 공항에서 <u>맞다</u>.
>   b. 신부를 <u>맞다</u>.
>   c. 생일을 <u>맞다</u>.
>   d. 주사를 <u>맞다</u>.
>   e. 도둑을 <u>맞다</u>.
>   f. 100점을 <u>맞다</u>.

위 (27a)~(27f)를 다음과 같은 의미로 대치할 수 있다.

> (28) a. 손님을 공항에서 환영하다.
>   b. 신부를 받아들이다.
>   c. 생일이 되다.
>   d. 주사·침 등에 찔리다.
>   e. 도둑에게 물건을 잃어 버리다.
>   f. 어떤 성적을 100점 얻다.

위의 파생의미로 보아 '맞다'의 기본의미는 다음 (29)처럼 도식화될 수 있을 것으로 보인다.

> (29)

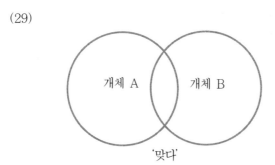

'맞다'

위 (29)의 도식이 현시하는 것은 매우 명확하다. 그것은 서로 다른
개체 A와 B가 접촉할 때 '맞다'를 쓰는 것임을 시사하고 있기 때문이다.
다음의 실례에서 이 문제를 살펴보기로 하자.

(30) a. 영희가 손님을 맞다.
b. 내가 비를 맞다.
c. 우리 집에서 도둑을 맞다.
d. 신랑이 신부를 맞다.

위 (30a)에서는 '영희'와 '손님'이 접촉하는 것을, (30b)에서는 '나'
와 '비'가, (30c)에서는 '우리집'과 '도둑'이, (30d)에서는 '신랑'과 '신부'
가 접촉하는 것을 각각 '맞다'로 표시하고 있다.

(31)6)

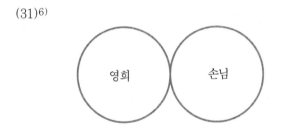

결국 '먹다'의 경우에서와 마찬가지로 '맞다'는 '접촉성'이란 기본의미
에서 여러 파생의미가 나온 것으로 이해된다.

결국 기본의미의 문제는 다의어 문제의 해결에 있어 규칙의 간결성
이란 면에 크게 기여할 것으로 간주된다.

(32) 기본의미의 모색이 다의어 문제에 기여할 수 있는 국면은 어휘
체계의 의미 자질 부여로 인한, 언어 어휘체계의 간결에 있다.

---

6) 접촉성은 추상성 · 비추상성에 관계 없는 개념이다.

3. 派生意味의 形式化方法

파생의미를 형식화한다는 것은 파생의미를 파생의미 그 자체로 인정해 주는 것으로, 파생의미에 하나의 의미 단위를 인정해 주는 방법이다. 이 방법은 결국 준동음어를 많이 도출해 내는 방법이기도 하다. 실례를 들어 생각해 보기로 하자.

(33) a. 전화가 걸리다.
　　 b. 그 사건이 마음에 걸리다.
　　 c. 나흘이 걸리다.
　　 d. 암에 걸리다.
　　 e. 그물에 걸리다.
　　 f. 옷걸이에 걸리다.
　　 g. 수사망에 걸리다.

위에서 동사 '걸리다'는 다음과 같은 각각의 의미를 가지고 있는 것으로 파악된다.

(34) a. 전화나 목소리가 이쪽으로 오다.
　　 b. 어떤 생각이 마음을 떠나지 않다.
　　 c. 시간 날짜 등이 얼마 동안 들다.
　　 d. 어떤 병에 들다.
　　 e. 그물 낚시에 걸리다.
　　 f. 어떤 물건에 매달려 있다.
　　 g. 체포되다.

이러한 (34a)~(34g)의 각각의 파생의미에 따라 (33a)~(33g)의 '걸리다'는 각각 다음처럼 대체가 가능하게 될 수 있을 것이다.

(35) a. 전화가 이쪽으로 통화되다.
　　　b. 그 사건이 마음에 거리끼다.
　　　c. 나흘 동안의 시간이 들다.
　　　d. 암이 발병하다.
　　　e. 그물에 잡히다.
　　　f. 옷걸이에 매달리다.
　　　g. 수사망에 체포되다.

그리하여 위 (35a)~(35g)의 파생의미 각각에 독립한 하나의 의미 단위씩을 부여하면 된다. 다음이 그것이다.

(36) 걸리다 a. 통화하다.
　　　　　 b. 거리끼다.
　　　　　 c. 들다.
　　　　　 d. 발병하다.
　　　　　 e. 잡히다.
　　　　　 f. 매달리다.
　　　　　 g. 체포되다.

결국 '걸리다'라는 하나의 음상에 7개의 의미가 부착된 동음어가 형성되는 셈이다. 특히 이들 각각의 의미 단위 사이에는 일정한 의미적 유연성이 있으니 이들을 '준동음어'라고 부를 수 있을 것이다.

파생의미를 형식화하는 방법, 즉 각각의 파생의미에 각각의 의미 단위를 부여해 주는 방법은 어휘의 여러 의미를 세세히 포착할 수 있는 이론적 이점이 있는 것으로 분석된다.

(37) 파생의미 각각에 독립한 의미 단위를 부여해 주는 방법론은 한 언어 체계 안에서의 어휘 의미론의 세세한 포착에 기여 할 수 있으며, 그에 따른 비유적 의미의 증대로 말미암은 언어 의미의 풍족성을 기대할 수 있다.

4. 結 論

지금까지 논의해 온 바를 요약하면 다음과 같다.

(1) 다의어의 연구방법에는 두 가지가 이론적으로 가능하다.
　　┌ 기본의미의 모색방법.
　　└ 파생의미의 형식화 방법.

(2) 기본의미의 모색방법은 다음과 같은 이론적 근거에 의해서이다.

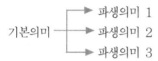

(3) 기호와 기본의미 그리고 다의어와의 관계를 보여 주는 이론적 도식은 다음과 같다.

(4) 기본의미의 설정이 다의어의 연구에 기여할 수 있는 것은 어휘 체계상의 규칙을 매우 간결히 해줄 수 있다는 점에 의해서이다.

(5) 파생의미 각각을 하나 하나의 의미 단위로 간주하려는 입장은 국어 어휘 의미론의 세분화를 위해서는 기여할 수 있는 방법론으로 간주되었다.

▌參考文獻

康琪鎭, 同音異義語에 對하여, 梁桂東博士古稀紀念論文集, 探求堂, 1973.

_____, 國語 同音語의 研究, 弘益工大 論文集 12, 1981a.

_____, 國語 同音語의 生成要因 考究, 東岳語文論集 15, 東國大, 1981b.

_____, 國語 同音衝突現象에 對한 研究, 國語國文學 論文集 11, 東國大, 1981c.

_____, 國語 同音語의 文體論的 研究, 韓國文學研究 4, 東國大, 1981d.

_____, 國語 同音語의 機能範疇, 새국어교육 35~36, 국어교육학회, 1982.

_____, 命題와 含意로서의 同音語, 東岳語文論集 17, 東國大, 1983a.

_____, 國語 同音語의 話用論, 새국어교육 37~38, 국어교육학회, 1983b.

_____, 國語 準同音語의 研究, 國語國文學 論文集 12, 東國大, 1983c.

_____, 國語 同音語의 類型別 分布, 홍익어문 3, 弘益大, 1983d.

_____, 國語 同音語의 研究, 東國大 大學院, 博論, 1983.

_____, 國語 多義語의 意味構造, 韓國文學研究 8, 東國大, 1985.

_____, 國語 反義語의 基準點, 柿圓金起東博士回甲紀念論文集, 教學社, 1986.

_____, 國語 多義語의 意味資質, 論文集 18, 弘益工大, 1987.

_____, 國語 語彙論의 한 方法, 西江 李廷卓敎授還甲紀念論文集, 1987.

_____, 同音語規則의 轉移過程에 대하여, 心汕 文德守博士華甲紀念論叢, 弘益大, 1987.

고영근 외, 국어의 통사·의미론, 탑출판사, 1983.

沈在箕, 意味論序說, 集文堂, 1984.

張琛鎭, 話用論研究, 塔出版社, 1985.

Bolinger. D., *Meaning and Form*, Longman, London and New york, 1919.

Kirsner, Ronald, W, *Problems of presentative Sentences in modern Dutch*, Amsterdam: North-Hollard publishing com, 1979.

Ullmann, S., *Principles of Semantics*, Grasgow; Jackson & Oxford: Basil Blackwell, 1951

_____, *Semantics*, An introduction to the Science of meaning, Oxford Basil Blackwell, 1967.

동음어규칙의 전이과정에 대하여

—은어를 중심으로—

1. 序 論

동음어규칙(homonym rule)이란 일반적으로 한 언어 내에서 그 음상은 동일하나 의미가 다른 둘 이상의 어휘 사이의 규칙을 이른다. 그리고 이 동음어 규칙에는 그 어원상 두 가지 종류가 있는데 다음이 바로 그것이다.

(1) a. 동일어원에서 분화된 것 사이의 규칙
(2) b. 이질어원에서 도출된 것 사이의 어원

즉 (1a)는 동일어원에서 분화하여 공시적으로 변별적인 별개의 단어로 간주되는 것을 이르며, (1b)는 최초부터 서로 상이한 어원에서 도출된 것 사이의 규칙을 이르고 있다. (1a)와 (1b)의 예로는 다음 (2)와 (3)을 각각 들 수 있다.

(2) a. 밥을 먹다.
    b. 귀를 먹다.

(3) a. 말(馬)
     b. 말(斗)
     c. 말(言)
     d. 말(藻)

본 소론에서 주목하고자 하는 것은 (2)와 같은 동일어원에서 도출된 동음어가 아니라 (3)과 같은 동음어, 즉 서로 상이한 어원에서 도출된 동음어이다.

본 소론은 서로 상이한 어원에서 도출된 동음어 사이의 규칙을 은어의 경우에 적용해 보고,[1] 은어의 경우에 그러한 동음어 규칙이 어떻게 전이되는 것인지를 살펴 보려는 목적을 가지고 있다.

2. 同音語規則의 轉移樣相

서로 상이한 어원을 가진 동음어 사이의 규칙은 다음과 같이 도식화 할 수 있다.

(4) 음상 ⟶ 의미 (1)
         ↖ 의미 (2)

위 도식 (4)에서 '의미 (1)'은 보편적인 의미를, '의미 (2)'는 동음어 규칙에서 전이된 은어의 전이의미를 각각 이른다. '의미 (1)'과 '의미 (2)'의 '보편적 의미'와 '전이의미'를 좀 더 자세히 기술하면 다음과 같다.

---

1) 본고의 자료로 쓰인 은어는 '85. 1학기에 H大 학생 1백명을 대상으로 조사한 것이다.

(5) a. 보편적 의미 - 일반적으로 쓰여지고 있는 사서적 의미.
　　 b. 은어 전이의미 - 동음어 규칙이 은어에 전이되어 은어상의 의
　　　　　　　미로 된 의미.

위의 보편적 의미와 전이의미의 예를 살펴보기로 한다. 다음이 그것
이다.

(6) 거지
　　 a. 보편적 의미 - 남에게 빌어서 얻어먹는 사람.
　　 b. 은어 전이의미 - 거룩하고 지성적인 사람.
(7) 특공대
　　 a. 보편적인 의미 - 特攻隊, 특별 공격을 위해 조직된 군대.
　　 b. 은어 전이의미 - 특별히 공부도 못하면서 대가리만 큰 사람.

위 (6)~(7)에서 보는 바와 같이 (6), (7)은 음상을 나타내며 (6a)
와 (7a)는 '의미(1)' 즉 보편적 의미를, 그리고 (6b)와 (7b)는 '의미
(2)' 즉 전이의미를 이른다.

그리고 (6a)와 (6b) 즉 보편적 의미와 전이의미를 '동음어 전이의
쌍'이라고 부르기도 한다.

이 '동음어 전이의 쌍'은 그 양상에 따라 그 어휘구조가 단일어로 된
것도 있고 또 합성어로 된 것도 있으며 구(phrase)나 절(clause)로 이루
어진 것도 있다.

우선 그 어휘 구조상 단일어로 된 '동음어 전이의 쌍'을 살펴보기로
한다.2)

---

2) 단일어의 정의는 이익섭 · 임홍빈, 국어문법론, 1983, pp. 119~120에 의거했다.

(8) 공주

    a. 보편적 의미 - 公州, 公主, 왕후에게서 나온 임금의 딸, 地名.

    b. 은어 전이의미 -공부도 못하는 게 주둥아리만 산 학생.

(9) 대부

    a. 보편적 의미 - 大父, 할아버지와 한 항렬이 되는 남자.

    b. 은어 전이의미 - 대머리가 된 부인.

(10) 추남

    a. 보편적 의미 - 醜男, 보기 흉한 남자

    b. 은어 전이의미 - 추운 겨울에 떨고 있는 남자.

(11) 명석

    a. 보편적 의미 - 明晳, 분명하고 똑똑함.

    b. 은어 전이의미 - 명확한 석두.

(12) 조용필

    a. 보편적 의미 - 유명 가수 이름.

    b. 은어 전이의미 - 조용히 용서 받을 필요가 있는 사람.

(13) 구파발

    a. 보편적 의미 - 서울의 지명.

    b. 은어 전이의미 - 구더기와 파리가 발광하는 지저분한 동네.

(14) 물망초

    a. 보편적 의미 - 꽃 이름의 하나.

    b. 은어 전이의미 - 물귀신도 접근하기 망설이는 초췌한 얼굴을
                         가진 사람.

(15) 천재

    a. 보편적 의미 - 天才, 뛰어난 재주가 있는 사람.

    b. 은어 전이의미 - 천원짜리 재떨이, 천하에 재수 없는 놈.

(16) 비호

    a. 보편적 의미 - 飛虎, 범, 호랑이

    b. 은어 전이의미 - 비행기에서 떨어진 호박

(17) 선녀

    a. 보편적 의미 - 仙女, 선경에서 사는 여자.

    b. 은어 전이의미 - 선천적으로 여우 기질을 지닌 여자.

(18) 훈장

    a. 보편적 의미 - 勳章, 휘장.

    b. 은어 전이의미 - 훈수를 두는 장님.

(19) 담배

    a. 보편적 의미 - 인간의 기호품의 하나.

    b. 은어 전이의미 - 담이 크고 배짱도 두둑한 사람.

(20) 걸작

    a. 보편적 의미 - 傑作, 아주 잘 된 훌륭한 작품.

    b. 은어 전이의미 - 걸레와 같은 작품, 즉 예술적 가치가 없는 작품.

(21) 호남

    a. 보편적 의미 - 好男, 씩씩하고 잘 생긴 남자.

    b. 은어 전이의미 - 호박 같은 남자.

(22) 사부

    a. 보편적 의미 - 師父, 師傅, 선생님의 존칭.

    b. 은어 전이의미 - 사랑하는 부하.

(23) 영재

    a. 보편적 의미 - 英才, 뛰어난 재주가 있는 사람.

    b. 은어 전이의미 - 영원토록 재수가 없는 사람.

(24) 손오공

    a. 보편적 의미 - 중국소설 서유기의 주인공의 하나.

    b. 은어 전이의미 - 손색없는 오리지날(original) 공돌이.3)

지금까지 어휘 구조상 단일어로 되어 있는 동음어 전이의 쌍을 보았다. 이제 합성어로 구성되어 있는 동음어 전이의 쌍을 살펴보기로 하자.

---

3) 은어체계상 '공돌이'는 공장 근로자를 이른다.

합성어에는 복합어와 파생어의 두 가지 구성 방식이 있지만, 본 소론에서는 구별하지 않고 통칭하여 합성어라 하여 문제를 파악하기로 한다.

(25) 지성인

    a. 보편적 의미 - 知性人, 至誠人.

    b. 은어 전이의미 - 지랄같은 성질을 가진 사람.

(26) 경로석(敬老席)

    a. 보편적 의미 - 노인을 공경하기 위하여 마련한 좌석.

    b. 은어 전이의미 - 경우에 따라서는 노인도 앉을 수 있는 좌석.

(27) 우등생

    a. 보편적 의미 - 優等生, 학업·품행이 뛰어난 딴 학생의 모범이
        되는 학생.

    b. 은어 전이의미 - 우주에서 떨어진 등신(병신)같은 생물.

(28) 선생님

    a. 보편적 의미 - 선생의 존칭.

    b. 은어 전이의미 - 선반 위에 놓인 생선처럼 못생긴 님.

(29) 수재민

    a. 보편적 의미 - 水災民, 큰 물난리를 만난 사람.

    b. 은어 전이의미 - 수제비도 제대로 못먹는 영세민.

(30) 불여우

    a. 보편적 의미 - 개과에 속하는 여우의 하나, 변덕스럽고 수다한
        여자를 비유하는 말.

    b. 은어 전이의미 - 불란서의 여배우.

(31) 귀빈실

    a. 보편적 의미 - 貴賓室, 귀한 손님을 맞이하는 방.

    b. 은어 전이의미 - 귀찮은 빈대들이 모이는 방.

이제 구(phrase)나 절(clause)로 구성된 '동음어 전이의 쌍'을 살펴보기로 하자.

(32) 대단하다.

    a. 보편적 의미 - 아주 심하다. 매우 중하다.

    b. 은어 전이의미 - 대가리가 단단한 사람.

(33) 영웅호걸

    a. 보편적 의미 - 영웅과 호걸.

    b. 은어 전이의미 - 영원히 웅장한 호떡집 걸레

(34) 청초하다.

    a. 보편적 의미 - 깨끗하고 조촐함.

    b. 은어 전이의미 - 청승맞고 초라한 짓을 하는 것.

(35) 엉뚱하다.

    a. 보편적 의미 - 분수에 지나친 말이나 짓을 하다.

    b. 은어 전이의미 - 엉덩이가 뚱뚱한 여자.

(36) 우아하다.

    a. 보편적 의미 - 優雅하다. 상냥하고 아름답다.

    b. 은어 전이의미 - 우라지게 아부를 잘한다.

(37) 동문서답

    a. 보편적 의미 - 엉뚱하거나 이치에 닿지 않는 대답.

    b. 은어 전이의미 - 동쪽에 있는 문을 닫으면 서쪽에 있는 사람은

              답답하다.

이 밖에 그 어원적으로 외래어 계통인 동음어 전이의 쌍이 있다. 한 가지 그 예로 들어 보기로 하겠다. 다음을 보자.

(38) 아이·비·엠(I.B.M)

    a. 보편적 의미 - 미국의 유명한 컴퓨터 제작회사의 이름

    b. 은어 전이의미 - 「이미 버린 몸」 즉 육체적으로 타락했음을 지

              시하는 말로 각 어절에서 한 음절 씩을 뽑아

              이를 영어로 표기한 것이다.

이 밖에 '보편적 의미'와 '전이의미'가 서로 의미적으로 반의어 관계를 형성하고 있어 주목되는 예도 있다. 다음에 두 가지의 예를 들어 보기로 하겠다.

(39) 우거지
  a. 보편적 의미 – 모양새가 볼품없고 초라한 것을 이름.
  b. 은어 전이의미 – 우아하고 거룩하고 지성적인 사람.
(40) 공주
  a. 보편적 의미 – 왕후께서 난 임금의 딸, 地名.
  b. 은어 전이의미 – 공연히 주접을 떠는 사람.

결국 동음어의 전이 양상은 이제까지 본 바와 같이 대략 5개의 측면에서 나타나고 있음을 확인할 수 있다. 정리하면 다음과 같다.

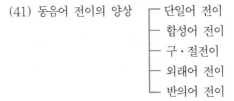

(41) 동음어 전이의 양상 ┌ 단일어 전이
                    ├ 합성어 전이
                    ├ 구·절전이
                    ├ 외래어 전이
                    └ 반의어 전이

3. 轉移過程의 形式化

동음어규칙이 은어에 있어서 전이되는 과정을 형식화하는 데는 우선 '보편적 의미'가 절대적으로 고정되어 있어야 한다는 난점이 있다. 그러나 이러한 난점은 언어 변화의 요건상 필수적인 난점이어서 일단은 현상의 공시적인 의미를 '보편적인 의미'로 간주하는 것 이외에 달리 방법은

없는 것으로 보는 것이 일반적이다.4)

따라서 이 점을 제외하면 다음과 같은 전이과정의 형식화가 가능하다

(42)

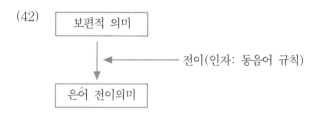

위의 도식이 시사하는 바로 명료하다. 사서적인 보편의미가 동음어 규칙에 의해 전이되어 은어에 있어서 전이의미로 된다는 것을 위 도표는 말해주고 있다.

여기서 전이되는 대상이 무엇이냐 하는 문제가 제기될 수 있다. 다음 예를 보면서 이 문제를 생각해 보자.

(43) 바보
    a. 보편적 의미 - 하는 짓이 미욱한 사람.
    b. 은어 전이의미 - 바라보면 볼수록 보고 싶은 사람.

위의 예에서 전이된 대상은 물론 음상인 '바보'이다. 즉 음상으로서의 '바보'만이 전이되었을 뿐 그 의미론적 유사성(meaning motivation)은 전이되지 않고 있다. 따라서 다음과 같은 하나의 결론이 도출될 수 있는데 다음이 그것이다.

(44) 동음어 규칙이 은어에 전이될 때 그 전이되는 대상은 '음상'이다. 따라서 의미론적 유사성은 전이의 결과로서 도출되지 않는다.

---

4) Darmesteter, A., La vie Des Mots, 1987.
   최석규 역, 낱말의 생태, 문교부, 1963, pp. 47~53.

위의 상정된 명제를 재삼 확인하기 위해 다른 예를 들어 보기로 하겠다. 다음을 보자.

(45) 미남(美男)
　　　a. 보편적 의미 ― 용모가 수려한 잘 남자
　　　b. 은어 전이의미 ― ① 쌀집 남자
　　　　　　　　　　　　② 미국 남자
　　　　　　　　　　　　③ 미친 남자

위의 예에서 매우 주목되는 것은 전이 의미에서의 첫 번째 의미이다. 이 '쌀집남자'의 의미는 '미남(美男)'을 일단 '미남(米男)'으로 한자어로 일단 교체한 다음 이 '미(米)'자를 다시 우리말로 풀이해서 만든 말이다. 따라서 엄밀히 말해서는 '미남'의 전이의미의 첫 번째 의미는 다음과 같은 두 가지 과정을 더 거친 것으로 이해된다. 형식화하면 다음과 같다.

(46)

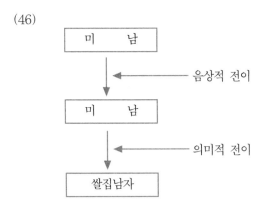

결국 동음어 규칙은 음상적 또는 의미적 전이의 과정을 선택적으로 가지는 것으로 간주된다.

4. 結 論

본 소론은 하나의 음상이 여러 의미를 띤다는 동음어의 규칙이 은어 형성 과정에 어떠한 영향을 행사하고 있는지를 검토해 보려는 목적하에 기술되었었다. 본 소론은 그러한 목적을 수행하기 위해 일차적으로 동음어 규칙의 전이과정을 면밀히 검토하고 이러한 전이과정이 은어의 전이 의미와 어떠한 상관관계를 맺는지에 대해서도 논의했다. 본 소론은 결론을 간략히 줄이면 다음과 같다.

(1) 동음어 규칙의 전이과정에 있어서는 동일한 어원에서 파생된 동음어 사이의 규칙은 전이과정의 형식화에 유효하지 못한 것으로 밝혀졌다. 결국 동음어규칙이 어떻게 전이되는지 하는 문제에 답을 줄 수 있는 것은, 서로 상이한 어원에서 도출되어 나온 동음어 사이의 관계라는 것을 알았다.

(2) 동음어 규칙은 하나의 음상에 둘 이상의 의미가 선별적으로 부착되어 있다는 것인데, 이러한 규칙은 은어의 경우에 있어서 '보편적 의미'와 '은어 전이의미'로 나뉘어져 전이되고 있었다.

(3) '보편적 의미'는 일반에서 쓰이고 있는 사서적인 의미를 이르며, '은어 전이의미'는 보편적 의미의 전이 결과로 나타난 의미를 이른다.

(4) 전이된 은어의 구조는 단일어로 된 것도 있고 합성어로 된 것도 있으며 구나 절 등으로 구성되어 있는 것도 있는 것도 있어 매우 다양한 양상을 보여 주고 있었다.

동음어규칙의 전이과정을 은어를 통해 알아보려 한 것이 본 소론의 목적이었는데, 그러한 목적이 얼마나 이루어졌는지 의심스럽다. 미비한 점은 앞으로 고를 달리해 논하고자 한다.

국어학 논고

선산(善山)
강기진(康琪鎭)
박사
유고집

연 보 및 논 저 목 록 · · · · · · ·

연 보

▌강기진 교수 약력

1936. 5. 16 경상북도 선산군 고아면 대망동 248번지에서 출생
1995. 6. 5　서울특별시 중구 필동 중앙대학교 부속병원에서 별세
　　　　　　(묘소:경기도 광주군 삼성공원)

▌학력 및 경력

1952. 4~1955. 3 경북 선산고등학교 졸업
1955. 4~1959. 3 동국대학교 국어국문학과 졸업
1959. 4~1964. 2 동국대학교 대학원 석사과정 국어국문학과 수료
　　　　　　　　(문학석사)
1964. 3~1968. 2 동국대학교 대학원 박사과정 국어국문학과 수료
　　　　　　　　(1983년 문학박사 학위취득)
1960. 4~1968. 1 서울 정화여자상업고등학교 교사
1968. 2~1972. 2 홍익대학교 사범대학 부속여자고등학교 교사
1972. 3~1987. 2 홍익대학교병설 홍익공업전문대학 조교수·부교수·
　　　　　　　　교수
1973. 3~1985. 8 동국대학교, 청주대학교, 경기대학교, 성신여자대학교,
　　　　　　　　세종대학교, 한양대학교, 홍익대학교 강사
1987. 3~1995. 6 경기대학교 인문대학 국어국문학과 부교수·교수

▌학회활동

국어학회, 한국언어학회, 한글학회
국어국문학회(지역이사·연구이사), 동악어문학회(이사), 어문교육연구회
(이사), 한국국어교육학회(이사), 한국어문교육연구회(이사)

논저목록

발행 연도	논문제목	논 문 수 록 지【호수, 수록면, 발행처, 본책 수록면】
1965	15세기 국어의 형태론적 연구	동악어문론집 1(p.3~41), 동국대, 본책 3권 p.157~202 수록
1965	국어 문법의 유형적 발전에 대하여	정화창간호, 정화여상, 본책 미수록
1966	접미사 '-개'의 고구	동악어문론집 4(p.3~20), 동국대, 본책 3권 p.203~226 수록
1973	동음이어의에 대하여	양주동박사고희기념논문집(p.219~254), 탐구당, 본책 2권 p.15~61 수록
1975	용비어천가의 종합적 고찰	논문집 7(p.165~191), 홍익공대, 본책 3권 p.227~261 수록
1980	국어 동음어의 연구	논문집 12(p.5~33), 홍익공대, 본책 2권 p.63~108 수록
1981	국어 동음어의 생성요인 고구	동악어문론집 15(p.125~154), 동국대, 본책 2권 p.109~150 수록
1981	국어 동음충돌 현상에 대한 연구	국어국문학논문집 11(p.37~64), 동국대, 본책 2권 p.151~193 수록
1981	은어의 화용상 기능	경기어문 2(p.71~87), 경기대, 본책 2권 p.195~215 수록
1981	국어 동음어의 문체론적 연구	한국문학연구 4(p.55~83), 동국대, 본책 2권 p.217~260 수록
1981	국어 접속어미의 의미기능	이병주선생주갑기념논총(p.625~644), 아우사, 본책 1권 p.17~38 수록
1982	변형생성이론과 국어학	논문집 13(p.25~39), 홍익공대, 본책 1권 p.521~544 수록
1982	국어 보조동사의 통사적 특성	한국문학연구 5(p.47~63), 동국대, 본책 1권 p.383~409 수록
1982	국어 동음어의 기능범주	새국어교육 35~36(p.130~151), 한국국어교육학회, 본책 2권 p.261~291 수록
1983	국어 준동음어의 연구	국어국문학논문집 12(p.1~18), 동국대, 본책 2권 p.349~377 수록
1983	명제와 함의로서의 동음어	동악어문론집 17(p.1~28), 동국대, 본책 2권 p.293~324 수록
1983	국어 동음어의 화용론	새국어교육 37~38(p.246~263), 한국국어교육학회, 본책 2권 p.325~348 수록
1983	국어 동음어의 연구	동대대학원박사학위논문(p.1~120), 동국대, 본책 3권 p.15~146 수록
1984	국어 피동구문의 연구	논문집 15(p.27~43), 홍익공대, 본책 1권 p.439~461 수록
1984	국어 동음어의 유형별 분포	홍익어문 3(p.45~63), 홍익대, 본책 2권 p.379~402 수록
1984	국어 보조동사의 의미기능	한국문학연구 6~7(p.77~94), 동국대, 본책 1권 p.411~437 수록
1985	주시경의 통사이론(Ⅰ)	국어국문학논집 93(p.5~25), 국어국문학회, 본책 3권 p.295~320 수록
1985	진행형 '-고 있다'의 의미	홍익어문 4(p.39~59), 홍익대, 본책 1권 p.357~382 수록
1985	국어 다의어의 의미구조	한국문학연구 8(p.25~41), 동국대, 본책 2권 p.403~426 수록
1985	국어 접속어미 '-(으)나'의 분석	어문논지 4~5(p.307~320), 충남대, 본책 1권 p.85~105 수록
1985	국어 부정법의 연구	한국문학연구 2(p.129~146), 경기대, 본책 1권 p.463~487 수록

발행 연도	논문제목	논 문 수 록 지 【호수, 수록면, 발행처, 본책 수록면】
1985	국어 접속어미 '-거니, -거니와, -거늘'의 연구	건국어문학(명남김일근박사화갑기념어문학논총) 9~10(p.961~977), 건국대, 본책 1권 p.63-84 수록
1985	국어 접속어미 '-니'와 '-니까'의 연구	국어학 14(p.265~286), 국어학회, 본책 1권 p.39-62 수록
1985	국어특수조사 '-나'의 의미기능	국어교육(선암이을환교수화갑기념) 53~54(p.67~76), 한국국어교육연구회, 본책 1권 p.343~356 수록
1986	주시경의 품사 이론 연구	한글 191(p.121~143), 한글학회, 본책 3권 p.263~293 수록
1986	국어 반의어의 기준점	시원김기동박사화갑기념논문집(p.679~700), 교학사, 본책 2권 p.427~453 수록
1986	국어 조사 '-에'의 의미기능	국어국문학논문집 13(p.23~41), 동국대, 본책 1권 p.315~342 수록
1986	비상태성 접속어미의 연구	홍익어문 5(p.33~53), 홍익대, 본책 1권 p.107~132 수록
1986	'-며' 구문의 통사적 특성	국어학신연구(약천김민수박사화갑기념)(p.267~277), 탑출판사, 본책 1권 p.133~146 수록
1987	주시경의 통사이론(II)	한국어학과 알타이어학(p.1~22), 효성여대, 본책 3권 p.321~348 수록
1987	주시경의 언어관 연구	제산최세화박사화갑기념논문집(p.1~19), 제산최세화박사화갑기념간행위원회, 본책 3권 p.349~370 수록
1987	국어 어휘론의 한 방법	서강이정탁교수화갑기념논총(p.451~469), 서강이정탁선생화갑기념간행위원회, 본책 2권 p.483~505 수록
1987	국어 접속어미 '-(았)다가'의 연구	한실이상보박사화갑기념논문집(p.630~650), 형설출판사, 본책 1권 p. 147~ 167 수록
1987	국어 다의어의 의미자질	논문집 18(p.39~58), 홍익공대, 본책 2권 p.455~482 수록
1987	국어 다의어 연구의 방법론	장태진박사화갑기념국어국문학논총(p.11~21), 삼영사, 본책 2권 p.507~520 수록
1987	전제성 접속어미에 대하여	한남어문학 13(p.731~742), 한남대, 본책 1권 p.169~181 수록
1987	국어 문장부사어의 수식양상과 범주	논문집 21(p.107~128), 경기대, 본책 1권, p.489~519 수록
1988	동음어규칙의 전이과정에 대하여	홍익어문 7(p.659~668), 홍익대, 본책 2권 p.521~531 수록
1988	상태 변화의 접속어미에 대하여	송하이종출박사화갑기념논문집(p.509~521), 태학사, 본책 1권 p.183~196 수록
1988	직접목적성 접속어미의 연구	선청어문 16~17(p.218~228), 서울대, 본책 1권 p.197~210 수록
1990	주시경의 형태이론(I)	경기어문 8(p.19~46), 경기대, 본책 3권 p.371~400 수록
1990	주시경의 형태이론(II)	청파서남춘교수정년퇴임기념논집(국어국문학논문집)(p.627~650), 경운출판사, 본책 3권 p.401-424 수록
1990	국어 동음어 연구(요약본)	난정남광우박사고희기념국어학관계박사학위논문요약집(p.384~392), 한국어문 교육연구회, 본책 3권 p.147~156 수록

발행 연도	논문제목	논 문 수 록 지 【 호수, 수록면, 발행처, 본책 수록면 】
1991	주시경의 음운이론(I)	국어의이해와인식(갈음김석득교수화갑기념논문집), (p.697~713), 한국문화사, 본책 3권 p.425-447 수록
1991	주시경의 음운이론(II)	김영배선생화갑기념논총(p.33~55), 경운출판사, 본책 3권 p.447~471 수록
1991	상태유지성 접속어미에 대하여	현산김종운박사화갑기념논문집(p.33~42), 집문당, 본책 1권 p.211~223 수록
1991	사실의 접속어미 연구	도곡정기호박사화갑기념논총(p.681~695), 대제각, 본책 1권 p.225~241 수록
1993	접속어미 '-므로'의 의미기능	국어국문학 109(p.1~20), 국어국문학회, 본책 1권 p.243-291 수록
1994	국어의 몇몇 접속어미에 대하여	우리말연구의샘터(연산도수희선생화갑기념논문집)(p.233~249), 연산도수희선생화갑기념논문간행위원회, 본책 1권 p.293~314 수록
1994	접속어미 '-다고'와 '-다만'의 분석	국어학연구(남천박갑수선생화갑기념논문집)(p.1~25), 남천박갑수선생화갑기념논문간행위원회, 본책 1권 p.267~291 수록

▌아버님께 유고집을 올리며

'95년 6월 5일은 비가 오는 날이었습니다. 초저녁 동기들과 담소를 나누고 있던 차에 과대표가 급히 뛰어와 아버님의 사고 소식을 알렸고, 아버님의 생사도 알지 못한 채 중앙대학교 부속병원으로 달려갔습니다. 그러나 간호사에게 이끌려 들어간 곳은 응급실이 아닌 영안실이었습니다. 갑작스런 아버님의 사고 이후 많은 것들이 변화했습니다. 교통사고로 인한 각종 민·형사상의 소송으로부터 시작하여 집안 내외에 잠재했던 문제들이 상상할 수도 없이 하루 아침에 밀려들어왔습니다. 그러나 많은 어려움들은 주위 분들의 보살핌으로 조금씩 해결 되어 갔고, 10년이란 시간이 흘러 한 가정을 꾸리고 꽤나 안정적인 생활에 접어들었습니다.

하지만 철없고 어리기만한 제가 효도 한번 제대로 못해드린 죄스러움은 전혀 줄어들지 않았습니다. 그래서 그 죄스러움을 조금이라도 덜고자 이리 저리 많은 핑계로 미루었던 아버님 논문집을 10주기에 맞추어 발간하였습니다.

이 책은 아버님께서 정화여자상업고등학교 재직 시절 교지에 쓰셨던 입수 불가능한 논문 "국어문법의 유형적 발전에 대히여(1965)" 한 편을 빼고 모든 논문을 수록하였습니다. "국어동음어 연구(1983, 박사학위 논문)"와 내용상 다소 중복되는 1983년 이전의 논문들이 몇 편 있으나 고심 끝에 제외하지 않고 모두 실었습니다. 이 책이 나오기까지는 입력본이 없어 여러 수고를 거쳐야만 했고, 현재 기준들과 다른 논문 형식에 대한 고민 등 말할 수 없는 고심의 과정들을 겪어야만 했습니다. 결국 유고집 이기에 임의적으로 교정하지 않고 원본에 충실하려 노력하였으며, 여러 선생님의 제안들을 받들어 현재의 책이 발간되기에 이르렀습니다.

다시 한번 이 책을 발간하기까지 번거로움을 다 물리시고 자청하시어 본 책의 편집과 구성 전반을 맡아 주신 김영배 선생님, 고영근 선생님과 수년 전부터 책 발간 전반에 대해 많은 충고를 주셨던 임기중 선생님, 회고담을 써주신 이종찬 선생님, 김태준 선생님, 김무봉 선생님, 최종 교정을 맡아 주신 김성주 선생님과 이용 선생님께 감사를 드립니다. 아울러 하루에도 수 차례 전화통화에 시달려야 했던 역락출판사 이대현 사장님과 이태곤 팀장님 외 여러 직원들에게도 감사드립니다. 또한 이 책이 나오기까지 말 못할 많은 어려움들을 나눈 아내 수희에게 고맙다는 말 전하고 싶고, 지금까지 내 삶에 주춧돌이 되어 주신 하나님께 진실로 감사드립니다.

끝으로 묻혀있던 아버님의 여러 논문들이 후학들에게 도움이 되기를 기대하며, 하늘에 계신 아버님께 이 책을 바칩니다.

2005년 6월 5일
강해수 삼가 적음

국어학 논고 - 유고집 -
제2권 어휘연구의 이론과 방법

인 쇄 2005년 7월 1일
발 행 2005년 7월 8일

지은이 강기진
엮은이 김영배 · 고영근
펴낸이 이대현
교 정 이 용 · 김성주
편 집 이태곤 · 박윤정 · 권분옥 · 김보라 · 김민희
제 작 안현진
표 지 OM 디자인 장재호
펴낸곳 **도서출판 역락** / 서울 성동구 성수2가 3동 301-80
        (주)지시코 별관 3층(우133-835)
전 회 3409-2058(대표) 3409-2060(편집부) FAX 3409-2059
홈페이지 http://www.youkrack.com
이메일 yk3888@kornet.net / youkrack@hanmail.net
등 록 1999년 4월 19일 제2-2803호

정가 30,000원
ISBN 89-5556-397-3-93710
ISBN 89-5556-395-7-93710(전3권)

 * 잘못된 책은 교환해 드립니다.